Psychologie für Pflegeberufe

Helmut Remschmidt

6., überarbeitete Auflage
32 Abbildungen, 9 Tabellen

Georg Thieme Verlag
Stuttgart · New York 1994

Anschrift
Professor Dr. med. Dr. phil. Helmut Remschmidt
Direktor der Klinik und Poliklinik für Kinder- und Jugendpsychiatrie
der Philipps-Universität Marburg

1. Auflage 1972
2. Auflage 1977
3. Auflage 1981
4. Auflage 1984
5. Auflage 1988

Die Deutsche Bibliothek – CIP-Einheitsaufnahme

Remschmidt, Helmut:
Psychologie für Pflegeberufe / Helmut Remschmidt. – 6., überarb. Aufl. – Stuttgart ; New York : Thieme, 1994
Früher u.d.T.: Remschmidt, Helmut: Psychologie für Krankenpflegeberufe

Wichtiger Hinweis: Wie jede Wissenschaft ist die Medizin ständigen Entwicklungen unterworfen. Forschung und klinische Erfahrung erweitern unsere Erkenntnisse, insbesondere was Behandlung und medikamentöse Therapie anbelangt. Soweit in diesem Werk eine Dosierung oder eine Applikation erwähnt wird, darf der Leser zwar darauf vertrauen, daß Autoren, Herausgeber und Verlag große Sorgfalt darauf verwandt haben, daß diese Angabe dem Wissensstand bei Fertigstellung des Werkes entspricht.
Für Angaben über Dosierungsanweisungen und Applikationsformen kann vom Verlag jedoch keine Gewähr übernommen werden. Jeder Benutzer ist angehalten, durch sorgfältige Prüfung der Beipackzettel der verwendeten Präparate und gegebenenfalls nach Konsultation eines Spezialisten festzustellen, ob die dort gegebene Empfehlung für Dosierungen oder die Beachtung von Kontraindikationen gegenüber der Angabe in diesem Buch abweicht. Eine solche Prüfung ist besonders wichtig bei selten verwendeten Präparaten oder solchen, die neu auf den Markt gebracht worden sind. Jede Dosierung oder Applikation erfolgt auf eigene Gefahr des Benutzers. Autoren und Verlag appellieren an jeden Benutzer, ihm etwa auffallende Ungenauigkeiten dem Verlag mitzuteilen.

Rüdigerstraße 14, D-70469 Stuttgart
Printed in Germany

Satz: Gulde-Druck GmbH, 72070 Tübingen
Druck: Druckhaus Götz, 71603 Ludwigsburg

ISBN 3-13-485306-X 1 2 3 4 5 6

Psychologie für Pflegeberufe

Vorwort zur 6. Auflage

Es erfüllt mich mit großer Freude, nunmehr die 6. Auflage dieses Buches vorlegen zu können, das mittlerweile über 20 Jahre als Leitfaden im Unterricht und als Ratgeber für die Praxis Verwendung findet. Die Grundkonzeption des Buches, über die Kenntnis der Grundlagen der Psychologie zum Verständnis des kranken Menschen zu führen, wurde auch in dieser Auflage beibehalten. Die freundliche Aufnahme des Buches und die zahlreichen positiven Rezensionen sowie die Bewährung des Textes im Unterricht haben mich darin bestärkt, daß der eingeschlagene Weg einem Bedürfnis entsprach und auch erfolgreich war.

Der Text wurde für die 6. Auflage in vielfältiger Weise überarbeitet und ergänzt. So wurde die Gliederung des Stoffes, entsprechend den Fortschritten der Psychologie, neu gefaßt. Neu eingeführt wurden auch Abschnitte über psychiatrische Erkrankungen und über Entwicklungspsychopathologie. Darüber hinaus wurde der Weiterentwicklung psychiatrischer Klassifikationssysteme durch die Einfügung der 10. Version der Internationalen Klassifikation der Erkrankungen (ICD-10) Rechnung getragen.

Wie bei jeder Auflage gilt mein Dank zunächst den Lesern, die durch Kritik und Hinweise zahlreiche Verbesserungen des Textes veranlaßt haben. Er gilt aber ebenso meinen Mitarbeiterinnen und Mitarbeitern für die mir unterbreiteten Verbesserungsvorschläge. Nicht zuletzt gilt mein Dank aber auch den Patienten, die mich bereits zu Beginn meiner klinischen Tätigkeit und seither kontinuierlich auf Bedeutung und Notwendigkeit der psychologischen Dimension im klinischen Alltag hingewiesen haben. Insofern sind sie die eigentlichen „Anreger“ dieses Buches.

Meinen ganz besonderen Dank möchte ich Herrn Diplom-Psychologen Kurt Quaschner aussprechen, der sich nicht nur der Mühe des Korrekturlesens und der Anfertigung des Sachregisters unterzogen hat, sondern auch zahlreiche Verbesserungsvorschläge gemacht hat. Schließlich sei dem Georg Thieme Verlag und seinen Mitarbeitern sehr herzlich gedankt für die stets reibungslose Zusammenarbeit über mittlerweile 25 Jahre.

Marburg, September 1994 H. Remschmidt

Vorwort zur 1. Auflage

Das hier vorliegende Buch verfolgt das Ziel, psychologischen Gesichtspunkten und Erkenntnissen im Krankenhausalltag stärkere Geltung zu verschaffen. Dies ist nur dann erfolgversprechend, wenn neben Aufgeschlossenheit und Initiative auch entsprechende Sachkenntnis bei allen in der Krankenbetreuung Tätigen als Notwendigkeit erkannt wird. Der Verfasser hat sich bemüht, das Buch so aufzubauen, daß von den Grundlagen der Psychologie (Allgemeine Psychologie) über ihre im medizinischen Bereich relevanten Hauptrichtungen zur Psychologie im Krankenhaus vorangeschritten wird. Diensen Gesichtspunkten trägt auch die dreiteilige Gliederung des Textes Rechnung.

Das Buch wendet sich in erster Linie an das Krankenpflegepersonal aus der Überzeugung, daß die psychologische Krankenführung und die Atmosphäre eines Krankenhauses von Schwestern und Pflegern ganz wesentlich mit geprägt werden. Die klinische Tätigkeit, mehrjähriger Schwesternunterricht und die Vorlesungen in medizinischer Psychologie für Studenten haben dem Verfasser zahlreiche Anregungen gegeben und auch die Akzente für die Auswahl des Stoffes gesetzt. Dabei wurde, zugunsten der Bemühungen für psychologische Probleme sensibel zu machen, auf Vollständigkeit verzichtet.

Für Kritik und Vorschläge, die einer Verbesserung des Büchleins dienen, wird der Verfasser stets aufgeschlossen sein.

Er ist allen zu Dank verpflichtet, durch deren Denken und Handeln er auf die Bedeutsamkeit psychologischer Gesichtspunkte bei der Krankenbetreuung hingewiesen wurde. Sein besonderer Dank gilt dem Georg Thieme Verlag und seinen Mitarbeitern für die harmonische Zusammenarbeit.

Marburg, März 1972 H. Remschmidt

Inhaltsverzeichnis

Einführung

Erleben und Verhalten

Eine klare und von allen Richtungen dieser Disziplin akzeptierte Definition der Psychologie stößt auf große Schwierigkeiten. Wie kaum eine andere Wissenschaft ist sie dadurch geprägt, daß Strömungen aus den verschiedensten Nachbardisziplinen in ihr zusammenfließen und so ein recht heterogenes Gebilde ausmachen, dessen Grundlinien nur schwer herauszukristallisieren sind. Die Berührungspunkte sind zahlreich: Philosophie, Pädagogik und Soziologie aus dem Bereich der Geisteswissenschaften, Zoologie, Verhaltensforschung, Mathematik und Statistik aus den Naturwissenschaften, Physiologie, Psychopathologie und Psychiatrie aus dem Sektor der Medizin.

Aus den vielen genannten Grenzgebieten gewinnt die Psychologie entweder den *Gegenstand* ihrer Betrachtung (z.B. den handelnden Menschen, das Tier für ein Experiment) oder ihre *Methode* (z.B. Beobachtungstechnik, statistische Auswertung).

Während man in früheren Jahrhunderten die Psychologie als die Lehre vom Seelenleben und den seelischen Erscheinungen definierte, ist man heute von dieser Definition abgekommen. Der Begriff Seele führt nämlich in einer empirischen Wissenschaft (Erfahrungswissenschaft) nicht weiter, wenn man ihn, wie dies früher geschah, mit metaphysischen Momenten (etwa Unsterblichkeit) verbindet, die auf dem Wege der Erfahrung weder bewiesen noch widerlegt werden können.

Heute liegt der Schwerpunkt in der Psychologie mehr auf dem *Verhalten*, worunter wir die Gesamtheit der nach außen sichtbaren Bewegungen und Handlungsabläufe verstehen. Verhalten ist also das, was ein außenstehender Beobachter an einem Menschen oder einem Tier registrieren kann. Dies ist aber nur die *eine* Seite des Gegenstandes der Psychologie. Darüber hinaus interessiert den Psychologen in gleicher Weise, welche Motive, Triebe und Antriebe als *Ursachen* hinter bestimmten Verhaltensweisen stehen, d.h., er stellt sich die Frage: „Warum reagiert ein Mensch oder ein Tier in einer bestimmten Situation gerade so und nicht anders." Dabei geht die moderne Psychologie von der Hypothese aus, daß aus bestimmten Verhaltensabläufen in gesetzmäßiger Weise auf die hinter ihnen stehenden Antriebe und Erlebnisse geschlossen werden kann. Hier ergibt sich jedoch eine Schwierigkeit. Die als Motor wirkenden psychischen Kräfte (Triebe, Bedürfnisse, Affekte, Interessen) sind einer direkten Beobachtung durch Außenstehende nur begrenzt zugänglich, wohl aber durch eine andere Form der Beobachtung, durch die *Introspektion* (Eigenbeobachtung).

Mit Hilfe der Eigenbeobachtung kann man auch Motive, Gefühle und Stimmungen zu objektivieren versuchen, die aus dem Verhalten nicht immer in verläßlicher Weise erschlossen werden können. Gegen die Eigenbeobachtung lassen sich allerdings auch gewichtige Gegenargumente ins Feld führen, die ihre Verläßlichkeit anzweifeln lassen. Angesichts der Unzuverlässigkeiten der Introspektion, die auf S. 4 näher geschildert werden, versucht man heute mehr von der *Verhaltensseite* an die psychischen Phänomene heranzukommen, ohne allerdings der Introspektion ihre Berechtigung völlig abzusprechen. Schließlich ist sie ja die Art und Weise, die wir alle zur Beobachtung unseres eigenen „Seelenlebens“ heranziehen.

Wir haben bisher also zwei Objekte psychologischen Fragens und die jeweils mit ihnen assoziierten Methoden kennengelernt: das *Verhalten* und das *Erleben*. Die Methode zur Beurteilung des Verhaltens ist die *Fremdbeobachtung* (mit oder ohne Hilfsmittel), die Methode zur Erfassung von Erlebnissen ist die *Eigenbeobachtung* (Introspektion). Bevor wir aber zu einer umfassenden Definition der Psychologie kommen, sind noch zwei Dinge zu bedenken:

Einmal befaßt sich die Psychologie nicht mit *allen* Formen des Verhaltens.

Zum anderen beschränkt sich die Psychologie nicht nur auf das Verhalten eines *einzelnen* Tieres oder Menschen, sondern sie untersucht ebenso die Verhaltensweisen, die durch das Zusammenleben von Menschen und Tieren entstehen, und die sich daraus ergebenden Wechselwirkungen.

In diesem Sinne können wir nach Hebb die Psychologie definieren als „die Wissenschaft von den komplexeren Organisationsformen des Verhaltens und solchen Prozessen wie Lernen, Wahrnehmen und Gefühlen, die in diese Organisation einbezogen sind“. Unter *Organisation* des Verhaltens verstehen wir das für einen Menschen, für ein Tier oder eine Tiergattung kennzeichnende (typische) Zusammenspiel von psychischen Abläufen (Verhaltensabläufen). Wir können auch von einem Verhaltensmuster sprechen.

Eine andere, mehr am Erleben orientierte Definition der Psychologie gibt Rohracher: „Psychologie ist die Wissenschaft, welche die bewußten Vorgänge und Zustände sowie ihre Ursachen und Wirkungen untersucht“.

Das Unbewußte zählt Rohracher zu den Ursachen oder Wirkungen des bewußten Erlebens. Vergleicht man die beiden Definitionen, so muß man eine gewisse Gegensätzlichkeit registrieren, vor allem den bereits skizzierten Gegensatz zwischen der vorwiegend in Europa entstandenen *Erlebnispsychologie* und der in den angelsächsischen Ländern verbreiteten *Verhaltenspsychologie.* Wie bereits erwähnt, schließen sich aber diese Richtungen keineswegs aus.

Schließlich befaßt sich die Psychologie aber auch mit psychologischen Aspekten und Problemen, die unsere kulturellen Gebilde wie Sprache, Literatur und Kunst aufwerfen. Die verschiedenen Gegenstände der Psychologie sind im folgenden Schema von Hofstätter wiedergegeben.

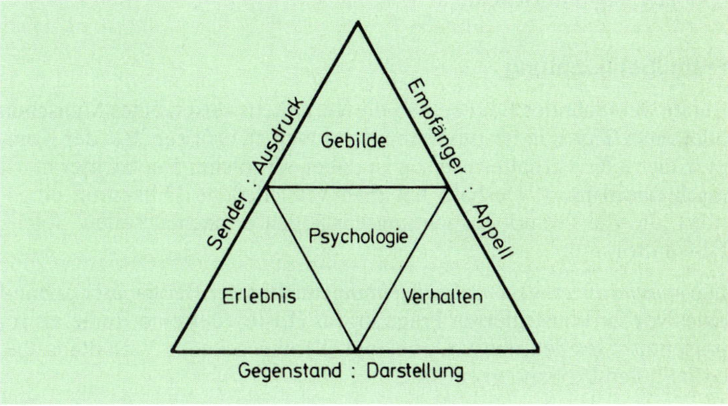

Abb. **1** Kommunikationsschema der Psychologie (aus *Hofstätter, P.R.:* Psychologie. Fischer, Frankfurt 1981).

Methoden der Psychologie

Zur Erreichung ihres Zieles, des Studiums tierischen und menschlichen Verhaltens und seiner Begründung, bzw. der Untersuchung bewußter Vorgänge und Zustände sowie ihrer Ursachen (Rohracher) bedient sich die Psychologie einer Reihe von Methoden, die im folgenden abgehandelt werden sollen.

Beobachtung

Beobachtung ist die mit Hilfe unserer Sinnesorgane (oder deren Ergänzung durch bestimmte Hilfsmittel, z.B. Mikroskop) erfolgende Registrierung von Veränderungen der Umwelt. Die Psychologie beschränkt sich auf Veränderungen im Verhalten von Mensch und Tier. Hauptschwierigkeit der Beobachtung ist die *Auswahl* der Beobachtungsgegenstände. Da die Gesamtheit der uns umgebenden Vorgänge nicht übersehbar ist, treffen wir jeweils eine bestimmte Auswahl. Durch diese Auswahl kann aber bereits der Gegenstand unserer Beobachtung verfälscht werden; d.h. dadurch, daß wir unser Augenmerk nur auf *bestimmte* Gegenstände, Verhaltensweisen oder Veränderungen lenken, bekommen wir unter Umständen ein ganz unzutreffendes Bild von ihrer Häufigkeit und ihrem Zusammenhang mit anderen.

Wie bereits erwähnt, können wir die Fremdbeoachtung von der Eigenbeobachtung unterscheiden.

Fremdbeobachtung

Bei ihr versucht der Beobachter, die Verhaltensweisen eines Menschen oder eines Tieres in bestimmten Situationen zu erfassen. Bei der Komplexität vieler Verhaltensweisen ist dabei ein solcher Beobachter meist rasch überfordert. Deshalb hat man verschiedene Hilfsmittel eingeführt, die die Fremdbeobachtung verläßlicher machen sollen. Solche Hilfsmittel sind:

Die *standardisierte Fremdbeobachtung*, bei der der Beobachter anhand eines vorher konstruierten Fragebogens (Liste), der eine Reihe als repräsentativ (bedeutungsvoll, belangvoll) angesehener Verhaltenszüge enthält, den Probanden einstuft.

Der *Zeitprobentechnik*, bei der das zu beobachtende Objekt (Mensch oder Tier) in bestimmten, vorher festgelegten Zeitabschnitten beobachtet wird. Man will auf diese Weise prüfen, ob das Verhalten des Beobachteten zu verschiedenen Zeitpunkten gleichbleibt oder sich verändert. Diese Technik hat sich besonders gut in der Kinderpsychologie bewährt.

Am schwierigsten ist die Beobachtung auf einem Gebiet, in dem noch wenig Erfahrungen vorliegen. In solchen Fällen versucht man in „gleichschwebender Aufmerksamkeit“ einen allgemeinen Überblick über die Situation zu bekommen, ohne auf Details zu achten. Richtet man in solchen Situationen nämlich sein Augenmerk zu sehr auf Einzelheiten, so werden die Ergebnisse der Beobachtung gemäß der eigenen Erwartung ausfallen und nicht ein zuverlässiges Bild der tatsächlichen Vorgänge wiedergeben.

Eigenbeobachtung (Introspektion)

Auf die Selbstbeobachtung sind wir bereits in der Einleitung eingegangen. Für die Erlebnispsychologie ist sie die wichtigste Methode. Wenn auch keine Richtung der Psychologie ganz auf sie verzichten kann, so lassen sich doch gewichtige Einwände gegen sie vorbringen: Bei der Introspektion sind Beobachter und beobachtetes Objekt identisch. Für eine verläßliche Beobachtung muß man aber fordern, daß beide getrennt sind, denn der Beobachter kann sich nicht zweiteilen. Durch die Beobachtung des eigenen Seelenlebens wird dieses bereits verändert, d.h., der Beobachter erhält von seinen psychischen Vorgängen nicht unter natürlichen, sondern unter künstlichen Bedingungen sein Bild. Die künstlichen Bedingungen bestehen in der beobachtenden Haltung gegenüber der eigenen Person.

Die bei der Introspektion gemachten Feststellungen müssen, um anderen zugänglich gemacht zu werden, sprachlich formuliert werden. Beobachtet werden ja nicht in sprachlicher Form bereits vorliegende Ereignisse, sondern Empfindungen, Wahrnehmungen und Gefühle. Es läßt sich aber nur sehr schwer feststellen, ob die sprachliche Schilderung von Ereignissen auch wirklich deren Erleben durch den Beobachter entspricht.

Dieser letzte Einwand gilt aber für viele andere Methoden auch (z.B. für Experimente), sofern sie Beobachtetes sprachlich auszudrücken versuchen. Trotz dieser Einwände bleibt die Selbstbeobachtung eine wichtige Methode, die vor allem zur Gewinnung von Fragestellungen für Experimente von Bedeutung ist.

Experiment

Das Experiment ist der Sonderfall einer Beoachtung unter kontrollierten Bedingungen. Das Wesen eines Experimentes besteht im absichtlichen „Herbeiführen eines Vorganges unter planmäßiger Abwandlung seiner Bedingungen mit dem Zweck, seine Gesetzmäßigkeiten zu erforschen“ (Hehlmann). Gegenstand des psychologischen Experiments sind Erlebnis-, Verhaltens- und Ausdrucksäußerungen von Mensch und Tier. Diese werden vom Experimentator unter genau festgelegten Bedingungen herbeigeführt, wobei die Reaktionen des beobachteten Individuums in quantitativer oder qualitativer Weise registriert werden.

Ein gutes Experiment muß einer Reihe von Bedingungen genügen, um von Erkenntniswert für die Wissenschaft zu sein. Solche Kriterien sind:

Willkürlichkeit, d.h., das zu untersuchende Verhalten wird vom Experimentator absichtlich und planvoll herbeigeführt.

Wiederholbarkeit. Das Experiment muß jederzeit nachgeahmt (kontrolliert) werden können.

Variierbarkeit der Versuchsbedingungen. Die Bedingungen, unter denen ein Experiment abläuft, müssen systematisch abgeändert werden können. Damit kann man prüfen, ob z.B. eine Verhaltensweise nur unter den experimentellen Voraussetzungen auftritt oder auch in ganz anderen Situationen.

Präzise Beschreibung der Versuchsbedingungen. Zu jedem Experiment gehört eine genaue Beschreibung der Versuchsbedingungen. Erst dadurch wird es möglich, daß ein Experiment von anderen Forschern wiederholt werden kann; seine Ergebnisse werden damit überprüfbar. Experimente kann man einteilen nach dem *Gegenstand*, den sie zu untersuchen beanspruchen, und nach dem *wissenschaftlichen* Ziel, das sie verfolgen. Im ersteren Sinne unterscheiden wir nach Rohracher Erlebnisexperimente und Leistungsexperimente.

Erlebnisexperimente (systematische Selbstbeobachtungen) versuchen unter bestimmten Bedingungen auftretende Empfindungen und Reaktionen zu objektivieren, wobei die Versuchsperson diese Objektivierung selbst vornimmt.

Leistungsexperimente untersuchen meist in quantifizierbarer Weise das Verhalten einer Versuchsperson unter festgelegten Bedingungen. Dabei spielt die Eigenbeobachtung der Versuchsperson keine Rolle. Die Leistung der Versuchsperson wird in Form eines Zahlenwertes ausgedrückt.

Beispiel: Das Aufaddieren von einstelligen Zahlen (Ziffern) kann als Maßstab für die Konzentration einer Versuchsperson angesehen werden. Die pro Zeiteinheit addierten Zahlen sind Ausdruck der „Konzentrationsleistung" der Versuchsperson.

Versucht man die Experimente nach ihrem *wissenschaftlichen Ziel* einzuteilen, so bietet sich die Einteilung nach Metzger an, der Erkundungsexperimente von Entscheidungsexperimenten unterscheidet.

Erkundungsexperimente haben zum Ziel, Verhaltensäußerungen unter festgelegten Bedingungen aufzudecken. Will man z.B. prüfen, ob ein bestimmtes Präparat einen Einfluß auf die Konzentrationsfähigkeit hat, so wird man dieses Präparat mehreren Versuchspersonen verabreichen und nach Verabreichung einen Konzentrationsversuch durchführen. Natürlich wird man dabei auch eine Vergleichsgruppe heranziehen, die ein Plazebopräparat erhält, und mit dieser Gruppe unter gleichen Bedingungen den Versuch durchführen. Auf diese Weise kann man im Sinne eines Erkundungsexperimentes prüfen, ob das Präparat tatsächlich die Konzentrationsfähigkeit beeinflußt.

Entscheidungsexperimente dienen der Überprüfung einander widersprechender Hypothesen. Sie sollen also nachweisen, welche Hypothese gültig und welche nicht haltbar ist. Entscheidungsexperimente sind in der Psychologie selten.

Bedeutung und Grenzen der experimentellen Methode. In den letzten Jahren hat das experimentelle Vorgehen in der Psychologie stark an Bedeutung gewonnen. Das liegt einmal daran, daß experimentelle Ergebnisse überprüfbar sind, zum anderen, daß die experimentellen Methoden in bestimmten psychologischen Gebieten, wie z.B. der Wahrnehmung oder der Lernpsychologie, bedeutsame Ergebnisse geliefert haben. Trotz der unleugbaren Fortschritte, die das experimentelle Vorgehen gebracht hat, haften ihm aber auch gewisse Schwächen an:

- Die reale Situation des Lebens wird mit der virtuellen (künstlichen) Situation des Laboratoriumsversuchs vertauscht.
- Das ganzheitliche psychische Erleben und Verhalten wird im Experiment analytisch in einzelne Komponenten aufgespalten.
- Schließlich hat das Experiment am Menschen ethische Grenzen, die man allerdings durch den Tierversuch zu umgehen versucht.

Trotz dieser Einschränkungen kann die moderne Psychologie ohne das Experiment nicht existieren. Sie versucht vielmehr ihre Hypothesen, die häufig aus der Selbst- oder Fremdbeobachtung entspringen, im systematisch geplanten Experiment zu bestätigen oder zu widerlegen.

Unter einer *Hypothese* verstehen wir einen *vorläufigen Erklärungsversuch* für Zusammenhänge, die noch nicht gesichert sind, sondern erst der Überprüfung bedürfen. In der experimentellen Psychologie spielen folgende Hypothesen eine Rolle:

Die *Arbeitshypothese.* In Arbeitshypothesen werden vorhandene Ergebnisse und theoretische Vermutungen in der Formulierung einer Versuchserwartung zusammengefaßt. Beispiel: Wenn ich das Präparat X verabreiche, so erziele ich damit bei der Versuchsperson eine bessere Konzentrationsleistung. Diese Arbeitshypothese ist zunächst eine reine Behauptung und muß erst überprüft werden.

Die *Nullhypothese.* Sie stellt das Gegenteil der Arbeitshypothese dar und würde in unserem Beispiel lauten: Wenn ich das Präparat X an einige Versuchspersonen verabreiche, so zeigen diese keine Verbesserung der Konzentrationsleistung.

Die *Alternativhypothese.* Sie stellt eine der Arbeitshypothese gleichberechtigte, aber andersartige Versuchserwartung dar. Für unser Beispiel könnte sie lauten: Nach Verabreichung des Präparates X können sich die Versuchspersonen nicht besser konzentrieren, sie werden vielmehr müde.

In psychologischen Experimenten versucht man nun Arbeitshypothesen zu bestätigen und Nullhypothesen zu widerlegen. Dies kann man mit mehr oder weniger großer Verläßlichkeit mit Hilfe statistischer Verfahren tun.

Tests

Einen Test können wir definieren als eine standardisierte Verhaltensstichprobe oder, in Anlehnung an Lienert, als wissenschaftliches Routineverfahren zur Untersuchung eines oder mehrerer empirisch (auf dem Erfahrungswege) abgrenzbarer Persönlichkeitsmerkmale mit dem Ziel einer nach Möglichkeit quantitativen Aussage über den Grad der individuellen Ausprägung des untersuchten Merkmals.

Um nun in Erfahrung zu bringen, ob das betreffende Persönlichkeitsmerkmal (z.B. Intelligenz, Gedächtnis) bei der Versuchsperson stärker oder geringer ausgeprägt ist, brauchen wir einen Vergleichsmaßstab. Als solcher dienen uns die bereits von anderen untersuchten Personen gewonnenen Testergebnisse, die als Standard- oder Normwerte bei einem guten Test vorliegen. Die Ermittlung der Standard- oder Normwerte nennen wir *Eichen* des Tests. Testen heißt also immer vergleichen. Daraus geht hervor, daß ein Test, der nicht geeicht (standardisiert) ist, keine gesicherten (verläßlichen) Ergebnisse liefern kann, weil ihm die Vergleichsbasis fehlt.

Neben der Eichung müssen wir an einen brauchbaren Test noch folgende Anforderungen stellen:

Hohe *Validität* (Gültigkeit, Treffsicherheit): Die Validität zeigt die diagnostische Verläßlichkeit eines Tests, d.h., sie gibt an, ob er auch tatsächlich das erfaßt, was man mit seiner Hilfe erfassen möchte (z.B. Gedächtnis, Konzentration, Intelligenz).

Hohe *Zuverlässigkeit* (Reliabilität): Unter Zuverlässigkeit versteht man das Konstantbleiben der Testergebnisse bei wiederholter Durchführung des Tests an den gleichen Versuchspersonen.

Hohe *Objektivität*: Damit ist die Unabhängigkeit der Testergebnisse vom Untersucher gemeint. Eine optimale Objektivität liegt vor, wenn verschiedene Untersucher bei der Untersuchung einer Versuchsperson mit einem bestimmten Test zu den gleichen Ergebnissen kommen.

Es gibt verschiedene Methoden, mit denen man die drei genannten Kriterien überprüfen kann, es würde jedoch zu weit führen, hier näher auf sie einzugehen.

Die psychologischen Tests können wir einteilen nach dem, *was* sie messen (Intelligenztests, Leistungstests, Persönlichkeitstests), und nach der Art, *wie* sie es messen (objektive Tests, projektive Tests). Wenn wir den ersten Gesichtspunkt, den Gegenstand des Tests, zugrunde legen, kommen wir zu folgender Einteilung:

Intelligenztests

Sie dienen zur Messung der allgemeinen Intelligenz oder zur Erfassung bestimmter spezieller Begabungen oder Fähigkeiten im Bereich der Intelligenz.

Intelligenz können wir nach Wechsler definieren als „eine zusammengesetzte oder globale Fähigkeit, zielgerecht zu handeln, rational zu denken und sich wirkungsvoll mit seiner Umwelt auseinanderzusetzen“. Diese Definition hat zwar gewisse Schwächen, sie soll uns aber vorerst genügen. Auf spezielle Probleme der Intelligenz werden wir später eingehen.

Intelligenztests bestehen aus verschiedenen sprachlichen oder sprachfreien Aufgaben, die standardisiert sind und von der Versuchsperson in einer begrenzten Zeitspanne zu bewältigen sind. Bewertet wird nach Zeit und Richtigkeit der Aufgabe.

Bekannte Intelligenztests sind der Hamburg-Wechsler-Intelligenztest, den es in einer revidierten Form für Erwachsene HAWIE-R und einer revidierten Form für Kinder HAWIK-R gibt, der Kramer-Test, der Intelligenzstrukturtest nach Amthauer, der analytische Intelligenztest nach Meili und viele andere, auf die wir hier nicht näher eingehen können.

Leistungstests

Sie dienen der Erfassung spezieller Leistungen auf motorischem, sensorischem oder intellektuellem Gebiet. Aus dieser Umschreibung geht schon hervor, daß sich die Leistungstests zum Teil mit den Intelligenztests überschneiden, denn in den globalen Begriff Intelligenz gehen Leistungen auf verschiedenen Gebieten mit ein. Der Leistungsbereich ist so vielschichtig, daß man mit globalen Meßinstrumenten nicht auskommt, sondern zahlreiche Tests konstruiert hat, die einzelne Bereiche innerhalb des großen Gebietes Leistungsverhalten erfassen sollen. Im folgenden wollen wir in Anlehnung an Hehlmann und Dorsch eine kurze Übersicht geben, wobei auf Einzelheiten von Tests jedoch nicht eingegangen werden kann. Es werden jeweils nur die „Leistungsbereiche“ angegeben und einige Aufgabentypen skizziert, die man zur Prüfung des jeweiligen Leistungsbereiches anwenden kann:

- Elementare Fähigkeiten und Eigenschaften,
- Farbunterscheidungsvermögen (Farbtafeln, Farbkreise),
- Richtungshören (Richtungshörprüfgeräte mit Drehstuhl),
- Gesichtsfeldprüfung (Perimeter),
- Auffassungs- und Verarbeitungsfunktionen,
- Aufmerksamkeit und Konzentration.

Die Aufmerksamkeit prüft man meist mit sogenannten Durchstreichtests, bei denen aus einer Vielzahl ähnlicher Zeichen (z.B. Buchstaben) jeweils nur bestimmte Zeichen (etwa nur der Buchstabe d) durchgestrichen werden soll. Eine andere Möglichkeit zur Prüfung der Konzentration ist der Dauerrechenversuch, wobei man so leichte Aufgaben auswählt, daß der Test nicht die Fähigkeit zum Rechnen prüft, sondern

die Ausdauer und Konzentration der Versuchsperson.

Gedächtnis und Merkfähigkeit.

Aufgaben zur Prüfung von Gedächtnis und Merkfähigkeit sind: Zahlen merken lassen und nach einer gewissen Zeitspanne wieder abfragen, Merken von Buchstaben und Wörtern und entsprechende Reproduktionen.

Räumliches Vorstellen und Orientieren.

Aufgaben zur Prüfung dieser Funktionen sind z.B. das Zeichnen geometrischer Figuren nach kurzfristiger Exposition, Würfelabwicklungen und das gedankliche Zerlegen anderer Figuren.

Denken und Kritik.

Prüfung von Analogieschlüssen.

Entdecken von Sinnwidrigkeiten in sprachlichen Aussagen.

Ordnen von Bildern in einer logischen Reihenfolge.

Solche und ähnliche Aufgaben sind in den meisten Intelligenztests enthalten.

Entwicklung.

Den Entwicklungsstand von Kindern versucht man mit speziellen Entwicklungstests zu erfassen, die eine Reihe von Aufgaben enthalten, welche auf die einzelnen Altersstufen zugeschnitten sind. Der bekannteste dieser Tests ist der Bühler-Hetzer-Test. Als neuere Testverfahren sind anzuführen:

- Denver Entwicklungsskalen,
- Münchner funktionelle Entwicklungsdiagnostik,
- Griffith-Entwicklungsskalen.

Persönlichkeitstests

Mit Hilfe von Persönlichkeitstests versucht man bestimmte Eigenschaften, Einstellungen und Eigenschaftskombinationen zu erfassen und zu einem für die jeweilige Versuchsperson charakteristischen Persönlichkeitsprofil zu vereinigen. Auch bei diesem Überbegriff wird deutlich, wie sehr Einteilungen im psychischen Bereich, der ja stets etwas Ganzheitliches ist, künstlich sind. Denn sowohl Intelligenztests als auch Leistungstests sagen zugleich *auch* etwas über die Persönlichkeit des untersuchten Probanden aus. Wenn wir dennoch die sogenannten Persönlichkeitstests als eigene Kategorie abtrennen, so deshalb, weil der *Akzent* der Untersuchung bei ihnen auf psychischen Abläufen liegt, die wir mehr in den Bereich dessen rechnen, was wir in der Alltagssprache als Charakter bezeichnen, wobei allerdings die in der Umgangssprache mit diesem Begriff verbundene Wertung außer acht bleibt. Versuchen wir den gleichen Sachverhalt ein wenig präziser auszudrücken, so können wir sagen, *Kern* der *Persönlichkeit* sind diejenigen psychischen Abläufe, die wir subjektiv als *Kräfte* erleben (z.B. Antrieb, Affektivität, Bedürfnisse, Triebe, Interessen), und die Persönlichkeitstests versuchen diese Abläufe so gut wie möglich zu erfassen. Dabei stoßen sie aber auf nicht geringe Schwierigkeiten. Denn Merkmalsbereiche wie Antrieb, Affektivität, Temperament, Triebe und Interessen lassen sich nur schwer zahlenmäßig (quantitativ) erfassen, weshalb die Auswertung der Persönlichkeitstests häufig nur nach *qualitativen* Gesichtspunkten erfolgt. Die bekanntesten Persönlichkeitstests sind: Fragebogentests, Neigungs- und Interessentests, Zeichentests und projektive Methoden.

Fragebogentests. Sie dienen dazu, bestimmte Persönlichkeitszüge der Versuchspersonen festzustellen, und sind nur zu einer groben Auslese geeignet. Am bekanntesten sind die Persönlichkeitsfragebogen von Eysenck. Der MMQ (Maudsley-Medical-Questionnaire) versucht bei der Versuchsperson *neurotische Tendenzen* zu eruieren. Dabei werden der Versuchsperson 38 Fragen vorgelegt, die mit Ja oder Nein zu beantworten sind und für Neurotiker typische Verhaltensweisen anzusprechen suchen. Der MPI (Maudsley-Persönlichkeits-Inventar) zielt auf die Erfassung der Persönlichkeitsdimensionen Neurotizismus und Extraversion ab. Der Fragebogen enthält 48 Fragen (je 24 für die beiden Dimensionen), die von der Versuchsperson mit Ja oder Nein zu beantworten sind. Viel angewandt wurde in den letzten Jahren das Freiburger Persönlichkeitsinventar (FPI), ein Fragebogentest, der eine Erfassung der Persönlichkeit auf mehreren Skalen (z.B. Nervosität, Aggressivität, Depressivität, Erregbarkeit) erlaubt. Als weitere Testverfahren sind zu nennen MMPI und HSPQ sowie 16PF.

Neigungs- und Interessentests. Neigungen und Interessen sind, wie wir noch sehen werden, psychische Kräfte, die wir in das Gebiet der *Motivation* rechnen. Sie haben als antreibende Momente wesentlichen Anteil an unseren Handlungen und sind deshalb auch zur Beurteilung der Persönlichkeit wichtig. Besondere Bedeutung haben sie in der Berufsberatung erlangt, bei der es darauf ankommt, einem jungen Menschen aufgrund seiner Fähigkeiten *und* Neigungen die Wahl eines geeigneten Berufes zu erleichtern. Nun könnte man einwenden, daß zur Erfassung von Neigungen und Interessen keine Tests nötig sind, denn man kann diese ja auch durch Befragen des Betreffenden herausbringen. Die Erfahrung zeigt jedoch, daß dieser Weg sehr häufig nicht zum Erfolg führt. Das liegt einerseits daran, daß in Neigungen und Interessen oft tieferliegende, zum Teil unbewußte Bedürfnisse und Handlungstendenzen zum Ausdruck kommen, über die der Proband keine Auskunft zu geben vermag, andererseits daran, daß man bei einer willkürlichen Befragung ja nur einen kleinen Sektor des Interessenspielraumes erfragen und dadurch echte Interessen übersehen kann. Bei der Berufswahl kommt noch hinzu, daß die meisten Jugendlichen nur unklare Vorstellungen von den einzelnen Berufsbildern haben und daß die von ihnen geäußerten Interessen deshalb unzuverlässig sind, weil sie von falschen oder unzulänglichen Voraussetzungen ausgehen.

Diese Schwierigkeiten versuchen die Neigungs- und Interessentests zu umgehen. Sie bestehen in der Regel aus Fragen nach einer Vielzahl von beruflichen Interessengebieten und tasten so ein weites Feld möglicher Neigungen ab. Die Fragen sind jeweils bestimmten Berufskategorien (z.B. technische Berufe, soziale Berufe, handwerkliche Berufe usw.) zugeordnet.

Zeichentests. Zeichnungen, die man zu diagnostischen Zwecken von einem Probanden anfertigen läßt, sollen nicht dessen Begabung im Zeichnen prüfen, sondern über gewisse Eigenschaften seiner Persönlichkeit Auskunft geben. Die häufigsten Zeichentests sind der *Mann-Zeichentest* und der *Baum-Zeichentest*. Ihre Anwendung, die sich vor allem im Kindesalter bewährt hat, geht von folgenden Hypothesen aus:

In einer Zeichnung drückt sich unabhängig von der Fähigkeit zur graphischen Darstellung der *Entwicklungsstand* eines Menschen (vor allem eines Kindes) aus. Analysiert man z.B. Mann-Zeichnungen von Kindern auf verschiedenen Altersstufen, so kann man feststellen, daß z.B. Kinder in der Regel erst ab vier bis fünf Jahren eine Hand mit fünf Fingern zeichnen.

Die Zeichnung spiegelt also bis zu einem gewissen Grad den Entwicklungsstand wider. Wovon ein Kind einen Begriff hat, das erscheint auch gewöhnlich in der Zeichnung.

In einer Zeichnung drücken sich gleichzeitig auch die „innere Befindlichkeit“ des Betreffenden und einzelne seiner Charaktereigenschaften aus. Es kann kein Zweifel sein, daß in Zeichnungen auch verschiedene seelische Regungen einfließen. Die Werke zahlreicher Künstler legen Zeugnis dafür ab, jedoch ist es für die psychologische Analyse ungemein schwierig, aus solchen graphischen Darstellungen, sofern es sich nicht um das Vorgehen der ersten Hypothese handelt, nähere Schlüsse zu ziehen.

Insgesamt muß man deshalb den Zeichentests, vor allem im Erwachsenenalter, mit Vorsicht begegnen. Man sollte sie nur in Verbindung mit verläßlicheren Untersuchungsinstrumenten auswerten und nie aus ihnen allein weitreichende Schlüsse ziehen.

Projektive Verfahren. Ein großer Teil der Persönlichkeitstests besteht aus sogenannten projektiven Tests. Unter Projektion versteht man das Übertragen (Hinausverlegen) von innerpsychischen Vorgängen (Erlebnissen, Gedanken, Stimmungen) in die Außenwelt.

Bei den projektiven Tests geht man nun so vor, daß man den Probanden Bilder vorlegt, die mehrdeutige Situationen zeigen oder vieldeutige Figuren und sie auffordert, eine Geschichte dazu zu erzählen bzw. die Figuren zu deuten. Die Hypothese ist dabei, daß der Proband in diese Geschichten oder Deutungen seine eigenen Probleme, Gedanken oder Stimmungen einfließen läßt, die dann Rückschlüsse auf seine Persönlichkeit erlauben. Die am meisten angewandten Projektionstests sind

der Rorschach-Test (Deutung vielgestaltiger Klecksfiguren),

der TAT (Thematischer Apperzeptionstest).

Beim Rorschach-Test wird die Versuchsperson aufgefordert, zehn teils grau-schwarze, teils mehrfarbige symmetrische Klecksfiguren zu deuten. Die Antworten werden nach bestimmten Kategorien ausgewertet. So wird z.B. der Erfassungstyp festgestellt, der ein Maß für die Art und Weise der Wahrnehmung ist oder der Erlebnistyp, der die Orientierung des Probanden an Farben bzw. Formen, Schattierungen und Bewegungen wiedergibt. Die einzelnen vom Probanden gegebenen Antworten werden in Form von Buchstabensymbolen signiert und dann prozentual auf die verschiedenen Auswertungskategorien verrechnet. Anschließend erfolgt die Deutung des Testergebnisses, die vom Untersucher sehr viel Erfahrung erfordert.

Der Test eignet sich gut zur Objektivierung von Gestaltwahrnehmungsstörungen und von Perseverationsverhalten, die man bei hirnorganischen Erkrankungen und bei der sogenannten epileptischen Wesensänderung findet.

Der TAT (Thematischer Apperzeptionstest) besteht aus einer Serie von schwarzweißen Tafeln, auf denen verschiedene thematisch unklare Szenen dargestellt sind. Die Tafeln werden dem Probanden mit der Aufforderung vorgelegt, eine Geschichte dazu zu erzählen. Da die Darstellungen jeweils diffus gehalten und mehrdeutig sind, fordern sie den Probanden recht intensiv zur projektiven Deutung auf. Ausgewertet wird der Test nach folgenden Kriterien: Hauptpersonen, Nebenpersonen und Identifikationspersonen des Probanden.

Der Test eignet sich gut zur Erfassung personaler Beziehungen, des Kontaktverhaltens und zur Eruierung familiärer Konfliktsituationen. Für Kinder im Vorschulalter existiert in Gestalt des CAT (Childrens

Apperception-Test) eine Testform, auf der anstelle von Menschen Szenen mit Tieren (Bären, Affen, Hunden, Hasen) abgebildet sind. Die Tiere befinden sich meist in menschlichen Räumen und üben auch menschliche Tätigkeiten aus. Die Auswertung erfolgt nach den gleichen Gesichtspunkten wie beim TAT.

Die beiden geschilderten Tests sollten nur als Beispiel für projektive Verfahren angeführt werden. Wir können auf die zahlreichen Projektionstests hier nicht näher eingehen. Natürlich haben die projektiven Verfahren auch ihre Grenzen. Das Hauptproblem dieser Methoden liegt darin, daß sie sich nur schwer standardisieren lassen, und daß es für die Deutung der Testergebnisse wenig zuverlässige Anhaltspunkte gibt.

Methoden der klinischen Psychologie

Die klinische Psychologie ist ein Teilgebiet der angewandten Psychologie. Ihre Aufgabe ist die Psychodiagnostik (s. S. 155) und die psychologische Krankenführung. Neben den bisher geschilderten testpsychologischen Untersuchungsmethoden hat sie einige eigenständige Verfahren entwickelt, auf die wir hier kurz eingehen wollen. Ausführlichere Informationen finden sich an anderer Stelle.

Gespräch und Exploration. Dies sind ohne Zweifel die in der Praxis am häufigsten angewandten Untersuchungsverfahren. Sie sind zugleich die Methoden, deren Ergebnisse dem Untersucher am sichersten erscheinen. Diese Sicherheit hinsichtlich der Beurteilung eines Probanden ist aber oft trügerisch. Wie verschiedene neuere Untersuchungen gezeigt haben, stimmen Urteile aus Gespräch und Exploration häufig nicht mit den Resultaten von Testuntersuchungen für den gleichen Propanden überein. Manche Psychologen, wie Eysenck, sind der Ansicht, daß der Explorator bei der Fülle von „Material“, das in einer Exploration anfällt, überfordert ist und häufig letzten Endes nicht den Probanden, sondern den Gesamtverlauf des Gespräches beurteilt. Trotz dieser Bedenken wird wohl kaum ein Arzt oder klinisch tätiger Psychologe auf eine Exploration verzichten können. Die Exploration soll ein geschickt geführtes Gespräch sein, das zugleich Einblick in den Ablauf der psychischen Funktionen des Probanden sowie in dessen Schwierigkeiten und Probleme ermöglicht.

Interview und Fragebogen. Die bei der Exploration vorhandenen Schwierigkeiten, die wir kurz erörtert haben, versucht man beim Interview und Fragebogen zu umgehen.

Klinisches Interview: Das klinische Interview, das in freier oder standardisierter Form angewandt wird, ist eine Methode, die einen bestimmten Perrsönlichkeitsbereich oder Problemkreis in gezielter Weise durch Fragen abzutasten versucht. Mittlerweile existieren eine ganze Reihe von standardisierten Interviews für einzelne Krankheitsbilder oder Problembereiche.

Fragebogen: Bei ihnen handelt es sich um „eine nach den Regeln der Testkonstruktion erstellte Liste von Feststellungen, die je nach Grad der Zustimmung mit vorgegebenen Alternativentscheidungen beantwortet werden müssen“ (Drever und Fröhlich). Im Gegensatz zum Interview sind sie also standardisiert und somit verläßlicher. Ihr Ziel ist jedoch das gleiche wie das des klinischen Interviews. Beispiele für Fragebogen in der klinischen Psychologie haben wir bereits kennengelernt (MMQ und MPI).

Biographische Anamnese. In der biographischen Anamnese versucht man, dem Verständnis eines seelisch bedingten Krankheitsbildes durch eine möglichst umfassende Analyse des bisherigen Lebenslaufes des Patienten näherzukommen. Dabei sollen Einzelheiten der *biologischen Entwicklung*, der Erlebnisgeschichte einschließlich individueller Krisenmomente, sowie der gegenwärtigen Vorstellungen, Haltungen und Handlungsweisen des Patienten in Erfahrung gebracht werden. Aus diesen Daten versucht man *Leitlinien* herauszuarbeiten, die die jetzige Situation des Kranken aus seinem bisherigen Werdegang begreiflich werden lassen. Eine gute biographische Anamnese läßt zugleich auch Anhaltspunkte für eine Psychotherapie oder ein erweitertes ärztliches Beratungsgespräch erkennen.

Statistische Methoden

Wir sind bereits des öfteren auf Probleme gestoßen, die statistische Methoden notwendig machten. Solche Probleme waren z.B. Fragen der Testkonstruktion oder die Bestimmung der Verläßlichkeit, mit der eine Nullhypothese zurückgewiesen werden kann. Je mehr sich die Psychologie mit der *quantitativen* Erfassung von Verhaltensweisen und Eigenschaften befaßt, um so nötiger braucht sie statistisches Rüstzeug. Dies liegt in der Natur psychologischer Gesetzmäßigkeiten. Diese lassen sich nämlich in der Regel nicht wie in weiten Bereichen der exakten Naturwissenschaften in Form von mathematischen Funktionen darstellen, sondern unterliegen dem statistischen Gesetz der Streuung.

Die Aufgaben der statistischen Methoden innerhalb der Psychologie sind vielfältig. Sie dienen einmal dazu, psychologische Gesetzmäßigkeiten möglichst exakt zu beschreiben, ferner die Ergebnisse von Experimenten auf ihre Zuverlässigkeit und Aussagekraft zu prüfen und schließlich dazu ein zahlenmäßig erarbeitetes Material (z.B. Testergebnisse oder die Daten von Experimenten) zu analysieren.

Statistische Beschreibung. Die wichtigsten Größen, die zur statistischen Beschreibung angewandt werden, sind der Mittelwert und die Standardabweichung. Der Mittelwert wird meist als sogenanntes arithmetisches Mittel berechnet, das ein Maß für denjenigen Meßwert einer Verteilung darstellt, für den die Summe der Abstände zu allen anderen Meßwerten gleich ist. Das arithmetische Mittel wird errechnet aus der Summe aller Meßwerte, dividiert durch die Zahl der Beobachtungen.

Die Standardabweichung gibt den Streuungsbereich des Mittelwertes an. Sie errechnet sich als Wurzel aus dem Mittelwert der quadrierten Abweichungen vom arithmetischen Mittel.

Die Standardabweichung wird bei allen Mittelwertsangaben stets mit angegeben. Wenn man z.B. die Angabe liest, der Intelligenzquotient einer Schulklasse von 12- und 13jährigen Schülern beträgt im Mittel 100 ± 15, so stellt hier der Wert 100 das arithmetische Mittel dar, während die zusätzliche Angabe ± 15 den Streuungsbereich angibt. Das bedeutet, daß die Intelligenz der Schüler zwischen den Intelligenzquotienten 85 und 115 schwankt.

Statistische Prüfung. Die statistischen Prüfverfahren dienen in erster Linie dazu, nach den Gesetzen der Wahrscheinlichkeitsrechnung den Vertrauensbereich für Messungen festzustellen. Eine wesentliche Rolle spielen hierbei die sogenannten Signifikanztests. Sie werden z.B. angewandt, wenn man wissen möchte, ob der Unterschied zwischen zwei Mittelwerten auch wirklich statistisch verläßlich ist. Mit Hilfe der Signifikanztests kann man dies prüfen und gleichzeitig auch die Höhe der möglichen Irrtumswahrscheinlichkeit feststellen.

Die einzelnen Methoden der statistischen Prüfung sind recht kompliziert; wir können hier nicht näher auf sie eingehen.

Statistische Analyse. Auch die Methoden der statistischen Analyse erfordern bereits umfangreiche methodische Kenntnisse, weshalb wir hier auf ihre Darstellung verzichten müssen. Sie dienen vielfach dazu, ein umfangreiches Datenmaterial durch bestimmte Umformungs- und Zerlegungsmethoden übersichtlicher zu machen bzw. zu vereinfachen.

Nervensystem und psychisches Geschehen

Seelisches Geschehen ist stets von Vorgängen in unserem Nervensystem begleitet. Denken, Fühlen, Wollen, Triebe, Interessen und Motive haben elektrische oder biochemische Abläufe im Gehirn zur unabdingbaren Voraussetzung. Der größte Teil dieser hirnphysiologischen Voraussetzungen des Seelenlebens ist uns aber noch unbekannt. Daß solche Vorgänge jedoch existieren, kann man leicht nachweisen. Jede Narkose zeigt uns, wie durch geringe Mengen bestimmter chemischer Substanzen unser Seelenleben lahmgelegt wird, der Genuß von Alkohol oder Halluzinogenen (= Substanzen, die Sinnestäuschungen erzeugen) kann in kurzer Zeit unser psychisches Erleben, unsere Wahrnehmung und unser Verhalten von Grund auf verändern. In diesem Kapitel werden wir uns nur kurz mit der Hirnanatomie befassen und den Schwerpunkt auf einige grundlegende Eigenschaften der Hirn*funktion* legen, deren Kenntnis für das Verständnis psychischer Vorgänge unerläßlich ist.

Aufbau des Nervensystems

Die Bauelemente des Nervensystems sind die Nervenzellen. Diese bestehen wie alle Zellen aus Zelleib und Zellkern, besitzen im Vergleich zu anderen Körperzellen aber noch Fortsätze, die *Dendriten*, die elektrische Impulse zur Zelle hinleiten, und die *Neuriten* (oder Axone), die Impulse von der Zelle wegleiten. Die Nervenzellen stehen durch ihre Fortsätze miteinander in Verbindung. Die Übergangsstellen zwischen Neuriten und Dendriten nennen wir *Synapsen*. Die Synapsen stellen für die Erregungen eine Art elektrischer Widerstand dar und lassen nur elektrische Impulse durch, die eine gewisse Intensität besitzen. Die *Funktionseinheit* von Nervenzelle, ihren Fortsätzen und Synapsen nennt man *Neuron*. Das Nervensystem ist aus einer Vielzahl solcher Neuronen aufgebaut. Betrachtet man ein durchgeschnittenes Gehirn oder Rükkenmark, so kann man bereits mit bloßem Auge grau gefärbte Bezirke von weißen unterscheiden. Die *graue Substanz* (so nennt man die grauen Bezirke) besteht vorwiegend aus den Zellkörpern, die *weiße Substanz* aus dem leitenden Gewebe, also aus den Fortsätzen der Nervenzellen. In der grauen Substanz werden Erregungen produziert oder wahrgenommen, in der weißen Substanz werden sie weitergeleitet.

Das Nervensystem kann man nach verschiedenen Gesichtspunkten einteilen. Die geläufigste Einteilung ist die nach topographischen Gesichtspunkten, die das *zentrale Nervensystem* (Gehirn und Rückenmark) von einem *peripheren Nervensystem* (dazu zählen alle Nervenelemente, die außerhalb von Gehirn und Rückenmark verlaufen) abtrennt. Die für unsere Betrachtungen wichtige weitere Einteilung des Gehirns geht aus Tab. **1** hervor. Auf weitere Einzelheiten können wir hier nicht eingehen.

Tabelle **1** Einteilung des Zentralnervensystems nach topographischen Gesichtspunkten

Endhirn (Telenzephalon)	Hirnrinde (Kortex) Basalganglien – Corpus striatum
Zwischenhirn (Dienzephalon)	Pallidium Thalamus Hypothalamus
Mittelhirn (Mesenzephalon)	Vierhügel Raute Großhirnschenkel
Hinterhirn (Metenzephalon)	Kleinhirn Brücke
Nachhirn (Myelenzephalon)	Verlängertes Mark

Funktionssysteme und Zentren

Außer der räumlichen Einteilung des Nervensystems bietet sich noch der Gesichtspunkt der *Funktion* als Einteilungskriterium an. Man kann nämlich bestimmte, an verschiedenen Stellen im zentralen oder peripheren Nervensystem gelegene Strukturen unter dem Gesichtspunkt einer einheitlichen Wirkungsweise zusammenfassen. Solche Strukturen nennen wir Funktionssysteme. Die wichtigsten sind:

- das motorische Funktionssystem (spezifisches efferentes System),
- das sensorisch-sensible Funktionssystem (spezifisches afferentes System),
- das unspezifische Funktionssystem (Antriebssystem) und das autonome oder vegetative Funktionssystem.

Motorisches Funktionssystem (spezifisches efferentes System)

Das motorische Funktionssystem leitet elektrische Impulse von den motorischen Zentren des Gehirns zu den peripheren Erfolgsorganen (d.h. zur Muskulatur). Alle unsere Bewegungen laufen über dieses System ab, wobei wir noch einmal untergliedern können in das *willkürliche motorische System* (Pyramidenbahn) und das *unwillkürliche motorische System* (extrapyramidales System). Ersteres ist die Leitungsbahn für die von dem motorischen Zentrum der Hirnrinde ausgehenden willkürlichen Impulse, letzteres die Bahn für die von den subkortikalen (= unterhalb der Hirnrinde gelegenen) Zentren ausgehenden *unwillkürlichen* Bewegungsimpulse. Der größte Teil der motorischen Bahnen verläuft gekreuzt, d.h., für die Bewegungen der rechten Körperhälfte liegen die Zentren in der linken Hirnhälfte und umgekehrt.

Das motorische Funktionssystem hat eine gewisse Bedeutung für das Lernen. Neuerlernte Bewegungen verlaufen zunächst immer über das willkürliche motorische System (Pyramidenbahn) ab. Sind sie jedoch gut eingeübt, so werden sie automatisiert und an das unwillkürliche motorische System (extrapyramidales System) abgegeben. Alle unsere täglichen „Routinebewegungen" wie Gehen, Gesten, Mienen und Gebärden laufen unwillkürlich über dieses System ab.

Sensorisch-sensibles Funktionssystem (spezifisches afferentes System)

Die Richtung der nervösen Leitung dieses Nervensystems ist der des motorischen entgegengesetzt, d.h. die elektrischen Impulse fließen von der Peripherie zur Zentrale Gehirn. Deshalb nennt man es auch afferentes System. Es leitet Impulse aller „Aufnahmeorgane", wie Rezeptoren der Haut oder Sinnesorgane (Sehen, Hören, Riechen, Schmecken usw.). Als Empfindungen oder Wahrnehmungen (s.S. 27) werden uns diese Impulse bewußt, sobald sie ihre Endstation, das sogenannte sensible Zentrum in der Hirnrinde, erreicht haben.

Unspezifisches Funktionssystem (Antriebssystem; Abb. 2)

Die bisher besprochenen Systeme haben wir als spezifische Systeme bezeichnet. Das hat seinen Grund darin, daß sie jeweils scharf umrissene Funktionen wie Bewegungsimpulse, Sinnesempfindungen oder Wahrnehmungen leiten bzw. zu solchen führen. Nun geben aber die beiden beschriebenen spezifischen Systeme auch unspezifische Impulse, d.h. nicht mit streng umgrenzten Empfindungsqualitäten „versehene" Erregungen an weite Teile eines den Hirnstamm durchziehenden Gewebes, das sogenannte unspezifische Funktionssystem oder Antriebssystem, ab. Man bezeichnet es auch noch als Formatio reticularis. Dieses System ist also eine Sammelstelle für die verschiedensten efferenten und afferenten Impulse, die dort vermutlich in einer bisher unbekannten Form „gemischt" oder verarbeitet werden, und wiederum einen Impulsstrom, der ununterscheidbar verschiedene Erregungen enthält, an die Hirnrinde schickt. Dieser Impulsstrom hat auf die Hirnrinde eine tonisierende Wirkung und ermöglicht erst die Funktion der spezifischen

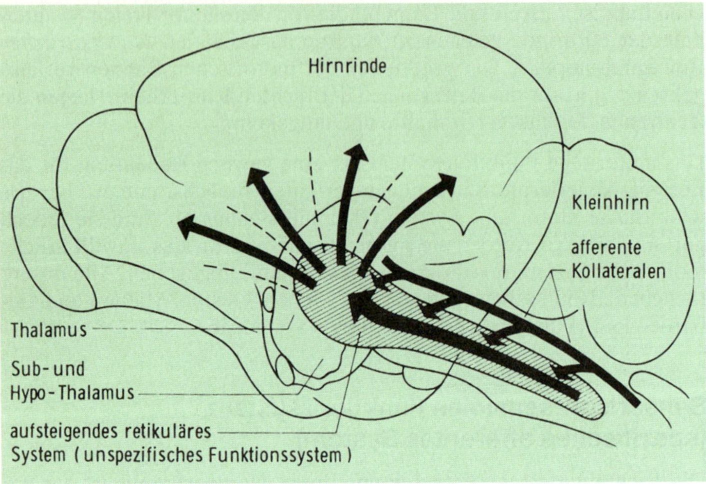

Abb. **2** Aufsteigendes retikuläres System (unspezifisches Funktionssystem).

Systeme. Das unspezifische System ist der Regulator unseres Antriebs. Im Zustand des Schlafes ist es am wenigsten aktiv, im Zustand angestrengter Aufmerksamkeit und Konzentration am aktivsten. Sein Aktivitätsgrad hängt aber nicht nur von Impulsen ab, die von außen kommen, sondern auch von „Innenreizen“, d.h. von nervösen Erregungen des Zentralorgans, wie sie z.B. Gedanken oder Gefühle darstellen. Diese Tatsache erklärt auch den Umstand, weshalb wir bei Fehlen von Außenreizen und gleichzeitigem Nachdenken oder Grübeln nicht einschlafen können. Es entsteht dabei nämlich ein Kreisprozeß von Erregungen, die vom Kortex (Rinde) zum Antriebssystem, von diesem wieder zum Kortex usw. fließen. Man kann daraus gleichzeitig ersehen, daß gedankliche Prozesse das Aktivitätsniveau anheben. Den Grad des Aktivitätsniveaus (auch Vigilanz genannt) kann man annäherungsweise durch Registrierung der Hirnströme im EEG bestimmen.

Autonomes (vegetatives) Funktionssystem

Das vegetative Nervensystem wird auch als autonom bezeichnet, weil es unserem Willen nicht unterworfen ist und eigenständig seine Funktionen ausführt. Diese bestehen in der Regulation des Zusammenspiels zwischen der glatten Muskulatur verschiedener Organe und den endokrinen Drüsen. Das autonome Funktionssystem ist ein Teil des peripheren Nervensystems. Es reguliert alle ohne unser willentliches Zutun automatisch funktionierenden Organe wie Herz, Lunge, Magen-Darm-

Trakt, Blutgefäßsystem usw. Da es kortikalen Einflüssen nicht unterliegt, zeigen sich gefühlsbetonte Reaktionsweisen bevorzugt in vegetativen Erscheinungen. So wird, wenn wir uns aufregen, unser Pulsschlag schneller, die Nebenniere schüttet Adrenalin aus, die Blutgefäße verändern ihre Weite, wir beginnen zu schwitzen, unter Umständen bekommen wir auch plötzlich Durchfall. Es wäre jedoch ein Trugschluß, die Reaktionen des vegetativen Nervensystems als spezifische Äußerungsformen von Gefühlen anzusehen. Es wird bei allen autonomen Funktionen erregt und zeigt in emotional besetzten Situationen eine so starke Aktivität, weil es kortikalen Einflüssen nicht unterliegt.

Innerhalb des vegetativen Nervensystems kann man nun zwei antagonistisch (gegenteilig) wirkende Untersysteme unterscheiden, den Sympathikus und den Parasympathikus. Ersterer hat im allgemeinen antreibende und aktivierende Wirkung, letzterer hemmende und auf Ruhestellung abzielende Wirkung. Einzelheiten können in den Lehrbüchern der Anatomie und Physiologie nachgelesen werden.

Zentren

Wir haben bereits gehört, daß man bestimmte Gehirnfunktionen in begrenztem Umfang lokalisieren kann. So nehmen die motorischen Reaktionen ihren Ausgang vom motorischen Zentrum der Hirnrinde, die sensiblen enden in der sensiblen Rindenregion. Für die sensorischen Funktionen gibt es eigene Zentren wie das Hörzentrum, das Sehzentrum usw. Die Wichtigkeit dieser Zentren wird am deutlichsten, wenn sie durch irgendeine Schädigung (z.B. Tumor, Verletzung) zerstört werden. Es kommt dann zu Ausfallserscheinungen, im Falle einer Schädigung des Sprachzentrums zu einer Aphasie (näheres s. Arns/Jochheim/Remschmidt).

Man darf sich jedoch ein Zentrum nicht als einen Hirnbezirk vorstellen, dessen Vorhandensein *ausschließlich* und *alleine* für eine bestimmte Hirnfunktion, z.B. fürs Sehen, verantwortlich ist. Neben den Zentren sind noch eine ganze Reihe von Hirnstrukturen am Zustandekommen und am Erkennen, beispielsweise von Sinneseindrücken, beteiligt. Das bedeutet, daß eine Hirnfunktion, auch bei Schädigung des für sie zuständigen Zentrums, nicht immer ausfallen muß. Darüber hinaus gibt es Funktionen wie z.B. die Motorik, die Sensorik oder die Sprache, die sich relativ gut in Form von Zentren lokalisieren lassen, jedoch auch andere wie das Bewußtsein, das Denken oder das Wollen, die sich nur sehr schwer bzw. überhaupt nicht in Form einer bestimmten Hirnregion räumlich abgrenzen lassen.

Eingedenk dieser Tatsachen können wir in Anlehnung an Rohracher ein Zentrum definieren als einen Bezirk von Ganglienzellen, deren Erregung für das Zustandekommen einer bestimmten körperlichen oder seelischen Funktion von entscheidender Bedeutung ist. Einige Hirnregionen geben, was ihre Funktion betrifft, noch erhebliche Rätsel auf. Dazu gehören die *präfrontalen*, vor den motorischen Zentren des Stirnlappens gelegenen Felder und gewisse Gebiete des Scheitel-, Schläfen- und Hinterhauptlappens. Ersteren schreibt man eine gewisse Bedeutung beim Zustandekommen der sogenannten höheren seelischen Funktionen (z.B. ethisches Verhalten) zu, letztere sollen mit den intellektuellen Funktionen zu tun haben.

Hirnelektrische Aktivität, Schlaf und Traum

Elektroenzephalogramm (EEG)

Wir haben bereits mehrfach darauf hingewiesen, daß alle Hirnprozesse mit elektrischen Vorgängen vergesellschaftet sind. Die oberflächlichen, also rindennahen dieser elektrischen Vorgänge kann man im EEG registrieren. Das EEG wird mit Hilfe aufgesetzter Elektroden von verschiedenen Punkten der Schädelkalotte abgeleitet, wobei einzelne Hirnregionen jeweils charakteristische Bilder zeigen. Die einzelnen im EEG auftretenden Wellen werden nach ihrer Frequenz in vier Gruppen eingeteilt:

Bezeichnung	Frequenz
Deltawellen	bis 3/s
Thetawellen (Zwischenwellen)	4 bis 7/s
Alphawellen	8 bis 12/s
Betawellen	über 13 bis 30/s

Im Wachzustand, bei geschlossenen Augen, herrschen beim Erwachsenen die Alphawellen vor, die besonders gut im Bereich des Hinterhauptlappens ausgeprägt sind. Öffnet die untersuchte Person die Augen, so werden die Alphawellen unterbrochen, bei erneutem Augenschluß treten sie wieder auf.

Im Zustand der Müdigkeit oder im Schlaf ändert sich das Wellenbild des EEG grundlegend. Es treten zunehmend langsamere Frequenzen, z.B. Theta- oder Deltawellen auf.

Die diagnostischen Möglichkeiten des EEG erstrecken sich vor allem auf die Erkennung von Anfallsleiden, die Diagnostik von raumfordernden Prozessen sowie auf Intoxikationen durch Medikamente. Das Eingehen auf diese Fragen würde hier zu weit führen. Für unseren Zusammenhang interessieren in erster Linie die Beziehungen zwischen den hirnelektrischen Vorgängen und dem Schlaf bzw. dem Traum.

Schlaf

Am Beispiel des Schlafes kann man die Wirkungsweise und das Zusammenspiel der verschiedenen nervösen Funktionssysteme sehr gut aufzeigen. Von zentraler Bedeutung ist zunächst das unspezifische Funktionssystem, dessen Aktivitätsniveau im Schlaf sozusagen auf Sparflamme geschaltet ist. Da der Aktivitätsgrad dieses Systems, wie wir gehört haben, von der Zufuhr äußerer und innerer Reize abhängt, tritt der Schlaf am leichtesten ein, wenn möglichst wenige dieser Reize wirksam sind, d.h. im Zustand der Ruhe, der Abschirmung von der Außenwelt und bei geringen emotionalen (also inneren) Reizen. Außerdem erfolgt im Schlaf eine grundlegende Umstellung innerhalb des *vegetativen Funktionssystems*. Der Tonus des anfeuernden Sympathikus wird herabgesetzt und der des zügelnden, Energie sparenden und die Erholung fördernden Parasympathikus nimmt zu. Dadurch kommt es zu einer Erschlaffung der Muskulatur, einer Herabsetzung der Atem- und Pulsfrequenz, zu einer Senkung des Blutzuckerspiegels, einer Funktionseinschränkung verschiedener Drüsen, kurzum zu einer Verlangsamung sämtlicher Stoffwechselvorgänge.

Im *EEG* zeigt sich die im Schlaf erfolgende tiefgreifende Umstellung in einer Frequenzverlangsamung vom Alpha- zum Deltarhythmus. Auch den allmählichen Übergang vom Wach- in den Schlafzustand kann man im EEG verfolgen. Man kann mehrere Schlafstadien unterscheiden und so durch die EEG-Veränderungen Rückschlüsse auf die Tiefe des Schlafes ziehen.

Eine andere Möglichkeit, die *Tiefe des Schlafes* zu bestimmen, beteht darin, die Stärke von Reizen zu messen, die gerade notwendig sind, um einen Schlafenden zu wecken. Die Stärke solcher zum Wecken des Betreffenden gerade notwendigen Reize (Weckschwelle) ist nicht während des ganzen Schlafes gleich. Die Verhältnisse gehen aus Abb. **3** hervor.

Wie man aus ihr entnehmen kann, ist die Weckschwelle in den ersten beiden Stunden des Schlafes am höchsten, d.h., die Schlaftiefe ist am größten. Etwa ab der zweiten Stunde nimmt die Schlaftiefe langsam wieder ab. Die Abbildung zeigt zugleich auch den Unterschied zwischen einem guten und einem schlechten Schläfer sowie das Verhalten des Delta-Index im EEG und die Art der vegetativen Steuerung während des Schlafes.

Traum

Neurophysiologische Aspekte des Traums. Ein Großteil aller Menschen kann zuweilen über Träume berichten. Es gibt nur wenige, die angeblich nicht träumen. Ob dies wirklich so ist, läßt sich nicht prüfen. Denkbar ist genauso, daß diese Menschen sich nicht mehr an ihre Träume erinnern.

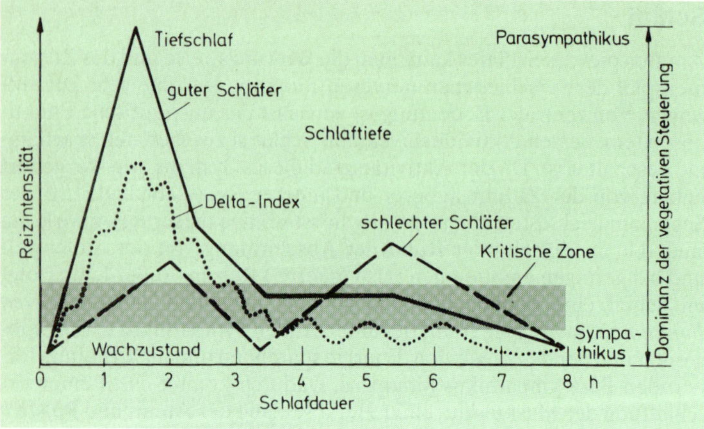

Abb. **3** Die Schlaftiefefunktion bei guten und schlechten Schläfern (aus *Hofstätter, P.R.:* Psychologie. Fischer, Frankfurt 1981).

Rund 42% der Frauen und 23% der Männer können sich ihrer Träume entsinnen. Aber auch die Erinnerung an Träume muß als ziemlich unzuverlässig bezeichnet werden, denn einerseits haben wir kaum eine vollständige Erinnerung an das Traumerleben, so daß schon dadurch der Trauminhalt bereits verändert werden kann; andererseits erleben wir im Traum infolge der vorwiegend bildhaften „Traumsprache" vieles gleichzeitig, was wir, wenn wir einen Traum erzählen, in eine *zeitliche Reihenfolge* bringen müssen. Auch dadurch können eine Reihe von Verfälschungen der Trauminhalte entstehen.

Wann träumen wir, und wie lange träumen wir? Um diese Fragen zu beantworten, hat man eine elegante EEG-Methode entwickelt. Man registriert neben den Hirnströmen zusätzlich mit besonderen Elektroden die Augenbewegungen von Schlafenden. Weckt man nun einen Schlafenden sofort nach dem Auftreten dieser schnellen Augenbewegungen (sogenannte REM-Phasen)*, so zeigt sich, daß er unmittelbar vorher geträumt hatte. Die REM-Phasen sind also ein Hinweis auf das Vorhandensein von Träumen. Dies hat man durch statistische Untersuchungen beweisen können. Da man die REM-Phasen praktisch ausschließlich in Zeiten leichten Schlafes beobachtet, kann man folgern, daß Träume ebenfalls nur in diesen Zeitabschnitten auftreten (vgl. Abb. **3**). Man nimmt an, daß der Mensch rund ein Viertel seiner Schlafzeit träumt, die durchschnittliche Dauer der Träume wird von manchen

* REM = rapid eye movement

Untersuchern mit wenigen Sekunden, von anderen mit einer Zeitspanne zwischen 10 und 15 Minuten angegeben. Auch der Frage der Erinnerung an Träume ist man mit dieser Methode nachgegangen, wobei man feststellen konnte, daß die Erinnerung überaus rasch verschwindet. So kann sich ein Proband, den man häufig im zeitlichen Abstand von etwa acht Minuten nach einer REM-Phase weckt, nur in 5% der Fälle an seine Träume erinnern. Im „Traumdenken" herrschen optische und akustische Sinneseindrücke vor. Das „Traumdenken" ist ein ganz anderes Denken als das Denken im Wachzustand. Es ist beherrscht von Bildern und Symbolen.

Tiefenpsychologische Aspekte des Traums. Von einer ganz anderen Seite nähert sich die *Tiefenpsychologie* dem Traumgeschehen. Hier kommt es weniger auf die bisher geschilderten *funktionellen* oder *formalen* Bedingungen des Traums an, sondern auf die Traum*inhalte* und ihre Beziehungen zum Unbewußten. Der Traum ist für die Tiefenpsychologen und Psychoanalytiker der ideale Zugangsweg zum Unbewußten. Ihren Ausgangspunkt nahm die tiefenpsychologische Analyse von Freuds Werk „Traumdeutung" (1900). Er betrachtet in diesem Buch den Traum unter verschiedenen Gesichtspunkten, die wir in Form einiger knapper Thesen wiedergeben:

Der Traum ist der Hüter des Schlafes dadurch, daß er „verbotene Triebregungen" in verschlüsselter Form ausdrückt.

Man muß unterscheiden zwischen dem *manifesten Traum* (verkleidete Triebregungen) und den sogenannten *latenten Traumgedanken*, die die Triebregungen unverhüllt zum Ausdruck bringen.

Eine *Zensur* genannte Kontrollinstanz sorgt dafür, daß die mit den moralischen Richtlinien nicht zu vereinbarenden Regungen (latente Traumgedanken) in Form von Symbolen verkleidet werden. Den dazu notwendigen Umformungsprozeß nennt Freud *Traumarbeit*.

An die hinter dem manifesten (verschlüsselten) Traum steckenden Triebregungen kann man durch die Methode der *Assoziation* zu *Traumelementen* herankommen. Dabei wird der Proband aufgefordert, alles, was ihm zu einem Traumbruchstück einfällt, ohne jedes Nachdenken und ohne Deutungsversuch vor dem Therapeuten auszusprechen.

Eine weitere Methode zur Aufdeckung verschlüsselter Triebregungen ist die Deutung von Traumsymbolen, die nach psychoanalytischer Ansicht meist sexuelle Inhalte haben. Solche Symbole sexuellen Inhalts findet man auch bei vielen Naturvölkern.

Traumtheorien. Die Traumtheorien versuchen zu erklären, warum wir träumen. Bereits die Ausführungen über die tiefenpsychologischen Aspekte des Traumes beinhalten eine Art Traumtheorie. Man könnte sie als Wunscherfüllungstheorie bezeichnen.

Eine andere These versucht, den Traum als Kompensation einer sensorischen Leere während des Schlafs zu erklären. Aus Experimenten mit Menschen, denen alle Sinnesreize entzogen wurden, weiß man, daß dies zu schweren psychischen Störungen und zu psychopathologischen Erscheinungen wie Halluzinationen führen kann. Daraus hat man abgeleitet, daß das wache Gehirn eines bestimmten Reizniveaus und einer gewissen Anregung bedarf, um voll funktionstüchtig zu sein. Man vermutet, daß derlei Anregungen auch im Schlaf notwendig sind. Diese Funktion soll der Traum erfüllen, der dem Gehirn während des reizarmen Schlafs in immer wiederkehrenden Traumzyklen Reize zuführt. Daß unser Gehirn auch die Träume braucht, kann man daraus ersehen, daß ein systematisches Verhindern von Traumerlebnissen bei den Betreffenden zu psychischen Störungen, Unruhe und Nervosität führt. Man kann einen Traumentzug z.B. dadurch erreichen, daß man ein EEG ableitet und den Probanden jeweils bei Auftreten der sogenannten REM-Phasen, die ja ein Indikator für Träume sind, aufweckt. Versuche dieser Art zeigten, daß Probanden, die man am Träumen hinderte, nach den Entzugsnächten sehr viel häufiger träumten als in normalen Schlafnächten. Sie holten also die ihnen entzogenen Träume gewissermaßen nach.

Grundlagen der Psychologie

Allgemeine Psychologie

Kognitive Psychologie

Erkenntnis betreffend

Wahrnehmung

Einführung und Begriffe

Die Wahrnehmung ist ein bewußter psychischer Vorgang, durch den wir Informationen aus unserer Umwelt (äußere Wahrnehmung) oder aus unserem Körper (innere Wahrnehmung) erhalten. Zu Informationen aus der Umwelt gelangen wir über die Sinnesorgane, zu solchen aus dem Körper über die körpereigenen sensiblen Systeme (Schmerzempfindung, Temperaturempfindung, Tiefensensibilität usw.). Der Ausdruck Wahrnehmung umfaßt alle Vorgänge, die zu einer bewußten Aufnahme von Eindrücken, zu einer motorischen oder sprachlichen Reaktion oder zu einem Erkennungs- und Entscheidungsvorgang führen. Daraus geht hervor, daß die Wahrnehmung kein isolierter Vorgang ist, sondern daß Erfahrung, Gedächtnis und Lernen unsere Wahrnehmungen mitbestimmen und so zu Wegbereitern für Erkennungs-, Entscheidungs- und Handlungsvorgänge werden.

Unsere Sinnesorgane, die Werkzeuge der Wahrnehmung, nehmen aber noch keine fertigen Wahrnehmungen, sondern lediglich Empfindungen auf. Die Wahrnehmung ist ein komplizierterer Vorgang, der zur Voraussetzung hat, daß ein Gegenstand, ein Geräusch, ein Geruch oder Geschmack usw. aufgrund eines bereits vorhandenen Erinnerungsbildes *erkannt* wird. Ein schwieriges Problem bei den Wahrnehmungsvorgängen ist die Tatsache, daß unsere Sinnesorgane ja nur chemische oder physikalische Gegebenheiten (etwa Schallwellen oder Lichtwellen) registrieren, wir aber als Endprodukt der Wahrnehmungsvorgänge Gegenstände, Ereignisse oder Lebewesen registrieren. Auf welche Weise diese Umsetzung von chemischen oder physikalischen Reizen in Wahrnehmungen geschieht, versuchen die *Wahrnehmungstheorien* zu erklären, auf die wir noch eingehen werden. Angesichts dieser Sachverhalte können wir nach Rohracher Wahrnehmung zusammenfassend definieren als „komplexe, aus Sinnesempfindungen und Erfahrungskomponenten bestehende psychische Erscheinung, deren Inhalt im Raum lokalisiert wird und dadurch zur Auffassung von Gegenständen der Außenwelt führt". Dieser Definition möchten wir noch einen Gesichtspunkt hinzufügen, nämlich den, daß die Wahrnehmung darüber hinaus noch der Vorbereitung von Handlungen dient. Die Bedeutung dieses Phänomens werden wir gleich kennenlernen.

Reiz, Empfindung, Wahrnehmung, Reaktion

Alle unsere Wahrnehmungen nehmen ihren Ausgang von einem Reiz. Ein solcher Reiz (salzige Lösung, Lichtwellen, Erschütterung usw.) erregt unsere Sinnesorgane. Diese leiten ihre Erregung in Form von elektrischen Impulsen in den spezifischen afferenten Systemen zum entsprechenden Zentrum, wo sie als Empfindungen registriert werden. Damit aus den Empfindungen jedoch Wahrnehmungen werden, müssen noch Vermittlungsprozesse (z.B. Vergleich mit Erinnerungen an ähnliche Empfindungen) hinzutreten. Die Vermittlungsprozesse führen also einerseits zu den Wahrnehmungen und bereiten andererseits zugleich die auf die Wahrnehmung folgende Reaktion vor. Damit ist der zweite wesentliche Aspekt der Wahrnehmung angeschnitten, nämlich der efferente Aspekt. Wahrnehmungen sind also nicht nur aus der Peripherie kommende Abbildungsvorgänge unserer Umwelt, die nur der Erkenntnis dienen, sondern sie sind stets zugleich eine Vorbereitung für Handlungen (Reaktionen).

Diese Handlungen müssen allerdings nicht sofort erfolgen. Die Zeitspanne zwischen Wahrnehmung und Reaktion kann verschieden groß sein, oft ist sie so ausgedehnt, daß man den Zusammenhang zwischen Wahrnehmung und Reaktion gar nicht mehr erkennt. Wahrnehmungen, die erfolgen, ohne eine Reaktion nach sich zu ziehen, machen das aus, was wir *Wissen* nennen. Wissen hat also Wahrnehmungen zur Voraussetzung, die zunächst nicht zu Handlungen führen, die also vorerst nicht gebraucht werden.

Die verschiedenen Wahrnehmungssysteme

Die verschiedenen Reize, die von der Peripherie zum Gehirn geleitet werden, benutzen je nach Sinnesqualität verschiedene afferente Systeme, auf die wir nun kurz eingehen wollen. Wir sind gewohnt, die Systeme, über die letztlich Wahrnehmungen entstehen, als Sinne bzw. Sinnesleitungen zu bezeichnen.

Gesichtssinn. Das Aufnahmeorgan für den adäquaten Reiz des Auges, für Lichtwellen, ist die Netzhaut. Diese besteht, neben anderen Zellgruppen, aus zwei wesentlichen Funktionseinheiten, den *Zapfen* und den *Stäbchen*.

Die Zapfen (sie bestehen aus etwa 7 Millionen Zellen) konzentrieren sich um den zentralen Bezirk der Netzhaut, den sogenannten gelben Fleck (Fovea) und sind für das Sehen bei starker Beleuchtung sowie für das Farbensehen verantwortlich.

Die *Stäbchen* (sie umfassen etwa 130 Millionen Zellen) sind vorwiegend in der Peripherie der Netzhaut zu finden und sind für das Sehen bei Dämmerung zuständig.

Die auf die Netzhaut treffenden Lichtwellen verändern zwei in der Netzhaut vorhandene chemische Substanzen (Jadopsin in den Zapfen, Rhodopsin in den Stäbchen); dadurch entstehen elektrische Erregungen, die über die Sehbahn zum Sehzentrum im Hinterhauptslappen des Gehirns weitergegeben und dort wahrgenommen werden. Beim Übergang von heller Beleuchtung in die Dunkelheit spielt sich in unserem Sehorgan der Vorgang der *Adaptation* ab. Ihm entspricht in unserem Erleben der Sachverhalt, daß wir nach einer Weile der Eingewöhnung auch in ziemlicher Dunkelheit wieder zu sehen beginnen. Bei der Adaptation nimmt die Reizempfindlichkeit von Zapfen und Stäbchen zu (zunächst die der Zapfen, dann die der Stäbchen). Eine zusätzliche Rolle dabei spielt auch noch die Veränderung der Pupillenweite, die bei Dunkelheit zunimmt. Nimmt umgekehrt die Helligkeit wieder zu, so tritt zum in der Dämmerung vorhandenen Stäbchensehen (Empfindungsmaximum im Blau-Grün-Bereich) das Tagessehen (Zäpfchensehen) hinzu, dessen Empfindlichkeitsmaximum im Gelb-Grün-Bereich liegt. Diese Erscheinung, d.h., die Veränderung der Farbwahrnehmung in Abhängigkeit von der Hell-Dunkel-Adaptation, bezeichnen wir als Purkinjesches Phänomen. Es erklärt z.B., weshalb uns in der Dämmerung wahrgenommene Objekte bläulich-violett erschienen.

Gehörsinn und Gleichgewichtssinn. Unser Gehör hat verschiedene Aufgaben: Wahrnehmung von *Richtungen*, Wahrnehmung von *Tonhöhen* (Frequenzen), Wahrnehmung von *Lautstärken* (Intensitäten). Die Maßeinheit für die Frequenzen ist das Hertz (Anzahl der Schwingungen pro Sekunde), die Maßeinheit für die Intensität ist das *Phon* oder *Dezibel.*

In Abb. **4** ist die Hörfläche des Menschen angegeben. Die Abszisse zeigt die Frequenz an, die Ordinate am rechten Bildrand die Lautstärke in Phon, die Ordinate am linken Bildrand den Schalldruck in Mikrobar. Wie aus der Abbildung hervorgeht, umfaßt das menschliche Gehör Frequenzen von 10 000 bis 20 000 Hz und Intensitäten bis zu etwa 120 Phon.

Der *Gleichgewichtssinn* registriert Lageveränderungen des Körpers und leitet sie in zentripetaler Richtung weiter. Er besteht aus den drei aufeinander senkrecht stehenden Bogengängen, die im Innenohr lokalisiert sind, durch die Bewegungen der Endolymphe auf Änderungen der Körperlängsachse sehr fein reagieren und auf diese Weise die Orientie-

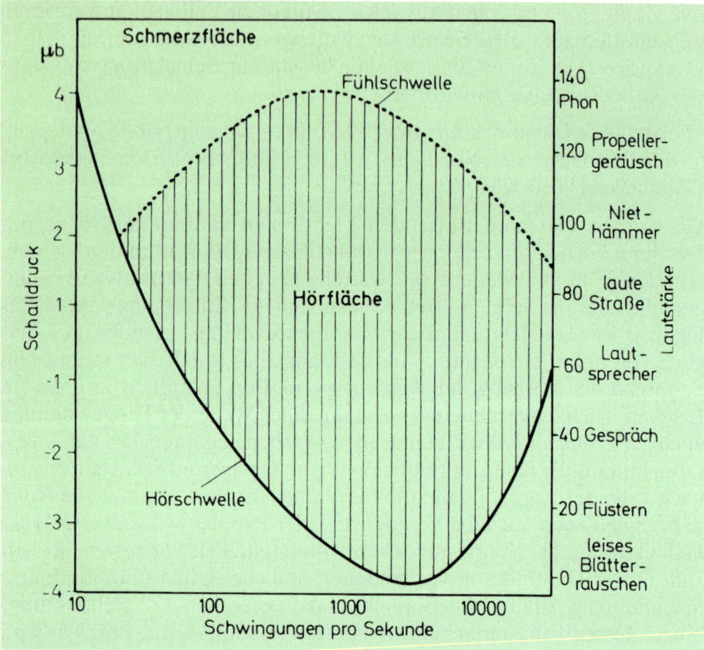

Abb. **4** Die Hörfläche des Menschen (aus *Hofstätter, P.R.:* Psychologie. Fischer, Frankfurt 1981).

rung im Raum steuern. Darüber hinaus ist das Gleichgewichtsorgan auch für die Regulation gewisser motorischer Funktionen (über Haltungs- und Stellreflexe) verantwortlich.

Chemische Sinne. Unter dem Begriff chemische Sinne faßt man Geruchs- und Geschmackssinn zusammen. Von Bedeutung für die Psychologie ist vor allem das Riechen, das unter dem Terminus „limbisches System" mit dem emotionalen Verhalten von Mensch und Tier in Verbindung gebracht wird.

Auf Einzelheiten der Funktion verschiedener Wahrnehmungssysteme können wir hier nicht eingehen, sie gehören in das Gebiet der Physiologie.

Wahrnehmungsgesetze

Wir haben gehört, daß die Wahrnehmung letztlich dazu dient, eine Anpassung des Individuums an seine Umwelt zu garantieren. Deshalb ist es auch sehr sinnvoll, Wahrnehmungsvorgänge als Vorbereitungen für Handlungen aufzufassen. Die Wahrnehmungen unterliegen aber gewissen Gesetzmäßigkeiten, die wir nun besprechen wollen. Wir verstehen unter diesen Wahrnehmungsgesetzen Regeln und Gesetzmäßigkeiten, die *Ordnung* in unser Wahrnehmungsfeld bringen oder, anders ausgedrückt, die unser Wahrnehmungsfeld *strukturieren*. Die Ordnung in einem Wahrnehmungsfeld hängt sowohl von *angeborenen* als auch von *erworbenen* Fähigkeiten des Organismus ab.

Für die Wirksamkeit angeborener Faktoren bei der Wahrnehmung sprechen viele Untersuchungen aus der Verhaltensforschung. Am bekanntesten wurden die Untersuchungen von K. Lorenz über das sogenannte angeborene Auslöserschema.

Der Anblick eines Säuglings, eines jungen Tieres usw. (vgl. Abb. **5**) ruft, unabhängig von ihrer Vorerfahrung, bei allen Menschen gleiche Handlungstendenzen, nämlich „Beschützen, Bemuttern, Pflegen" hervor. Wir finden solche Lebewesen „herzig", „süß" und möchten sie am liebsten streicheln oder ihnen andere Liebkosungen entgegenbringen. Die-

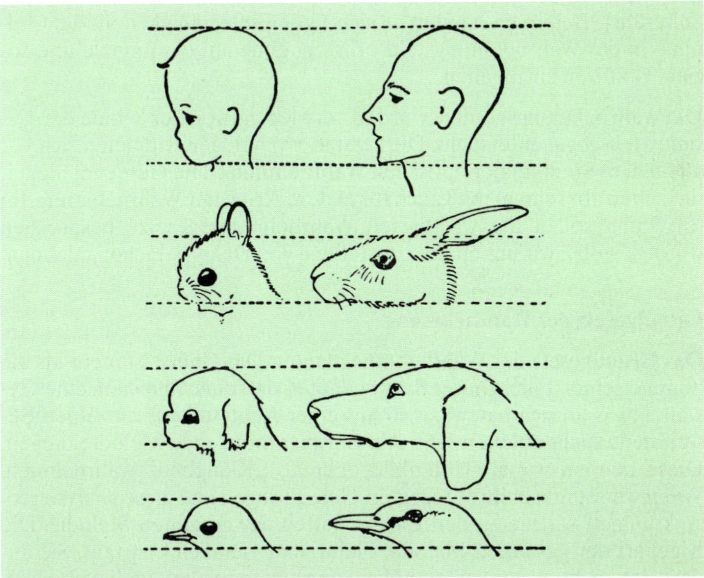

Abb. **5** Das „Kindchenschema" des Menschen. Links: als „herzig" empfundene Proportionen; rechts: nicht den Brutpflegetrieb aktivierende Verwandte (aus *Lorenz, K.:* Die angeborenen Formen möglicher Erfahrung. Z. Tierpsychol. 5 [1943] 235–409).

ses Beispiel zeigt deutlich wie kaum ein anderes, wie Wahrnehmungen zugleich Vorstufen von Handlungen sind.

Andererseits spielen bei vielen Wahrnehmungsvorgängen, z.B. bei der optischen Orientierung in der Umwelt, unzweifelhaft auch *erworbene* Mechanismen eine Rolle. Diese werden im Laufe der kindlichen Entwicklung erlernt. Durch Untersuchungen an blindgeborenen Menschen, die erst später durch operative Eingriffe sehend gemacht wurden, konnte man feststellen, daß es ihnen sehr schwer fiel, Ordnung in ihr Wahrnehmungsfeld zu bringen. Besondere Schwierigkeiten bereitete ihnen die Unterscheidung ähnlicher Gegenstände und das Heraussuchen von bestimmten Dingen aus einer größeren Anzahl anderer Sinneseindrücke.

Gemäß den beiden bisher skizzierten Betrachtungsweisen der Wahrnehmung als vorwiegend durch angeborene Mechanismen gesteuerten Vorgängen oder durch Lernen können wir *nativistische* von *empiristischen* Wahrnehmungstheorien unterscheiden, auf die später noch eingegangen werden soll.

Die Wahrnehmungsgesetze bleiben von diesen Theorien weitgehend unberührt. Bei ihnen handelt es sich um Gesetzmäßigkeiten, die Ordnung in das Wahrnehmungsfeld bringen, ohne auf emotionale und soziale Faktoren einzugehen.

Die Wahrnehmungsgesetze wurden vorwiegend von der Schule der *Gestaltpsychologie* untersucht. Die Gestaltpsychologen widmeten sich vor allem dem Studium der optischen Wahrnehmung. Die Gesetzmäßigkeiten gelten aber sinngemäß auch für andere Arten der Wahrnehmung. Im folgenden sollen die wichtigsten Wahrnehmungsgesetze besprochen werden, wobei wir uns an die Darstellung von Delay u. Pichot anlehnen.

Grundgesetz der Wahrnehmung

Das Grundgesetz der Wahrnehmung lautet: Das Ganze ist mehr als die Summe seiner Teile. Dieser Satz bedeutet, daß eine Ganzheit, eine Gestalt, etwas an sich hat, was sich aus einer Analyse ihrer einzelnen Bestandteile nicht ableiten läßt. Als Beispiel möge eine Melodie dienen. Diese können wir als Notenbild oder als „Klangbild" wahrnehmen. Wenn wir sie nun in ihre einzelnen Töne zerlegen und diese analysieren, so kommen wir nie zu den Eigenschaften der gesamten Melodie. Die Eigenart der gesamten Melodie bleibt aber ziemlich konstant. Sie ändert sich nicht, wenn wir sie höher oder tiefer spielen, und auch nicht, wenn wir sie in eine andere Tonart transponieren. Diese Eigenschaften, die natürlich nicht nur für eine Melodie, sondern auch für andere „Gestalten" gelten, faßt man in den sogenannten Ehrenfelskriterien der „Übersummativität" und der „Transponierbarkeit" zusammen. Das

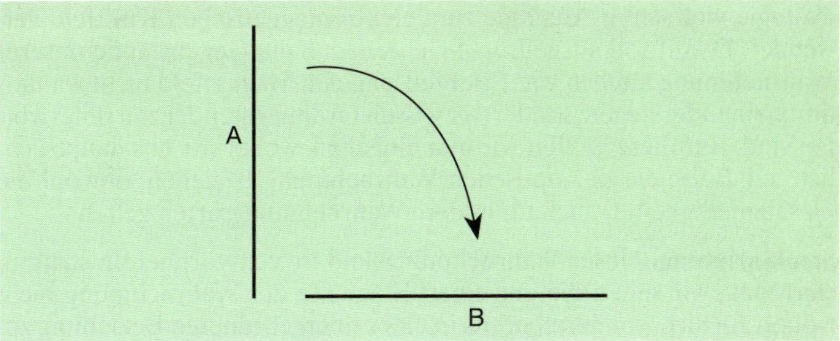

Abb. **6** Sogenanntes Phi-Phänomen. Zwei senkrecht aufeinander stehende Geraden täuschen bei kurzfristiger tachystoskopischer Darbietung eine Bewegung in Pfeilrichtung vor.

Grundgesetz der Wahrnehmung läßt sich durch eine Reihe von Experimenten der Gestaltspsychologie belegen:

Scheinbewegungen. Bietet man einer Versuchsperson zwei im rechten Winkel zueinander stehende Geraden (A und B) in einem zeitlichen Abstand von etwa $^{1}/_{20}$ s an, so sieht sie eine einzige Gerade, die sich von A nach B bewegt und dabei alle Zwischenstellungen einnimmt.

Das wahrgenommene Ganze ist hier eine *Bewegung*. Diese Eigenschaft der Bewegung läßt sich durch eine Zerlegung in die beiden Elemente der Wahrnehmung nicht erklären.

Geometrisch-optische Täuschungen. In Abb. **7** sind einige bekannte geometrisch-optische Täuschungen dargestellt. Auch bei ihnen ist es nicht möglich, durch eine Analyse ihrer Elemente den Gesamteindruck einer optischen Täuschung zu erklären.

Tau-Effekt. Bietet man drei räumlich gleich weit voneinander entfernte leuchtende Punkte A, B und C einer Versuchsperson dar, wobei man die zeitlichen Verhältnisse in der Weise verändert, daß das zeitliche Intervall zwischen dem Aufleuchten von A und B kleiner ist als das zwischen B und C, so nimmt die Versuchsperson die beiden Punkte A und B als räumlich näher beieinander liegend wahr. Auch dieses Experiment, das allerdings durch die Hinzunahme der zeitlichen Dimension kompliziert wird, kann das Grundgesetz der Wahrnehmung veranschaulichen.

Gesetze des Wahrnehmungsfeldes

Unter Wahrnehmungsfeld verstehen wir einen räumlichen oder zeitlichen Bezirk, in den die Gegenstände der Wahrnehmung eingebettet sind. Der Begriff „Feld“ ist aus der Physik entlehnt und wird in der Psychologie vielfach in Analogie zum elektromagnetischen Kraftfeld verwendet. Damit soll ausgedrückt werden, daß die Gegenstände unserer Wahrnehmung ähnlich wie Eisenfeilspäne im Magnetfeld nicht wahllos durcheinander liegen, sondern gewissen Ordnungstendenzen unterworfen sind. Auf diese wollen wir nun eingehen, wobei wir uns hauptsächlich auf Beispiele der optischen Wahrnehmung beziehen, obwohl die Gesetzmäßigkeiten auch für andere Wahrnehmungsarten gelten.

Strukturierung. Unser Wahrnehmungsfeld ist von vornherein strukturiert, d.h., wir sehen die einzelnen Elemente der Wahrnehmung nicht isoliert für sich, sondern bereits in einer übergeordneten Beziehung zueinander, die wir Struktur nennen. Betrachten wir z.B. eine Anzahl von Punkten, die auf einem Blatt Papier in unregelmäßigen Abständen verteilt sind, so sind wir geneigt, ganz automatisch irgendwelche Gruppierungen vorzunehmen. Wir stellen also Beziehungen zwischen den Punkten her; dieses Herstellen von Beziehungen ist nichts anderes als der Vorgang der Strukturierung. Ganz ähnliche Verhältnisse gelten z.B. auch für die Wahrnehmung des bestirnten Himmels, auch hier unterliegen wir dem Gesetz der Strukturierung, wir nehmen statt einer mehr

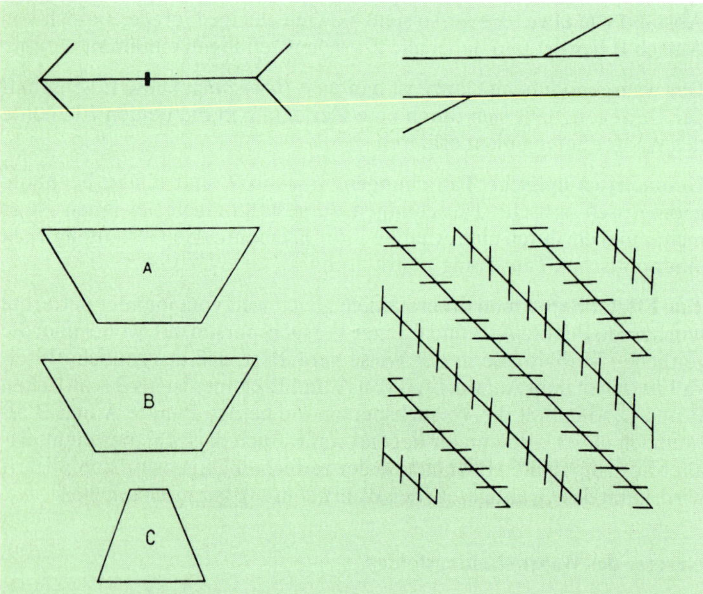

Abb. **7** Einige geometrisch-optische Täuschungen (aus *Delay, J., P. Pichot:* Medizinische Psychologie. Thieme, Stuttgart 1980).

oder weniger willkürlichen Ansammlung von Sternen voneinander abgegrenzte „Sternbilder“ wahr.

Figur und Hintergrund. Eine Figur grenzt sich als strukturierte, einheitliche Ganzheit von einem Hintergrund ab. Die Abhebung ist um so deutlicher, je weniger strukturiert der Hintergrund ist. Figuren in dem hier gemeinten Sinne sind nun nicht nur optische „Gestalten“, auch Melodien kann man als Figuren auffassen, die sich z.B. von dem mehr oder weniger deutlich strukturierten Hintergrund einer Orchesteruntermalung als Solostelle abheben. Den Zusammenhang zwischen Figur und Hintergrund veranschaulicht man am besten anhand der sogenannten Kippfiguren. In Abb. **8** sind zwei solche Kippfiguren dargestellt.

Bei der bekanntesten Figur, dem sogenannten Rubinschen Becher, kann man wechselweise einen weißen Kelch oder zwei einander zugewandte Gesichtsprofile entdecken, je nachdem, ob man sein Augenmerk auf die weiße oder schwarze Fläche richtet. Bei dieser wie auch bei den anderen Kippfiguren kann man auch versuchen, dieses Umkippen rasch nacheinander zu erleben. Man nimmt an, daß dabei wechselnde Erregungsimpulse in bestimmten Neuronengruppen des Gehirns ablaufen.

Variabilität und Generalisierung. Ein Beispiel für die Variabilität haben wir schon bei den Kippfiguren kennengelernt. *Variabilität* der Wahrnehmung bedeutet, daß wir verschiedenen Gegenständen, Wahrnehmungen, Gestalten nacheinander verschiedene Aspekte oder Details abgewinnen können.

Das Phänomen der *Generalisierung* erklärt uns den Sachverhalt, daß wir nicht nur Gestalten oder Figuren wahrnehmen, sondern immer zu-

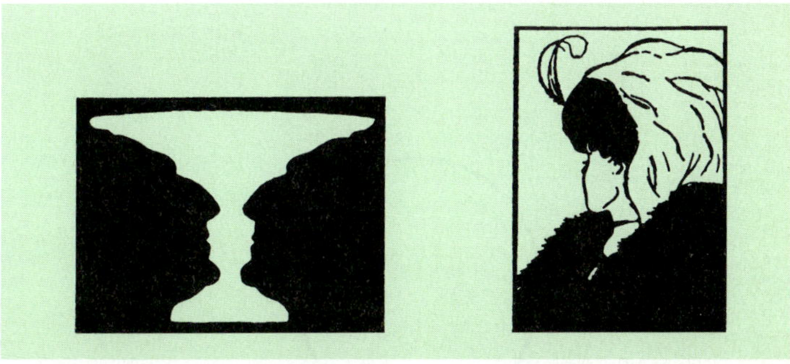

Abb. **8** Zwei Kippfiguren. Die linke Figur (Rubinscher Becher) zeigt einen Kelch oder zwei einander anblickende Gesichter im Profil, auf der rechten ist eine alte oder eine junge Frau zu erkennen (aus *Thomae, H., H. Feger:* Einführung in die Psychologie, Bd. VII. Akademische Verlagsanstalt, Frankfurt, u. Huber, Bern 1969).

gleich Bedeutungen. Ein Tierexperiment möge dies veranschaulichen. Dressiert man etwa Ratten darauf, vertikale und horizontale Striche voneinander zu unterscheiden (dies kann man tun, indem man z.B. mit den vertikalen Strichen „Futter" verbindet), so ist diese von den Tieren erlernte Unterscheidung auch dann möglich, wenn man die Striche durch andere Figuren, etwa Kreise oder Quadrate, die die gleiche Anordnung zeigen, ersetzt. Das bedeutet, daß die Tiere nicht die Gestalt „Strich", sondern die Bedeutung horizontal und vertikal gelernt haben, oder anders ausgedrückt: es hat eine Generalisierung von der ursprünglich gezeigten Figur zur Bedeutung stattgefunden. Ähnliche Gesetzmäßigkeiten gelten auch für kompliziertere Wahrnehmungsvorgänge, nur lassen sie sich nicht so leicht durchschauen wie in unserem experimentellen Beispiel.

Prägnanztendenz. Unsere Wahrnehmung hat die Eigenart, unvollständige Gestalten zu vollständigen zu ergänzen. Diesen Vorgang nennen wir Prägnanztendenz. Projiziert man z.B. den in Abb. **9** gezeigten unvollständigen Kreis tachystoskopisch rasch nacheinander, so wird er stets als vollständiger Kreis wahrgenommen.

Es gibt noch eine Reihe weiterer Gesetzmäßigkeiten des Wahrnehmungsfeldes, auf die wir hier allerdings nicht näher eingehen können.

Einflüsse auf die Wahrnehmung

Die geometrisch-optischen Täuschungen haben uns bereits gezeigt, daß die Wahrnehmung kein objektiver Vorgang ist. Sie kann vielmehr von einer ganzen Reihe von Einflüssen verändert werden, von denen nun die Rede sein soll.

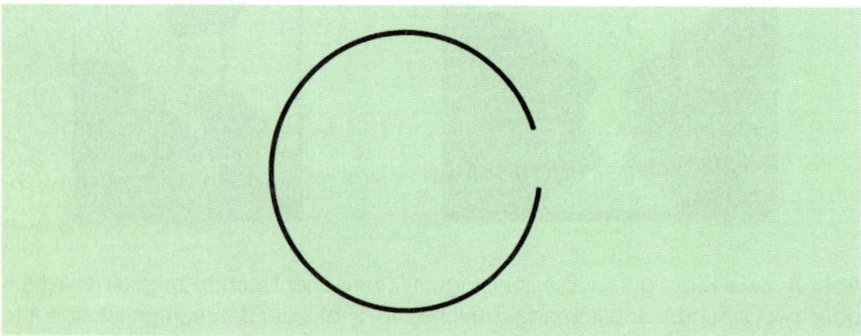

Abb. **9** Prägnanztendenz. Der offene Kreis wird bei tachystoskopischer Darbietung als geschlossen wahrgenommen.

Affektivität

Affektive (emotionale) Momente können die Wahrnehmung erheblich beeinflussen. Die Beispiele dafür sind zahlreich. Jedem geläufig ist die Tatsache, daß man, wenn man ängstlich ist, Gegenstände der Umgebung in der Dämmerung leichter als bedrohliche „Gestalten" wahrnimmt. Umgekehrt können ganz bestimmte Wahrnehmungen starke emotionale Reaktionen verursachen. Man denke nur an die angeborenen Auslöserschemata, die Brut- und Pflegeverhalten, Fluchttendenzen oder sexuelles Verhalten hervorrufen können.

Schließlich kann die Wahrnehmung durch affektiv geladene Situationen auch gezielt in eine Richtung gelenkt werden. So wird ein hungriger Mensch seine Wahrnehmungsprozesse ganz und gar auf Nahrung abstellen und dadurch leichter etwas Eßbares auffinden als ein gesättigter. Dies ist zugleich eine sehr zweckmäßige Reaktionsweise.

Die Bedeutung der Affektivität dürfte auch beim Zustandekommen von Trugwahrnehmungen und Wahnvorstellungen eine Rolle spielen.

Persönlichkeit

Auch gewisse persönlichkeitstypische Eigenarten können Wahrnehmungsprozesse beeinflussen. Dies ist besonders dann der Fall, wenn die wahrgenommenen Gegenstände wenig prägnant sind. Da in einem solchen Fall die von *außen* kommenden Einflüsse (Einflüsse des Feldes) gering sind, wird die Strukturierung der Wahrnehmung oder Situation gemäß subjektiven Persönlichkeitseinflüssen erfolgen. Das oben erwähnte Beispiel des ängstlichen Menschen, der sich in der Dämmerung leicht bedroht fühlt, kann man auch in diesem Zusammenhang erwähnen. Daneben spielen noch folgende Persönlichkeitseinflüsse eine Rolle:

Die *Erwartung* oder Einstellung, die die Wahrnehmung bereits in eine bestimmte Richtung drängt. Beispiel: Ein Jäger, der die Erwartung hat, Wild zu sehen, wird ein am Waldrand äsendes Reh eher erkennen als ein Spaziergänger, der sein Augenmerk z.B. auf den Sonnenuntergang richtet.

Die *Motivation*. Sie kann die Wahrnehmung in eine bestimmte Richtung lenken, aber auch dazu führen, daß manches gar nicht wahrgenommen wird. Ein Beispiel für ersteres ist die Situation des Hungers, in der die Wahrnehmung vermehrt auf Eßbares ausgerichtet ist. Der Illustration des letzteren kann ein emotionaler Ausnahmezustand (Zorn, Auseinandersetzung) dienen, der oft dazu führt, daß Vorgänge in der Umgebung gänzlich ausgeblendet werden.

Der *Wahrnehmungstyp*. Auch der Wahrnehmungstyp ist eine die Persönlichkeit kennzeichnende Eigenschaft. Es gibt Menschen, die mehr *analytisch* und solche, die mehr *ganzheitlich* wahrnehmen. Den analytisch Wahrnehmenden fällt es meist schwer, die einzelnen wahrgenommenen Details unter einer übergeordneten „Gestalt" zu vereinigen, die ganzheitlich Wahrnehmenden hingegen erkennen weniger leicht die Details. Diese persönlichkeitstypischen Eigenarten beim Wahrnehmungsvorgang kann man sehr gut im Rorschach-Test beobachten (vgl. S. 13). Darüber hinaus gibt es Menschen, die bestimmte Wahrnehmungsarten bevorzugen. Man spricht in diesem Zusammenhang z.B. von einem optischen oder akustischen Wahrnehmungstyp.

Soziale Einflüsse

In den letzten Jahren wurde erkannt, daß soziale Gegebenheiten ebenfalls von wesentlichem Einfluß auf die Wahrnehmung sein können. Es gibt eine ganze Richtung der modernen Wahrnehmungspsychologie, die sich mit diesen Phänomenen unter dem Begriff „soziale Wahrnehmung" (social perception) beschäftigt. Im Rahmen der Untersuchungen zur sozialen Wahrnehmung wurden zahlreiche Experimente durchgeführt, von denen wir eines anführen wollen: Man hat Kinder aus sehr armen und aus sehr reichen Familien die Größe von Geldmünzen schätzen lassen. Die Auswertung dieses Versuchs zeigte, daß die „armen Kinder" die Geldmünzen im Durchschnitt für größer hielten als die „reichen Kinder". Dieses Beispiel zeigt deutlich, wie auch die sozialen Gegebenheiten einen vermeintlich so objektiven Vorgang wie den der Wahrnehmung verändern können.

Wahrnehmungstheorien

Wahrnehmungstheorien sind durch empirische Beobachtungen und Experimente unterbaute Modellvorstellungen zum Verständnis der Wahrnehmungsvorgänge. Je nachdem, ob die Grundannahme einer Wahrnehmungstheorie mehr auf angeborenen oder mehr auf erworbenen Eigenschaften liegt, können wir nativistische von empiristischen Theorien unterscheiden.

Nativistische Theorien. Die nativistischen Theorien verneinen die Bedeutung der Erfahrung für den Wahrnehmungsvorgang.

Die *Gestaltpsychologie* ist die bekannteste dieser Theorien. Die Art und Weise der Wahrnehmung wird nach dieser Auffassung ausschließlich von der Struktur des Feldes bestimmt, d.h. lediglich die räumliche oder zeitliche „Anordnung" der Wahrnehmungsgegenstände bestimmt die Wahrnehmung. Die Gestaltpsychologie hat auch versucht, die Wahrnehmung durch eine Gleichartigkeit zwischen Wahrnehmungsfeld und elektrischem Spannungsfeld zu erklären. Danach sollen den strukturierten „äußeren Wahrnehmungsfeldern" jeweils entsprechende Spannungsfelder in der Hirnrinde zuzuordnen sein.

Das *Auslöserschema* der Verhaltensforschung

Auch das bereits mehrfach erwähnte Auslöserschema muß man zu den nativistischen Wahrnehmungstheorien rechnen. Es handelt sich hier allerdings nicht um eine umfassende Wahrnehmungstheorie, sondern um eine Erklärungsmöglichkeit, die lediglich für einen Teil der Wahrnehmungsvorgänge, die sehr stark instinktgebunden sind, Gültigkeit beanspruchen kann. Das Auslöserschema kann aber am besten verdeutlichen, wie auch vor aller Erfahrung „Bedeutungen" wahrgenommen und in zweckmäßiges Verhalten umgesetzt werden. Beispiel: Fluchtverhalten von Küken bei Wahrnehmung eines bestimmten, klar umrissenen Flugbildes, das auch durch Attrappen imitiert werden kann.

Sensorisch-tonische Wahrnehmungstheorie

Nach Ansicht dieser Theorie, die vom gegenseitigen Ineinanderwirken motorischer und sensorischer Hirnrindenfelder ausgeht, gibt es im Gehirn Strukturen, die gleichzeitig für die Wahrnehmung und für die Regulierung des Muskeltonus zuständig sind. Man spricht von sogenannten sensorisch-tonischen Feldern, deren Beschaffenheit vererbt werden soll. Damit fällt auch diese Theorie in den Bereich der nativistischen Wahrnehmungstheorien.

Empiristische Wahrnehmungstheorien. In den empiristischen Wahrnehmungstheorien wird die Rolle der Erfahrung in den Mittelpunkt gestellt. Sie betonen, daß die Wahrnehmung nicht passiv erfolgt, sondern von der Vorerfahrung des Individuums abhängt und darüber hinaus der Vorbereitung von Handlungen dient (vgl. S. 27).

In den empiristischen Theorien spielen vor allem die Begriffe *Einstellung* und *Erwartung* eine Rolle. Vielfach werden sie auch unter dem Begriff *Erwartungstheorien* zusammengefaßt. Im Abschnitt „Einflüsse auf die Wahrnehmung" (S. 36) sind wir bereits auf einige Faktoren eingegangen, die bei den empiristischen Wahrnehmungstheorien von Bedeutung sind. Auf Einzelheiten dieser zum Teil recht komplizierten Theorien können wir jedoch hier nicht weiter eingehen.

Wahrnehmungsstörungen

Wir unterscheiden quantitative von qualitativen Wahrnehmungsstörungen. Zu den quantitativen Wahrnehmungsstörungen rechnen wir die Überempfindlichkeit gegenüber Sinnesreizen und die Verlangsamung von Wahrnehmungsvorgängen, die bei allen Krankheiten vorkommt, die mit Bewußtseinstrübung einhergehen.

Zu den qualitativen Wahrnehmungsstörungen gehören vor allem die illusionären Verkennungen (Wirklichkeitsverkennungen) und die Halluzinationen (Trugwahrnehmungen). Diese Erscheinungen treten vor allem als Symptome bei körperlich begründbaren und endogenen Psychosen auf. Nähere Ausführungen hierzu bei Arns, Jochheim, Remschmidt (1975).

Bewußtsein

Bewußtsein als Grundvoraussetzung des Erlebens

Bewußtsein ist eine Sammelbezeichnung für einen ganz fundamentalen Vorgang, der für den Ablauf nahezu aller seelischen Funktionen Voraussetzung ist. Eine einfache Definition des Bewußtseins stößt auf große Schwierigkeiten. Man kommt am besten zu einer gewissen Vorstellung, wenn man den Begriff von seinen Gegensätzen her einzugrenzen versucht. Alle unsere Erlebnisse, die Wahrnehmung und vor allem das Denken, setzen Bewußtsein bereits voraus. Im Zustand der Bewußtlosigkeit haben wir weder Erlebnisse, noch können wir denken. Man kann also sagen, Bewußtsein ist ein Zustand, in dem uns Erlebnisse gegenwärtig sind und in dem wir denken können. Vorgängen und Verhaltensweisen, die rein reflektorisch ablaufen, kann man noch kein Bewußtsein zuschreiben, denn bei ihnen wird ein einlaufender Reiz, ohne Zwischenschaltung von sogenannten Vermittlungsprozessen, direkt mit einer Reaktion beantwortet. Unter *Vermittlungsprozessen* versteht man zwischen Reiz und Reaktion eingeschaltete psychische (bzw. neurophysiologische) Vorgänge, die sogenannte übergreifende Handlungssysteme aktivieren und dadurch die auf den Reiz folgende Reaktion entscheidend beeinflussen. Bei der gesamten höheren Seelentätigkeit (Denken, verantwortliches Handeln usw.) spielen Vermittlungsprozesse eine wichtige Rolle. Im Hinblick auf diese Vorgänge definiert Hebb das Bewußtsein als „eine variable komplexe Aktivität der Vermittlungsprozesse". Diese Definition ist zwar treffend, für den praktischen Gebrauch allerdings ein wenig abstrakt.

In Abb. **10** sind die Verhältnisse schematisch dargestellt. Reflektorische, also nicht mit Bewußtsein verknüpfte Vorgänge, laufen auf der Stufe I ab.

Die sogenannten höheren psychischen Vorgänge wie Erkennen, Handeln, Erleben und Denken können nur im Zustand des Bewußtseins ablaufen. Das Gedächtnis nimmt eine Sonderrolle ein. Wenn auch kurzfristiges Erinnern, d.h. Erinnerung an das einem Zustand unmittelbar Vorausgegangene, zum Bewußtsein gehört, so sind Gedächtnisfunktionen doch auch bei ganz primitiven Tierarten (z.B. Regenwurm) vorhanden, die über kein Bewußtsein verfügen.

Zusammenfassend können wir also sagen: Bewußtsein ist ein Zustand, in dem uns Erlebnisse gegenwärtig sind, in dem wir denken können, und der mit dem Wirksamwerden von Vermittlungsprozessen einhergeht.

Die *Gegenpole* des Bewußtseins sind einerseits die *Bewußtlosigkeit*, andererseits das Unbewußte. Im Zustand der Bewußtlosigkeit sind alle unsere seelischen Funktionen erloschen. Zwischen Bewußtsein und Bewußtlosigkeit gibt es jedoch noch eine Reihe von graduellen Übergängen (Stufen der Bewußtseinstrübung: Somnolenz, Sopor, Koma), die in der Neurologie und Psychiatrie von großer diagnostischer Bedeutung sind.

Mit dem zweiten Gegenpol, dem *Unbewußten*, befaßt sich die Tiefenpsychologie und Psychotherapie (s.S. 180). Sie faßt das Unbewußte als einen eigenständigen Persönlichkeitsbereich auf, in dem zahlreiche seelische Vorgänge ablaufen, die uns zwar nicht gegenwärtig sind, aber den-

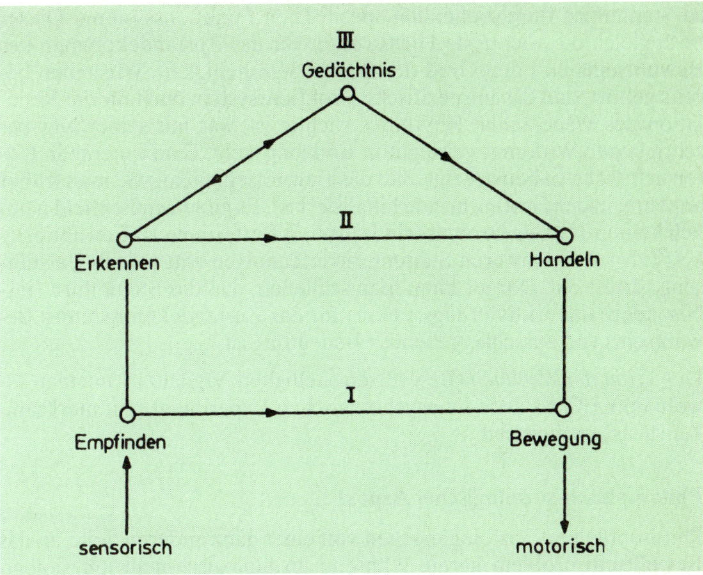

Abb. **10** Schematische Darstellung verschiedener psychischer Leistungen. Niveau I: reflektorisches Verhalten, Niveau II: bewußtes Handeln, Niveau III: Einfluß gespeicherter Erfahrungen auf Erkennen und Handeln (nach *Lullies*).

noch unser bewußtes Erleben und unser Verhalten tiefgreifend beeinflussen.

Verschiedene Aspekte des Bewußtseins

Wenn sich mehrere Personen über die Probleme des Bewußtseins unterhalten, so ergeben sich häufig Verständigungsschwierigkeiten. Diese sind meist darin begründet, daß jeder von einer anderen Seite an das Problem herangeht. Der eine meint z.B. das Selbstbewußtsein, der andere die neurophysiologischen Grundlagen, der dritte Bewußtseinsinhalte usw. Aus diesem Grunde halten wir es für notwendig, uns mit den verschiedenen Betrachtungsweisen des Bewußtseinsproblems kurz zu befassen.

Biologisch-neurophysiologischer Aspekt

Die Neurophysiologie beschäftigt sich mit den für das Zustandekommen des Bewußtseins wichtigen Hirnstrukturen und setzt Bewußtsein weitgehend gleich mit dem Grad der psychischen Wachheit (Vigilanz). Die Vigilanz ist wiederum abhängig vom Aktivitätsgrad des fast das ganze Stammhirn durchziehenden spezifischen Funktionssystems. Dieses ist zugleich die wichtigste Hirnstruktur für das Zustandekommen des Bewußtseins und den Grad der Bewußtseinshelligkeit. Wir haben bereits gehört, daß das unspezifische Funktionssystem auch für die Regulation des Wach-Schlaf-Rhythmus wichtig ist, was mit seiner hier beschriebenen Wirkungsweise gut in Einklang steht. Experimentelle Untersuchungen haben gezeigt, daß das Bewußtsein nicht, wie man früher annahm, in der Großhirnrinde lokalisiert ist. Es gibt nach Penfield nämlich keinen Teil der Großhirnrinde, dessen Entfernung zu Bewußtlosigkeit führt. Bei schweren Stammhirnverletzungen tritt jedoch Bewußtseinsverlust ein. Daraus kann man schließen, daß das Stammhirn (insbesondere das Aktivierungssystem) für das Zustandekommen des Bewußtseins von ausschlaggebender Bedeutung ist.

Den *Grad der Wachheit* (Bewußtseinshelligkeit, Vigilanz) kann man sowohl im EEG als auch im psychologischen Experiment (Aufmerksamkeitstests) nachweisen.

Philosophisch-soziologischer Aspekt

Philosophie und Soziologie gehen von einer ganz anderen Seite an das Bewußtseinsproblem heran. Während im biologisch-neurophysiologischen Sprachgebrauch z.B. Bewußtseinsstufen, wie wir gehört haben, mit dem Grad der Wachheit identisch sind, versteht man im philosophisch-soziologischen Sinne unter dem gleichen Ausdruck verschiedene *Entwicklungsstufen* der Bewußtseins*inhalte*. In diesem Sinne hat z.B. ein Kind eine ganz andere Bewußtseinsstufe (es denkt mehr in Bildern, haftet am Momentanen, seine Erlebnismöglichkeiten sind vergleichsweise gering) als ein Erwachsener, ein Mensch des Mittelalters eine andere als ein Bürger des 20. Jahrhunderts, ein Atheist eine andere als ein überzeugter Christ. Bewußtseins*inhalte* und ihre Auswirkungen im Denken und Handeln stehen also hier im Mittelpunkt. Nun kann man aber ein Bewußtsein (hier gleichzusetzen mit Wissen) von verschiedenen Dingen haben. Man kann sich seiner Person bewußt sein (Selbstbewußtsein), man kann sich seiner Handlungen bewußt sein (Vollzugsbewußtsein) und man kann das Wissen von Dingen der Umwelt gegenwärtig haben (Sachbewußtsein). Im philosophischen Sinne stellen nun Selbstbewußtsein, Vollzugsbewußtsein und Sachbewußtsein eine untrennbare Einheit, eben das Bewußtsein, dar. Aus diesem Verständnis des Bewußtseins heraus sind erst Funktionen wie Entscheidungen, Verantwortung und Freiheit möglich.

Sprachlicher Aspekt (Bewußtsein und Sprache)

Über die Erlebnisse eines anderen Menschen, d.h. über die Inhalte seines Bewußtseins, können wir nur etwas Verläßliches erfahren, wenn wir mit ihm sprechen. Die Sprache wird also zur Vermittlerin von Bewußtseinsinhalten (Erlebnissen, Gedanken). Ein weiterer Indikator für Bewußtseinsinhalte sind Ausdrucksbewegungen (Mienen, Gesten, Gebärden); sie bergen allerdings gewisse Fehlerquellen in sich. Diese spielen jedoch auch beim sprachlichen Ausdruck eine Rolle, denn wir können ja nicht entscheiden, ob verschiedene Menschen gleiche Erlebnisse auch sprachlich identisch auszudrücken vermögen. Die Erfahrung zeigt jedoch, daß dies bis zu einem gewissen Grad möglich ist, wobei selbstverständlich auch Ausdrucksphänomene sprachbegleitend mit eingehen. Im übrigen ist unser Denken ja ebenfalls in hohem Maße sprachabhängig, was das bisher Gesagte noch unterstreicht. Im Hinblick auf diese Sachverhalte kann man auch sagen, bewußt ist, was zumindest im Prinzip sprachlich mitgeteilt werden kann. „Im Prinzip" heißt, daß diese Sachverhalte nicht unbedingt sprachlich ausgedrückt zu werden *brauchen*; man kann sie auch für sich behalten und zum Gegenstand eines Zwiegespräches mit sich selbst machen.

Noch ein weiterer Sachverhalt zeigt die Bedeutung sprachlicher Formulierungen für die Bewußtseinsphänomene. Durch vergleichende Sprachuntersuchungen hat man feststellen können, daß bestimmte Bewußtseinsinhalte erst mit der Bildung des entsprechenden Begriffes oder Wortes auftauchen. Beim Sprechenlernen der Kinder kann man häufig Gegenteiliges beobachten, d.h., die Kinder sprechen ein Wort aus, ohne jedoch seinen Bedeutungsgehalt zu realisieren. Beide Phänomene zeigen, wie sehr Bewußtseinsinhalte an die Sprache gebunden sind und darüber hinaus, daß über eine sprachliche Schulung auch eine Erweiterung des Bewußtseinshorizontes möglich ist. Dabei spielen die Assoziationen eine große Rolle, d.h., beim Bewußtwerden eines Wortes tauchen die mit diesem Wort verbundenen Erlebnisse auf, deren Gesamtheit den Bewußtseinsumkreis des betreffenden Wortes ausmacht.

Bewußtseinsstörungen

Unter Bewußtseinsstörungen verstehen wir alle Abweichungen von der normalen Bewußtseinslage, wobei das neurophysiologisch-biologische Verständnis des Bewußtseins zugrunde gelegt wird. Es handelt sich also um Zustände, bei denen das Bewußtsein quantitativ (Somnolenz, Sopor, Koma) oder qualitativ (amentielles Syndrom, delirantes Syndrom, Dämmerzustände) verändert ist. Quantitative Bewußtseinsstörungen äußern sich in einer Verzögerung im Ablauf seelischer Einzelfunktionen (z.B. Wahrnehmen, Denken, Gedächtnis), wobei das Ausmaß der Verzögerung dem Grad der Bewußtseinsstörung weitgehend entspricht. Auf die Bewußtseinsstörungen können wir hier nicht weiter eingehen, sie gehören in das Gebiet der Neurologie und Psychiatrie.

Lernen und Gedächtnis

Lernen

Lernen ist ein Prozeß, der jedem Menschen aus eigener Erfahrung bekannt ist. Eine wissenschaftlich genaue Definition stößt dennoch auf gewisse Schwierigkeiten. Man muß Lernvorgänge nämlich abgrenzen von Veränderungen im Verhalten, die durch *angeborene* Reaktionstendenzen (vgl. Auslöserschema), durch *Reifung* oder durch *vorübergehende Zustände* des Organismus (wie Ermüdung, Verletzung) hervorgerufen werden. Da Lernen auch ohne Erinnern (Gedächtnis) auftreten kann, muß man es auch vom Gedächtnis unterscheiden, wenngleich das Gedächtnis bei der Mehrzahl der Lernvorgänge eine bedeutsame Rolle spielt.

Angesichts dieser kritischen Einwände können wir Lernen in Anlehnung an Hofstätter definieren als eine Reihe von Verhaltensänderungen, die in bestimmten Reizsituationen auftreten und *nicht* durch angeborene Reaktionstendenzen, durch Reifung oder Verletzung des Organismus hervorgerufen werden. Die hier gegebene Definition des Lernvorganges ist sehr allgemein gehalten. Es gibt noch zahlreiche andere Definitionen des Lernens, die aber meist bereits ein ganz bestimmtes theoretisches Konzept zur Voraussetzung haben und insofern für unseren Zusammenhang zu speziell sind.

Lernen kann auf ganz verschiedene Arten erfolgen, die wir nun besprechen wollen.

Bedingter (konditionierter) Reflex

Unter einem Reflex verstehen wir eine Reiz-Reaktions-Verbindung, die folgendes zur Voraussetzung hat: Über einen sogenannten Reflexbogen wird eine *Reizung* eines Rezeptors unmittelbar in die *Reaktion* eines Effektors (z.B. Drüse oder Muskulatur) umgesetzt. Jedem bekannt ist der sogenannte Patellarsehnenreflex, bei dem durch einen Schlag auf die Patellarsehne eine Kontraktion des M. quadriceps hervorgerufen wird, was zu einer schnellenden Bewegung des Unterschenkels führt. Der Reflexbogen läuft über das Rückenmark ab. Der hier geschilderte Reflex ist sehr einfach. Beim *bedingten Reflex* sind die Verhältnisse wesentlich komplizierter. Sein Prinzip besteht darin, daß mit dem natürlichen, die Reaktion normalerweise auslösenden Reiz (unkonditionierter Reiz, US) ein zunächst neutraler Reiz (konditionaler Stimulus, CS) in engem zeitlichem Zusammenhang gekoppelt wird. Erfolgt diese Kopplung oft genug, so ist schließlich auch der ursprünglich neutrale Reiz alleine (CS) in der Lage, die betreffende Reaktion auszulösen.

Ein Beispiel möge dies veranschaulichen. Der russische Physiologe Pawlow, dem wir wesentliche Erkenntnisse auf dem Gebiete der bedingten Reflexe verdanken, führte folgenden Versuch durch: Er legte bei einem Hund eine Speichelfistel an, die es ihm ermöglichte, die Speichelmenge bei Nahrungszufuhr in einem bereitgestellten Gefäß zu messen. Die Speichelsekretion ließ sich nun sowohl durch Verabreichung von Nahrung als auch durch den Geruch von Nahrung hervorrufen. Dies ist eine natürliche und bekannte Reaktion, die Nahrung bzw. der Geruch ist der unkonditionierte Reiz (US) für die Speichelsekretion.

Nun ließ Pawlow gleichzeitig mit dem Darbieten von Nahrung eine Lampe aufleuchten. Das Aufleuchten der Lampe alleine ist von keinerlei Einfluß auf die Speichelsekretion. Es handelt sich also um einen neutralen Reiz (CS). Wird jedoch, wie Pawlow dies tat, das Aufleuchten der Lampe mit der Darbietung von Nahrung häufig genug gekoppelt, so kann schließlich die aufleuchtende Lampe *alleine* die Speichelsekretion hervorrufen. Es hat sich ein bedingter Reflex gebildet. Man sagt: CS wird zu einem Signal für US.

Ein bedingter Reflex ist darüber hinaus noch durch folgende Eigenschaften gekennzeichnet:

Zu seiner Ausbildung sind in der Regel zwischen 40 und 200 Wiederholungen (Kopplungen zwischen unkonditioniertem Reiz, US, und konditionalem Reiz, CS) notwendig. Die erwähnten Wiederholungen bezeichnet man auch als *Verstärkung*.

Wird von einem bestimmten Zeitpunkt an keine Kopplung zwischen US und CS mehr durchgeführt, so erlischt der bedingte Reflex wieder. Diesen Vorgang nennt man *Auslöschen* oder *Extinktion*. Die Extinktion tritt um so später ein, je schneller sich der bedingte Reflex ausgebildet hat.

Wir können nun zwei Arten von bedingten Reflexen unterscheiden:

Die klassische Konditionierung (bedingter Reflex 1.Art); von ihr war bisher die Rede, und

die instrumentale Konditionierung (bedingter Reflex 2.Art).

Bei der instrumentalen Konditionierung wird das Ausführen bestimmter Tätigkeiten (z.B. Betätigung einer Drehtrommel, die mit Erhalten von Futter für ein Tier verbunden ist) mit bestimmten Reizbedingungen (z.B. Glockenton oder Signallampe) gekoppelt. Bei dieser Art von Konditionierung richtet sich ein Tier (oder auch ein Mensch) an der Erfahrung aus, daß diese Tätigkeiten schon einmal zu einem Erfolg geführt haben. Dieser Gedankengang führt uns unmittelbar weiter zum Lernen am Erfolg.

Lernen am Erfolg

Unter Lernen am Erfolg verstehen wir die Tatsache, daß wir uns bei gegenwärtigen oder künftigen Handlungen vom Erfolg unseres früheren

Verhaltens in ähnlichen Situationen leiten lassen. Ausgehend von experimentellen Versuchsanordnungen mit Tieren hat Thorndike das sogenannte *„Effektgesetz“* formuliert, das als theoretische Grundlage des Lernens am Erfolg angesehen werden kann. Es lautet: „Akte, auf die Zustände folgen, die ein Lebewesen nicht zu vermeiden, sondern herbeizuführen und zu erhalten trachtet, werden ausgewählt und fixiert.“

In konkreten Situationen geschieht solches Lernen als *Lernen durch Versuch und Irrtum*. Dieses Phänomen hat man in zahlreichen Tierexperimenten untersucht. Man bedient sich dabei der sogenannten *Problemkäfige*, bei denen die Lösung eines Problems (z.B. das Entdecken des Öffnungsmechanismus eines Käfigs) eine Belohnung (Futter) einbringt. In diesen Versuchen hat man festgestellt, daß die Tiere diejenigen Reaktionsweisen aus den vielen möglichen auswählen und beibehalten, die zum Erfolg, d.h. zur Belohnung geführt haben. Auch hinsichtlich des menschlichen Verhaltens liegen zahlreiche Versuche vor, die diesen Sachverhalt bestätigen.

Erklären läßt sich das Lernen am Erfolg durch die Herstellung von *Assoziationen*. Es muß eine assoziative Verbindung hergestellt werden:

- zwischen dem *erfolgreichen* Verhalten (z.B. Druck auf eine Taste) und dem ihm folgenden *befriedigenden Erlebnis* (Futter) und
- zwischen dem erfolgreichen Verhalten (Druck auf eine Taste) und der Reizsituation (z.B. Hunger).

Es spricht vieles dafür, daß solche Assoziationen schon bei primitiven Lebewesen möglich sind.

Bei höheren Tieren und bei Menschen kommt noch etwas ganz Entscheidendes hinzu, nämlich die Tendenz zur (gedanklichen) *Vorwegnahme des Erfolges* (Antizipation des Erfolges).

Diese Vorwegnahme des Erfolges ist für alle differenzierteren Lernprozesse ungemein wichtig. Manche Gegenstände erhalten überhaupt nur durch dieses Prinzip ihre Bedeutung. Ein Gutschein oder eine Banknote z.B. ist nur wertvoll, wenn sie mit der Erfahrung verbunden werden, daß sie gegen „irgendeine Ware“ umgetauscht werden können. Diese Assoziation wurde irgendwann gelernt.

Ein weiteres Kennzeichen von Lernprozessen ist die sogenannte *Übertragung*. Damit ist ausgesagt, daß eine Verhaltensweise, die sich bewährt hat, nicht auf die ursprüngliche Situation, in der sie erstmalig auftrat, beschränkt bleibt, sondern auch auf andere ähnliche Situationen übertragen werden kann. Eine solche Übertragung nennt man auch Transfer.

Im Prinzip kann die Übertragung auf folgende Weise wirksam werden (nach Hofstätter):

- Früheres Lernen kann späteres Lernen begünstigen (positiver Transfer);
- früheres Lernen kann späteres Lernen erschweren (negativer Transfer);
- späteres Lernen kann das Behalten von früher Gelerntem fördern (rückläufige Verstärkung);
- späteres Lernen kann das Behalten von früher Gelerntem hemmen (rückläufige Hemmung).

Lernen als Anpassungsvorgang (Generalisation)

Aus dem Bisherigen dürfte bereits hervorgegangen sein, daß Lernen meist eine Form der Anpassung an bestimmte Umweltbedingungen darstellt. Das Lernen am Erfolg und das Phänomen der Übertragung lassen sich ohne weiteres in diesem Sinne deuten.

Doch gibt es weitere wichtige Ergebnisse, die die These des Lernens als einer Form der Anpassung untermauern. Die wesentlichsten dieser Ergebnisse kann man unter dem Überbegriff *Generalisation* zusammenfassen.

Unter Generalisation verstehen wir einen Prozeß der Verallgemeinerung, der dazu führt, daß eine in bestimmten Situationen bewährte Verhaltensweise vom Individuum verallgemeinert und auf eine ganze Reihe ähnlicher Situationen übertragen wird. Die im letzten Abschnitt beschriebene Übertragung stellt einen Sonderfall der Generalisation dar. Generalisation ist also der übergeordnete Begriff.

Das Phänomen der Generalisation erklärt uns, weshalb wir uns in vielen zum Teil auch unbekannten Situationen richtig verhalten. Könnten wir uns nur auf unser Verhalten in bereits einmal erlebten Situationen stützen, so würden wir nur sehr unzulänglich reagieren, weil wir vor immer neue Situationen gestellt sind, die mit bereits bekannten meist nur entfernte Ähnlichkeit haben. Nun gibt es verschiedene Arten der Generalisation, die kurz erwähnt werden sollen:

Reizgeneralisation. Bei der Reizgeneralisation erfolgt, wie der Name schon sagt, eine Verallgemeinerung des Reizes. Ist z.B. ein Tier darauf dressiert, auf einen definierten Ton mit einem bestimmten Verhalten zu reagieren, so läßt sich das gleiche Verhalten auch hervorrufen, wenn man den Ton etwas höher, tiefer, lauter oder leiser werden läßt. Das Tier hat also gelernt, den ursprünglichen Reiz zu verallgemeinern. Ein Ausmaß für die „Breite der Verallgemeinerung“ ist der sogenannte Generalisationsgradient, der die Beziehung zwischen Reaktionsstärke und Reizabstand vom ursprünglichen Reiz ausdrückt. Die Tendenz zur Reizgeneralisation wurde auch in zahlreichen Experimenten am Menschen bestätigt.

Reaktions-(Verhaltens-)Generalisation. Bei dieser Form der Generalisation kommt es nicht zu einer Verallgemeinerung des Reizes, sondern des auf den Reiz folgenden *Verhaltens*. Die Verhaltensgeneralisation ist im Experiment wesentlich schwerer zu untersuchen als die Reizgeneralisation, weil es dabei häufig zu Veränderungen der Reaktions*art* kommt. In diesem Falle kann man meist nicht mehr entscheiden, ob es sich um ein generalisiertes Verhalten oder um ein neu gelerntes Verhalten handelt. Überzeugende Experimente liegen zu diesem Sachverhalt bisher kaum vor, jedoch muß man annehmen, daß auch diese Form der Generalisation im Rahmen des Anpassungsverhaltens von Bedeutung ist.

Semantische (sprachliche) Generalisation. Ein Großteil unseres Verhaltens bewegt sich im sprachlichen Bereich bzw. wird durch sprachliche Ausdrücke gesteuert. Auch ein sprachlicher Ausdruck kann generalisiert werden, wobei es mehrere Möglichkeiten der Verallgemeinerung gibt, wie das folgende Experiment zeigen möge:

Man konditionierte bei mehreren Versuchspersonen Speichelfluß auf verschiedene Wörter. Die Generalisation prüfte man, indem man anschließend den Versuchspersonen 32 klanglich oder in ihrer Bedeutung ähnliche Wörter anbot. Es zeigte sich, daß diejenigen Wörter, die sowohl ähnlich klangen als auch ähnliches bedeuten wie das jeweilige Reizwort, die stärksten Reaktionen (d.h. den stärksten Speichelfluß) auslösten.

Die Art und Weise der sprachlichen Generalisation ist unter anderem vom Alter abhängig. So generalisieren achtjährige Kinder am stärksten auf *lautähnliche* Wörter, während Jugendliche zwischen 14 und 18 Jahren am stärksten auf *gleichbedeutende* Wörter verallgemeinern. Bei der sprachlichen Generalisation dürfte neben dem Alter auch die Intelligenz der Versuchsperson eine bedeutende Rolle spielen.

Lernverlauf und seine Beeinflussung

Lernverlauf. Im Verlauf eines Lernprozesses kann man bestimmte Stadien unterscheiden. Damit ein Mensch oder ein Tier überhaupt zu lernen beginnt, muß eine *Motivation* vorhanden sein (Motivationsphase). Das 2. Stadium ist gekennzeichnet durch Versuch und Irrtum, d.h., die Versuchsperson oder das Tier ist auf der Suche nach der richtigen Methode (Stadium der Variabilität). Im 3. Stadium ist schließlich der richtige Weg gefunden, der zielstrebig weiter verfolgt wird.

Es hat sich eingebürgert, Lernprozesse graphisch in Form sogenannter *Lernkurven* darzustellen. Bei ihnen trägt man auf der Abszisse die Zahl der Übungen oder Lernversuche auf, auf der Ordinate den jeweils bei einer bestimmten Anzahl von Übungen gelernten Stoff. In Abb. **11** sind zwei typische Lernkurven wiedergegeben.

Abb. **11a** zeigt die als S-Kurve bekannte häufigste Lernkurve. Sie zeigt in ihrem Anfangsteil zunächst eine stark ansteigende Beschleunigung, geht dann in ihrem mittleren Teil in eine Gerade über und zeigt im Endstück eine Ausmündung in ein sogenanntes Plateau. Von dieser Kurve gibt es natürlich eine Reihe von Abweichungen. Eine dieser Abweichungen ist in Abb. **11b** dargestellt. Diesen Kurvenverlauf findet man besonders dann, wenn der Versuchsperson schon ein Teil des zu lernenden Stoffes aus ihrer Erfahrung bekannt ist.

Beeinflussung des Lernverlaufs. Der Lernverlauf kann durch zwei Arten von Faktoren beeinflußt werden, durch solche, die im *lernenden Individuum* selbst liegen, und durch solche, die die *Lernsituation* mit sich bringt.

Individuelle Faktoren sind: Alter, Intelligenz, Motivation und Vorerfahrung. So ist z.B. die Lerngeschwindigkeit weitgehendst der Intelligenz proportional, außerdem ist sie höher, wenn das Individuum bereits Erfahrungen im Bereich des zu lernenden Stoffes hat. Ferner ist der Lernerfolg bei starker Motivation größer als bei geringer, eine Tatsache, die vielfach experimentell bestätigt ist.

Faktoren seitens der Lernsituation sind: die Anordnung des Stoffes, positive oder negative Verstärkung, Möglichkeiten der Generalisierung und Übertragung. Ein übersichtlich angeordneter Stoff, der ausführlich beschrieben ist, läßt sich leichter lernen als ein ungeordneter, gereimte Texte sind leichter zu behalten als ungereimte, bei einer positiven Verstärkung durch den Versuchsleiter steigt der Lernerfolg usw.

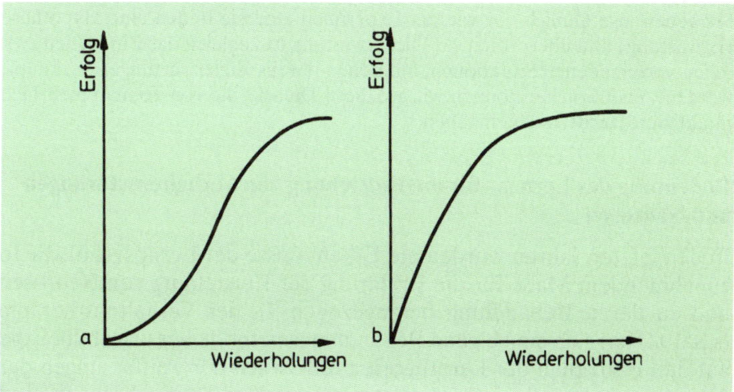

Abb. **11** Typische Lernkurven. **a** S-Kurve, **b** Lernverlauf mit Plateaubildung.

Lerntheorien

Lerntheorien sind von Experimenten ausgehende *Erklärungsversuche* für den Vorgang des Lernens. Sie versuchen die wesentlichsten Gesichtspunkte der Lernvorgänge unter einem einheitlichen Gesichtspunkt zu vereinigen. Schon aus der Tatsache, daß es mehrere Lerntheorien gibt, ist abzuleiten, daß eine allgemein akzeptierte und alle wichtigen Aspekte des Lernens umfassende Theorie bis jetzt noch nicht existiert.

Kontiguitätstheorie von Guthrie. Der zentrale Gesichtspunkt dieser Theorie ist die Bildung von *Assoziationen*. Wenn z.B. ein Organismus während der Ausführung einer Bewegung von einem Reiz getroffen wird, so wird nach Guthrie dieser Reiz in Zukunft zu einem Auslöser der betreffenden Bewegung. Solche Assoziationen entstehen laufend und in kurzer Zeit. Sie unterliegen dem Alles-oder-nichts-Gesetz, d.h., sie kommen entweder zustande oder sie kommen nicht zustande. Den zunehmenden Erfolg des Lernens (Anstieg der Lernkurve) erklärt Guthrie dadurch, daß „bei jeder Wiederholung neue Elemente der Reizsituation mit der Reaktion assoziativ gekoppelt werden" (Hofstätter). Der *Erfolg* ist in der Kontiguitätstheorie von untergeordneter Bedeutung.

Verstärkungstheorie von Hull. In der Theorie von Hull steht der Erfolg als Verstärker im Mittelpunkt der Betrachtung. Der zentrale Gedanke ist folgender: Wird eine Reaktion mit einem Reiz assoziiert und hat diese Reiz-Reaktions-Verbindung bereits einmal zu einer raschen Befriedigung (Verringerung der Bedürfnisspannung) des betreffenden Individuums geführt, so löst dieser Reiz die betreffende Reaktion leichter aus. Man sagt, die Reaktionstendenz wird durch den Reiz *verstärkt*. Verstärkt wird also, was zum Erfolg geführt hat. Ein Erfolg tritt immer dann ein, wenn beim Zusammentreffen eines *inneren Reizes* (Bedürfnisspannung), eines *äußeren Reizes* (jeweilige Situation) und eines entsprechenden *Verhaltens* (Reaktion des Individuums) eine Befriedigung (z.B. Sättigung) zustande kommt.

Kognitive Lerntheorie von Tolman. Sie geht von der *Erwartung* aus. Nach Tolman liegt das Wesentliche des Lernprozesses darin, daß der lernende Mensch oder das Tier von einer Zielvorstellung ausgeht, die sie zu realisieren versuchen. Sie gehen also ähnlich vor wie ein Experimentator, sie bilden eine Hypothese (Erwartung) und überprüfen sie. Die Erwartung ist zugleich das Bindeglied zwischen verschiedenen Situationen, mit denen jeweils Zielerwartungen verknüpft werden. Ausführlicher können wir auf diese Theorie, die von Tolman mehrfach modifiziert wurde, nicht eingehen.

Bedeutung des Lernens für die Entstehung von Verhaltensstörungen und Neurosen

In den letzten Jahren wurden die Erkenntnisse der Lernpsychologie in zunehmendem Maße für die Erklärung der Entstehung von Neurosen und zu deren Behandlung herangezogen. In der Verhaltenstherapie (s.S. 192) hat sich eine eigene Behandlungsmethode herausgebildet, die auf den Prinzipien der Lerntheorien fußt. Nach den Auffassungen der Lerntheorien werden die Symptome von Verhaltensstörungen und Neurosen, wie fast alles menschliche Verhalten, *erlernt*.

Im Gegensatz zum sonstigen Lernen, das ja der Anpassung des Individuums an seine jeweilige Umwelt dient, liegt nun bei den neurotischen Störungen eine Art des Lernens vor, das zu einer *Fehlanpassung* führt. Zu einer solchen Fehlanpassung kann es nun auf drei Wegen kommen:

1. Schwerwiegende und akute traumatische Reize können starke Reaktionen seitens des vegetativen Nervensystems auslösen und auf diesem Wege tiefgreifende Störungen des Verhaltensablaufs bewirken. Nach diesem Schema erklärt man z.B. phobische Angstzustände.
2. Durch die *Bildung von bedingten Reflexen* kann ein ursprünglich neutraler Reiz, der häufig mit einem unbedingten Reiz verbunden wird, zum Auslöser fehlangepaßten Verhaltens werden. Die Entstehung von Zwangsphänomenen und Störungen der Psychomotorik (Tic, Jactatio) lassen sich nach diesem Schema erklären.
3. Schließlich kann die Ausbildung sozial erwünschter *bedingter Reaktionen* aus irgendwelchen Gründen ausbleiben. Das Individuum ist in diesem Falle fehlangepaßt, weil ihm Werthaltungen und Gewohnheiten *fehlen*, die von ihm erwartet werden. Diese Möglichkeit wird zur Erklärung der Psychopathien (abnorme Persönlichkeiten), der Enuresis, Enkopresis usw. herangezogen.

Auf die lernpsychologisch ausgerichtete Behandlung neurotischer Störungen werden wir später ausführlich eingehen.

Gedächtnis

Bei vielen im vorigen Abschnitt behandelten Erscheinungen haben wir das Vorhandensein eines Gedächtnisses stillschweigend vorausgesetzt. Unter Gedächtnis verstehen wir die Eigenschaft unseres Gehirns, Informationen zu speichern, die wir aus den Speichern wieder hervorholen können. Dieses Hervorholen von Gedächtnisinhalten nennen wir *Erinnern.*

Innerhalb des Gedächtnisses kann man verschiedene Funktionen unterscheiden:

Das *Altgedächtnis*, das sich auf weiter zurückliegende Gedächtnisinhalte erstreckt, und

das *Neugedächtnis* (Merkfähigkeit), das für das Behalten kurzfristig zurückliegender Ereignisse zuständig ist. Innerhalb des Neugedächtnisses kann man ferner ein *unmittelbares* von einem *mittelbaren* Gedächtnis unterscheiden. Das *unmittelbare* Gedächtnis kann man prüfen, indem man den Probanden mehrstellige Zahlen unmittelbar nachsprechen läßt, das *mittelbare*, indem man den Probanden auffordert, sich eine mehrstellige Zahl zu merken, ihn dann etwa eine Minute ablenkt, um dann die Zahl reproduzieren zu lassen.

Die Abtrennung dieser verschiedenen Funktionen des Gedächtnisses rechtfertigt sich daraus, daß sie bei bestimmten psychiatrischen Erkrankungen isoliert gestört sein können.

Eine andere von Delay u. Pichot verwendete Einteilung der Gedächtnisfunktion unterscheidet drei Arten des Gedächtnisses:

- das *sensomotorische Gedächtnis*, das für das Behalten von Empfindungen und Bewegungen zuständig ist;
- das *soziale Gedächtnis*, das nur dem Menschen zukommen soll und an das Vorhandensein von Begriffen und an logisches Denken gebunden ist;
- das *autistische Gedächtnis*, welches im Schlaf und bei Geisteskrankheiten eine Rolle spielt und sehr stark von Emotionen abhängig ist. Inhalte dieses Gedächtnisses sind z.B. Träume und Wahninhalte.

Untersuchungsmethoden des Gedächtnisses

Experimente über die Funktion des Gedächtnisses wurden bei Tieren und bei Menschen unternommen. Bei Menschen geht man meist so vor, daß man dem Probanden „Wortmaterial" (sinnloses oder sinnvolles) anbietet, das er lernen soll, und anschließend prüft, wieviel er davon behalten hat. Zur Überprüfung der Gedächtnisfunktion gibt es eine Reihe von Methoden; wir können in diesem Zusammenhang nur auf die bekanntesten eingehen:

Methode des Wiedererlernens (Ersparnismethode)

Man läßt die Versuchsperson einen Text oder eine Folge von Silben lernen und mißt die dazu benötigte Zeit. In einem gewissen zeitlichen Abstand wiederholt man den Versuch. Die Differenz der für das Lernen benötigten Zeiten kann als Maß für die Gedächtnisfunktion angesehen werden.

Methode des Wiedererkennens

Hierbei bietet man dem Probanden eine Reihe von Elementen (z.B. Buchstaben, Zahlen, Silben) mit der Aufforderung an, sich diese zu merken. Anschließend wiederholt man den Versuch, wobei die gelernten Elemente diesmal allerdings in ein größeres, ähnlich strukturiertes Material mehr oder weniger unauffällig eingebettet sind. Der Proband soll nun die gelernten Zeichen wiedererkennen. Dabei kann sowohl nach der Zahl der wiedererkannten Elemente als auch nach der Zeit, die zum Wiederauffinden aller Zeichen benötigt wird, ausgewertet werden.

Reproduktionsmethode

Bei dieser Methode wird die Versuchsperson aufgefordert, sich an etwas, was sie bereits in der Vergangenheit gelernt hat, zu erinnern. Man stellt fest, wieviel Prozent richtiger Erinnerungen nach einem bestimmten zeitlichen Intervall von dem Probanden reproduziert werden können.

Auf die Prüfung des unmittelbaren und mittelbaren Gedächtnisses sind wir bereits kurz eingegangen.

Behalten und Vergessen

Die bisher beschriebenen Methoden zur Prüfung der Gedächtnisfunktion wurden von zahlreichen Wissenschaftlern dazu verwendet, zu einer allgemeinen Beziehung für Behalten und Vergessen zu kommen. Einer der ersten, der solche Versuche anstellte, war der Psychologe Ebbinghaus im Jahre 1885. Er ging im Selbstversuch so vor, daß er sinnlose Silben lernte und in bestimmten zeitlichen Abständen überprüfte, wieviel der erlernten Silben er noch im Gedächtnis behalten hatte. Auf diese Weise kam er zu einer Kurve, die allgemein als die Ebbinghaussche Kurve des Vergessens (oder Behaltens) bekannt ist. Sie ist in Abb. **12** wiedergegeben. Sie zeigt die Menge des erinnerten Materials (Ordinate) in Abhängigkeit von der Zeit (Abszisse). Die Kurve veranschaulicht, daß man zunächst sehr rasch vergißt und anschließend immer langsamer. Die Ebbinghaussche Kurve wurde inzwischen von zahlreichen anderen Untersuchern bestätigt.

Sehr erstaunlich ist die Tatsache, daß vor sehr langer Zeit erlerntes Material, von dem der Proband normalerweise gar nichts mehr weiß, unter

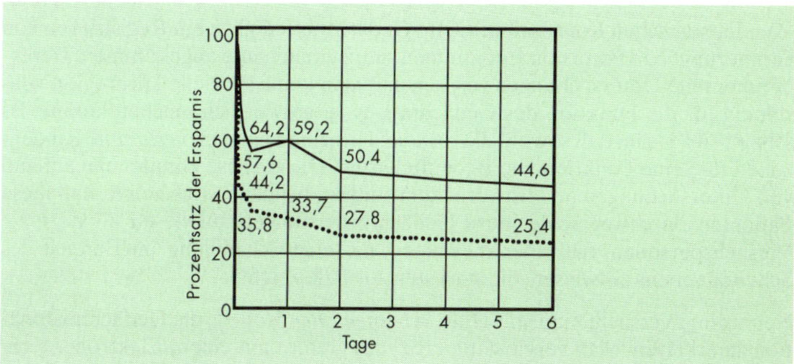

Abb. **12** Die Ebbinghaus-Kurve des Behaltens bzw. Vergessens (unten); obere Kurve nach *T. Boreas* (aus *Hofstätter, P.R.:* Psychologie. Fischer, Frankfurt 1981).

besonderen Bedingungen, z.B. im Rahmen einer Psychoanalyse oder durch bestimmte Drogen (etwa LSD), wieder zum Vorschein kommen kann. Solche Phänomene sprechen dafür, daß Vergessen nicht etwas Passives ist, das mit dem allmählichen Verblassen von Erinnerungen verglichen werden kann, sondern daß *aktive Prozesse*, die man unter dem Begriff *Hemmung* oder tiefenpsychologisch *Verdrängung* zusammenfassen kann, beim Vergessen eine bedeutende Rolle spielen. Neben diesen Prozessen wirken sich im einzelnen noch folgende Faktoren auf Behalten und Vergessen aus:

Die *Anordnung* des zu lernenden Materials. Je besser das Material strukturiert ist, um so leichter ist es zu lernen und zu behalten.

Die *emotionale* (gefühlsmäßige) *Beziehung* zum Lernmaterial. In zahlreichen Untersuchungen, vor allem in der Werbepsychologie, hat man festgestellt, daß am besten behalten wird, was für den Probanden mit einem angenehmen Gefühlston verbunden war. Auch „Material", das mit unangenehmer Gefühlstönung assoziiert ist, wird noch gut behalten, während das Behalten in einer emotional neutralen Situation sehr gering ist. Durch emotionale Faktoren können darüber hinaus auch Gedächtnisinhalte verändert oder entstellt werden.

Die *Motivation*. Wenn uns ein Lernmaterial als sehr *wesentlich* erscheint, so können wir es besser lernen und auch besser behalten. In einem solchen Falle sind wir stark motiviert.

Gedächtnistheorien

Obwohl heute verschiedene theoretische Modelle existieren, mit denen man die Funktionsweisen des Gedächtnisses zu erklären versucht, sind wir dennoch von einer umfassenden und experimentell bestätigten Gedächtnistheorie weit entfernt.

Von der statischen Konzeption, die im Gedächtnis lediglich ein Registrieren von Erinnerungen in Form von Engrammen sah, ist man heute abgekommen. Tierexperimentelle Untersuchungen zeigten, daß man keine spezielle Hirnregion vollständig für die Funktion des Gedächtnisses verantwortlich machen konnte. Es scheint so zu sein, daß sowohl die *gesamte* Hirnrinde als auch *bestimmte* Rindenzonen für seine Funktion von Bedeutung sind. Diese These konnte man anhand von Untersuchungen an Hirnverletzten stützen, bei denen sich zeigte, daß diese Patienten durchweg schlechtere Gedächtnisleistungen aufwiesen als normale Versuchspersonen, daß aber diejenigen, die eine Schädigung im Bereich des Scheitellappens aufwiesen, die stärksten Ausfälle zeigten.

Neuerdings versucht man, mit Hilfe *kybernetischer Modelle* die Gedächtnisfunktion zu erklären. Man vergleicht hierbei das Gehirn mit einem Elektronenrechner, der in bestimmten Positionen Gedächtnisinhalte aufbewahrt, die beim Vorgang des Erinnerns „abgerufen" werden. Auch diese Theorie, die man durch Computersimulationen zu stützen versuchte, kann manche Eigenarten der Gedächtnistätigkeit nicht erklären.

Gedächtnisstörungen

Unter den Gedächtnisstörungen können wir quantitative von qualitativen sowie Störungen des Altgedächtnisses von solchen der Merkfähigkeit unterscheiden.

Quantitative Gedächtnisstörungen. Unter diesen ist am häufigsten die *Amnesie*, die man als begrenzte Erinnerungslücke definieren kann. Sie kommt vor nach Schädel-Hirn-Traumen und bei Bewußtseinsstörungen. Die *retrograde Amnesie*, die besonders nach Schädelverletzungen auftritt, ist dadurch gekennzeichnet, daß sie sich auch auf die Zeit vor dem Unfall und auf den Unfallhergang erstreckt. Die Patienten können also darüber keinerlei Angaben machen. Bei vielen degenerativen Hirnerkrankungen kommt es ebenfalls zu einem allmählichen Nachlassen der Gedächtnistätigkeit, wobei zunächst die Erinnerungen der letzten Zeit (also das Frischgedächtnis, die Merkfähigkeit) verblassen, während weit zurückliegende Gedächtnisinhalte meist noch sehr gut reproduziert werden können. Am längsten bleiben gut eingeschliffene Verhaltensweisen und Redensarten erhalten. Ein Nachlassen des Altgedächtnisses findet man vor allem bei der senilen Demenz und Hirnarteriosklerose.

Qualitative Gedächtnisstörungen. Bei diesen Störungen wird das Gedächtnis nicht in seinem Ausmaß gemindert, vielmehr werden seine Inhalte umgestaltet. Die Psychiatrie kennt *wahnhafte Erinnerungsentstellungen*, bei denen Erinnerungen z.B. so umgestaltet werden, daß sie sich in ein beim Patienten vorhandenes Wahnsystem lückenlos eingliedern lassen. Eine weitere Form qualitativer Gedächtnisstörung ist die sogenannte *Pseudologia phantastica*. Bei dieser Störung werden Erinnerungen durch freies Erfinden und Hinzudichten verschiedener Ereignisse entstellt.

Merkfähigkeitsstörungen erstrecken sich auf nur kurze Zeit zurückliegenden Gedächtnisstoff und kommen vorwiegend im Rahmen schwerer *organischer Hirnschädigungen* (senile Demenz, Arteriosklerose, Paralyse) und nach *Intoxikationen* vor. Kennzeichnend ist vielfach, daß die Kranken ihre „Vergeßlichkeit“ bemerken und ihre Erinnerungslücke durch sogenannte *Konfabulation* (freie Erfindungen) zu verbergen suchen.

Denken und Problemlösen

Denken und seine Untersuchung

Denken ist ein sehr komplexer Vorgang, der sich nicht in einem Satz definieren läßt. Man kann ihm näherkommen, wenn man eine Bestandsaufnahme all dessen versucht, was zu seinem ungestörten Ablauf notwendig ist. Tut man dies, so kommt man zu einer Reihe von Vorgängen wie Wissen, Urteilen, Abstrahieren, Vorstellen, Erinnern, Vorausschauen (Antizipieren), Begriffe bilden usw. Diese Vorgänge, die in unserer Aufzählung zunächst beziehungslos nebeneinander stehen, werden beim Vorgang des Denkens in *gesetzmäßiger Weise* miteinander *verknüpft.* Man kann also sagen, eine wesentliche Funktion des Denkens ist die Verknüpfung von Begriffen. Damit ist allerdings noch längst nicht alles über das Denken ausgesagt. Ein weiterer wesentlicher Aspekt ist, daß es der Vorbereitung von Handlungen dient und somit an gewissen *Zielen* ausgerichtet ist. Dieser Gesichtspunkt wird von solchen Forschern in den Mittelpunkt der Betrachtung gestellt, die Denken als Probehandeln auffassen. Fassen wir die beiden erwähnten Gesichtspunkte zusammen, so kommen wir zu einer vorläufigen Umschreibung des Denkens, die allerdings nur für das menschliche Denken gilt und lautet: Beim Denken kommt es unter Einbeziehung von Erfahrung zum Verknüpfen von Begriffen, die zu Urteilen verarbeitet werden und das Ziel haben, Handlungen vorzubereiten.

Wie wichtig die zuletzt genannte „Zielfunktion“ des Denkens ist, kann man daraus ersehen, daß wir unser Denken gemäß unserer Motivation (Triebe, Interessen usw.) zum Erreichen von Zielen einsetzen können. Ein sehr geläufiges Beispiel ist die Situation des Hungers. In solchen Zuständen sind wir in der Lage, motiviert durch den Mangelzustand Hunger, unser Denken zum Auffinden von Nahrung gezielt einzusetzen.

Die Untersuchung des Denkens, die beim Menschen fast nur durch Eigenbeobachtung möglich ist, kann auf verschiedenen Ebenen erfolgen:

Vom *Gegenstand* her (Art der Aufgabe oder des Problems). Man kann z.B. der Versuchsperson verschiedene „Denkaufgaben“ stellen, etwa eine begonnene Reihe von Zeichen logisch fortzusetzen, einen „Denkfehler“ in einer Formulierung zu finden, eine anschauliche oder eine abstrakte Rechenaufgabe stellen usw. Aus der Art der Aufgabe kann man gewisse Rückschlüsse auf die Denkweise ziehen, indem man die Versuchsperson fragt, wie sie die Aufgabe gelöst hat, oder im Selbstversuch sich überlegt, auf welche Weise man zu dem Ergebnis kam.

Von den *Denkstrukturen* her. Hierbei geht man von den Begriffen, Vorstellungen und Einstellungen aus, mit deren Hilfe der Denkprozeß vollzogen wird. Dabei berücksichtigt man z.B., ob ein Proband beim Denken analytisch (zergliedernd) vorging, ob er sich an einer ihm geläufigen Vorstellung orientiert oder auf abstraktem Wege (also ohne Anschauung) zum Ergebnis kam usw.

Vieles in unseren Denkprozessen ist noch unbekannt. Dies liegt zum Teil daran, daß die Eigenbeobachtung nicht ganz zuverlässig ist und daß wir im Tierversuch oder auch bei Untersuchungen von Versuchspersonen nur sehr unzulängliche Einblicke in die Bedingungen des Denkens erhalten. Ob Tiere denken können, ist vielfach bezweifelt worden. Allerdings sprechen manche Ergebnisse der Verhaltensforschung, besonders an höheren Tieren, dafür, daß das Vorhandensein von Vorgängen, die unserem Denken analog sind, auch bei Tieren angenommen werden muß.

Bildung von Begriffen

Ein Großteil unseres Denkens bewegt sich im sprachlichen Bereich und bedient sich der Begriffe. Begriffe werden im Laufe der Entwicklung erworben und sind in umschriebenen kulturellen Bereichen mit gleichen Bedeutungen versehen, wodurch das Verständnis gesichert wird.

Den Vorgang der Begriffsbildung kann man am besten an *Kindern* untersuchen, wie der Psychologe Piaget dies getan hat, oder an *Erwachsenen*, wobei man allerdings abstrakte Symbole erfinden muß, die mit den bisherigen sprachlichen Erfahrungen der betreffenden Versuchspersonen keinerlei Zusammenhang aufweisen.

Wie sehr mit Begriffen gewisse Bedeutungen schon allein durch Lautassoziationen verbunden sind, zeigt ein bekannter Versuch von W. Köhler. Er ließ die beiden frei erfundenen „Begriffe" Maluma und Takete zwei ebenfalls frei konstruierten Figuren zuordnen. Eine dieser Figuren war rund und dick, die andere hatte Ecken und war nicht so voluminös (vgl. Abb. **13**). Es zeigte sich, daß etwa 80% der Erwachsenen die dicke und runde Figur mit Maluma und die spitzige mit Takete bezeichneten. Bei

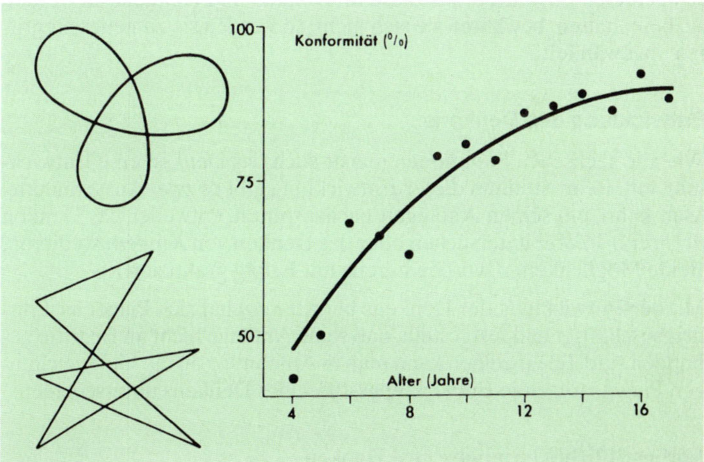

Abb. **13** Dinge und ihre Namen „Maluma" oder „Takete" (aus *Hofstätter, P.R.:* Psychologie. Fischer, Frankfurt 1981).

Kindern war dies ganz anders. Unter den Vierjährigen z.B. wurde die spitze Figur gleich häufig noch als Maluma bezeichnet. Dieser interessante Versuch zeigt, daß gewisse sprachliche Eigenarten im Laufe der Entwicklung erlernt werden und daß bei der Bildung von Begriffen auch klangliche Assoziationen eine Rolle spielen.

Hinsichtlich der Begriffsbildung gibt es verschiedene Erklärungsmöglichkeiten:

Überlagerungsmodell. Diese Modellvorstellung geht davon aus, daß den Begriffen zunächst *Bilder* zugrunde liegen. Ähnliche Bilder werden dabei zur Deckung gebracht und miteinander verglichen, wodurch ihre Gemeinsamkeiten stärker hervortreten. Vergleichen der Bilder führt dazu, daß von einzelnen Bildern abstrahiert und das Gemeinsame im Begriff umschrieben wird.

Generalisationsmodell. Bei den Lerntheorien haben wir die Generalisierung besprochen. Das hier erwähnte Modell zieht sie als Erklärungsmöglichkeit für die Begriffsbildung heran. Begriffe werden nach dieser Auffassung in der Weise gebildet, daß zunächst von *einer* Bezeichnung ausgegangen wird, die als vorläufiger Begriff fungiert; sekundär wird dann alles, was diesem ursprünglichen Begriff sehr ähnlich ist, mit einbezogen, wobei sich die Ähnlichkeit sowohl nach *Lautassoziationen* als auch nach *Bedeutungen* richten kann, was unter anderem altersabhängig ist.

Begriffsbildung durch Probehandeln. Diese Theorie stellt die Bedeutung der *Erfahrung* in den Vordergrund. Begriffe werden als Hypothesen gebildet. Bewähren sich diese im Denken und Handeln, so werden sie beibehalten, bewähren sie sich nicht, so werden sie zu neuen Begriffen abgewandelt.

Entwicklung des Denkens

Wie alle seelischen Funktionen macht auch das Denken eine Entwicklung mit. Beim Studium dieser Entwicklung gibt es zwei Ansatzpunkte. Man kann, um seinen Anfängen nachzuspüren, entweder das Denken *primitiver Völker* untersuchen oder das Denken von *Kindern* studieren. Beide Möglichkeiten wurden bereits mit Erfolg praktiziert.

Mit der Entwicklung des Denkens bei *Kindern* hat sich Piaget ausführlich beschäftigt und festgestellt, daß seine Anfänge nicht an Begriffe gebunden sind. Im einzelnen kann man in Anlehnung an die Untersuchungen Piagets folgende Entwicklungsstufen des Denkens unterscheiden:

Vorbegriffliches (symbolisches) Denken

Etwa im Alter von drei Jahren lernt ein Kind zwischen einem Wort und dem damit bezeichneten Gegenstand zu trennen. Das Wort kann nunmehr losgelöst vom Gegenstand verwendet werden, wobei es aber Symbol für den Gegenstand bleibt. Diesen Sachverhalt bezeichnet Piaget als „Symbolfunktion“. Die Symbolfunktion kann sehr gut beim Spielen der Kinder beobachtet werden. So wird z.B. eine Streichholzschachtel zum Symbol für ein Auto oder ein Haus und im Spiel auch entsprechend eingesetzt. Solche Symbole sind nach Piaget „Vorbegriffe“. Bis etwa zum vierten Lebensjahr bewegt sich das kindliche Denken in diesem vorbegrifflichen Stadium.

Anschauliches Denken

Im Alter von vier bis sieben Jahren kommt es in zunehmendem Maße zur Bildung von Begriffen, die zunächst ganz von der Anschauung, d.h. von Bildern, ausgehen. Mit dem anschaulichen Denken vollzieht sich gleichzeitig das Erlernen von *räumlichen Dimensionen* wie Länge, Breite, Tiefe, der *Mengenbegriff* und der *Zahlbegriff*. Diese Begriffe können jedoch vom Kind zunächst nur im Zusammenhang mit einer Anschauung verwendet werden. Das bedeutet, daß ein Kind z.B. mit dem Begriff „Breite“ an sich noch nichts anfangen kann, es kann aber eine breitere von einer weniger breiten Straße in seinem Baukasten unterscheiden.

Formales Denken

Erst ab etwa 12 Jahren ist formales Denken möglich. Formales Denken heißt, daß lediglich aufgrund von Begriffen, also ohne Anschauungsmaterial, logisch folgerichtig gedacht wird. Es bedeutet weiterhin, daß die Ergebnisse dieses Denkens vielfach nicht in der Realität überprüft werden können. Zu diesem Denken gehört auch der Umgang mit hypothetischen Annahmen, z.B. mit gedachten Gegenständen, gedachten Zahlen, gedachten Mengen. Formales Denken ist die Voraussetzung für das Verständnis mathematischer Zusammenhänge und wird im Mathematikunterricht und in naturwissenschaftlichen Fächern am stärksten geschult.

Schlußfolgerndes Denken

Als wesentliches Charakteristikum des Denkens wurde zuvor bereits das Verknüpfen von Begriffen zu Urteilen genannt. Dieser auch als Schlußfolgern bezeichnete Vorgang beinhaltet verschiedene Formen des Denkens.

Deduktive Schlußfolgerungen

Bei dieser Art des schlußfolgernden Denkens wird aus vorgegebenen Aussagen, den Prämissen, eine neue Aussage, die Konklusion, abgeleitet. Das folgende Beispiel illustriert diese Art des Schließens:

1. „Handwerker sind fleißige Menschen."
2. „Herr Müller ist ein Handwerker."
3. „Also ist Herr Müller ein fleißiger Mensch."

Induktive Schlußfolgerungen

Das induktive Schließen stellt eine Verallgemeinerung von einem einzigen Fall – oder einigen wenigen Fällen – auf alle Fälle derselben Klasse dar. Induktive Schlüsse sind mitunter riskant, da die vorgenommenen Verallgemeinerungen vorschnell und damit falsch sein können. Da eine Verallgemeinerung nur aufrechterhalten werden kann, solange sie durch die Erfahrung bestätigt wird, genügt eine einzige entkräftende Beobachtung, um sie ungültig werden zu lassen. Beispielsweise kann die verallgemeinernde Erfahrung vieler Menschen, daß alle Schwäne weiß sind, durch die Entdeckung eines einzigen schwarzen Schwanes widerlegt werden.

Als Beispiel für eine induktive Schlußfolgerung kann die folgende Sequenz dienen:

1. „Herr Müller ist ein fleißiger Mensch."
2. „Herr Müller ist ein Handwerker."
3. „Alle Handwerker sind fleißige Menschen."

Aus den beiden Voraussetzungen 1 und 2 folgt keineswegs zwingend, daß die Schlußfolgerung 3 wahr ist.

Analogieschluß

Eine für das menschliche Denken wichtige Variante des induktiven Schlußfolgerns stellt der sogenannte Analogieschluß dar. Mit einer Analogie wird eine Gemeinsamkeit oder Ähnlichkeit in der Beziehung zweier Sachverhalte oder Begriffspaare hergestellt. Die folgenden Beispiele für Analogien verdeutlichen diese Beziehungen:

„Riese : Zwerg = groß: klein"
„Baum : Pflanze = Pferd: Tier"

Analogieschlüsse spielen im alltäglichen Denken eine große Rolle, bergen aber – wie induktive Schlüsse überhaupt – eine ganze Reihe von Fehlerquellen in sich, die oft nicht bemerkt werden oder zu schweren Fehleinschätzungen führen.

Der früher herrschenden Auffassung, daß die aufgeführten Formen des Schlußfolgerns als Gesetze des Denkens aufzufassen seien, widersprechen die vielen zu beobachtenden Fehlschlüsse, die in einer Vielzahl von empirischen Studien untersucht wurden. Andererseits stellen die aus der Logik stammenden Schlußformen eine Norm dar für die Beurteilung des menschlichen Denkens, insbesondere dann, wenn es fehlerhaft zu sein scheint.

Problemlösen

Ein weiteres Forschungsfeld der neueren Denkpsychologie stellt der Prozeß des Problemlösens dar. Probleme stellen sich dem Menschen in großer Zahl, sie spiegeln die Vielfalt menschlicher Erfahrungen wider und betreffen ganz unterschiedliche Wirklichkeitsbereiche. Der Vielfalt und Unterschiedlichkeit von Problemen versucht die Denkpsychologie durch eine allgemeine Theorie des Problemlösens gerecht zu werden.

Ein Problem wird danach definiert, daß man in einer bestimmten Situation eine Zielvorstellung hat, jedoch nicht weiß, wie diese zu verwirklichen ist. Die Widerstände, auch Barrieren genannt, die sich einer direkten Lösung eines Problems in den Weg stellen, können je nach Situation sehr unterschiedlich sein. Im Prozeß des Problemlösens soll ein Ausgangszustand durch den Einsatz bestimmter Operationen in einen Ziel- oder Endzustand überführt werden.

Der Prozeß des Problemlösens ist durch unterschiedliche Vorgehensweisen gekennzeichnet. Ein Lösungsverhalten kann beispielsweise darin bestehen, einfach alle Möglichkeiten systematisch auszuprobieren, die aufgrund der Problemstellung möglich sind. Dieses mühsame und sehr aufwendige Verfahren kann einem allerdings leicht über den Kopf wachsen, so daß andere Wege beschritten werden müssen.

Die Anwendung von Regeln in festen, vorgegebenen Prozeduren, wie sie etwa bei der Lösung von Mathematikaufgaben vorkommen, ist eine Möglichkeit, die als Algorithmus bezeichnet wird. Suchverfahren und Lösungsmethoden, für die es keine derart festen Vorschriften gibt, werden Heuristiken genannt. Diese Vorgehensweisen sind insbesondere beim schöpferischen, kreativen Denken von Bedeutung, wo es darauf ankommt, neue Lösungen zu finden und herkömmliche Lösungsstrategien zu verlassen.

Ein weiteres Mittel, das im Prozeß des Problemlösens hilfreich ist, ist die Aufgliederung eines Endziels oder Gesamtziels in mehrere Teilziele oder Unterziele. Dieses Vorgehen teilt den Lösungsprozeß in mehrere Schritte auf und erhöht die Überschaubarkeit.

Denktheorien

Eine allgemeingültige und den verschiedensten Denkvorgängen Rechnung tragende Denktheorie gibt es noch nicht. Es lassen sich lediglich einige Gesichtspunkte herausarbeiten, die jeweils einen oder mehrere Aspekte des Denkens in den Vordergrund stellen. Es handelt sich also jeweils um unvollständige Erklärungsversuche.

Identitätstheorie. Sie betont den engen sprachlichen Zusammenhang zwischen Denken und Sprechen und läuft darauf hinaus, daß Denken „entlautetes Sprechen" ist. Eine Reihe von Phänomenen (z.B. sprachunabhängige logische Operationen in der Mathematik oder Denken bei Ausfall des Sprachzentrums im Rahmen einer Krankheit) können diese Modellvorstellung nicht erklären.

Denken als Probehandeln. Diese von Freud vertretene Ansicht, die bereits bei der Begriffsbildung kurz erläutert wurde, hat vieles für sich. Sie betont die Ausrichtung des Denkens auf ein späteres Handeln und gestattet auch, viele theoretische Gedankengänge als vorweggenommenes Handeln einzubeziehen. Allerdings versagt auch sie bei der Einbeziehung von formalen Denkvorgängen, die nicht auf Handlungen hintendieren.

Es gibt noch weitere Erklärungsmodelle des Denkens, die aber keine wesentlichen Gesichtspunkte bringen, weshalb wir auf ihre Darstellung verzichten.

Intelligenz

Einleitung und Begriffe

Intelligenz können wir definieren als die Fähigkeit, mit neuartigen Problemen und Situationen fertig zu werden. In dieser sehr knappen Definition stecken eine Reihe von Voraussetzungen, die zu einer präziseren Umgrenzung dessen, was wir als Intelligenz zu bezeichnen pflegen, beitragen können. Einmal besagt obige Definition, daß es sich bei der Intelligenz um eine *Fähigkeit* handelt, die verschiedenen Individuen in verschiedenem Ausmaß zur Verfügung steht, zum anderen ist in der Formulierung, „mit neuartigen Problemen und Situationen fertig zu werden", enthalten, daß die mit Intelligenz bezeichneten Fähigkeiten vor allem in ungewohnten Situationen wirksam werden und somit nicht in erster Linie auf Erfahrung, Lernen oder Übung beruhen, sondern auf produktiven Einfällen.

Gehen wir von der Einteilung des psychischen Geschehens nach Rohracher in *psychische Kräfte* (Bedürfnisse, Triebe, Interessen, Gefühle) und *psychische Funktionen* (Wahrnehmen, Vorstellen, Gedächtnis, Denken) aus, so können wir auch sagen: „Intelligenz ist der Leistungsgrad der psychischen Funktionen bei der Lösung neuer Probleme." Damit ist gesagt, daß der Schwerpunkt intelligenten Verhaltens auf den seelischen Funktionen liegt, die die Voraussetzungen für die Befriedigung der psychischen Kräfte schaffen. Unsere Intelligenz und ihre Elemente werden also gemäß der jeweiligen Bedürfnislage des Organismus eingesetzt (sogenannte Werkzeugfunktion der Intelligenz), sie haben, isoliert betrachtet, keine antreibende oder motivierende Wirkung. Für diesen Sachverhalt haben wir im Abschnitt „Motivation" (S. 76). Beispiele kennengelernt – etwa die Situation des Hungers, in der alle unsere intellektuellen Funktionen dafür eingesetzt werden, etwas Eßbares aufzufinden.

Aus der beschriebenen Gegenüberstellung von psychischen Kräften und psychischen Funktionen ergeben sich verschiedene Varianten und Kombinationen hinsichtlich Motivation und intellektuellem Verhalten. So wird ein Mensch, der zwar über eine starke Motivierung (Triebstruktur), aber über eine relativ niedrige Intelligenz verfügt, in der Verfolgung seiner Ziele weniger erfolgreich sein (und Frustrationen erleiden) als einer, bei dem sich Stärke der Motivierung (also psychische Kräfte) und Intelligenz die Waage halten oder gar besonders gut ausgeprägt sind.

Erfassung der Intelligenz in Gestalt des IQ

Da es sich bei der Intelligenz um eine Leistungsfähigkeit handelt, ist sie auch einer Messung besonders gut zugänglich. Leistungen sind ihrer ganzen Struktur nach leichter zu messen als etwa Motive, Triebe oder Gefühle. Dennoch hat man lange Erfahrungen sammeln müssen, bis man in Gestalt des Intelligenzquotienten (IQ) ein brauchbares Maß zur Erfassung der intellektuellen Leistungsfähigkeit fand. Die beiden Franzosen Binet und Simon begannen im Jahre 1904 mit der Entwicklung solcher Verfahren. Sie stellten ausführliche Testreihen für Kinder aller Altersstufen her und erprobten sie systematisch an einer Vielzahl von Probanden. Dabei wurde für jede Altersstufe eine Altersnorm festgelegt. Man ging dabei so vor, daß man etwa alle achtjährigen Kinder einer Großstadt prüfte und dabei diejenigen Aufgaben, die beispielsweise von 80% der Probanden richtig gelöst wurden, als Altersnorm zugrunde legte. Nachdem für alle Altersstufen Normen feststanden, wollte man prüfen, ob ein neuuntersuchtes Kind seiner Altersnorm entsprach, ob es zurückgeblieben war oder ob es mehr, als von seiner Altersstufe erwartet wurde, leisten konnte.

Den auf die jeweilige Altersnorm bezogenen Leistungsstand des Probanden nennt man das *Intelligenzalter*. Es besagt also, welcher Altersstufe ein Proband hinsichtlich seiner intellektuellen Leistungsfähigkeit entspricht.

Aus der Differenz zwischen Lebensalter und Intelligenzalter konnte man ersehen, ob ein Kind in seiner intellektuellen Entwicklung im Bereich seiner Altersnorm rangierte, ob es einen „Intelligenzvorsprung“ oder „Intelligenzrückstand“ hatte.

Diese Art der Intelligenzmessung, die zunächst einen großen Fortschritt bedeutete, hat aber eine Reihe von Nachteilen, unter anderem, daß *gleiche* Intelligenzrückstände auf verschiedenen Altersstufen verschiedene Bedeutung und Auswirkung haben und somit nicht miteinander vergleichbar sind. Deshalb schlug der deutsche Psychologe W. Stern ein anderes Maß vor, das sich unter dem Namen Intelligenzquotient durchgesetzt hat. Er dividierte das Intelligenzalter durch das Lebensalter und multiplizierte den erhaltenen Quotienten, um handlichere Zahlenwerte zu erhalten, mit 100. Das Ergebnis dieser Rechnung ist der IQ.

$$IQ = \frac{\text{Intelligenzalter}}{\text{Lebensalter}} \times 100$$

Ein IQ zwischen 85 und 115 wird als durchschnittliche Intelligenz bezeichnet. Werte von über 115 weisen auf eine überdurchschnittliche Intelligenz hin, Werte unter 85 auf Minderbegabung. Liegt der IQ unter 80, so sprechen wir von Schwachsinn (Oligophrenie)*. Der IQ ist jedoch nur ein recht globales Maß, das sich aus einer Reihe von Einzelleistungen zusammensetzt und in dieser Form nur etwas über den quantitativen Aspekt der Intelligenz aussagt. Es gibt aber auch verschiedene *Arten* der Intelligenz (qualitativer Aspekt), auf die wir im Abschnitt „Intelligenzstruktur und Begabung“ (S. 69) näher eingehen.

Determinanten der Intelligenz

Für die Intelligenz ist charakteristisch, daß sie zwar bei der Lösung von Problemen bisherige Erfahrungen mitverwertet, daß aber ihr ureigenster Bereich gerade nicht von Erfahrung, Lernen oder Übung geprägt ist. Wenn dies so ist, so muß man die Hauptbedingung intelligenten Verhaltens nicht in Umwelteinflüssen, sondern in Anlagebedingungen suchen. Darüber wurde eine Reihe von Untersuchungen angestellt, von denen kurz die Rede sein soll. Die Wirksamkeit des Erbeinflusses für das Zustandekommen der Intelligenz untersucht man am besten anhand eines Vergleichs der Ergebnisse von Intelligenztests an eineiigen Zwillingen. Zu dieser Frage liegen zahlreiche Untersuchungen vor, die in Tab. **2** zusammengestellt sind.

Aus Tabelle **2** geht hervor, daß die Übereinstimmung der Intelligenzquotienten bei eineiigen Zwillingen deutlich höher ist als bei zweieiigen. Die Korrelationskoeffizienten geben den Grad der Übereinstimmung an, maximale Übereinstimmung zweier Zwillingspartner würde einem Korrelationskoeffizienten von 1 entsprechen. Diese Ergebnisse weisen auf eine erhebliche Wirksamkeit des Erbeinflusses hinsichtlich der Höhe intellektueller Leistungsfähigkeit hin. Ähnliche Ergebnisse liegen für die Erblichkeit von Minderbegabung und Schwachsinn sowie für Hochbegabung vor. Daraus darf man natürlich nicht schließen, daß die Umwelteinflüsse für die Entwicklung der Intelligenz bedeutungslos wären; im Gegenteil, sie sind unter günstigen Bedingungen in der Lage, eine Intelligenzanlage zur höchsten Entfaltung zu bringen, und können

* Manche Autoren sprechen erst bei einem Intelligenzquotienten von unter 70 von Schwachsinn

Tabelle **2** Intelligenzuntersuchungen an eineiigen und zweieiigen Zwillingen nach *Husen* und *Shields* (modifiziert nach *H. Rohracher:* Kleine Charakterkunde, 12.Aufl., Urban & Schwarzenberg, Wien 1969)

	Anzahl der eineiigen Paare	Korrelations-koeffizient	Anzahl der zweieiigen Paare	Korrelations-koeffizient	
Wingfield u. Sandford (1928)	45	·90	57	·70	
Newman, Freeman, Holzinger (1937)	50	·88	50	·63	Binet IQ
Newman, Freeman, Holzinger (1937)	50	·92	50	·62	Otis IQ
Stocks u. Karn (1933)	68	·84	119	·65	
Husén (1959a)	36	·87	71	·55	I-test
Wictorin (1952)	128	·85	141	·70	Simplex
Wictorin (1952)	128	·91	141	·73	C-test
Husén (1960)	215	·90	416	·70	I-test
Shields (1962)	71	·77	7	·51	

andererseits, wenn sie extrem ungünstig sind, eine gute intellektuelle Veranlagung verkümmern lassen.

Methoden der Intelligenzmessung

Die Messung der Intelligenz geschieht heute fast ausschließlich mit Hilfe von Intelligenztests. Diese müssen, wenn sie sich als brauchbar erweisen sollen, den testpsychologischen Gütekriterien genügen, d.h., sie müssen ausreichend gültig, zuverlässig und objektiv sein. Die Intelligenztests kann man nach verschiedenen Gesichtspunkten einteilen. Wir wollen uns für unseren Zusammenhang mit drei Gesichtspunkten begnügen und unterscheiden *altersabhängige* und *-spezifische* Tests (Entwicklungstests), *globale Intelligenztests* (Gesamttests) und *Intelligenzstrukturtests.*

Altersspezifische Intelligenztests (Entwicklungstests)

An sich spielt bei jedem Intelligenztest der Altersfaktor eine Rolle, denn der IQ errechnet sich ja aus Intelligenzalter dividiert durch Lebensalter. Während aber bei den üblichen Intelligenzuntersuchungen von Erwachsenen das Lebensalter in den Hintergrund tritt, spielt es im

Kleinkindalter eine ganz entscheidende Rolle. Man denke nur daran, wie groß der Unterschied in der Entwicklung bei einem gesunden zweijährigen und einem vierjährigen Kind ist. Dieser Gesichtspunkt rechtfertigt die Abtrennung einer eigenen Testkategorie, der sogenannten Entwicklungstests, deren Hauptaugenmerk auf der Erfassung von Entwicklungsfortschritten und alterstypischem intellektuellem Verhalten ruht. Es gibt inzwischen eine ganze Reihe solcher Entwicklungstests, von denen im folgenden nur zwei Beispiele erwähnt werden sollen, als sogenannter Kleinkindertest der Bühler-Hetzer-Test und für das Schulalter der Entwicklungstest nach Schenk-Danziger, der eine erweiterte Fortführung des ersteren darstellt.

Der Bühler-Hetzer-Test besteht aus 17 verschiedenen Testreihen, die auf die Altersstufen vom ersten Lebensmonat bis zum siebten Lebensjahr verteilt sind. Die Aufteilung der Testreihen geht aus Tab. **3** hervor.

Insgesamt versucht man, mit diesem Test sechs Verhaltenskategorien zu erfassen: 1. sinnliche Wahrnehmung, 2. Bewegung und Beherrschung des eigenen Körpers, 3. Sozial- und Kontaktverhalten, 4. Lernen und Nachahmung, 5. Umgang und Bearbeitung von Material, 6. geistige Produktivität.

Zur Veranschaulichung sei die Testreihe für den sechsten Lebensmonat in Tab. **4** wiedergegeben.

Tabelle **3** Verteilung der 17 Testreihen des Bühler-Hetzer-Tests auf die einzelnen Altersstufen (aus *Meili, R.:* Lehrbuch der psychologischen Diagnostik. Huber, Bern 1961)

Nummer der Testreihe	1	2	3	4	5	6	7	8	9	10	
	1. Lebensjahr										
Altersstufe	1.	2.	3.	4.	5.	6.	7.	8.	10. 9.	11. 12.	Monat

Nummer der Testreihe	11	12	13	14	15	16	17
	2. Lebensjahr						
Altersstufe	1. Viertel	2. Viertel	3. Hälfte	4. Jahr	5. Jahr	6. Jahr	7. Jahr

Tabelle **4** Testreihe des Bühler-Hetzer-Tests für den sechsten Lebensmonat

1. Blickwechsel zwischen Gegenstand und dessen Umgebung
2. Unterscheiden von Flasche und Gummipuppe
3. Nach erblicktem Ding mit *einer* Hand greifen
4. Befreiung von der behindernden Windel in Rückenlage
5. Kopf und Schultern in Rückenlage hochheben
6. Mit Hilfe aufrichten
7. Widerspiegeln des freundlichen und erzürnten Gesichtsausdruckes
8. Negative Reaktion nach Wegnahme des Spielzeuges
9. Erwartung eines mehrmals beobachteten Vorganges (Dingintention festhalten)
10. Spielding bei Wegnahme nicht loslassen

Die Auswertung geschieht nach einem Punktsystem. Man erhält als Ergebnis den sogenannten Entwicklungsquotienten, der sich analog zum IQ als Entwicklungsalter geteilt durch Lebensalter errechnet.

Der Entwicklungstest nach Schenk-Danziger ist ganz ähnlich aufgebaut und auf das Schulalter (5. bis 11. Lebensjahr) zugeschnitten. Pro Altersstufe werden zehn Aufgaben gestellt, die wiederum auf verschiedene Verhaltenskategorien wie Verständnis für soziale Situation, Erfassung von Beziehungen oder Materialbeherrschung abgestimmt sind. Weitere Entwicklungstests sind die Vineland Social Maturity Scale, die Denver-Entwicklungsskalen und die Griffith-Entwicklungsskalen.

Globale Intelligenztests

Globale Intelligenztests versuchen, mit wenigen oder gar nur mit einer Aufgabenart den *quantitativen* Aspekt der Intelligenz zu erfassen. Als Ergebnis erhält man einen Gesamt-IQ, der nicht in einzelne qualitativ verschiedene Untergruppen zerlegbar ist. Als Beispiel für einen solchen Test sei der Progressive-Matrizen-Test von Raven angeführt. Er besteht nur aus einer einzigen Aufgabenart, die in verschiedenen Schwierigkeitsgraden durchvariiert wird. Der Test ist vom siebten Lebensjahr bis ins Erwachsenenalter anwendbar. In Abb. **14** ist eine Aufgabe aus dem Raven-Test wiedergegeben. Die Versuchsperson wird aufgefordert, das in dem Muster rechts unten fehlende Stück aus den vorliegenden Zeichen herauszusuchen. Die einzelnen Skalen des „Grundintelligenztests“ (CFT1, CFT20, CFT3) messen ebenfalls die globale Intelligenz.

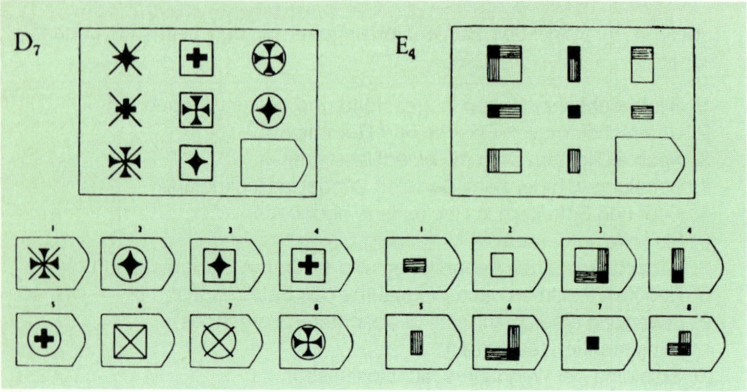

Abb. **14** Zwei Beispiele aus dem Test „Progressive Matrices" von *Raven* (aus *Meili, R., H.J. Steingrüber:* Lehrbuch der psychologischen Diagnostik. Huber, Bern 1978).

Intelligenzstrukturtests

Im Gegensatz zu den globalen Intelligenztests versuchen diese über den quantitativen Aspekt hinaus noch die intellektuellen Funktionen hinsichtlich verschiedener *qualitativer* Aspekte zu differenzieren. Sie bestehen aus einer ganzen Reihe verschiedener Untertests, die einzelne Teilfunktionen der Intelligenz gezielt zu erfassen versuchen. Die beiden in Deutschland bekanntesten Tests dieser Art sind der Hamburg-Wechsler-Intelligenztest, den es in einer revidierten Form für Erwachsene HAWIE-R und in einer revidierten Ausführung für Kinder HAWIK-R gibt, und der Intelligenzstrukturtest (IST bzw. IST 70) von Amthauer.

- Der Hamburg-Wechsler-Intelligenztest basiert im Gegensatz zu vielen anderen Intelligenztests nicht auf der Ermittlung eines Intelligenzalters. Dennoch erscheint im Endergebnis der IQ, wobei es sich nicht um den üblicherweise errechneten Quotienten zwischen Intelligenzalter und Lebensalter handelt, sondern um eine Orientierung auf einer Skala, deren theoretischer Mittelwert 100 beträgt. Die Ergebnisse sind jedoch mit den sonst ermittelten Intelligenzquotienten durchaus vergleichbar. Die beiden Testformen HAWIE-R und HAWIK-R unterscheiden sich hinsichtlich des Schwierigkeitsgrades und geringfügig auch hinsichtlich der Anordnung der einzelnen Aufgaben. Die nun folgende kurze Beschreibung gilt für die Kinderform HAWIK-R. Dieser Test besteht aus einem Verbalteil, der aus den Aufgaben allgemeines Wissen, allgemeines Verständnis, rechnerisches Denken, Gemeinsamkeitenfinden und Wortschatztest zusammengesetzt ist, und aus einem Handlungsteil, der in die Aufgaben

Zahlensymboltest, Bildergänzen, Bilderordnen, Mosaiktest und Figurenlegen zerfällt. Für jeden Teil wird ein Endwert errechnet und aus beiden zusammen der endgültige IQ. Der Test erlaubt auch Aussagen hinsichtlich qualitativer Aspekte, z.B. hinsichtlich theoretischer und praktischer Intelligenz, darüber hinaus kann man im klinischen Bereich aus dem Profil der einzelnen Testleistungen auch diagnostische Schlüsse ziehen.

- Der Intelligenzstrukturtest von Amthauer ist ein Gruppenintelligenztest, der auf ein etwas höheres Intelligenzniveau als HAWIE-R und HAWIK-R ausgerichtet ist. Er besteht aus neun Aufgabengruppen wie z.B. Satzergänzung, Gemeinsamkeitenfinden, Rechenaufgaben, Würfelaufgaben usw. Jede Aufgabenart ist auf eine bestimmte Teilfunktion der Intelligenz zugeschnitten. So soll z.B. die Aufgabe Satzergänzung die Fähigkeit zur Urteilsbildung prüfen, das Bilden von Analogien die Kombinationsfähigkeit und die Würfelaufgaben das räumliche Vorstellen. Das Testergebnis ist in Gestalt eines Profils übersichtlich darstellbar. Der Test ist an rund 4000 Personen standardisiert und hat sich praktisch sehr gut bewährt.

Intelligenzstruktur und Begabung

Bei der Besprechung der Intelligenzstrukturtests haben wir gesehen, daß es möglich ist, bei verschiedenen Personen *qualitative* Unterschiede hinsichtlich des Intelligenzaufbaus zu eruieren. Solche Unterschiede können selbst dann vorhanden sein, wenn sich die Gesamt-Intelligenzquotienten der untersuchten Probanden gleichen. Der Unterschied liegt eben im Intelligenz*aufbau* und zeigt sich testpsychologisch in verschiedenen Test*profilen.* Den unterschiedlichen Intelligenzstrukturen lassen sich aber unterschiedliche Begabungen zuordnen. Auch in der Umgangssprache verwendet man die Bezeichnung Begabung häufig. Man spricht z.B. von einer sprachlichen, einer mathematischen; von einer technischen oder einer musikalischen Begabung. Die Intelligenztests versuchen nun solche Begabungen durch entsprechende Aufgabengruppen gezielt zu erfassen. Beispiele dafür haben wir schon kennengelernt. Dabei muß man sich immer vor Augen halten, daß ein Test nie die Begabung selbst mißt, sondern eine Tätigkeit, von der man annimmt, daß sie für die betreffende Begabung charakteristisch ist. Streng genommen müßte man ebenso viele Begabungen wie Tätigkeiten unterscheiden.

Im folgenden wollen wir eingedenk der soeben skizzierten Einschränkung einige Begabungen näher betrachten.

Sprachliche Begabung

Fast alle Intelligenztests enthalten Aufgabentypen, die sehr stark sprachabhängig sind. Ihre richtige und schnelle Lösung hängt zum Teil davon ab, wie gewandt ein Proband mit sprachlichen Kategorien umgehen kann. Natürlich spielt gerade bei sprachlichen Aufgaben der Umwelteinfluß eine sehr große Rolle. Man kann dies immer wieder sehr eindringlich bei der Durchführung des HAWIE-R oder HAWIK-R beobachten. So haben Kinder, die aus Akademikerfamilien stammen, in denen eine differenzierte sprachliche Ausdrucksweise im allgemeinen stärker gepflegt wird, in der Regel einen höheren Verbal-IQ als Kinder, die aus einer ländlichen Umgebung stammen. Der Verbalteil des HAWIK-R oder HAWIE-R ist also nicht ein absolut zuverlässiger Maßstab für die ursprüngliche sprachliche Intelligenz, sondern weitgehend von Übungseinflüssen abhängig.

Sprachliche Begabung äußert sich in raschem Auffassen von Bedeutungen sprachlicher Formulierungen, im Erfassen logischer Zusammenhänge, in Gewandtheit des sprachlichen Ausdrucks, umfangreicher Wortkenntnis und der Fähigkeit, ähnliche Worte hinsichtlich ihrer Bedeutung gegeneinander abzugrenzen. Die Intelligenztests enthalten zahlreiche Aufgabengruppen zur Prüfung dieser Fähigkeiten. So wird im HAWIK-R z.B. der Wortschatz getestet oder im IST nach Amthauer mit dem Aufgabentyp Wortauswahl das Sprachgefühl untersucht usw.

Hinsichtlich der Beurteilung der sprachlichen Begabung kann man leicht gewissen Täuschungen unterliegen. So ist der Beurteiler leicht geneigt, die Fähigkeiten im Umgang mit der Sprache nach der Korrektheit der Aussprache des Probanden zu beurteilen. Diese hat jedoch bezüglich sprachlicher Begabung nur eine begrenzte Aussagekraft. So werden in der Regel Probanden, die sehr korrekt artikulieren, in ihrer gesamten Intelligenz höher eingeschätzt als Versuchspersonen, die Dialekt sprechen.

Die Feststellung einer sprachlichen Begabung spielt vor allem in der Berufsberatung eine große Rolle. Man muß allerdings sagen, daß die Methoden zur sicheren Feststellung einer sprachlichen Begabung noch weiter differenziert werden müssen.

Praktisch-technische Begabung

In vielen technischen Berufen kommt es weniger darauf an, Probleme sprachlich gewandt auszudrücken, sondern sie von der praktischen Seite her einer Lösung zuzuführen. Eine Möglichkeit zur Lösung solcher Probleme ist das Probierverhalten. Dieses kann nach Zufallsgesichtspunkten erfolgen, aber auch gezielt und mit System eingesetzt werden. Je mehr ein Proband beim Lösungsversuch eines Problems die letztgenannten Gesichtspunkte einzusetzen weiß, um so höher wird man seine praktisch-technische Begabung ansetzen können. Da diese Begabungsrichtung in der Wirtschaft eine außerordentlich große Rolle spielt, hat man zahlreiche Untersuchungen in dieser Richtung vorgenommen. Dabei hat es sich gezeigt, daß die praktische Begabung mit den vorwiegend „sprachlich“ gemessenen Schulleistungen nicht unbedingt hoch korreliert. Dem entspricht die alltägliche Erfahrung, daß es eben Menschen gibt, deren Stärke in der praktischen Bewältigung von Aufgaben liegt, während sie im theoretischen Denken manchmal recht unbeholfen sein können. Zur Prüfung der praktisch-technischen Intelligenz hat man Tests konstruiert, die z.B. anhand verschiedener Hebelsysteme oder anhand technischer Zeichnungen das Verständnis des Probanden für die Funktionsweise von Geräten und Apparaturen prüfen sollen. In diesem Zusammenhang spielt auch das räumliche Vorstellungsvermögen sowie die Gewandtheit von Motorik und Handgeschick eine große Rolle. Es hat sich erwiesen, daß diejenigen Tests zur Erfassung der praktisch-technischen Begabung am geeignetsten sind, die vom Probanden auch wirklich praktische Manipulationen verlangen. Solche manuellen Tests haben eine lange Tradition, ein Großteil von ihnen hat sich zur Feststellung technischer Begabungen gut bewährt.

Motorische Geschicklichkeit

Bei der soeben besprochenen praktisch-technischen Begabung spielt die motorische Geschicklichkeit zweifellos eine große Rolle. Neuere Untersuchungen zu diesem Problem haben jedoch gezeigt, daß die motorische Geschicklichkeit nichts Einheitliches ist, sondern sich aus verschiedenen Komponenten zusammensetzt. So konnte man nachweisen, daß mindestens drei Eigenschaften hierbei eine große Rolle spielen, nämlich die allgemeine Intelligenz, die mechanische Begabung und eine spezielle Handgeschicklichkeit, die in einer Unzahl von Tests näher untersucht wurde. Solche Tests verwenden etwa folgende Aufgaben: Mit einem Bleistift gezielt punktieren, Linien nachfahren, Kugeln in verschieden große Löcher eines Brettes versenken, Perlen auffädeln usw. Für die Berufsberatung wichtig ist in diesem Zusammenhang nur die Frage, ob der Proband überhaupt eine gewisse Gewandtheit bei motorischen Tätigkeiten aufweist, was man mit den vorhandenen Tests recht gut prüfen kann, auch wenn die theoretischen Grundlagen recht verwickelt sind.

Mit diesen kurzen Ausführungen ist natürlich das Thema Intelligenzstruktur und Begabung keineswegs erschöpft. Wir konnten hier auch nur auf einige wenige praktisch wichtige Begabungsrichtungen eingehen und mußten andere, etwa künstlerische Begabungen, außer acht lassen. Für diese gibt es allerdings auch keine adäquaten Prüfmethoden.

Theorie der Intelligenz

Wir haben bei den Intelligenztests eine Reihe von Aufgabengruppen kennengelernt, die alle bestimmte intellektuelle Funktionen zu erfassen versuchen. Es gibt inzwischen eine Unzahl solcher Aufgabengruppen, die jeweils unterschiedliche

Aspekte der Intelligenz prüfen sollen. Angesichts einer solchen Vielfalt muß man sich aber fragen, ob es so viele Teilaspekte der Intelligenz gibt wie Aufgabengruppen, oder ob sich nicht bestimmte größere „Bereiche" innerhalb dessen, was wir Intelligenz nennen, abgrenzen lassen, die dann mehrere Aufgabengruppen umfassen. Die Frage lautet also: Lassen sich innerhalb der Intelligenz gewisse „Grundeigenschaften" auffinden, die die Vielfalt der Aspekte intellektuellen Verhaltens erklären können? Solche „Grundeigenschaften" lassen sich tatsächlich mit Hilfe statistischer Methoden herausarbeiten. Man nennt sie Faktoren oder Dimensionen der Intelligenz.

Faktorenstruktur der Intelligenz

Intelligenzfaktoren sind Grundbedingungen intellektuellen Verhaltens, auf die sich die Vielfalt der Intelligenzaspekte zurückführen läßt. Um zu ihnen zu gelangen, geht man so vor, daß man viele Probanden mittels verschiedener Aufgabengruppen untersucht und dann auf statistischem Wege ausrechnet, in welchem Ausmaß die einzelnen Aufgabengruppen miteinander zusammenhängen. Dies kann man mittels der sogenannten Korrelationsrechnung tun. Man erhält zunächst eine sehr große Zahl solcher Korrelationen (Maßzahlen für den Zusammenhang von Aufgabengruppen), die man mit Hilfe statistischer Methoden so weit vereinfachen kann, daß sie durch ganz wenige neue Maßzahlen beschrieben und erklärt werden können. Diese Maßzahlen sind die Intelligenzfaktoren.

Intelligenzfaktoren sind also abstrakte Größen, auf die sich die vielen Korrelationen zwischen den Aufgabengruppen zurückführen lassen. Man sagt, die Faktoren sind mit den Aufgaben mehr oder weniger hoch geladen. Ist z.B. ein Intelligenzfaktor mit der Aufgabe rechnerisches Denken hoch geladen, so bedeutet dies, daß er beim Zustandekommen des rechnerischen Denkens eine große Rolle spielt.

Diese wenigen Ausführungen sollen nur die Problematik der Intelligenzforschung andeuten. Man hat eine Reihe sogenannter Faktorentheorien aufgestellt, die die Intelligenzleistungen auf einen, auf zwei oder auf mehrere Faktoren zurückzuführen versuchen. Bekannt geworden ist die Theorie des Schweizer Psychologen Meili, der vier Intelligenzfaktoren unterscheidet, die er Komplexität, Plastizität, Ganzheit und Flüssigkeit nennt.

Wandlungen der Intelligenzstruktur in Abhängigkeit vom Lebensalter

Ein anderes Problem der Intelligenzforschung wird durch die Tatsache aufgeworfen, daß die in den Tests gemessene Intelligenz bereits ab dem 20. Lebensjahr abnimmt (vgl. Abb. **15**). Dies entspricht natürlich nicht dem wahren Sachverhalt. Jedermann weiß, daß intellektuelle Höchstleistungen auch im höheren Lebensalter noch möglich sind. Ein solches Ergebnis ist vielmehr ein Kunstprodukt wissenschaftlicher Methodik und hängt damit zusammen, daß die Intelligenz mittels Aufgaben gemessen wird, die stark an den Schulleistungen orientiert sind. Mit zunehmendem Lebensalter wandelt sich aber auch die Struktur der Intelligenz, und man müßte für die Altersstufen ab 30 Jahren andere Aufgaben finden, die

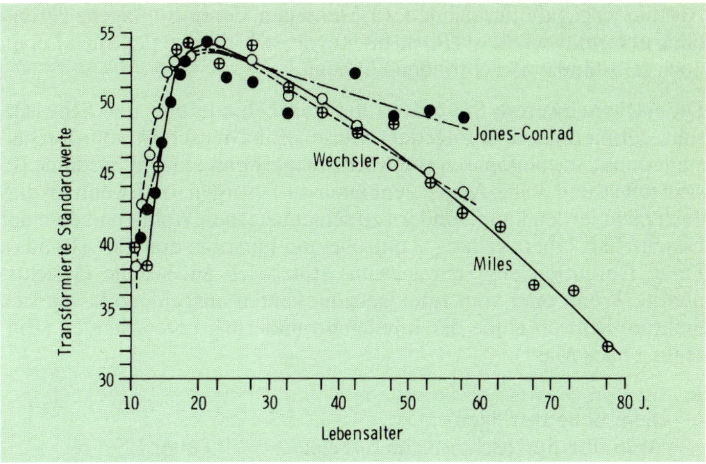

Abb. **15** „Abbau" der testpsychologisch gemessenen Intelligenz mit zunehmendem Lebensalter (aus *Thomae, H., H. Feger:* Einführung in die Psychologie, Bd. VII. Akademische Verlagsanstalt, Frankfurt, u. Huber, Bern 1969).

der jeweiligen Intelligenzstruktur angemessener sind. Dies ist ein Problem, das mit der zunehmenden Lebenserwartung an Bedeutung gewinnt. Man steht immer mehr vor der Notwendigkeit, auch über die Intelligenzfunktion älterer Menschen Aussagen machen zu müssen.

Intelligenzstörungen

Der größte Teil der Intelligenzstörungen gehört in das Gebiet der Psychiatrie. Wir möchten sie deshalb in diesem Zusammenhang nur sehr kurz abhandeln.

Man kann zunächst *vorübergehende* Intelligenzstörungen von *dauerhaften* unterscheiden. Zu den *vorübergehenden* Intelligenzstörungen sind diejenigen zu rechnen, die sich aus einer momentanen und reversiblen (d.h. rückbildungsfähigen) Beeinträchtigung der Person und ihrer Leistungsfähigkeit erklären lassen. Beispiele dafür sind die sogenannte neurotische Leistungshemmung, bei der es aufgrund einer fehlerhaften Erlebnisverarbeitung dazu kommt, daß die Intelligenz nicht adäquat eingesetzt werden kann, ferner Intelligenzeinschränkungen durch Drogen- oder Medikamentenmißbrauch oder die weitgehende Ausschaltung intellektuellen Verhaltens in Affektreaktionen.

Dauerhafte, d.h. nicht rückbildungsfähige Intelligenzstörungen liegen vor bei Minderbegabung und Schwachsinn und bei der Demenz.

Als minderbegabt bezeichnen wir Menschen, deren Intelligenz geringfähig unterentwickelt ist (IQ 80 bis 90), die sich aber im täglichen Leben noch selbständig zurechtfinden können.

Die nächstschwerere Stufe der Intelligenzbehinderung, den Schwachsinn, definieren wir in folgender Weise: „Ein Mensch ist vom Rechtsstandpunkt aus oligophren (schwachsinnig), wenn er nicht imstande ist, sich selbst und seine Angelegenheiten zu besorgen, und wenn er dies auch nicht lernen kann, sondern zu seinem eigenen Wohle und dem der Gesellschaft Überwachung, Kontrolle und Fürsorge braucht" (Benda). Diese Definition des Schwachsinns stützt sich auf soziale Gesichtspunkte. Wenn man vom Intelligenzquotienten ausgeht, so lassen sich mehrere Schweregrade der Intelligenzminderung unterscheiden (Einteilung nach Mas*):

– Sehr hohe Intelligenz Weit überdurchschnittliche Intelligenz	IQ über 129
– Hohe Intelligenz Überdurchschnittliche Intelligenz	IQ 115–129
– Normvariante Durchschnittliche Intelligenz	IQ 85–114
– Niedrige Intelligenz Unterdurchschnittliche Intelligenz Grenzdebilität	IQ 70–84
– Leichte intellektuelle Behinderung Debilität	IQ 50–69
– Mäßige intellektuelle Behinderung Imbezillität	IQ 35–49
– Schwere intellektuelle Behinderung Ausgeprägte Imbezillität	IQ 20–34
– Schwerste intellektuelle Behinderung Idiotie	IQ unter 20
– Nicht näher bezeichnete intellektuelle Behinderung (auszuschließen niedrige Intelligenz)	
– Intelligenzniveau nicht bekannt (Weder durch klinische noch psychometrische Einschätzung).	

Die hier angeführte Einteilung der Oligophrenien in verschiedene Schweregrade bringt Probleme mit sich. Einmal variiert bei den ver-

* Multiaxiales Klassifikationsschema für psychiatrische Erkrankungen im Kindes- und Jugendalter nach Rutter, Sheffer u. Sturge (Remschmidt u. Schmidt 1986[2]).

schiedenen Untersuchern die durch den IQ festgelegte Spielbreite der Schweregrade. Zum anderen ist die Einteilung auch im Hinblick auf schulische und berufliche Förderungsmaßnahmen unzulänglich. Bei diesen muß man sich nämlich vorwiegend an Gesichtspunkten orientieren, die als Anhaltspunkte für eine gezielte Förderung dienen können.

Überlegungen dieser Art haben zur Abgrenzung zweier Gruppen intellektueller Behinderung geführt, für die auch entsprechende Förderungsmaßnahmen vorhanden sind:

- Lernbehinderung (IQ etwa 60 bis 85) und
- geistige Behinderung (IQ etwa 30 bis 65).

Diese Bezeichnungen sind nicht ganz glücklich und wollen auch nur die *Schwerpunkte* der jeweiligen Behinderung charakterisieren. Die zugehörige Förderung wird in speziellen Sonderschulen für Lernbehinderte und für geistig behinderte Kinder vollzogen.

Ursachen der Intelligenzstörungen: Intellektuelle Behinderungen können entweder angeboren oder erworben sein. Wir unterscheiden erbliche Formen, Schwachsinn bei Entwicklungsstörungen und Mißbildungen, bei Chromosomenanomalien, stoffwechselbedingte Oligophrenien, Oligophrenien bei endogenen Störungen und solche nach Entzündungen des zentralen Nervensystems. Insgesamt steht jedoch nur in etwa 20 bis 25% aller Fälle die Ursache eindeutig fest. Von diesen beruhen etwa 10% auf äußeren Schädigungen und 10–15% auf genetischen Störungen. Bei 75–80% ist also die Ursache nicht sicher bekannt. Diese Tatsache hat sicher auch dazu beigetragen, daß viele Spekulationen über die Ursachen von Minderbegabung und Schwachsinn entstanden sind. Als mehr oder weniger konträre Ansichten stehen sich die *Erbhypothese* und die *sozialkulturelle Hypothese* gegenüber. Erstere versucht, intellektuelle Minderbegabungen auf genetische Faktoren zurückzuführen, letztere auf Umweltfaktoren. Heute geht die Tendenz dahin, verschiedene Formen der intellektuellen Behinderung zu unterscheiden, wobei Erbfaktoren und Umweltfaktoren ein unterschiedliches, im Einzelfall kaum abzuschätzendes Gewicht haben.

Als *Demenz* bezeichnet man einen Intelligenzabbau bei Menschen, die zunächst eine normale intellektuelle Entwicklung durchlaufen haben. Die Bezeichnung Demenz setzt also immer voraus, daß solche Menschen zunächst normalbegabt waren, aber z.B. durch degenerative Erkrankungen, Unfälle, Entzündungen der Hirnhäute oder des Gehirns usw. einen Großteil ihrer intellektuellen Funktionen eingebüßt haben. Es gibt sowohl klinisch als auch testpsychologisch eine Reihe von Unterschieden zwischen Schwachsinn und Demenz, auf die wir hier allerdings nicht weiter eingehen können.

Motivation

Problematik des Motivationsbegriffes

Das Wort Motivation leitet sich von Motiv (lat.) ab, was man als „das Bewegende“ übersetzen könnte. In der Psychologie ist der Ausdruck Motivation eine Sammelbezeichnung für Einflüsse, die menschliches und tierisches Verhalten anregen oder antreiben, ohne sich auf äußere Reize zurückführen zu lassen. In den Begriff Motivation gehen eine Reihe von seelischen Vorgängen ein, die man auch unter den Bezeichnungen Bedürfnis, Affekt, Gefühl, Antrieb, Trieb, Instinkt, Interesse zu beschreiben versucht. Hinzu kommen noch Antriebe, die man in den Bereich des *Unbewußten* rechnet (unbewußte Motive), und eine Reihe von Motivkomplexen, die durch Gewöhnung und Lernen entstanden sind und die unter der Bezeichnung *sekundäre Motivation* zusammengefaßt werden. Solche in den Umkreis der sekundären Motivation zu zählende Antriebe sind z.B. das „Bedürfnis“, ein Konzert zu hören oder Klavier zu spielen, das „Bestreben“, eine Fremdsprache perfekt zu beherrschen, das „Interesse“, sich nach der neuesten Mode zu kleiden, oder die „Leidenschaft“, bei einem Pferderennen zu wetten. Im Laufe der individuellen Entwicklung nehmen solche sekundären Motive einen immer größeren Raum ein und verändern oder überlagern die *primären Motive*, also diejenigen, die in erster Linie der Befriedigung elementarer Lebensbedürfnisse (z.B. Nahrungstrieb, Geschlechtstrieb) dienen und nicht durch Lernen oder Gewöhnung entstanden sind.

Auch in der Umgangssprache werden neben dem Wort Motiv selbst eine Reihe von Bezeichnungen verwendet, die sich in irgendeiner Form auf die Anregung von Verhalten oder Handeln beziehen. Es seien nur einige wenige aufgezählt: Absicht, Anspruch, Anreiz, Antrieb, Bedürfnis, Bemühen, Bereitschaft, Einstellung, Entscheidung, Entschluß, Gefühl, Gesinnung, Impuls, Initiative, Instinkt, Interesse, Leidenschaft, Lust, Neigung, Plan, Sehnsucht, Intelligenz, Trieb, Verlangen, Vorliebe, Wunsch. Schon aus dieser unvollständigen Aufzählung wird deutlich, daß die sprachliche Formulierung große Schwierigkeiten hinsichtlich der Einordnung eines motivierten Verhaltens mit sich bringt. Ich kann z.B. sagen, daß ich die Absicht, das Bedürfnis, Interesse, Leidenschaft, Lust, Neigung, Verlangen, Vorliebe oder den Wunsch habe, Klavier zu spielen. Die Unterschiede zwischen diesen Bezeichnungen sind zum Teil nur schwer zu präzisieren. Andererseits wir man kaum annehmen können, daß all diesen sprachlichen Beziehungen auch auf seiten der psychischen Abläufe eigene Antriebsarten entsprechen.

Aus dem Bisherigen ergeben sich zwei wichtige Fragen:

1. Gibt es einen einheitlichen Antrieb oder existieren mehrere weitgehend voneinander unabhängige Antriebselemente?

2. Inwieweit lassen sich Antrieb oder Antriebselemente mit unseren sprachlichen Kategorien präzise bezeichnen?

Diese beiden Fragen müssen vorerst offengelassen werden, wir kommen im Laufe dieses Abschnittes an anderer Stelle wieder auf sie zurück.

Bedürfnisse, Instinkte, Triebe, Gefühle

Obwohl wir gesehen haben, daß viele sprachliche Formulierungen im Bereich Motivation unscharf sind und leicht zu Unklarheiten, Verwechslungen oder Überschneidungen Anlaß geben, kommen wir nicht ohne sie aus. Wir möchten uns im folgenden auf die vier Begriffe Bedürfnis, Instinkt, Trieb, Gefühl beschränken, wobei wir uns dessen bewußt sind, daß die Grenzen zwischen diesen Begriffen auch bei dem Versuch einer möglichst klaren Definition nicht ganz präzise gezogen werden können.

Bedürfnis

Unter Bedürfnis verstehen wir eine umfassende Bezeichnung für Zustände eines Organismus, „die ein suchendes bzw. zuwendendes Verhalten hervorrufen" (Drever u. Fröhlich). Je nach Standort der psychologischen Schulen variiert die Bedeutung dieser Bezeichnung. Gehen wir vom *Verhalten* aus, so hat Bedürfnis mehr den Charakter einer biologischen Mangelsituation, d.h., das physikochemische Gleichgewicht des Organismus ist gestört. In dieser Betrachtungsweise sind Bedürfnisse die *Folgezustände* der Mangelsituation. Sie sorgen dafür, daß diese wieder behoben wird, und sind vielfach ausgesprochen zielgerichtet. So beginnt z.B. ein Kind, das an einem Kalkmangel leidet, an der kalkhaltigen Wand zu lecken. In diesem Fall entspricht einem organischen Mangel (einem Bedarf) auf der psychischen Seite ein Bedürfnis, das den Mangel zu beheben versucht. Dies ist jedoch nicht immer der Fall.

Analog zum Überbegriff Motivation kann man auch bei den Bedürfnissen *primäre* von *sekundären* unterscheiden.

Als primäre Bedürfnisse werden angesehen: Hunger, Durst, Verlangen nach Sauerstoff oder nach Aufrechterhaltung eines optimalen Wärmezustandes. Im weiteren Sinne werden auch das Bedürfnis nach geschlechtlicher Betätigung, das Bemutterungsbedürfnis und der Spieltrieb hinzugezählt.

Die Verhaltensforschung hat auf eine andere Kategorie von Bedürfnissen aufmerksam gemacht. Sie hat gezeigt, daß bestimmte Bedürfnisse durch umschriebene Umweltreize ausgelöst werden können. Das bekannteste Beispiel ist das sogenannte Kindchen-Schema, das durch eine bestimmte Reizkonfiguration bei nahezu allen Menschen ein „Bemutterungs-" oder „Pflegebedürfnis" hervorruft.

Mit der systematischen Weckung von Bedürfnissen befaßt sich die Werbepsychologie. Sie versucht vor allem sogenannte *sekundäre Bedürfnisse*, d.h. solche, bei denen Lerneffekte eine Rolle spielen, zu erzeugen, greift dabei aber auch häufig auf angeborene Auslöserschemata zurück.

Gehen wir vom *Erleben* aus, so können wir Bedürfnisse als Zustände bezeichnen, die durch ein Gefühl des Begehrens oder durch den Wunsch, in bestimmter Weise zu handeln, gekennzeichnet sind. In unserem Leben sind solche Bedürfnisse oft sehr stark auf ein Ziel ausgerichtet. Man denke z.B. an das Leistungsbedürfnis. Dieses ist jeweils auf ein konkretes Ziel (z.B. Examen, günstiger Geschäftsabschluß usw.) abgestellt und hat oft den Charakter einer Dauermotivation.

In diesem Zusammenhang wäre noch die Unterscheidung von „echten Bedürfnissen“ und „quasi Bedürfnissen“ nach K. Lewin zu erwähnen. Unter echten Bedürfnissen versteht dieser Autor solche, die eine triebhafte, also biologische Grundlage haben, als quasi Bedürfnisse bezeichnet er diejenigen, die sich auf Willensentschlüsse, Gedanken oder Vorstellungen beziehen und ihrer Entstehung nach (Lernprozesse dürften hier eine große Rolle spielen) zu den sekundären Bedürfnissen gezählt werden können.

Instinkt

Mit den Bezeichnungen „Bemutterungs- oder Pflegebedürfnis“ sind wir bereits dem Instinktbegriff sehr nahe gekommen. In der Umgangssprache kann man anstelle von Pflegebedürfnis auch Pflegeinstinkt sagen; auch im wissenschaftlichen Gebrauch sind diese Begriffe nur schwer zu trennen.

Nach Hofstätter nennt man den *Komplex der primären Bedürfnisse* und die mit ihnen *gekoppelten Tätigkeiten* Instinkte. Während mit dem Begriff Bedürfnis also lediglich der einer Mangelsituation folgende psychische Zustand gemeint ist, umfaßt der Instinkt darüber hinaus noch die Tätigkeit, die zur Behebung des betreffenden Mangelzustandes geeignet ist. Nun kann ein Instinkt ähnlich wie gewisse Bedürfnisse auch durch bestimmte Reizkonstellationen ausgelöst werden; außerdem hat er noch eine Funktion im Sinne der Arterhaltung. Diese Momente sind in der Instinktdefinition von Tinbergen enthalten. Sie lautet: Unter Instinkt verstehen wir „einen hierarchisch organisierten nervösen Mechanismus, der auf bestimmte vorwarnende, auslösende, unterrichtende Impulse, sowohl innere wie äußere, anspricht und sie mit wohlkoordinierten lebens- und arterhaltenden Bewegungen beantwortet“.

Der Definition kann man noch hinzufügen, daß Instinkte ohne Beeinflussung durch Erfahrung oder Erziehung (Lernen) ablaufen. Die Definition Tinbergens spricht von einem hierarchisch organisierten Mechanismus. Damit ist gemeint, daß es einfache, vergleichsweise primitive Formen und höhere kompliziertere Formen instinktiven Verhaltens gibt.

Die *einfachen Formen* instinktiven Verhaltens sind durch Vererbung festgelegt und laufen nach einem starren Schema ab. Beispiele sind das Brut- und Pflegeverhalten bestimmter Vögel und Säugetiere.

Die *höheren Formen* sind kompliziert durch die ihnen übergeordneten („vorgeschalteten“) psychischen Vorgänge, die man als Stimmungen bezeichnet. Diese „Stimmungen“ werden in der Verhaltensforschung als Handlungsbereitschaften angesehen, die die Auslösung von Instinkthandlungen begünstigen. Beispiele sind die Flugstimmung der Vögel im Herbst oder die Fortpflanzungsstimmung, die bei vielen Tieren ebenfalls an bestimmte Zeiten gebunden ist.

Erreicht eine solche „Stimmung“ ein Maximum und ist eine Möglichkeit zur Abreaktion in Form der Instinkthandlung nicht gegeben, so kann es zu sogenannten Leerlaufreaktionen kommen. In diesen drückt sich ein „Instinktmechanismus ohne Ziel“ aus. Beispiele sind das Sexualverhalten von Tieren, die man an geschlechtlicher Betätigung hindert, oder die spontanen Saugbewegungen des Säuglings bei Hunger in Abwesenheit der Mutterbrust.

Ein anderer Mechanismus liegt bei den sogenannten *Übersprungshandlungen* vor. Auch sie treten in Zuständen sehr starker Erregung auf, wobei sie aus dem gerade ausgelösten Instinktverhalten dadurch herausfallen, daß die Erregung oder Energie auf andere im Verhalten festgelegte Reaktionsformen „überspringt“, weil sie sich in den im Gang befindlichen nicht ausreichend entladen kann. Ein bekanntes Beispiel dafür sind die kämpfenden Hähne, die plötzlich auf den Boden picken, als ob sie Hunger hätten. Die im Kampf nicht ausreichend entladene Energie springt hier also auf Freßverhalten über.

Manche „nervöse“ Verhaltensweise des Menschen, die sich besonders in emotional belastenden Situationen zeigen (Trommeln mit den Fingern, Nägelbeißen, Kratzen hinter dem Ohr oder auch die „Entspannungszigarette“), dürften sich auf ähnliche Weise erklären lassen.

Trieb

Der Begriff des Triebes ist sehr problematisch. Er wird von den Anhängern verschiedener psychologischer Lehrmeinungen sehr unterschiedlich definiert, und manche Autoren versuchen, ganz ohne ihn auszukommen. Da er in der psychologischen Literatur jedoch eine große Rolle spielt, müssen wir kurz auf ihn eingehen.

Allgemein ausgedrückt kann man sagen, Trieb ist eine umfassende Bezeichnung für zielgerichtete Verhaltensweisen des Organismus, die ihn veranlassen, Bedürfnisse zu befriedigen. Diese Formulierung überschneidet sich jedoch zum Teil mit der Instinktdefinition. In der Tat ist die Abgrenzung gegen den Instinktbegriff nicht scharf, manche Autoren (z.B. Kretschmer) lehnen eine solche Abgrenzung auch ab. In der Verhaltensforschung wird der Trieb vielfach als die innere Bereitschaft oder auch Energie zum Vollzug von Instinkthandlungen aufgefaßt. Damit wäre der Trieb der eigentliche Energieträger, der Instinkt dagegen mehr der vorprogrammierte Mechanismus, der die Energie in Form eines Handlungsablaufes „verbraucht".

Umstritten ist auch, ob man Trieb und die in ihm zum Ausdruck kommende Energie als angeboren und unabhängig von Erfahrung und Lernen aufzufassen hat, oder ob diese Faktoren bei seiner Entstehung von Bedeutung sind. Je nach Einschätzung der Bedeutung der genannten Einflüsse variiert die Triebauffassung. Den ersteren Standpunkt nimmt ein Teil der Verhaltensforscher ein, der letztere wird insbesondere von seiten der Sozialpsychologie (vgl. S. 118) vertreten, die einer sehr weiten Triebauffassung das Wort redet. Im Rahmen dieser weiten Triebauffassung werden z.B. auch Streben nach Selbständigkeit, Gesellungstendenz, Hilfsbereitschaft oder Ordnungsstreben mit einbezogen. Die Vertreter einer strengen Triebauffassung würden eine solche Gruppierung ablehnen und die angeführten „Triebe" als Interessen bezeichnen.

Auch die Tiefenpsychologie (Freud, Adler, Jung) hat den Triebbegriff sehr erweitert und bezeichnet einen großen Teil der Antriebserlebnisse als Triebe.

Es wurden zahlreiche Versuche unternommen, die vielfältigen Trieberlebnisse nach übergeordneten Gesichtspunkten einzuteilen. Alle diese Einteilungsversuche haben natürlich angesichts der bisher ausgeführten Problematik ihre Mängel. Als Beispiel sei die Einteilung von Rohracher angeführt. Er unterscheidet:

1. Vitale Triebe oder Erhaltungstriebe.
   Dazu gehören z.B. der Nahrungs-, Geschlechts-, Flucht-, Bewegungs- und Pflegebetrieb.
2. Soziale Triebe oder Gesellschaftstriebe.
   Dieser Rubrik ordnet man Hilfsbereitschaft, Mitleid, Geltungstrieb, Machttrieb, Habgier usw. zu.
3. Funktionale Triebe.
   Der Begriff funktionale Triebe wurde analog der von K. Bühler stammenden Bezeichnung „Funktionslust" geprägt. Darunter verstand er das Vergnügen der Funktion der eigenen Organe. Funktionale Triebe in diesem Sinne sind z.B. der Spieltrieb, der Kampftrieb oder die Neugier.

Als vierte Kategorie wären noch die *Interessen* zu erwähnen. Wenn man nicht für den sehr weiten Triebbegriff, wie ihn die Sozialpsychologen fordern, eintritt, gehören sie allerdings nicht mehr zu den Trieben. Sie haben aber, wie Rohracher überzeugend darlegt, mit den Trieben viel gemeinsam. Eine wesentliche Gemeinsamkeit ist z.B., daß sie ebenso wie die Triebe als Drang erlebt werden, „der ohne Mitwirkung des Bewußtseins auftritt und sich im bewußten Geschehen durchsetzt“ (Rohracher). Sie haben ferner keine unmittelbare Beziehung zum Biologischen und dienen, jedenfalls bei flüchtiger Betrachtung, nicht der Arterhaltung. Für diese ist es in der Regel gleichgültig, ob ein Mensch religiöse, ästhetische, wissenschaftliche oder künstlerische Interessen hat. Was die Interessen noch in die Nähe von Trieben rückt, ist die Tatsache, daß sie bei manchen Menschen so in den Vordergrund treten, daß diese ihr ganzes Leben unter Inkaufnahme vieler Beschwerlichkeiten in ihren Dienst stellen. Der Unterschied zu den Trieben liegt darin, daß es, selbst wenn man gleiche Begabung unterstellt, eben nur *manche* Menschen tun.

In diesem Sinn kann man *Interessen* als Dauer*motivationen* bezeichnen, die bei einzelnen Menschen sehr unterschiedlich ausgeprägt sind und in ihrer Zielsetzung über die Befriedigung lebensnotwendiger und vitaler Bedürfnisse hinausgehen.

Gefühl

Eine Definition von Gefühlen stößt ebenfalls auf Schwierigkeiten. In der Alltagssprache ist uns ohne weiteres geläufig, wann man von Gefühlen spricht. Wir sind uns darüber klar, daß Bezeichnungen wie Liebe, Trauer, Sehnsucht, Eifersucht, Haß, Stolz usw. „etwas Gefühlsmäßiges“ ausdrücken. Dennoch ist es nicht einfach, sie auf einen einheitlichen Nenner zurückzuführen, der einer wissenschaftlichen Kritik standhalten kann. Angesichts eines solchen Sachverhaltes erscheint es zweckmäßig, zunächst einige Merkmale aufzuzählen in der Hoffnung, dadurch einer präzisen Beschreibung näherzukommen. Als solche Merkmale können wir nach Rohracher folgende betrachten:

Gefühle sind seelische *Zustände*, die weitgehend unabhängig von äußeren Reizen sind und sich im bewußten seelischen Geschehen ausbreiten.

Gefühle treten ohne Mitwirkung des Bewußtseins auf, d.h. sie werden von uns nicht absichtlich herbeigeführt. In dieser Hinsicht gleichen sie den Trieben.

Gefühle kann man als seelische Reaktionsweisen auf äußere oder innere Reize betrachten, die sich bei entsprechender Intensität auch in körperlichen Begleiterscheinungen äußern.

Gefühle werden meist als angenehm (lustvoll) oder unangenehm (unlustvoll) erlebt, was jedoch nicht für alle Gefühle gilt.

Faßt man diese vier Gesichtspunkte zusammen, so gelangt man zu folgender Definition: „Gefühle sind seelische Zustände, die ohne Mitwirkung des Bewußtseins als Reaktion auf ein äußeres oder inneres Geschehen auftreten und meist in irgendeiner, sprachlich nicht faßbaren Art als angenehm oder unangenehm erlebt werden" (Rohracher).

Es sind zahlreiche Versuche unternommen worden, die Gefühle in eine systematische Ordnung zu bringen. Diese Einteilungsversuche richten sich nach unterschiedlichen theoretischen Standpunkten und haben alle große Schwächen. Dies liegt daran, daß Triebe, Gefühle und Bedürfnisse erlebnismäßig oft als Einheit empfunden werden. Überhaupt kann man sich fragen, ob die in unserer Sprache vorgenommene Trennung dieser Antriebselemente (oder Motivationen) von der Sache her gerechtfertigt ist.

Unter diesem Gesichtspunkt ist auch die folgende Einteilung der Gefühlsarten zu betrachten, die Gefühle nach ihrer Herkunft zu klassifizieren versucht. Man unterscheidet nach Rohracher:

1. Empfindungsbedingte Gefühle (z.B. Schmerz, Lust, Temperaturempfindung usw.).
2. Triebbedingte Gefühle,
   a) vitale Triebgefühle (Lust bei Triebbefriedigung, Unlust bei Verhinderung der Triebbefriedigung, Angst, Furcht, Grauen),
   b) soziale Triebgefühle (Neid, Eifersucht).
3. Persönlichkeitsbedingte Gefühle.
   Sie setzen sich aus denjenigen Gefühlserlebnissen zusammen, die eine Stellungnahme bzw. Entscheidung der jeweiligen Persönlichkeit enthalten. Zu ihnen rechnet man religiöse, ethische, ästhetische Gefühle, Sympathie- und Mitgefühle, Gerechtigkeitsgefühl usw.

Körperliche Begleiterscheinungen von Gefühlen. Ein Großteil unserer Gefühle, vor allem solche von großer Intensität, rufen über das vegetative (autonome) Nervensystem auch körperliche Begleiterscheinungen hervor. Ein Teil dieser Veränderungen ist uns geläufig: Wir bemerken in bestimmten gefühlsbetonten Situationen eine Beschleunigung des Herzschlages und der Atmung, wir erröten, unsere Hände werden feucht, wir verspüren unter Umständen Harndrang oder bekommen gar Durchfall. Man hat versucht, über eine Messung dieser körperlichen Veränderungen Art und Intensität von Gefühlen zu quantifizieren. Am bekanntesten geworden ist der sogenannte psychogalvanische Reflex, der darauf beruht, daß bei gefühlsmäßigen Erregungen mit der zunehmenden Schwitzneigung eine Veränderung des elektrischen Hautwiderstandes entsteht, die gemessen werden kann. Auch der sogenannte *Lügendetektor* beruht auf diesem Prinzip. Der Nachteil der Methode liegt unter anderem darin, daß sie nur unspezifische „Erregungen" anzeigt, daß etwa im Falle des Lügendetektors ein Unschuldiger durch seine Aufregung eine ebensolche Reaktion hervorrufen kann wie ein Schuldiger, wenn man die Sprache auf die Tat bringt. Außerdem können die Reaktionen über die Entstehung bedingter Reflexe gebahnt werden.

Gefühlstheorien. Die Gefühlstheorien sind Erklärungsversuche für die Entstehung von Gefühlen und versuchen, „Gefühlserlebnisse“ auf ein körperliches (physiologisches) Geschehen zurückzuführen.

Periphere Theorie von James-Lange

Nach dieser Auffassung liegen den Gefühlen *primäre* Veränderungen in den Eingeweiden und der Muskulatur zugrunde. Die Gefühle sind lediglich die Folgeerscheinungen dieser Veränderungen. Diese Anschauung gipfelt in dem bekannten Satz von W. James: „Wir weinen nicht, weil wir traurig sind, sondern wir sind traurig, weil wir weinen.“ Daß diese Auffassung nicht zutreffend ist, wird schon aus der Trägheit der Reaktion der Eingeweide ersichtlich, da Gefühle bereits vor dem Auftreten von viszeralen Reaktionen festzustellen sind.

Hypothalamus-Theorie von Cannon-Bard

Sie geht davon aus, daß in den Zentren des Hypothalamus eine Reihe von Verhaltensmustern gespeichert werden, deren Wirksamwerden durch hemmende Einflüsse seitens der Hirnrinde verhindert wird. Wenn jedoch ein intensiver Reiz zur Hirnrinde weitergeleitet wird, so kommt es zu einem Nachlassen der Hemmung des Zwischenhirns, wodurch zweierlei bewirkt wird: Einerseits kommt es in der Peripherie (z.B. in der Mimik des Gesichtes) zum Ausdruck des Gefühles, und andererseits wird der Hirnrinde eine Information über diesen Impuls zur Peripherie gegeben, wodurch es zu einer Wahrnehmung des entsprechenden Gefühls kommt. Auf eine einfache Formel gebracht, besagt die Hypothalamus-Theorie, daß unsere Gefühle zeitweise durch die Großhirnrinde gehemmt werden und nur dann in Erscheinung treten, wenn diese Hemmung durch entsprechende Reize aufgehoben wird.

Auf weitere Gefühlstheorien können wir an dieser Stelle nicht eingehen.

Analyse einer Motivationssituation

Im Verlauf einer motivierten Situation kann man bestimmte Stadien unterscheiden, die uns das Grundsätzliche motivierten Verhaltens näherbringen können. Dies soll am Beispiel des Hungers geschehen. Wenn ein Mensch oder ein Tier Hunger hat, so befinden sie sich zweifellos in einer motivierten Situation. Dies zeigt sich unter anderem darin, daß sie jede sich bietende Gelegenheit wahrnehmen, um zu etwas Eßbarem oder Freßbarem zu gelangen. Dabei wird das übrige Verhalten so umstrukturiert, daß der Hunger absolut im Vordergrund steht und alle eßbaren Dinge einen starken Aufforderungscharakter für das Individuum bekommen. Ist der Hunger sehr groß, so treten alle anderen Verhaltensweisen, Bedürfnisse, Triebe und Motive in den Hintergrund.

Den Ablauf einer solchen Motivationssituation kann man in folgende Stadien einteilen, wobei unsere Darstellung von der *erlebnisbezogenen* Betrachtung ausgeht:

1. Am Anfang entsteht die Empfindung eines Mangels, dessen psychischer Folgezustand das Bedürfnis zu essen ist.
2. Erwartungsphase: In der unmittelbar auf die Registrierung eines Bedürfnisses folgenden Erwartungsphase wird das ganze Trachten auf die Auffindung von etwas Eßbarem abgestellt und zugleich die mögliche Befriedigung des Hungerzustandes gedanklich oder in der Vorstellung vorweggenommen.
3. Instrumentelles Verhalten: Dieses umfaßt den entscheidenden Schritt zur Behebung des Hungerzustandes (Gefühls). Instrumentelles Verhalten wäre z.B. Überwältigung der Beute bei einem Raubtier oder der Gang des hungrigen Menschen zum Eisschrank.
4. Endhandlung (konsumatorisches Verhalten): Sie enthält den eigentlichen Vorgang der Bedürfnisbefriedigung, nämlich das Essen. Nachdem dies geschehen ist, ist das letzte Stadium erreicht.
5. Sättigung: Mit dem Stadium der Sättigung ist die Motivationssituation vorerst abgeschlossen. Alles Eßbare wird gleichgültig, und das Lebewesen wird von anderen Motivationen beherrscht. Der Ausdruck Sättigung wird auch auf andere Motivationssituationen angewandt und hängt nicht mit unserem Beispiel zusammen.

Diese fünf Stadien lassen sich bei jeder motivierten Situation voneinander abgrenzen. Auch bei einer ausschließlich am *Verhalten* orientierten Betrachtungsweise kann man an Hand von nach außen sichtbar werdenden Kriterien auf das Vorliegen dieser Stadien schließen.

Überforderung und Frustration

Von Überforderung sprechen wir, wenn Menschen oder Tiere vor Aufgaben stehen, deren Bewältigung sie nicht gewachsen sind. Überforderungssituationen begegnen uns täglich. Das minderbegabte Kind, das eine normale Volksschule oder gar eine höhere Schule besucht, der Industriemanager, der von einem Termin zum anderen gehetzt wird, der Familienvater, der wegen privaten oder beruflichen Ärgers ein Magengeschwür bekommt, sie alle sind überfordert. Die Überforderung kann dabei von den Betroffenen bewußt als Versagen erlebt werden, sofern es sich um das Verfehlen eines bewußten Zieles handelt, oder aber unbewußt bleiben, wenn es nicht um ein umschriebenes Ziel, sondern um die Nichtbefriedigung einer Dauermotivation wie z.B. Ehrgeiz geht. Damit sind wir dem Begriff der Frustration schon sehr nahe.

Unter *Frustration* verstehen wir den durch äußere oder innere Bedingungen erzwungenen Verzicht auf die Erfüllung von Bedürfnissen, Trieben, Interessen (allgemein: von motiviertem Verhalten) und die daraus resultierenden Erlebnisse der Enttäuschung oder Versagung.

Die Reaktion auf frustrierende Erlebnisse kann sehr verschieden sein. Es gibt Menschen, die relativ viele und stark frustrierende Situationen ertragen und verarbeiten können, und solche, die bei der kleinsten Frustration „aus der Rolle fallen". Durch diesen Sachverhalt angeregt, hat der amerikanische Psychologe Rosenzweig den Begriff der *Frustrationstoleranz* geprägt.

Frustrationstoleranz nennt man die „Fähigkeit eines Individuums, einer frustrierenden Situation zu widerstehen, ohne die sogenannten objektiven Tatsachen der Lebenssituation zu verzerren".

Wir kennen alle Menschen, die sehr gut, und andere, die nur sehr schwer Frustrationen ertragen können, d.h., wir unterscheiden relativ belastbare und weniger belastbare Menschen. Dies hängt unter anderem mit prägenden Einflüssen während der frühkindlichen Entwicklung zusammen. Menschen, die in ihrer Kindheit einer Anzahl frustrierender Erlebnisse ausgesetzt waren, hatten eher Gelegenheit, Verhaltensweisen zu entwickeln, die es ihnen gestatten, mit Frustrationen fertig zu werden. Daraus kann man ableiten, daß eine allzu sehr behütende Erziehung, die mit der Ausschaltung von Frustrationserlebnissen einhergeht, einer späteren Lebensbewährung nicht dienlich ist.

Bedingungen der Frustration

Nach Rosenzweig können wir drei Grundtypen frustrierender Situationen unterscheiden: Mangel, Verlust und Konflikt. Alle drei Situationen können durch äußere oder innere Bedingungen hervorgerufen werden.

Mangel. Mangel zeigt sich im Entbehren von Mitteln, die der Bedürfnisbefriedigung dienen. Solche Mittel sind etwa Nahrung, Geld, aber auch Lob, Anerkennung, Erfolg. Unter einem Mangel kann ein Mensch aus äußeren oder inneren Gründen leiden. Ein sehr häufiger „Mangel", der Geldmangel, ist z.B. durch äußere Ursachen bedingt, wenn ein strebsamer Mensch infolge einer Wirtschaftskrise nicht in der Lage ist, seinen Lebensunterhalt zu verdienen. Er ist endogen verursacht, wenn er wegen mangelnder Intelligenz oder wegen des Fehlens von Initiative sich nicht zu versorgen weiß.

Verlust. Auch der Verlust kann durch äußere oder innere Gründe bedingt sein. Wenn jemand seinen Partner durch einen Verkehrsunfall verliert, so ist dieser Verlust exogen (durch äußere Ursachen bedingt), büßt er hingegen durch Krankheit sein Gedächtnis ein, so liegt ein Verlust aus inneren Ursachen vor.

Konflikt. Ein Konflikt liegt vor, wenn zwei widersprechende Handlungstendenzen im Wettstreit liegen. Je ähnlicher und begehrlicher sie für das Individuum sind, um so ausgeprägter ist der Konflikt. Je nach Art der widersprüchlichen Verhaltenstendenzen unterscheiden wir verschiedene Formen des Konflikts.

Handelt es sich um zwei Tendenzen, die auf ein Begehren hinauslaufen, so spricht man von einem Appetenzkonflikt, liegen Tendenzen vor, die auf *Vermeiden* gerichtet sind, so nennt man dies einen Aversionskonflikt. Ist die eine Tendenz auf Begehren, die andere auf Vermeiden gerichtet, so haben wir einen Appetenz-Aversions-Konflikt vor uns. Für den Menschen lassen sich die genannten Konfliktarten durch folgende Fragen charakterisieren (A und B stehen jeweils für Objekte, Situationen oder Handlungen):

1. Appetenz-Appetenz-Konflikt: Soll ich A oder B vorziehen?
   Beispiel: Ein Urlaubsreisender kann sich nicht entscheiden, ob er eine Schiffsreise (A) oder eine Flugreise (B) unternehmen soll. Beide Möglichkeiten sind für ihn gleich begehrlich.
2. Aversion-Aversions-Konflikt: Soll ich A oder B vermeiden?
   Beispiel: Ein Verurteilter steht vor der Alternative, hohe Geldstrafe (A) oder kurze Gefängnisstrafe (B). Er muß sich für A oder B entscheiden, eine andere Möglichkeit gibt es nicht.
3. Appetenz-Aversions-Konflikt: Soll ich A vorziehen oder B vermeiden?
   Beispiel: Der Erbe eines traditionsreichen Betriebes möchte gerne den Betrieb verkaufen (A) und das dafür erhaltene Geld anderweitig verwenden, er hat aber Angst davor, seine Familie zu verärgern und sein Ansehen zu verlieren (B).

Konflikte sind ein wesentlicher Bestandteil menschlichen und tierischen Verhaltens. Die Fähigkeit, mit ihnen fertig zu werden, gehört zu den Grundeigenschaften der menschlichen Persönlichkeit und ist, wie die Frustrationstoleranz, individuell außerordentlich verschieden. Was wir allgemein als Reifung einer Persönlichkeit bezeichnen, ist nicht zuletzt durch die Art und Weise ihrer Konfliktbewältigung gekennzeichnet.

Konflikte können mit Autoritäten, Institutionen oder einzelnen Personen ausgetragen werden, sie können sich auf moralischem, religiösem oder gesellschaftlichem Sektor bewegen, sie konzentrieren sich innerhalb der individuellen Entwicklung zu gewissen Krisenzeiten (Trotzalter, Pubertät, Klimakterium und Rückbildungsjahre), sie erzeugen Unsicherheit und können, wenn sie ausgeprägt sind, unser Handeln völlig lahmlegen. Sehr häufig führen sie zu erheblichen Frustrationen, unter Umständen sind sie auch Ursache krankhafter Störungen (Neurosen). Man darf jedoch Konflikt und Frustration nicht mit der Entstehung neurotischer Störungen gleichsetzen. Von Neurosen kann man erst dann sprechen, wenn Konflikte oder Frustrationen nicht bewältigt werden, sondern wenn es auf dem Wege über bestimmte Abwehrmechanismen (Verdrängung, Regression, Kompensation usw.) oder durch andere Arrangements zur Entwicklung körperlicher oder psychischer Symptome kommt.

Reaktionsweisen auf Frustration

Frustrationen können vom Organismus ganz verschieden beantwortet werden. Wir können hier nicht einen vollständigen Katalog von Reaktionen, die frustrierenden Erlebnissen folgen können, aufzählen. Es seien in Anlehnung an Graumann nur vier charakteristische Verhaltensweisen hervorgehoben.

Aggressivität. In zahlreichen Tierversuchen hat man festgestellt, daß frustrierende Erlebnisse und Situationen sehr häufig mit einem Angriffsverhalten beantwortet werden. Frustrationen erzeugte man im Tierversuch dadurch, daß man die Tiere Schmerzreizen aussetzte. Es zeigte sich, daß die Tiere mit aggressiven Reaktionsweisen auf den Schmerzreiz reagierten. Affen, die diesen Versuchsbedingungen ausgesetzt wurden, lernten sogar, sich ein vorher nicht vorhandenes Angriffsziel zu beschaffen. Solche Beobachtungen haben auch für die Humanpsychologie große Bedeutung. Auch der Mensch reagiert auf Frustrationen vielfach mit aggressivem Verhalten. Dabei kann es unter Umständen auch zu einer sogenannten *Verschiebung* der Aggression kommen, d.h., das feindselige Verhalten wird nicht unbedingt auf den Verursacher der Frustration übertragen, sondern auf andere, schwächere Gegner abreagiert. Dies ist der Inhalt der sogenannten „Sündenbocktheorie", die zur Erklärung der Vorurteile und der Verfolgungen gegenüber sozialen Minderheiten (z.B. Juden, Farbige) herangezogen wird.

Regression und Verhaltensprimitivierung. Unter Regression verstehen wir das Wiederauftreten von in der Entwicklung bereits durchlaufenen Verhaltensweisen in Belastungssituationen. So kann z.B. ein Kind, das in der Schule nicht mitkommt, wieder einzunässen beginnen. Die Frustration ist in diesem Falle das Versagen in der Schule, das mit einem Rückfall auf eine frühere und vielleicht seit einigen Jahren bereits überwundene Verhaltensweise beantwortet wird. Für diesen Mechanismus gibt es, besonders aus der klinischen Psychologie, zahlreiche Beispiele: So begann z.B. ein sechsjähriger Junge nach der Geburt eines Schwesterchens wieder einzukoten, ein 1½jähriges Kind, das bereits gut laufen konnte, nachdem es von einem Hund umgestoßen worden war, wieder zu krabbeln, und ein neunjähriges Mädchen wieder Daumen zu lutschen, als die Scheidung der Eltern bevorstand. Auch durch zahlreiche systematische Experimente ist diese sogenannte Frustrations-Regressions-Hypothese gut belegt. Gleichzeitig zeigt sich in solchen regressiven Verhaltensweisen häufig ein sogenannter Krankheitsgewinn. Wenn etwa ein siebenjähriges Kind sich wieder wie ein Säugling benimmt, so dokumentiert es damit gleichzeitig den Sachverhalt: „Ich bin noch Kleinkind, ihr müßt mich auch wie ein solches behandeln."

Verhaltensschematisierung. Eine weitere Form, auf Frustrationen zu reagieren, ist eine abnorme Festlegung der Verhaltensweisen und damit eine starke Einengung von Reaktionsmöglichkeiten. Solches Verhalten erscheint als stereotyp und schematisch und tritt besonders leicht dann auf, wenn ein Individuum bei der Bewältigung gleicher oder ähnlicher Situationen mehrfach gescheitert ist. Derartige Mechanismen sind aus Experimenten zum sogenannten Problemlöseverhalten bekannt. Stellt man einer Versuchsperson eine Reihe komplizierter Denkaufgaben, so stellt man häufig fest, daß die gleichen gedanklichen Irrwege immer wieder begangen werden. Die einmal gemachte Erfahrung wirkt sich hier schematisierend aus, das Nichtlösen der Aufgaben ist zweifellos frustrierend.

Wie Beispiele aus der klinischen Psychologie zeigen, kann die Sterotypisierung des Verhaltens so weit gehen, daß im Rahmen eines sogenannten Totstellreflexes überhaupt keine Reaktionen mehr erfolgen.

Rückzug und Flucht. Hierbei handelt es sich um eine sehr häufig praktizierte Möglichkeit, frustrierenden Erlebnissen aus dem Wege zu gehen. Faßt man die Begriffe Rückzug und Flucht sehr weit, so kann man z.B. auch die „Flucht in den Alkohol" oder die „Flucht in Krankheit" darunter zählen. In der Tat handelt es sich bei diesen Reaktionsweisen häufig um mißglückte Möglichkeiten der Konfliktbewältigung bzw. um Antworten auf Frustrationen.

Persönlichkeitspsychologie

Begriffe: Temperament, Charakter, Persönlichkeit

Eine klare und knappe Definition von Persönlichkeit ist schwer zu geben. Es erscheint uns deshalb zweckmäßig, zunächst einen breiteren Rahmen abzustecken, in den sich der Persönlichkeitsbegriff später einfügen läßt. Dabei kommt man nicht ohne einige wichtige, dem Ausdruck Persönlichkeit verwandte Begriffe aus.

Zunächst muß darauf hingewiesen werden, daß der Schwerpunkt des Persönlichkeitsbegriffes auf solchen seelischen Abläufen liegt, die wir subjektiv als *Kräfte* erleben. Dies sind diejenigen Phänomene, die in der moderenen Psychologie unter dem Überbegriff Motivation vereinigt werden, also Bedürfnisse, Triebe und Antriebe, Interessen, Willenserlebnisse.

Wenn man über die Bedeutung des Begriffes Persönlichkeit nachdenkt, so bringt man unwillkürlich Bezeichnungen wie Temperament und Charakter damit in Verbindung. Auch *Temperament* hat mit der Antriebsstruktur zu tun. Man denke nur an die vier klassischen, aus der Antike überlieferten Temperamentstypen, den Sanguiniker, Choleriker, Melancholiker und Phlegmatiker.

Temperament ist eine umfassende Bezeichnung für Antriebsstruktur und Stimmungslage eines Menschen, wobei auch hier eine schwerpunktsmäßige Typisierung vorliegt, die auf die jeweils vorherrschende Grundstimmung abzielt.

Schließlich bezeichnet *Charakter* die Gesamtheit aller für einen Menschen typischen Eigenschaften, Gewohnheiten und Verhaltensweisen und kommt damit dem Begriff Persönlichkeit schon sehr nahe. Der Begriff Charakter spielt in der Psychologie der 30er und 40er Jahre eine bedeutsame Rolle und wurde in letzter Zeit weitgehend durch die Bezeichnung Persönlichkeit ersetzt. Es ist weitgehend Geschmackssache, ob man den älteren Ausdruck Charakter oder den modernen Persönlichkeit verwendet. Wir möchten uns für den letzteren entscheiden, vor allem deshalb, weil Charakter im allgemeinen Bewußtsein mit moralischen Vorstellungen belastet ist, ein wissenschaftlicher Terminus aber stets wertfrei gebraucht werden sollte.

Nach diesen terminologischen Vorbemerkungen sind wir nun in der Lage, den Begriff Persönlichkeit zu definieren, wobei wir uns an den amerikanischen Psychologen Allport halten, der nach kritischer Durchsicht von 50 Persönlichkeitsdefinitionen zu der folgenden Formulierung kam: „Persönlichkeit ist die dynamische Ordnung derjenigen psychophysischen Systeme im Individuum, die seine einzigartige Anpassung an die Umwelt bestimmen“.

Diese sehr komprimierte Formulierung bedarf einiger Erläuterungen:

Dynamische Ordnung. Dynamische Ordnung drückt aus, daß es sich nicht um ein starres Ordnungsprinzip handelt, sondern um eine solches, das der Entwicklung und Wandlung fähig ist.

Psychophysische Systeme ist lediglich eine umfassende Bezeichnung für die Eigenschaften, Gewohnheiten und Verhaltensweisen eines Menschen, und *einzigartige Anpassung* will aussagen, daß sich ein Mensch vom anderen in der *Art* seiner Anpassung an die Unweltbedingungen unterscheidet, also jeweils einmalig, einzigartig, individuell ist.

Beschreibende und erklärende Persönlichkeitseigenschaften

Zur Beschreibung der Persönlichkeit wurden eine ganze Reihe von Bezeichnungen verwendet, die alle einige wesentliche Aspekte der Persönlichkeit erfassen und gleichzeitig gewisse andere Seiten vernachlässigen. Dies ist aber in der Natur der Sache begründet. Denn nach dem derzeitigen Stand der Persönlichkeitsforschung ist eine umfassende und allen Gesichtspunkten gerecht werdende Beschreibung der Persönlichkeit noch gar nicht möglich. Deshalb erübrigt sich für unseren Zusammenhang die Diskussion, ob man Persönlichkeit besser unter Zuhilfenahme ihrer *Eigenschaften, Gewohnheiten, Motive* oder *Rollen* beschreibt. (Eine ausgezeichnete Darstellung dieser Problematik gibt E. Roth.) Jede dieser erwähnten Beziehungen steht für ein unterschiedliches Konzept der Persönlichkeit.

Mit dem *Eigenschaftsbegriff* verbunden ist das Strukturmodell der Person, der Begriff *Gewohnheit* leitet sich aus den Lerntheorien ab und faßt Persönlichkeit als ein System von vorwiegend erlernten Verhaltensweisen auf, in dem *motiv-orientierten* Persönlichkeitsmodell ist der dynamische Aspekt betont, und *Rolle* schließlich stellt die sozialen Einflüsse als die wesentlichsten Persönlichkeitszüge heraus.

Wir möchten in unserer Darstellung in einem etwas erweiterten Sinn bei dem Begriff der Eigenschaft bleiben. Erweitert heißt, daß wir auch Gewohnheiten, Motive und Rollen mit einbeziehen, denn eine festgefügte soziale Rolle etwa kann man mit einer gewissen Berechtigung auch als Eigenschaft einer Persönlichkeit auffassen. Unter den Persönlichkeitseigenschaften können wir nun beschreibende und erklärende unterscheiden.

Beschreibende Persönlichkeitseigenschaften

Die Zahl der Eigenschaften, die man zur Hilfe nehmen kann, um eine Persönlichkeit zu beschreiben, ist außerordentlich groß. Nach einer Schätzung von Klages stehen der deutschen Sprache etwa 4000 verschiedene Bezeichnungen zur Charakterisierung einer Persönlichkeit zur Verfügung. Schon daraus wird ersichtlich, mit welchen Schwierigkeiten man zu rechnen hat, wenn man etwa verschiedene Beurteiler beauftragt, unabhängig voneinander zu einem einheitlichen Persönlichkeitsbild eines Probanden zu kommen. Für eine wissenschaftliche Beschreibung einer Persönlichkeit kann das nur bedeuten, daß man die zahlreichen möglichen Beschreibungskategorien auf einige wenige reduziert. Dabei wird man natürlich solche auswählen müssen, die konstant sind und die sehr wesentliche Verhaltensweisen einer Persönlichkeit erfassen.

Versucht man, die wichtigsten in unserer Sprache vorhandenen Begriffe nach bestimmten Kategorien einzuteilen, so kann man nach Meili zu folgendem Schema kommen:

1. Fähigkeiten (Intelligenz, Aufmerksamkeit, Musikalität, Handgeschicklichkeit, Phantasie usw.); sie bestimmen die Möglichkeit, bestimmte Handlungen auszuführen.
2. Triebe und Interessen (Geiz, Pflichtgefühl, Machttrieb, Egoismus); sie bestimmen die Art und Richtung der Handlungen.
3. Dynamische oder Verlaufseigenschaften (Intensität, Erregbarkeit, Tempo usw.); sie hängen vor allem mit dem Temperament und der Charakterstruktur zusammen.
4. Moralische Eigenschaften (Ehrlichkeit, Gehorsam usw.).

Ein Großteil der angeführten Eigenschaften sind beschreibende Eigenschaften, d.h., sie versuchen einzelne Züge der Persönlichkeit möglichst plastisch zu beschreiben, sind aber nicht in der Lage, weitergehende Erklärungen für die jeweiligen Verhaltensweisen zu geben. Wenn man z.B. einen Menschen als egoistisch bezeichnet, so ist über die Ursache seines Egoismus damit noch nichts ausgesagt. Es lassen sich darüber höchstens Vermutungen anstellen. Die erklärenden Persönlichkeitseigenschaften versuchen nun, über solche Vermutungen hinaus, bestimmte Verhaltensweisen und Persönlichkeitszüge zu erklären.

Erklärende Persönlichkeitseigenschaften

Zur Erklärung von Verhaltensweisen einer Persönlichkeit kann man die in der Umgangssprache geläufigen Begriffe nur schwerlich heranziehen. Man kann es strenggenommen nur, wenn man sie neu definiert. Ein unreflektierter Gebrauch von Begriffen der Umgangssprache würde zu einer sehr unpräzisen Persönlichkeitsbeschreibung führen. Man hat deshalb versucht, ähnlich wie bei der Intelligenz, bestimmte grundlegende und empirisch gesicherte Eigenschaften herauszukristallisieren, um mit deren Hilfe eine Persönlichkeit zu beschreiben. Dabei können wir zwei wesentliche Ansätze unterscheiden:

1. Erfassen der Persönlichkeit mittels sogenannter Persönlichkeitsvariablen,
2. Erfassung der Persönlichkeit unter Zuhilfenahme von Konstrukten.

Persönlichkeits*variable* sind grundlegende Eigenschaften, die ähnlich wie die Intelligenzfaktoren auf empirisch-statistischem Wege herauskristallisiert wurden und hinsichtlich derer sich verschiedene Persönlichkeiten graduell unterscheiden. Solche Persönlichkeitsvariable sind z.B. manche Typisierungen oder die von dem Psychologen Eysenck herausgestellten Dimensionen Neurotizismus und Extraversion. Neurotizismus umschreibt Eigenschaften wie Nervosität, emotionale Labilität, Neigung zu Depressionen, geringe Belastbarkeit usw., Extraversion zeigt sich in Aktivität, Sorglosigkeit, Geselligkeit und steht insgesamt in gewissem Gegensatz zum Neurotizismus.

Konstrukte sind theoretische Kategorien zur Erklärung von Verhaltensweisen im Rahmen eines bestimmten Modells. Konstrukte stützen sich also nicht auf konkret beobachtete Verhaltensweisen, sie versuchen vielmehr, diese gemäß der Modellvorstellung, der sie angehören, in ein System zu bringen. Bekannte Konstrukte sind z.B. die Instanzen in der Psychologie Freuds, das Ich, das Über-Ich und das Es. Konstrukte sind z.B. auch Triebe, denn auch einen Trieb kann man nicht direkt beobachten, man kann lediglich aus gewissen Verhaltensweisen auf das Vorliegen eines Triebs schließen, sofern man das Verhalten nach einem Modell beurteilt, das Triebe mit einbezieht. Konstrukte sind auch die im Abschnitt „Motivation“ (S. 76) abgehandelten Begriffe der Frustration, Frustrationstoleranz sowie Konflikte.

Auch auf diese beiden Hauptkategorien der erklärenden Persönlichkeitseigenschaften werden wir bei den Persönlichkeitstheorien noch zu sprechen kommen.

Methoden zur Erfassung der Persönlichkeit

Die Methoden, die zur Persönlichkeitsdiagnostik angewandt werden, sind so zahlreich, daß wir sie hier nicht einmal andeuten können. Neben Verfahren, die sich aus der Ausdrucksforschung (vgl. Abschnitt Ausdruckspsychologie, S. 138) ableiten, versucht man, mit Hilfe ausführlicher Anamnesen, der Verhaltensbeobachtung und nicht zuletzt der testpsychologischen Diagnostik eine Persönlichkeit und die für sie typischen Verhaltensweisen zu erfassen. Wie in der Entwicklungspsychologie kann man hier im Querschnitt- und im Längsschnittverfahren vorgehen.

Auf zahlreiche Untersuchungsmethoden sind wir bereits in dem Abschnitt über Tests näher eingegangen. Wir haben dort unter der Rubrik Persönlichkeitstest, Fragebogentests, Neigungs- und Interessentests, Zeichentests und projektive Verfahren besprochen. Diese Tests, die natürlich nicht so gut zu standardisieren sind wie Leistungstests, können dennoch im Verein mit einer guten Anamnese und einer Verhaltensbeobachtung zu einem umfassenden und zutreffenden Bild einer Persönlichkeit führen.

Besondere Probleme bieten sich, wenn man vor der Aufgabe steht, *Persönlichkeitsveränderungen* und *Persönlichkeitsdefekte* testpsychologisch festzustellen. Unter diesen Störungen spielen vor allem die *organischen Hirnschädigungen* eine große Rolle. Man versucht sie testpsychologisch zu erfassen durch Verfahren zur Prüfung der Gestaltwahrnehmung, Aufmerksamkeits- und Konzentrationstests und Tests zur Prüfung motorischer Funktionen.

Tests zur Gestaltwahrnehmung. Einer der bekanntesten Test dieser Art ist der Benton-Test, der Gedächtnis, Wahrnehmung und visuomotorische Funktionen zu prüfen versucht. Dem Probanden werden mehrere Tafeln kurzfristig exponiert, auf denen verschiedene geometrische Figuren dargestellt sind. Er wird aufgefordert, diese aus dem Gedächtnis auf ein Blatt Papier zu zeichnen. Ausgewertet wird nach Fehlerzahl und Genauigkeit der Wiedergabe. Bei organischen Hirnschädigungen zeigt sich ein deutliches Absinken der Leistung im Vergleich zum Gesunden.

Aufmerksamkeits- und Konzentrationstests. Unter ihnen sind die sogenannten Durchstreichtests am bekanntesten. Bei ihnen kommt es darauf an, aus einem verwirrenden Material von Zeichen gleiche Elemente (z.B. Buchstaben) herauszusuchen und durchzustreichen.

Tests zur Prüfung motorischer Funktionen. Hierbei versucht man, die Bewegungskoordination, die Grob- und Feinmotorik zu erfassen, die bei organischen Hirnschädigungen in stärkerem oder geringerem Ausmaß gestört ist.

Neben der hirnorganischen Persönlichkeitsänderung sind noch die *postenzephalitische Persönlichkeitsänderung*, die vorwiegend zu Charakterstörungen führt, die sogenannte *epileptische Wesensänderung*, die bei etwa 20% langjährig Anfallskranker zu psychischen Störungen führt, und der sogenannte *erlebnisreaktive Persönlichkeitswandel* zu erwähnen.

Entwicklungspsychologie

Entwicklungsbegriff und Entwicklungsmodelle

Entwicklungsbegriff

Die Entwicklungspsychologie befaßt sich mit psychologischen Gesetzmäßigkeiten, die sie bestimmten Altersstufen zuzuordnen versucht. Sie geht davon aus, daß diese Gesetzmäßigkeiten und ihre Auswirkungen auf verschiedenen Altersstufen unterschiedliche Bedeutung haben.

Der Begriff Entwicklung ist eine sehr umfassende Bezeichnung für die fortschreitende Veränderung körperlicher und seelischer Merkmale, bezogen auf einen bestimmten Zeitabschnitt. Wenn man das Wort Entwicklung hört, so kann man sich beispielsweise die Entwicklung eines Vogels aus dem Ei, die Entstehung eines Menschen aus einem Embryo oder auch die Entwicklung geistiger Interessen bei einem Jugendlichen vorstellen. Es erhebt sich nun die Frage, ob den in dem Beispiel angesprochenen verschiedenen Prozessen ein einheitliches Geschehen zugrunde liegt, oder ob es sich um Vorgänge handelt, die sich nicht auf einen Nenner bringen lassen. Dies ist die Frage nach einem umfassenden Entwicklungsbegriff. Die meisten Versuche, zu einem solchen zu kommen, sind am Anlage-Umwelt-Problem gescheitert. Man hat lange darüber diskutiert, ob Entwicklungsvorgänge sich gewissermaßen zwangsläufig und unabhängig von äußeren Einflüssen nach einem „angeborenen Plan" vollziehen oder ob die Umwelteinwirkungen die Hauptrolle spielen. Dieser Streit ist jedoch müßig. Man darf annehmen, daß beide Momente an Entwicklungsprozessen wesentlichen Anteil haben, wobei nur der Schwerpunkt je nach Altersstufe unterschiedlich ist. Während im ersten Lebensjahr *Reifungsvorgänge* sicherlich im Vordergrund stehen, die als überwiegend anlagebedingt anzusehen sind, dominieren später *Lernprozesse*, an denen die jeweiligen Umweltbedingungen entscheidend beteiligt sind. Diesem Zusammenwirken von Anlage und Umwelt trägt die Konvergenzhypothese von William Stern Rechnung: „Seelische Entwicklung ist nicht ein bloßes Hervortreten angeborener Eigenschaften, aber auch nicht ein bloßes Empfangen äußerer Einwirkungen, sondern das Ergebnis der Konvergenz innerer Angelegtheiten mit äußeren Entwicklungsbedingungen."

Da die Abschätzung des Anteils, den Anlage oder Umwelt an einem Entwicklungsvorgang haben, methodisch außerordentlich schwierig und problematisch ist, empfiehlt es sich, Entwicklung allgemeiner, d.h. ohne Rückgriff auf problematische Ursachendiskussionen zu definieren. Dies versucht Thomae. Er definiert Entwicklung als eine „Reihe von miteinander zusammenhängenden Veränderungen, die bestimmten Orten des zeitlichen Kontinuums eines individuellen Lebenslaufes zuzuordnen sind".

Diese Definition umschreibt Entwicklung ganz allgemein als Änderung des Verhaltens und stellt den zeitlichen Zusammenhang dadurch her, daß diese Verhaltensänderungen jeweils auf bestimmte Zeitabschnitte (Altersstufen) bezogen werden. Durch diese Rückführung auf festgelegte Zeitabschnitte wird es möglich, zufällige und beliebige Verhaltensänderungen von gesetzmäßigen, entwicklungsbedingten zu unterscheiden. Den folgenden Ausführungen ist dieser Entwicklungsbegriff zugrunde gelegt.

Entwicklungsmodelle

Entwicklungsmodelle sind theoretische Konzepte, die eine Vielzahl von entwicklungspsychologischen Einzelbeobachtungen unter übergeordneten Gesichtspunkten zusammenzufassen und zu erklären versuchen. An ein brauchbares Entwicklungsmodell muß man folgende Anforderungen stellen:

- Es muß erlauben, neue und bekannte Forschungsergebnisse widerspruchslos einzuordnen, und
- es soll gestatten, in gewissen Grenzen, künftige Verhaltensänderungen vorauszusagen.

Die einzelnen Entwicklungsmodelle genügen diesen Anforderungen in unterschiedlicher Weise. Wir können in diesem Zusammenhang nur die wichtigsten besprechen.

Entwicklung als Stufenfolge

Dem Stufenmodell liegt eine Einteilung des menschlichen Lebenslaufes in einzelne Abschnitte zugrunde. Solche Einteilungen sind seit altersher bekannt. So versuchte man in der Antike und im Mittelalter Sieben-Jahres-Etappen innerhalb eines Lebenslaufes zu unterscheiden, ein Prinzip, das sich in mancher Hinsicht bis in die heutige Zeit erhalten hat, wenn man sich ins Gedächtnis zurückruft, daß unsere Gesetze etwa den Status des Jugendlichen mit dem 14. Lebensjahr begrenzen und die Volljährigkeit früher mit dem 21. Lebensjahr beginnen ließen. Es ist die Frage, ob solche Einteilungen dem natürlichen Entwicklungsgang entsprechen, ob sie sich als Auswirkungen unserer sozialen Institutionen erklären lassen oder ob beide Einflüsse zusammenspielen. So kann man sich fragen, inwiefern etwa die Einschulung mit sechs Jahren einer entwicklungspsychologisch gerechtfertigten Schulreife entspricht, inwiefern sie kraft Gesetz von außen her angeordnet wird und inwieweit Schulreife und gesetzliche Bestimmung einander entgegenkommen. Generell muß man sich bei den Stufenmodellen immer wieder fragen, ob nicht das Bedürfnis des Forschers nach Übersichtlichkeit und Systematik dort Stufen setzt, wo in Wirklichkeit ein kontinuierlicher Prozeß existiert. Dieser kritische Einwand wird durch eine Beobachtung Busemanns unterstrichen, der bei 18 Autoren, die sich mit der Unterteilung des Entwicklungsverlaufs befaßten, insgesamt 61 Abschnitte fand. Dies führte dazu, „daß jedes Lebensjahr mehrfach und gegensätzlich als Anfang oder Ende eines Abschnittes gedeutet wurde".

Trotz solcher Einwände haben uns die Phasenlehren eine Reihe wichtiger Erkenntnisse in der Entwicklungspsychologie gebracht, sie haben in vieler Hinsicht auch heute noch ihre Berechtigung. Im allgemeinen gehen die Stufenmodelle von folgenden Voraussetzungen aus:

- Die Entwicklung erfolgt nicht geradlinig und kontinuierlich, sondern in einzelnen Entwicklungsschüben (Stufen).
  Zwischen zwei Entwicklungsstufen finden sich jeweils Übergangsphasen, die meist als Zeiten gesteigerter Unruhe und Labilität aufgefaßt werden.
- Stufen und Phasen folgen in gesetzmäßiger Weise aufeinander. Diese Aufeinanderfolge ist nicht umkehrbar.
- Die stufenweise Entwicklung beruht im wesentlichen auf inneren Gesetzmäßigkeiten, Umwelteinflüsse wirken nur modifizierend.
- Die einzelnen Stufen zugeordneten zeitlichen Angaben sind nicht bindend, es handelt sich jeweils nur um orientierende Angaben.

Entwicklung als fortschreitende Differenzierung und Strukturierung

Dieses Entwicklungsmodell, das von Kurt Lewin und Heinz Werner vertreten wird, sieht als wesentlichstes Geschehen im Entwicklungsprozeß den Vorgang der Differenzierung und Strukturierung. Differenzierung bedeutet in diesem Zusammenhang, daß die psychischen Erscheinungen mit fortschreitender Entwicklung verfeinert und damit unterscheidbar werden, Strukturierung heißt, daß Verhalten und Erleben sich nach einheitlichen Gesichtspunkten ordnen, wobei es gleichzeitig zur Über- und Unterordnung von Funktionen kommt.

In der Ausdrucksweise dieses Modells vollzieht sich Entwicklung in aufeinanderfolgenden Organisationsstufen. Jede niedrigere unterscheidet sich von der höheren durch den geringeren Grad der Differenzierung und hierarchischen Strukturierung. Dabei kommt es mit zunehmender Differenzierung des Individuums gleichzeitig zu einer solchen des das Individuum umgebenden Lebensfeldes. An Abb. **16** ist dieser Sachverhalt wiedergegeben.

Wie aus der Abbildung hervorgeht, sind die seelischen Funktionen, das Erleben und Verhalten des jüngeren Kindes (c) weitaus weniger differenziert als die des älteren; gleichzeitg ist auch sein Lebensraum (symbolisiert durch die Größe des umgebenden Gehäuses) wesentlich enger.

Der Vorgang der Differenzierung und Strukturierung läßt sich durch folgende Begriffspaare umschreiben:

komplex	geschieden
diffus	gegliedert
verschwommen	prägnant
unbestimmt	bestimmt

Nach dem Differenzierungsmodell vollzieht sich Entwicklung im fortschreitenden Übergang vom Komplexen, Diffusen, Verschwommenen, Unbestimmten zum Geschiedenen, Gegliederten, Prägnanten, Bestimmten.

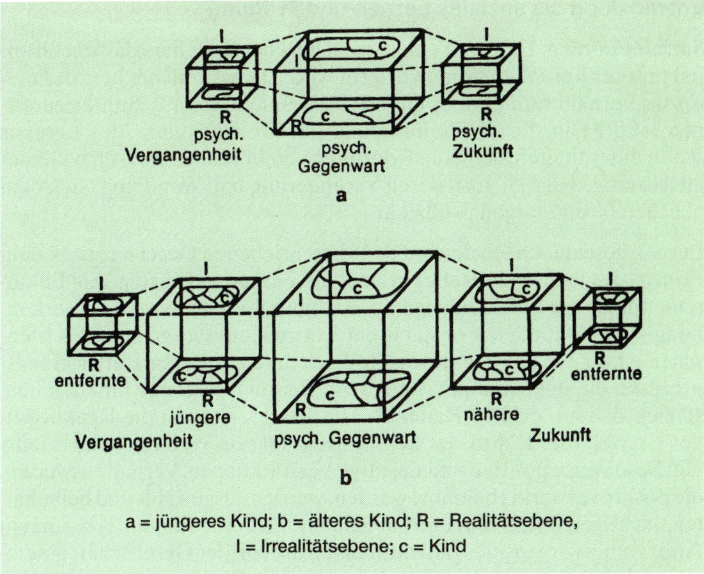

Abb. **16** Lebensraum während zweier Entwicklungsstadien (nach *Lewin, K.*, aus *Oerter, R.:* Moderne Entwicklungspsychologie. Auer, Donauwörth 1984).

Ein Beispiel möge dies veranschaulichen: Das Neugeborene erlebt komplexthaft und diffus. Es kann noch nicht zwischen sich und der Umgebung unterscheiden, seine Umgebung erlebt es als verschwommen, seine Ausdrucksäußerungen sind unbestimmt und erstrecken sich zunächst nur auf das Schreien. Mit fortschreitender Entwicklung kommt es jedoch zu einer Differenzierung der Umwelt und des eigenen Erlebens. Das Kind lernt zwischen lustbetonten und unlustbetonten Tätigkeiten und Empfindungen zu unterscheiden, es lernt Einzelheiten seiner Umgebung (z.B. einen Ball oder ein Stofftier) zu erkennen, und es wird in seinen Ausdrucksäußerungen, besonders dann, wenn es etwas begehrt, sehr zielstrebig und bestimmt.

Das Differenzierungsmodell der Entwicklung gestattet, eine Fülle von Einzelbeobachtungen unter übergeordneten Gesichtspunkten zusammenzufassen und umfaßt als Entwicklungsbedingungen sowohl reifungsspezifische Einflüsse als auch Einwirkungen des Lebensumfeldes und auch die Wechselwirkung zwischen beiden.

Entwicklung als soziales Lernen und Prägung

Soziales Lernen. Es kann kein Zweifel darüber bestehen, daß ein Großteil unserer Verhaltensweisen erlernt wird. Da wir Entwicklung definieren als Verhaltensänderung, die sich bestimmten Zeitabschnitten zuordnen läßt, ist in dieser Formulierung der Gesichtspunkt des Lernens schon mitenthalten, denn die Erlernung von Verhaltensweisen bedeutet gleichzeitig, daß sich auch deren Veränderung und Wandlung nach dem gleichen Grundvorgang vollzieht.

Lernen geschieht nach den auf S. 44 beschriebenen Gesetzen, nach dem Prinzip des bedingten Reflexes oder als Lernen am Erfolg. Als Belohnung fungieren Befriedigung von Triebimpulsen und soziale Anerkennung. Gerade die letztere spielt bei Entwicklungsvorgängen des Menschen eine ganz entscheidende Rolle, denn die meisten Entwicklungsprozesse, die über rein physiologische Reifungsvorgänge hinausgehen, spielen sich im sozialen Raum ab. Das Kind registriert die Reaktionen der Umwelt (der Eltern, der Lehrer usw.) auf sein Verhalten und erfährt auf diese Weise positive und negative Verstärkungen. Verhaltensweisen, die positiv verstärkt (belohnt) werden, werden ausgewählt und beibehalten, nicht verstärkte hingegen abgelehnt. Dadurch kommt es zu einem Anpassungsvorgang des Individuums an die von der Gesellschaft gesetzten und verkörperten Normen. Dies ist nichts anderes als der Vorgang des sozialen Lernens oder der sogenannte Sozialisierungsprozeß.

Dabei können sich Reifungsvorgänge und Lernprozesse durchaus ergänzen. Ein gutes Beispiel dafür ist die Sprachentwicklung. Sie setzt zunächst die Reifung der Sprechmotorik und der dazugehörigen zentralnervösen Steuerungsmechanismen voraus. Sobald dies geschehen ist, setzt ein lawinenartig fortschreitender Lernprozeß ein, der von den Lallmonologen bis zur Bewältigung komplizierter Satzkonstruktionen mit intensiver Motivation abläuft.

Soziales Lernen erstreckt sich auf folgende Vorgänge:

- Erlernung gesellschaftlich geschätzter Motivationen, wie z.B. Leistungsmotivation oder Patriotismus,
- Übernahme der Wertnormen und Werthaltungen durch Nachahmung und Identifikation (z.B. Übernahme von moralisch-ethischen Normen oder von Vorurteilen).

An einem Beispiel soll dies klargemacht werden. Die Einordnung in die Gesellschaft hängt weitgehend davon ab, ob man ihre Normen und Haltungen akzeptiert. Solche Haltungen äußern sich beispielsweise in der Ablehnung oder im Akzeptieren bestimmter Verhaltensweisen. In Abb. **17** ist die Altersabhängigkeit einiger Einstellungen wiedergegeben. Während Rauchen und Kartenspielen von den Kindern fast einhellig verurteilt werden (weil sie es nicht dürfen und es ihnen fast „schlecht

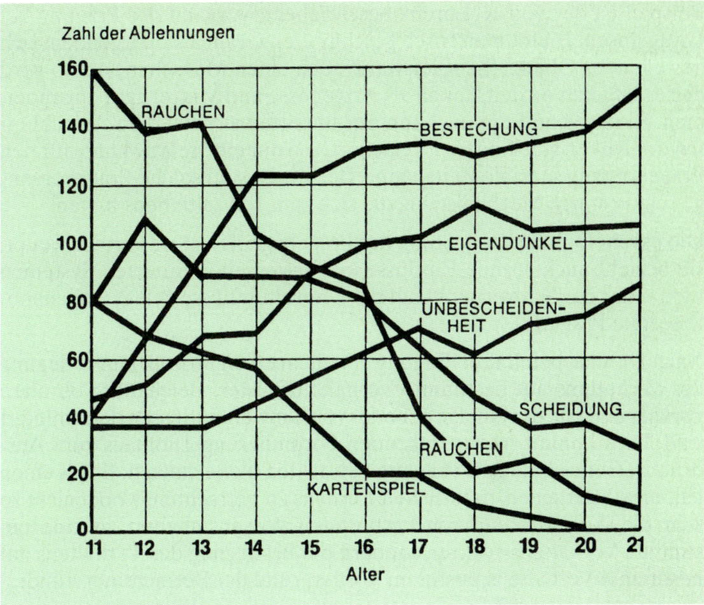

Abb. **17** Altersveränderungen im Zeitraum von 11 bis 21 Jahren hinsichtlich der Einstellung zu Verhaltensweisen, die für falsch gehalten werden (nach *Pressey* u. *Kuhlen* aus *Oerter, R.:* Moderne Entwicklungspsychologie. Auer, Donauwörth 1984).

und böse" dargestellt wird), nimmt die Ablehnung dieses Verhaltens mit zunehmendem Lebensalter ab. Es handelt sich eben um Verhaltensweisen, „die sich für ein Kind nicht gehören", die sich aber unter Erwachsenen allgemeiner Beliebtheit erfreuen. Bestechung und Eigendünkel hingegen sind Charaktereigenschaften, mit denen ein Kind noch relativ wenig anzufangen weiß, während sie dem Erwachsenen als unerfreuliche Störung des Zusammenlebens zu schaffen machen, was sich auch in einer dem Alter parallel laufenden Zunahme ablehnender Äußerungen zeigt.

Prägung. Die Prägung stellt einen Sonderfall des Lernens dar. Im Unterschied zu den bisher betrachteten Lernvorgängen ist für die Prägung charakteristisch, daß sie sich in vergleichsweise viel kürzeren Zeitspannen vollzieht. Der Begriff der Prägung wurde aus der Verhaltensforschung übernommen. Im ursprünglichen Gebrauch der Verhaltensforscher versteht man unter Prägung einen einmaligen Vorgang der Spezialisierung eines Auslöserschemas für Instinkthandlungen. Ein bekanntes

Beispiel ist der von K. Lorenz beschriebene Vorgang der Prägung bei Graugänsen. Bietet man frisch geschlüpften Graugänsen irgendein sich bewegendes Objekt (beispielsweise auch einen Menschen) an, so wird dieses Objekt von den Küken als Artgenosse und Mutterfigur angenommen. Eine solche Prägung kann nur unmittelbar nach dem Ausschlüpfen der Küken stattfinden. Es existiert also nur eine relativ kurze für den Prägevorgang sensible Zeitspanne. Bei Tieren sind solche Prägevorgänge relativ starre Mechanismen, die sich zum Teil zeitlebens halten.

Die psychologische Bedeutung des Prägebegriffes ist wesentlich weiter, sie bezieht auch soziale Einflüsse ein. In milieuorientierten Systemen wird sogar der Schwerpunkt auf die Umwelteinflüsse gelegt (sogenannte soziale Prägung).

Nach Thomae beinhaltet Prägung vor allem einen Prozeß der Festlegung des Verhaltens auf bestimmte Verhaltensmuster, gleichgültig ob diese vorwiegend von der Anlage her oder von Umwelteinflüssen determiniert sind. Dies kommt in der folgenden Formulierung Thomaes zum Ausdruck: „Entwicklung als Prägung betrachten hieße danach, sie als einen Fall unwillkürlichen, natürlichen Lernens zu betrachten, wobei nicht so sehr die Angliederung von bestimmten Wissensinhalten an eine bestimmte Verhaltensstruktur, sondern die Festlegung des Verhaltens auf bestimmte Verhaltensmuster im Vordergrund der Betrachtung stünde."

Zum Prägemodell existieren eine Reihe von Untersuchungen, die sich unter drei Schwerpunkten ordnen lassen: Es handelt sich um biologisch orientierte, tiefenpsychologisch orientierte und sozialpsychologisch ausgerichtete Untersuchungen.

Die *biologisch* ausgerichteten Arbeiten stellen meist Parallelen zwischen menschlichem und tierischem Verhalten her, wobei der Prägebegriff am Auslöserschema (Lorenz) oder am bedingten Reflex (Pawlow) orientiert ist. Die Bedeutung prägender Einflüsse nach Art des Auslöserschemas scheint beim Menschen keine allzu große Rolle zu spielen, während die Herausbildung bedingter Reflexe als eine Art des Lernens sicherlich von Bedeutung ist. Ein weiterer Aspekt der biologisch orientierten Untersuchungen ist das Problem der Nachwirkung frühkindlicher Erfahrungen für das spätere Leben, wozu auch Tieruntersuchungen existieren. So fand man, daß Ratten, die in ihrer Kindheit ständig um ihr Futter kämpfen müssen, eine deutlich stärkere Aggressionstendenz aufweisen als eine unter besseren Bedingungen aufgewachsene Kontrollgruppe. Die Übertragbarkeit solcher Befunde auf menschliches Verhalten ist noch weitgehend ungeklärt.

Die *tiefenpsychologisch* orientierten Untersuchungen beschäftigen sich ebenfalls mit der zuletzt genannten Fragestellung, wobei vor allem auf den prägenden Einfluß und die Nachwirkung von Frustrationen geachtet wird. Bekannt geworden sind die Untersuchungen von René Spitz zu diesem Problem. Spitz untersuchte Kinder, die nach sechs Monaten guter Beziehung zur Mutter von dieser getrennt wurden. Es zeigten sich bei den Kindern eine ganze Reihe von Verhaltensstörungen und auch körperliche Erscheinungen. Die Kinder wurden ängstlich, weinerlich, schrien viel, es kam zu Gewichtsverlust und zu einer rückläufigen Entwicklungstendenz in jeder Hinsicht. Spitz konnte die Kinder bis zum Alter von vier Jahren beobachten, zu diesem Zeitpunkt konnten sehr viele von ihnen weder stehen, laufen oder sprechen. Auch ihre Sterblichkeit war erschreckend hoch. Von 91 in einem Waisenhaus untergebrachten Kindern, die zwei Jahre hindurch beobachtet wurden, starben 37%. R. Spitz glaubt, daß die kritische Phase für den Entzug der affektiven Zuwendung der Mutter zwischen dem dritten und fünften Monat liegt. Gibt man dem Kind vor Ablauf dieser Zeit die Mutter wieder zurück oder kommt es zu einem entsprechenden Muttrersatz, so bilden sich die genannten Erscheinungen verhältnismäßig rasch wieder zurück. Diese Beobachtungen von R. Spitz können sehr eindrucksvoll zeigen, daß die normale Mutterbeziehung weit über das Körperliche hinaus eine lebenserhaltende und schützende Funktion hat. Das durch die ungünstigen frühkindlichen Einflüsse hervorgerufene Zustandsbild beim Kind nennen wir *Hospitalismus*. Es wird auf S. 270 ausführlich besprochen.

Zum Zusammenhang zwischen Frustration und Charakterprägung liegt eine ganze Anzahl von völkerkundlichen Arbeiten vor (Boas, Malinowski u. Mead). Diese Untersuchungen zeigten unter anderem, daß die Unterbindung sexueller Aktivität zu einer starken Zunahme von Aggressionen führt, ebenso eine frühzeitige Entwöhnung von der Mutter, daß ein ausreichend langes und ausschließlich am Bedürfnis des Kindes orientiertes Stillen zu einem optimistischen und der Umwelt freundlich gesinnten, ausgeglichenen Charakter führt und daß eine übermäßige Reinlichkeitserziehung zu einem Zwangscharakter führen kann, der sich unter anderem auch in einer Anhäufung von Eigentum zeigt.

Die *sozialpsychologisch* ausgerichteten Untersuchungen befassen sich vor allem mit dem prägenden Einfluß von Erziehungsstilen auf die spätere Entwicklung. Nach Untersuchungen von Brunswick führt eine autoritäre Erziehung mit starker Forderung nach Gehorsam bei den Kindern zu einer ablehnenden Haltung gegenüber Schwachen und gegenüber Minderheiten. Die Kinder selbst sind häufig passiv, ängstlich und fügen sich leicht den Forderungen von Autoritätspersonen. In neuerer Zeit sind zahlreiche Untersuchungen zum Einfluß von Erziehungsstilen durchgeführt worden. Ihr Ergebnis läßt sich dahingehend zusammenfassen, daß unterschiedliche Erziehungsstile auch zu unterschiedlichen Verhaltensweisen führen und somit prägenden Einfluß haben.

Methoden der Entwicklungspsychologie

Die beiden wichtigsten Methoden der Entwicklungspsychologie sind die Beobachtung und die Untersuchung mit Hilfe von Experimenten und Tests. Auf allgemeine methodische Probleme sind wir im ersten Teil des Buches ausführlich eingegangen, so daß wir uns hier kurz fassen können.

Beobachtung

Wir können eine *Gelegenheitsbeobachtung* von einer *systematischen Beobachtung* unterscheiden. Die Gelegenheitsbeobachtung erfolgt mehr oder weniger zufällig. Dabei wird irgendein bemerkenswerter Vorgang an einem Kind registriert und anschließend überlegt wie dieser Vorgang theoretisch gedeutet werden kann. *Gelegenheitsbeobachtungen* sind meist nicht repräsentativ, und man kann sie nur selten verallgemeinern, sie liefern jedoch häufig interessante Fragestellungen für die *systematische Beobachtung*. Diese versucht, bestimmte Verhaltensweisen ausführlich und oft unter Zuhilfenahme bestimmter vorher entworfener Hilfsinstrumente (z.B. Beobachtungsskalen, Merkmalskataloge) zu beschreiben. Eine Sonderform der systematischen Beobachtung ist die sogenannte *teilnehmende Beoachtung*. Diese hat sich vor allem beim Studium von Gruppenprozessen bewährt. Der Beobachter nimmt z.B. an der jeweiligen Aufgabe oder Tätigkeit teil und beobachtet gleichzeitig die anderen Gruppenmitglieder. Über das Verhalten wird später ein Protokoll erstellt.

Sonderformen der Beobachtung, die man im Gegensatz zu den bisher geschilderten *unmittelbaren* Formen als *mittelbare* bezeichnen könnte, sind die Auswertung von Tagebüchern, Biographien oder Krankengeschichten. Die Auswertung von Tagebüchern über das Verhalten von Kindern hat in der Entwicklungspsychologie lange Zeit eine große Rolle gespielt. Bekannt geworden sind die Kindertagebücher von W. Stern.

Untersuchungen mit Leistungsexperimenten und Tests

Mit Hilfe von Experimenten und Tests versucht man für alle Probanden einheitliche, gleichbleibende Situationen herzustellen. Dadurch kann man auch zu altersspezifischen Normen hinsichtlich bestimmter Leistungen kommen. Die meisten in der Psychologie üblichen Testuntersuchungen sind sogenannte *Querschnittsuntersuchungen*. Querschnittsuntersuchung heißt, daß zu einem bestimmten Zeitpunkt mittels eines Tests oder eines Experimentes ein Querschnitt durch den Leistungsstand oder die Persönlichkeit eines Individuums gelegt wird. Ein solcher

Querschnitt kann natürlich nur über die momentane Situation eines Probanden Auskunft geben und läßt nur sehr begrenzte Rückschlüsse auf früheres oder künftiges Verhalten zu. Gerade daran ist man aber in der Entwicklungspsychologie ganz besonders interessiert.

Deshalb ist die eigentliche Methode der Entwicklungspsychologie die *Längsschnittuntersuchung*. Für sie ist charakteristisch, daß man den gleichen Test oder das gleiche Experiment in verschiedenen Zeitabständen immer wieder durchführt und auf diese Weise zu Entwicklungs*verläufen* kommt. Solche Entwicklungsverläufe versucht man von allen wichtigen seelischen Funktionen, z.B. von der Entwicklung der Motivation, der Intelligenz, des Lernens oder der Sprache, zu erhalten. Sie dienen einerseits als Normen für die Festlegung des jeweiligen Entwicklungsstandes und geben andererseits wichtige Hinweise für die Pädagogik (Möglichkeiten der Förderung) und die Psychohygiene (Vermeidung von seelischen Fehlentwicklungen).

Entwicklung im Kindes- und Jugendalter

In diesem Abschnitt wollen wir – ohne einem bestimmten Modell zu folgen – den normalen Entwicklungsgang des Menschen skizzenhaft aufzeigen. Die hier gegebenen Altersangaben sind lediglich als Orientierungshilfen gedacht und dürfen nicht als starres Schema aufgefaßt werden.

Säuglingsalter

Das Säuglingsalter umfaßt den Zeitraum von der Geburt bis zur Vollendung des 1. Lebensjahres. In diesem Zeitraum laufen ungeheuer viele Entwicklungsprozesse ab, von denen nur die allerwichtigsten hier kurz angesprochen werden können.

1. bis 4. Woche: Unmittelbar nach der Geburt ist der Säugling ein hilfloses Wesen, das ganz auf die Hilfe seiner Eltern angewiesen ist. Die Wahrnehmung der Umwelt geschieht vorwiegend durch den Tastsinn und Temperatursinn, während Sehen und Hören zunächst nur eine sehr untergeordnete Rolle spielen. Die emotionalen Reaktionen sind nur grob nach den Kategorien Lust und Unlust differenziert. Dabei überwiegen zunächst die Reaktionsweisen und Ausdrucksbewegungen auf verschiedene Beeinträchtigungen, die vom Säugling als unlustvoll erlebt werden. Solche Beeinträchtigungen sind z.B. Hunger, Störungen des Schlafes, schroffe und plötzliche Lageveränderungen, plötzlich auftretende starke Sinnesreize oder auch Schmerzen.

Motorik und Bewegungsabläufe sind noch sehr unkoordiniert und nicht zielgerichtet, im Vordergrund steht die relativ isolierte Betätigung der Mundmuskulatur in Gestalt des Saugens.

4. Woche: Das Kind zeigt deutlich entwicklungsmäßige Fortschritte, es wirkt nicht mehr so weich und formlos wie in den ersten Wochen, die Körpermuskulatur ist straff, das Kind atmet tiefer und regelmäßiger, es schluckt geschickter bei der Nahrungsaufnahme und ist nicht mehr so schreckempfindlich. In diesem Alter zeigt der Säugling auch erstmalig eine Anteilnahme an seinen Körperfunktionen, er reagiert positiv auf Annehmlichkeiten wie z.B. auf das Saugen an der Mutterbrust oder auf die wohlige Wärme des Badewassers. Ein Großteil des Tagesablaufes wird noch vom Schlaf eingenommen.

Im Bereich der Motorik beginnt das Greifen in den Vordergrund zu treten. Dies ist aber zunächst nur ein optisches Orientieren und kann noch nicht sicher und zielgerichtet sein, weil die optische Koordination noch unzureichend ausgebildet ist. Im Alter von acht Wochen kann das Kind bereits bestimmte Gegenstände halten, wobei zunächst die taktilen Empfindungen im Vordergrund stehen und es noch nicht zu einer optischen Beschäftigung mit dem Gegenstand kommt. Das Zusammenwirken von Hand und Auge ist dazu noch zu wenig differenziert.

Für gesellige Anregungen von außen ist das Kind noch nicht empfänglich. Im Vordergrund steht eindeutig die vegetative Bedürfnislage und die Entwicklung der sensomotorischen Erfahrung.

16. Woche: Durch die weitere Differenzierung der motorischen Funktionen und der Sinnesfunktionen erobert sich das Kind einen größeren Lebensraum. Dies beginnt damit, daß es jede Gelegenheit wahrnimmt, um sich aufzurichten. Die Bewegungen des Kopfes werden mit entsprechenden Augenbewegungen kombiniert, die sich zunächst auf die Beobachtung der eigenen Hand richten. Damit wird der optische Kontakt erstmalig zielgerichtet. Das Kind erfaßt nunmehr einen Gegenstand optisch früher und schneller als mit den Händen. Durch die Beobachtung der eigenen Hand entdeckt es seine Finger, es kommt zum wechselseitigen Fingerspiel und zu einer weiteren Differenzierung des Tastens, das natürlich zunächst auf den eigenen Körper gerichtet ist. Der Aktionsradius für die Wahrnehmung von Gegenständen ist noch relativ klein. Der Gegenstand muß in der näheren Reichweite des Säuglings liegen, wenn er sein Interesse hervorrufen soll.

Der Säugling erkennt nun auch seine Mutter an der Stimme und zeigt in vieler Hinsicht eine Steuerung des Verhaltens durch Gewohnheiten.

28. Woche: Der Aktionsradius des Säuglings wird immer größer, er entwickelt eine große Regsamkeit hinsichtlich verschiedener Körperbewegungen und ist bemüht, seine Fertigkeiten regelrecht einzuüben. Es kommt zu verschiedenen Variationen des Spiels mit dem eigenen Körper und mit Gegenständen, der Säugling entdeckt die Dimensionen der Größe, der Form und des Gewichtes, er erlernt verschiedene Dinge hinsichtlich ihrer Größe, ihrer Form oder ihres Materials zu unterscheiden und hat ein ausgesprochenes Bedürfnis zu hantieren. Bei der Entdeckung von Gegenständen spielt der Mund noch eine große Rolle. Die Beherrschung der Koordination von Auge und Hand ist sicherer geworden, in sprachlicher Hinsicht werden die ersten Vokale und Konsonanten gebildet.

40. Woche: Das Kind hat bereits gelernt, sich aufzusetzen, hat auch schon das Bestreben, sich am Bettgitter hochzuziehen. Gegenstände der Umgebung erregen in hohem Maße seine Aufmerksamkeit, es versucht, alles anzufassen und zu betasten. Auch das Innere von Dingen (z.B. Löcher) wird zunehmend interessanter. Obwohl das Kind noch nicht sprechen kann, bemerkt es bereits grobe Nuancierungen in der Sprache der Eltern, etwa wenn diese sehr ärgerlich reagieren. Darüber hinaus ist ein starkes Bedürfnis zur Nachahmung zu registrieren, das von den Eltern oft auch zur Einübung bestimmter Dressurleistungen (z.B. Winke-Winke) ausgenützt wird.

1. Lebensjahr: Zu diesem Zeitpunkt kann sich das Kind in der Regel ohne Hilfe in den Stand erheben, es beginnt zu laufen, was außerordentlich lustbetont ist. Gleichzeitig kommt es auch zu einem Fortschreiten der Sprachentwicklung. Im motorischen Bereich zeigt das Kind eine größere Geschicklichkeit bei der Koordination von Bewegungen und auch im Spiel. Sowohl in den Bewegungen als auch in sprachlicher Hinsicht bemerkt man immer wieder das Auftreten von Wiederholungen und rhythmischen Abläufen, die der Einübung von Verhaltensweisen dienen. In affektiver Hinsicht bemerkt man nun deutliche Reaktionen, das Kind ist in der Lage, seine Zuneigung, aber auch seine Abneigung unmißverständlich auszudrücken, es zeigt auch bereits differenziertere Emotionen wie Freude, Neid oder Eifersucht.

Frühe Kindheit

Die Entwicklung in diesem Zeitabschnitt kann man unter drei Aspekten zusammenfassen: Sprachentwicklung, Spielalter und Entwicklung von Orientierungsvorgängen.

Sprachentwicklung

Die Sprache ist unser wichtigstes Verständigungsmittel. Ihre Erlernung ist mühevoll, nimmt lange Zeit in Anspruch und durchläuft gesetzmäßige Stufen. Sprache im engeren Sinne beginnt, „wenn das Kind konstante Laute im Hinblick auf bestimmte Zustands- oder Gegenstandserlebnisse hervorbringt“ (Kainz). Um dies zu können, muß das Kind einige wichtige Funktionen der Sprache erfaßt haben. Solche Funktionen sind nach K. Bühler: *Kundgabe, Auslösung* und *Darstellung.*

Die Kundgabefunktion der Sprache bezieht sich darauf, daß sich seelische Zustände sprachlich ausdrücken lassen. Solche für das Kind relevanten Zustände sind z.B. Unzufriedenheit oder Zufriedenheit.

Auslösefunktion bedeutet, daß durch sprachliche Äußerungen Reaktionen der Umgebung (z.B. der Eltern) ausgelöst werden können. Deutet z.B. ein Kind auf einen in der Umgebung liegenden Ball und sagt dazu das Wort „haben", so wird ihm der Ball in der Regel von im Zimmer Anwesenden gebracht. Ein Kind, das sich so verhält, hat die Auslösefunktion der Sprache erfaßt. Kann es bereits besser sprechen, so ist die deutende Bewegung mit der Hand gar nicht mehr notwendig, es genügt der Zweiwortsatz: „Ball haben".

Die *Darstellungsfunktion* der Sprache wird erst spät erlernt. Man versteht darunter die Eignung der Sprache zur Schilderung von Vorgängen und Sachverhalten.

Die Sprachentwicklung setzt beim Kind nicht schlagartig zu einem fest umgrenzten Zeitpunkt ein, sondern beginnt allmählich und ist zeitlich außerordentlich variabel. Nach Stern nähert sich das Kind der Sprachentwicklung zunächst in:

- der Ausdrucksbewegung des Lallens,
- der zunächst sinnlosen Nachahmung von Lauten und
- dem sinnvollen Reagieren auf Gesprochenes.

Im einzelnen lassen sich folgende Stadien der Sprachentwicklung unterscheiden:

1. Reflektorischer Schrei. Zweifellos ist das Schreien die erste Tätigkeit, die mit der späteren Sprachentwicklung zusammenhängt. Schreien ist zunächst eine instinktive Tätigkeit, erst später erhält es Ausdrucks- und Signalwert. Bald erkennt jedoch das Kind, daß es mit Schreien Reaktionen in seiner Umgebung auslösen kann (Auslösefunktion). Darüber hinaus kann man im Schreien auch eine Vorübung für die Stimmbildung sehen (planlose Vokalisation nach Hofstätter).

2. Die sogenannten Lallmonologe. Sie sind zunächst Ausdruck der Zufriedenheit des Kindes und sind ausgesprochen lustbetont. Lallmonologe nennt man die Aneinanderreihung gleicher oder ähnlicher Laute (z.B. la la la), die zunächst ohne Verständigungsabsicht aus reiner Funktionslust vorgebracht werden. Mit der Zeit beginnen sich jedoch die Laute zu differenzieren, ihre Zahl nimmt zu, und es kommt zur Bildung einfacher Lautverbindungen, die für das Kind eine Bedeutung haben. Daraus geht hervor, daß das Lallen sozusagen das Rohmaterial für die Sprachentwicklung liefert. Für das Kind hat das Lallen eine doppelte Funktion: Es dient einmal der Schulung der Sprechmotorik und liefert andererseits in Gestalt des gehörten Klanges einen (von außen kommenden) Sinneseindruck. Die Aneignung der verschiedenen Laute erfolgt nach Ansicht der meisten Autoren in der Reihenfolge des geringsten physiologischen Widerstandes. Zunächst bilden sich die Vokale ä, o, u, e, i usw. heraus, dann folgen die Lippenlaute m, p, f und die Zahnlaute t, n, l; zuletzt bilden sich kompliziertere Laute wie Gaumenlaute heraus.

3. Nachahmung von Lautkomplexen. Bezüglich der Nachahmung können wir unterscheiden zwischen der Selbstnachahmung und der Fremdnachahmung sowie zwischen sinnlosem und sinnvollem Nachahmen. Eine Selbstnachahmung, die zunächst sinnlos ist, liegt in den Lallmonologen vor. Als Einübungsfunktion für die Sprache ist aber auch das sinnlose Nachahmen außerordentlich wichtig. Sobald das Kind die Auslösefunktion der Sprache in etwas verfeinerter Form sich zu eigen gemacht hat, beginnt es auch in stärkerem Maße mit der Fremdnachahmung. Dabei kommt es nach einer gewissen Zeit zu folgender Schwierigkeit: Das Kind versteht zwar, erkennt also die Bedeutung des Gesagten, kann sich aber selbst nicht entsprechend verbal verhalten. Diese Diskrepanz, die auch als Sprach*not* bezeichnet wird, soll nach W. Stern das wesentlichste Motiv für die Aneignung der Sprache sein und liefert zugleich eine Erklärung für die ausgeprägte Nachahmungstendenz des Kindes.

4. Nennfunktion der Sprache. Von einer Nennfunktion der Sprache beim Kind können wir dann sprechen, wenn ein Laut zum Symbol eines bestimmten Sachverhaltes wird, unabhängig davon, ob beim Erwachsenen eine ähnliche Bezeichnung vorhanden ist. Die Nennfunktion der Sprache äußert sich einmal darin, daß jedem Gegenstand ein Name zugeordnet wird, und andererseits darin, daß mit einem Wort oder Namen ein Wunsch oder ein Sachverhalt ausgedrückt wird. Das letztere geschieht im sogenannten *Einwortsatz*. Spricht ein Kind von $1^1/_2$ Jahren etwa den Einwortsatz „tul", so will es damit gleichzeitig ausdrücken: „Ich möchte auf einen Stuhl." Das eine Substantiv tul wird also zum Symbol für das Begehren des Kindes, auf einem Stuhl zu sitzen.

Dem Stadium des Einwortsatzes folgt das sogenannte *erste Fragealter*. In diesem Stadium hat das Kind die Nennfunktion der Sprache erfaßt und weiß, daß jeder Gegenstand einen bestimmten Namen hat, den es nun von den Eltern erfragt. Dabei kommt es zur knappen Formulierung von Fragen. So stellte z.B. ein zweijähriges Kind, wenn es einen ihm unbekannten Gegenstand sah, seinen Eltern die Frage: „Das da?" Dabei war es zufrieden, wenn die Eltern den fraglichen Gegenstand mit einem Namen bezeichneten. Warum-Fragen oder Fragen nach der Funktion eines Gegenstandes treten in diesem Stadium noch nicht auf.

Nach dem ersten Fragealter folgt das Stadium des *Zweiwortsatzes*. Der Zweiwortsatz besteht aus Hauptwort und Tätigkeitswort. Beispiel: „Mama komm." Eigenschaftswörter werden erst später gebraucht. Die Anordnung der Worte erfolgt jeweils so, daß am Anfang steht, was dem Kind am wichtigsten, am bekanntesten und am anschaulichsten erscheint. Zweiwortsätze werden von den Kindern etwa um das zweite Lebensjahr am häufigsten gebraucht.

Etwa um das dritte Lebensjahr werden Zusammenhänge zwischen verschiedenen Dingen sprachlich dargestellt. In der sprachlichen Entwicklung bezeichnet man diese Entwicklungsstufe als *Relationsstadium*. Im Zusammenhang mit ihm treten in stärkerem Maße „Warum"-Fragen auf.

Erst in den folgenden Jahren kommt es zum grammatikalisch richtigen Sprechen, der Wortschatz nimmt zu, und die Ausdrucksweise gleicht sich immer mehr der der Erwachsenen an.

Spielalter

Es kann kein Zweifel daran bestehen, daß das Spielen für die Kinder eine außerordentlich wichtige Tätigkeit ist. Wenn man einen zeitlichen Vergleich mit dem Erwachsenenalter versucht, so kann man das Spiel der Kinder eigentlich nur mit der Arbeit der Erwachsenen vergleichen, obwohl es zwischen beiden Tätigkeiten eine Reihe von wichtigen Unterschieden gibt. Die Bedeutung des Spieles mag die Tatsache belegen, daß gegen Ende des ersten Lebensjahres 75% der wachen Zeit mit Spielen zugebracht wird.

Der umfassendere Begriff für Spielen ist der der Tätigkeit. Sie läßt sich durch folgende Eigenschaften kennzeichnen:

- Es handelt sich um eine sich selbst genügende Tätigkeit, die im Gegensatz zur Arbeit keine außerhalb ihrer selbst liegenden Ziele verfolgt,
- sie ist lustbetont,
- sie ist jeweils auf die Gegenwart bezogen.

Nach Buytendijk gehört zum Spielen ein Überfluß über das Lebensnotwendige hinaus. Mensch und Tier können nur spielen, wenn ihre Lebenshaltung gesichert ist. Spielen resultiert häufig aus der Situation der Langeweile und Ungeduld, aus der nach Buytendijk rhythmische Bewegungen erwachsen.

Einteilung der Spiele:

Man kann die Spiele nach verschiedenen Gesichtspunkten einteilen, auf die wir hier nicht im einzelnen eingehen können. Charlotte Bühler unterscheidet entsprechend dem Erleben des Kindes folgende Spiele:

- *Funktionsspiele,* in denen bestimmte „Funktionen" wie z.B. Klettern, Krabbeln, Sprechen usw. eingeübt werden,
- *Fiktionsspiele* oder *Illusionsspiele*, bei denen vom spielenden Kind eine bestimmte Rolle übernommen wird,

- *Rezeptionsspiele,* in deren Rahmen etwa durch Zuhören oder Bilderbetrachten in passiver Weise etwas aufgenommen wird und
- *Konstruktionsspiele,* zu welchen die zahlreichen Bauspiele, Gestaltungsspiele usw. gerechnet werden.

Große Bedeutung kommt dem *Rollenspiel* und dem *Regelspiel* zu. Im *Rollenspiel* identifiziert sich das Kind mit einer bestimmten gesellschaftlich fest umschriebenen Rolle (z.B. der der Mutter, des Vaters, des Lehrers, des Soldaten usw.) und bereitet sich so in spielerischer Weise auf den späteren „Ernstfall" vor. Gleichzeitig übernimmt es die mit den Rollen eng zusammenhängenden gesellschaftlichen Normen.

Das *Regelspiel* macht zur Auflage, daß von den spielenden Kindern vorher festgelegte Spielregeln genau eingehalten werden. Was im Spielen eine Regel ist, sind für den Erwachsenen später das Gesetz und die nicht gesetzlich fixierten, aber im täglichen Leben sehr stark ausgeprägten sozialen Normen und Selbstverständlichkeiten.

Ursachen des Spielens. Die Ursachen des Spielens versuchen die sogenannten Spieltheorien zu erklären. Die *Einübungstheorie* besagt, daß im Spielen wichtige körperliche und geistige Funktionen eingeübt werden, das Spiel ist also eine Vorbereitung für den Ernstfall des Lebens.

Die *Kräfteüberschußtheorie* führt das Spiel darauf zurück, daß nicht alle Kräfte für lebensnotwendige Aufgaben wie die der Nahrungsaufnahme und Nahrungssuche verwendet werden. Der dadurch entstehende Kraftüberschuß wird in der Tätigkeit des Spielens abreagiert. Auf weitere Spieltheorien können wir hier nicht näher eingehen.

Es existieren noch eine ganze Reihe von Spieltheorien (z.B. Erholungstheorie, Wiederholungstheorie, Theorie der Ich-Ausdehnung), auf die hier nicht näher eingegangen werden kann. Eine gute Einführung in die Praxis und Deutung des Kinderspiels gibt Flitner (1972).

Entwicklung von Orientierungsvorgängen

Orientierung entscheidet über die Art und Weise der Beziehung eines Individuums zur Umwelt. Wir verstehen darunter das Bewußtsein und die Kenntnis von Zeit, Ort und Situation sowohl hinsichtlich der Umwelt als auch hinsichtlich der eigenen Person.

Orientierungsvorgänge beim Menschen sind eng mit der Art seines Erlebens gekoppelt, die auf verschiedenen Altersstufen unterschiedlich ist.

Auf der Altersstufe der frühen Kindheit erlebt das Kind in erster Linie *physiognomisch*, d.h., daß alle Gegenstände, die es umgeben, Ausdruckscharakter haben. Sie sind ihm freundlich oder feindlich gesinnt, sie lachen, sind fröhlich oder traurig. Sehr deutlich zeigt sich das physiognomische Erleben auch im ausgesprochenen Angezogenwerden des

Kindes dieser Altersstufe vom menschlichen Auge. Es erlebt die Welt so, wie es selbst ist, als mit Augen und Ausdruckserscheinungen versehen. Die Wahrnehmung der Umwelt ist dabei nicht auf Einzelheiten gerichtet, sondern auf den Gesamteindruck. Auch das Lernen der Kinder dieser Altersstufe ist von der Art ihres Erlebens gekennzeichnet. Es ist durch und durch von subjektiven Bedeutsamkeiten beeinflußt. Alles, was für das Kind dank seines physiognomischen Erlebens eindrucksvoll, begehrlich oder auffällig ist, kann zur Förderung von Lernvorgängen beitragen.

Insgesamt hat sich eine Art magische Orientierung entwickelt, die sich nicht auf sachliche, konkrete Gegebenheiten stützt, sondern am subjektiv erlebten Ausdrucksgehalt der Umwelt orientiert ist.

Schulalter

Unter Schulalter soll hier der Zeitabschnitt zwischen dem 5. und 10. Lebensjahr aufgefaßt werden. Es wird eingeleitet durch das 1. Trotzalter.

Trotzalter

Das Trotzalter, das sich etwa um das vierte Lebensjahr ankündigt, ist eine Durchgangsstufe zu neuen Verhaltensweisen. Nach Groh ist es ein notwendiger Schritt in der Entwicklung eines jeden Kindes, wobei Trotzreaktionen aber nicht unbedingt aufzutreten brauchen.

Der Entwicklung von Trotzreaktionen liegt sowohl eine Unsicherheit des Kindes zugrunde als auch das Bedürfnis nach Selbstbestimmung. Die Unsicherheit ist aus dem Nachlassen der physiognomischen Orientierung abzuleiten. Sie wird noch gesteigert durch die Entdeckung, daß viele Eigenschaften, die den Dingen zugeschrieben wurden, gar nicht existieren. So ist z.B. der böse Ofen in Wirklichkeit gar nicht böse usw. Solche Entdeckungen führen zur Erprobung von Handlungsweisen, die bisher als verboten galten.

Im *Trotz* zeigt sich nun eine Opposition gegenüber dem Verhalten anderer Menschen, das den eigenen Wünschen nicht entspricht. Dabei kommt es häufig zu starken Affektreaktionen, die manchmal den Anlaß zum Trotz verlieren und sich verselbständigen. W. Metzger hat die Hintergründe des kindlichen Trotzes auf dieser Altersstufe näher untersucht und gefunden, daß der Trotz nicht als Ablehnung der Autorität der Erwachsenen aufzufassen ist, sondern immer dann auftritt, wenn die Erwachsenen den Ordnungsvorstellungen, die das Kind von der Welt hat, zuwiderhandeln. Der Trotz ist also die *Reaktion* des Kindes auf einen Konflikt, der sich aus der Diskrepanz eigener Vorstellungen von der Umwelt und dem Verhalten der Erwachsenen ableiten läßt.

Magisches Erleben

Das physiognomische Erleben geht über in eine magische Sicht der Welt. Sie ist zugleich Voraussetzung für das Märchenalter und wird durch die Märchen auch noch gefördert. Das magische Erleben beginnt etwa mit vier Jahren und endet zwischen acht und 12 Jahren. In diesem Zeitabschnitt entwickeln die Kinder eine ganze Reihe von magischen Praktiken, die die Erfüllung ihrer Wünsche fördern sollten. Solche magischen Zeremonien sind z.B. Zaubervorstellungen und verschiedene magische Sprüche etwa derart: „Wenn ich die Pflastersteine zähle, passiert mir nichts." Im Zusammenhang mit dem magischen Erleben kommt es auch zur Entstehung eines religiösen Weltbildes.

Schulfähigkeit

Die Schulfähigkeit hat zur Voraussetzung,

- daß die Interessen des Kindes dauerhaft beschäftigt werden können,
- daß das Kind in der Gruppe bildbar ist und
- daß es ein mit anderen Kindern gemeinsames Aufgabenbewußtsein entwickeln kann.

Die letzten beiden Kriterien kann man unter dem Begriff der sozialen Schulreife zusammenfassen. Das erste Kriterium hängt sehr stark mit der Aufmerksamkeitsspanne des Kindes zusammen. Schulbereitschaft ist jedoch erst vorhanden, wenn sich auch die emotionale Ablösung von der Familie so weit vollzogen hat, daß ein Bedürfnis nach der Gemeinschaft mit Gleichaltrigen entstanden ist. Schließlich muß auch die körperliche Reifung beachtet werden. Schulreife läßt sich also nicht auf den Aspekt der Begabung reduzieren. Sie setzt voraus, daß das Kind in drei Bereichen, der *Funktionsreifung*, der *Persönlichkeitsreifung* und der *körperlichen Reifung* ein Stadium erreicht hat, das ihm, ohne übermäßige Anstrengung die schulischen Anforderungen zu erfüllen erlaubt. Nicht immer ist eine entsprechende Reifung in allen drei Bereichen gleichzeitig gegeben. Verantwortlich für mangelnde Schulreife sind (in Anlehnung an Schenck-Danziger): 1. zu frühe Einschulung, 2. positive oder negative Begabungsvarianten, 3. körperliche Schäden (Sinnesschwächen, organische Hirnschädigungen, endokrine Störungen), 4. Milieuschäden und 5. neurotische Verarbeitung von Konflikten im Kleinkindalter.

Es gibt eine Reihe von Schulreifetests, die sowohl die individuellen als auch die sozialen Faktoren, die Voraussetzung für die Schulreife sind, zu erfassen versuchen.

Denken und Handeln

Mit zunehmender Entwicklung wird sowohl das Denken als auch das Handeln immer mehr an der Realität orientiert. Das Kind lernt auch in immer stärkerer Weise analytisch denken. Während im sechsten Lebensjahr noch eine ganzheitliche Erlebnis- und Denkweise vorherrscht, können im zehnten Lebensjahr rund 90% aller Kinder bereits analytisch denken. Die zunehmende realistische Auffassung der Welt wird meist in drei Stufen eingeteilt: dem *phantastischen* Realismus, der noch vom magischen Erleben gekennzeichnet ist, folgt der *naive* Realismus, welcher schließlich in den *kritischen* Realismus übergeht.

Pubertät und Adoleszenz

Als *Pubertät* bezeichnen wir eine von vielschichtigen Entwicklungsprozessen gekennzeichnete Phase, in deren Verlauf sich u.a. auch die sekundären Geschlechtsmerkmale und die Geschlechtsreife entwickeln. Die Phase endigt bei Jungen etwa im Alter von 14, bei Mädchen im Alter von 13 Jahren.

Pubertät umschreibt also die biologischen und physiologischen Veränderungen, die mit der körperlichen und sexuellen Reifung verbunden sind.

Adoleszenz umfaßt mehr die psychologische Bewältigung der körperlichen und sexuellen Reifung oder in einer Formulierung Bernfelds „die Anpassung der Persönlichkeit des Kindes an die Pubertät". Da die körperlichen Reifungsvorgänge gewissermaßen den Anstoß für alle Wandlungen geben, läßt sich die Pubertät als Beginn der Adoleszenz auffassen.

Wandlungen und Veränderungen in Pubertät und Adoleszenz

Die *körperlichen* Veränderungen konzentrieren sich im wesentlichen auf endogene Vorgänge, auf das Wachstum und die motorische Entwicklung. Durch die Wahrnehmung der verschiedenen Wandlungen im körperlichen Bereich wird jedoch auch die Vorstellung vom eigenen Körper erheblich verändert. Im Zusammenhang damit vollzieht sich auch eine Einstellungsveränderung der sozialen Umgebung zu dem nunmehr aufgrund seiner körperlichen Wandlungen geschlechtsreifen Individuum. Die vermehrte Beobachtung der eigenen Körperlichkeit und der Vergleich mit anderen führt häufig dazu, daß vorhandene oder vermeintliche körperliche Mängel überbewertet und so zum Keim schwerer *Selbstwertkrisen* werden (Thersites-Komplex). Sie disponiert aber auch zum Auftreten psychopathologischer Erscheinungen (Depersonalisationserlebnisse, Pubertätshypochondrie), die manchmal erhebliche differentialdiagnostische Schwierigkeiten bereiten.

Die *psychischen* und *psychosozialen* Veränderungen in Pubertät und Adoleszenz konzentrieren sich im wesentlichen auf drei Bereiche:

1. die Entwicklung zur Sexualreife,
2. die Ich-Entwicklung und Identitätsfindung und
3. die Auseinandersetzung mit der Autorität in Familie und Gesellschaft.

Entwicklung zur Sexualreife: Hinsichtlich der Sexualreife müssen in der Adoleszenz zwei Vorgänge konvergieren: der *biologische* Vorgang der Entwicklung zur Vollfunktion der Sexualreife und der *psychosoziale* Vorgang der Übernahme der Geschlechtsrolle durch das Individuum bzw. deren Anerkennung durch die Gesellschaft. Beide Vorgänge laufen nicht gleichzeitig ab, sie sind vielmehr zeitlich mehr oder weniger gegeneinander verschoben. Diese Verschiebung resultiert in unserem Kulturkreis aus der Tatsache, daß ein Jugendlicher auch nach Eintritt der vollen biologischen Sexualreife noch nicht in der Lage ist, die mit ihr verbundenen anderen gesellschaftlichen Funktionen (z.B. berufliche Selbständigkeit, Vaterschaft, Mutterschaft) wahrzunehmen. Dadurch entsteht eine Diskrepanz, die auf der Seite des Jugendlichen zu einer Auflehnung gegenüber der Erwachsenenwelt führt und zu einem experimentellen Durchprobieren verschiedener Verhaltensweisen, die in Wirklichkeit noch nicht gesellschaftlich sanktioniert sind. Auf der Seite der Erwachsenen und der Gesellschaft nötigt dies zu einer gewissen Toleranz gegenüber den unangepaßten Verhaltensweisen angesichts der Kenntnis, daß diese notwendige Durchgangsphasen zum reifen Erwachsenensein darstellen.

Ich-Entwicklung und Identitätsfindung: Jugendliche müssen in der Adoleszenz eine ganze Reihe sog. Entwicklungs*aufgaben* bewältigen: Akzeptieren des eigenen Körpers und Umgang mit seinen Funktionen, Erlernen und Ausfüllen der Geschlechtsrolle, Erlangung der Unabhängigkeit vom Elternhaus, Erlangung wirtschaftlicher Unabhängigkeit, Stärkung des Selbstvertrauens und Aufbau eines Wertsystems. Wenn derartige Aufgaben von einer Persönlichkeit gefordert werden, die sich zugleich in einer tiefgreifenden körperlichen Wandlung befindet, so wird das Finden einer eigenen Mitte als Übereinstimmung zwischen Selbsterleben, Fremderleben und Anpassung an soziale Normen ungemein schwer. Dennoch ist Adoleszenz keine Krankheit, sondern eine *biologische* und *„normative Krise“* (Erikson). Im Zentrum der Suche nach der eigenen Identität stehen drei Fragen: 1. Wie bin ich?, 2. Wie möchte ich sein? und 3. Für wen hält man mich? Die Beantwortung dieser Fragen kann nicht geschehen ohne Orientierung und Vorbilder im familiären und außerfamiliären Bereich. Aber gerade diese sind für den Adoleszenten fragwürdig geworden. Deshalb durchlaufen die Jugendlichen auf der Suche nach einer Antwort auf diese Fragen eine Reihe von Konflikten.

Auseinandersetzung mit der Autorität in Familie und Gesellschaft: Schon Spranger, dessen Psychologie des Jugendalters über Jahrzehnte die psychologische und pädagogische Jugendforschung prägte, hob drei Sphären heraus, die in der Adoleszenz von großer Bedeutung sind:

- die Entdeckung des Ichs,
- die allmähliche Entstehung eines Lebensplanes und
- das Hineinwachsen in die einzelnen Lebensgebiete.

Die ersten beiden Problemkreise wurden bereits abgehandelt, der zuletzt genannte ist häufig durch Auseinandersetzungen mit Autorität, Tradition und gesellschaftlichen Normen gekennzeichnet. Diese führen nicht selten zu krisenhaften Auseinandersetzungen (sog. Pubertäts- und Adoleszenzkrisen), die einer kinder- und jugendpsychiatrischen Behandlung bedürfen. Ein Großteil dieser Reifungskrisen ist als eine Zuspitzung normaler Entwicklungsvorgänge aufzufassen, ein kleinerer Teil erweist sich jedoch als eine Vorstufe ernsthafterer psychischer Erkrankungen.

Entscheidendes *soziales* Faktum der Adoleszenz bleibt das *Zwischenstadium* zwischen Kindesalter und Erwachsenenalter, biologisch gesehen stehen die bereits erwähnten umfassenden Wandlungsprozesse im Vordergrund. Ernst Kretschmer hat die mit der Pubertät und Adoleszenz zusammenhängenden Symptome unter dem Begriff des sog. *puberalen Instinktwandels* zusammengefaßt.

Entwicklung im Erwachsenenalter

Gemäß unserer Definition von Entwicklung als Verhaltensänderung, die sich bestimmten Zeitabschnitten des individuellen Lebenslaufes zuordnen läßt, endigen Entwicklungsvorgänge keineswegs in der Pubertät. Wie ausführliche Längsschnittuntersuchungen zeigen, laufen auch im Erwachsenenalter mannigfaltige Entwicklungsprozesse ab, die sich in den Dimensionen Konstanz, Variabilität und Plastizität, Verfestigung erfassen lassen.

Untersucht man den Verlauf einzelner biologischer und psychologischer Vorgänge in Abhängigkeit vom Lebensalter, so stellt man fest, daß manche dieser Vorgänge eine mit zunehmendem Alter abfallende, andere eine zunehmende Tendenz aufweisen. In Abb. **18** sind der Verlauf der allgemeinen Leistungsfähigkeit und der des religiösen Verhaltens in Abhängigkeit vom Alter wiedergegeben.

Sie zeigen jeweils einen sehr unterschiedlichen Verlauf. Während die allgemeine Leistungsfähigkeit und die testmäßig erfaßte Intelligenz um das 30. bzw 20. Lebensjahr ihr Maximum aufweisen und dann abfallen, erreicht die religiöse Aktivität in diesem Alter ihren Tiefstpunkt, um mit zunehmendem Älterwerden wieder anzusteigen.

Auch im *Sozialverhalten* läßt sich eine Reihe altersabhängiger Veränderungen nachweisen. So zeigt die Beteiligung am Gemeinschaftsleben eine bis zum 60. Lebensjahr ansteigende Tendenz, danach nimmt sie allerdings rapide ab.

Ähnliche Wandlungsprozesse gelten auch für Interessen und die Einstellung zu religiösen und kulturellen Fragen (vgl. Abb. **18b**).

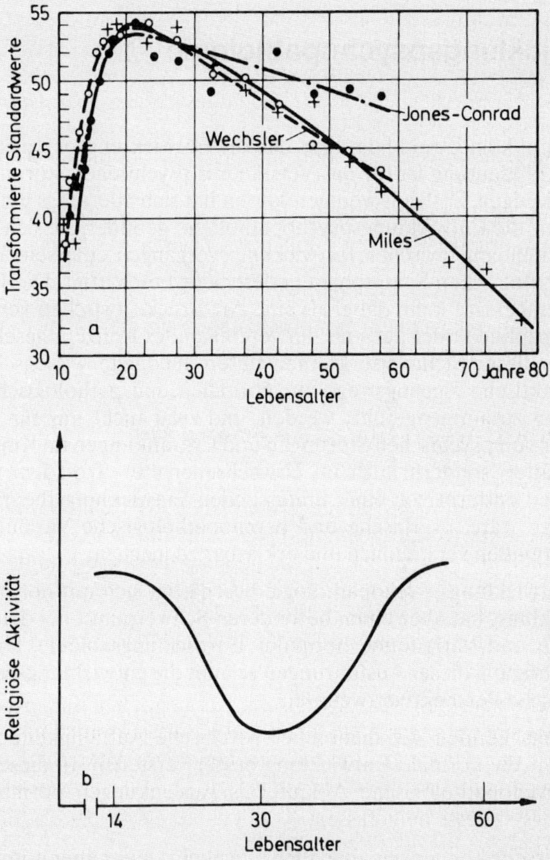

Abb. **18** Verlauf der Intelligenzfunktion **(a)** und der religiösen Aktivität in Abhängigkeit vom Lebensalter **(b)** (Abb. **a** aus *Thomae, H., H. Feger:* Einführung in die Psychologie, Bd. VII. Akademische Verlagsanstalt, Frankfurt, u. Huber, Bern 1969).

Bemerkenswert ist ferner, daß auch die interindividuellen Unterschiede mit zunehmendem Alter immer größer werden, woraus sich häufig Verständigungsschwierigkeiten mit der jüngeren Generation ergeben. Diese hängen auch unter anderem damit zusammen, daß der ältere Mensch sein Verhalten auf bestimmte Formen der Umweltbewältigung (sogenannte Daseinstechniken) festgelegt hat, von denen er nur sehr schwer abweichen kann.

Entwicklungspsychopathologie

Es besteht kein Zweifel darüber, daß die Entwicklungsperspektive von größter Bedeutung ist für das Verständnis psychischer Störungen und Erkrankungen. Erst seit wenigen Jahren hat sich allerdings eine eigene Disziplin, die Entwicklungspsychopathologie, gebildet, die sich mit dem Zusammenhang zwischen Entwicklungsvorgängen einerseits und psychopathologischen Symptomen andererseits beschäftigt. Die Entwicklungsperspektive kann dabei als eine Art Brücke zwischen verschiedenen Disziplinen oder auch als ein vereinigendes Konzept gesehen werden. In dieser Sichtweise können unterschiedliche wissenschaftliche und praktische Zugangswege zur normalen und pathologischen Entwicklung zusammengeführt werden, und zwar nicht nur für das Verständnis von psychischen Störungen und Erkrankungen im Kindes- und Jugendalter, sondern auch im Erwachsenenalter. Trotzdem sind wir noch weit entfernt von einer umfassenden Entwicklungstheorie, die in der Lage wäre, psychische und psychopathologische Veränderungen gleichermaßen verständlich und erklärbar zu machen.

Die Entwicklungspsychopathologie beschäftigt sich mit der normalen Entwicklung, hat aber einen besonderen Schwerpunkt bei den Abweichungen und Variationen normaler Entwicklungsabläufe. Unter Berücksichtigung dieser Ausführungen erlaubt die entwicklungspsychopathologische Perspektive zweierlei:

Einerseits können wir mehr über psychische Auffälligkeiten lernen, wenn wir die normale Entwicklung besser verstehen. In diesem Sinne sind psychopathologische Abläufe als Auslenkungen normaler Entwicklungsprozesse aufzufassen.

Andererseits können wir aber auch umgekehrt mehr über normale Entwicklungen lernen, wenn wir psychopathologische Auffälligkeiten untersuchen.

Anhand einiger typischer Fragestellungen und Forschungsbereiche sollen konkrete psychopathologische Ansätze vorgestellt werden.

- Ein Forschungsansatz geht beispielsweise davon aus, daß im Hinblick auf normale wie psychopathologische Entwicklungsabläufe zahlreiche Geschlechterunterschiede beschrieben wurden. Bis zur Pubertät sind nahezu alle psychopathologischen Auffälligkeiten bei Jungen häufiger als bei Mädchen, wobei die Geschlechterrelation zwischen verschiedenen Erkrankungen und Störungsbildern variiert. Obwohl derartige Unterschiede zwischen den Geschlechtern recht klar beschrieben sind, wissen wir noch wenig über ihre Ursachen. Es gibt hierzu lediglich eine Reihe von Hypothesen, die sich einerseits auf Reifungsdifferenzen, andererseits auf unterschiedliche psychologische und psychosoziale Einflüsse beziehen.
- Eine weitere Fragestellung bezieht sich auf Kontinuität und Wandel psychischer Störungen vom Kindesalter bis ins Erwachsenenalter. Psychische Erkrankungen im Kindesalter sind nämlich keineswegs regelhaft Vorläufer psychiatrischer Erkrankungen des Erwachsenenalters. Der Verlauf muß vielmehr differenzierter betrachtet werden. Etwas vereinfacht lassen sich vom Kindesalter bis zum frühen Erwachsenenalter drei Verlaufstypen psychischer Störungen herausstellen. Neben einem Häufigkeitsabfall von Störungsmustern nach Beendigung der Kindheit und einem deutlichen Häufigkeitsanstieg in der Adoleszenz läßt sich als dritter Typ ein kontinuierlicher bzw. zweigipfeliger Verlauf beschreiben, der sich auf psychische Störungen bezieht, die bereits in der frühen Kindheit auftraten und die sich entweder kontinuierlich ins Jugendalter fortsetzen oder aber nach einer stummen Phase im Jugendalter wieder aktualisiert werden.
- Die Bedeutung von Risikofaktoren und sogenannten protektiven Faktoren stellt ein weiteres Forschungsfeld innerhalb der Entwicklungspsychopathologie dar. Unter protektiven Faktoren werden dabei günstige Einflüsse verstanden, die die Manifestationen einer psychopathologischen Störung verzögern, abmildern oder verhindern können. Unter den Risikofaktoren können auch sogenannte „kritische Lebensereignisse" (z.B. Tod eines Elternteils, Schulversagen) eine sehr wichtige Rolle spielen. Sowohl im Hinblick auf Risikofaktoren wie auch auf die Wirksamkeit protektiver Faktoren ist unser Wissen noch sehr lükkenhaft und es existieren eine ganze Reihe von offenen Fragen.
- Eine weitere wichtige Aufgabe der Entwicklungspsychopathologie ist die Untersuchung von spezifischen Verhaltensmustern, die im Verlauf der individuellen Entwicklung zuverlässige Voraussagen über späteres Verhalten bzw. über das Auftreten späterer Symptome machen. Ein Ergebnis dieser Forschungsrichtung besteht etwa darin, daß eine frühe Fehlanpassung eine spätere Fehlanpassung relativ gut voraussagen kann. Beispiele hierfür sind: Schulversagen, frühe Kontaktstörungen, ausgeprägtes antisoziales Verhalten, starke Abhängigkeit von der Mutter im Vorschulalter.

Trotz der insgesamt sehr fruchtbaren Forschungsperspektive besteht nach wie vor eine große Kluft zwischen unseren Kenntnissen über normale Entwicklungsvorgänge und ihre Beziehungen zu pathologischen Auffälligkeiten.

Sozialpsychologie

Das Biologische und das Soziale

Die Sozialpsychologie beschäftigt sich mit den Auswirkungen der sozialen Umwelt auf das Individuum. Sie untersucht, auf welche Weise individuelles Verhalten durch soziale Einflüsse entwickelt und verändert wird. Der Begriff des Sozialen ist dabei sehr weit gefaßt: Familie, Beruf, Wohnviertel, Bevölkerungsschicht, religiöse Orientierung, Wertnormen, Einstellungen, Vorurteile und viele andere Phänomene gehören dazu.

Dem Sozialbereich steht der Bereich des *Biologischen* gegenüber, welcher Merkmale und Eigenschaften umfaßt, die durch Vererbung festgelegt sind. Neben körperlich sichtbaren Merkmalen, wie Augenfarbe oder Haarfarbe, unterliegen auch konstitutionelle Momente, wie die Disposition zu bestimmten Krankheiten oder der jeweilige Temperamentstyp und auch instinktive Verhaltensweisen, Erbeinflüssen. Die moderne Verhaltensforschung hat gezeigt, daß auch Gesellungstendenzen oder Hemm-Mechanismen zum Schutze von Artgenossen bei Tieren durch Erbkoordinationen festgelegt sind. Daraus geht hervor, daß auch die Art und Weise des Zusammenlebens von Tieren zum großen Teil biologisch determiniert ist. Inwieweit eine solche biologische Verhaltenssteuerung auch beim Menschen eine Rolle spielt, läßt sich schwer sagen. Die Verhaltensforschung versucht jedenfalls, ausgehend vom Verhalten der Tiere, auch für den Menschen geltende Gesetzmäßigkeiten abzuleiten.

Die beschriebene Gegenüberstellung des Biologischen und des Sozialen läßt die alte Frage aufkommen, ob das menschliche Verhalten vorwiegend von Erbeinflüssen oder von Einflüssen der sozialen Umwelt gesteuert wird. Die Beantwortung dieser Frage hat im Laufe der Geschichte immer wieder geschwankt, und auch heute gehen die Meinungen über den Stellenwert dieser beiden Bereiche noch zum Teil erheblich auseinander. Dabei muß man feststellen, und auch dies ist ein Phänomen, das in den Bereich der Sozialpsychologie gehört, daß die Art und Weise, wie die oben gestellte Frage beantwortet wird, mehr von vorgefaßten Meinungen als von echtem Sachwissen gekennzeichnet ist.

Der *milieutheoretische Pessimismus* sieht in den ererbten Anlagen die Hauptdeterminante für das menschliche Verhalten. Den Einflüssen der Umwelt und der durch Lernen erworbenen eigenen Erfahrung wird nur eine untergeordnete Rolle zuerkannt. Ein extremes Beispiel für diese den Erbeinfluß in den Vordergrund stellende Theorie ist die Rassendoktrin des Dritten Reiches.

Der *milieutheoretische Optimismus* legt das Schwergewicht auf die Umwelteinflüsse und führt fast alles menschliche Verhalten auf Lernvorgänge zurück. Der Erbeinfluß wird lediglich auf bestimmte anatomische, physiologische oder funktionelle Merkmale beschränkt, die auch von den Einflüssen der Umwelt modifiziert werden können. Diese Position wird von den Vertretern der Lerntheorien eingenommen.

Welche der beiden Theorien den wahren Verhältnissen am nächsten kommt, läßt sich nur sehr schwer entscheiden. Die größte Aussagekraft zu diesem Problem haben Untersuchungen hinsichtlich der Verteilung von Hochbegabungen in der Durchschnittsbevölkerung sowie die Untersuchungen an eineiigen Zwillingen. Bekannt geworden sind die Untersuchungen von Galton, der 415 „berühmte" Engländer untersuchte und unter deren Vätern in 31%, deren Brüdern in 41% und deren Söhnen in 48% der Fälle ebenfalls Hochbegabte fand. Von besonderem Interesse sind diejenigen Untersuchungen, die den Einfluß von Anlage oder Umwelt auf die Entstehung von psychiatrischen Erkrankungen zu objektivieren versuchen. In Tab. **5** sind die Ergebnisse mehrerer umfassender Untersuchungen wiedergegeben. Die Tabelle zeigt zwei Dinge: Einerseits ist die Erkrankungswahrscheinlichkeit sowohl für die Schizophrenie als auch für die manisch-depressive Psychose innerhalb belasteter Familien um ein Vielfaches höher als in der Durchschnittsbevölkerung, andererseits erkranken innerhalb einer Familie eineiige Zwillinge wesentlich häufiger als zweieiige Zwillinge. Dies deutet auf ein Überwiegen des Erbeinflusses bei der Entstehung dieser Erkrankung hin. Aber auch

Tabelle **5** Erkrankungsrisiko für Schizophrenie und Zyklothymie

Personen	Erkrankungswahrscheinlichkeit in %	
	Schizophrenie	Zyklothymie
Durchschnittsbevölkerung	0,9	0,4
Verwandte von Patienten		
Eltern	5–10	5–13
Geschwister	8–14	6–13
Zwillinge (ZZ)	5–18	16–28
Zwillinge (EZ)	20–75	50–80

diese These ließe sich erst dann absolut sicher beweisen, wenn die eineiigen Zwillinge, die ja genau das gleiche Erbgut besitzen, jeweils in verschiedenen Umgebungen aufgewachsen wären. Falls dies nicht der Fall ist, könnte man ja auch die Vermutung äußern, daß durch die in einer solchen belasteten Familie üblichen Verhaltensweisen eine „Umwelt“ geschaffen wird, die die Entstehung solcher Krankheiten begünstigt.

Solche Untersuchungen und deren Ergebnisse darf man allerdings nicht voreilig verallgemeinern. Eine in hohem Maße von Erbeinflüssen abhängige Disposition für gewisse Krankheiten sagt noch lange nichts aus über den Einfluß der Vererbung auf bestimmte Persönlichkeitsmerkmale oder auf die Intelligenz. Gerade die Untersuchungen zur Intelligenz- und Begabungsstruktur haben gezeigt, daß hierbei Umwelteinflüsse von sehr großer Bedeutung sind. So korreliert die Intelligenz von Geschwistern, die im gleichen Milieu aufwachsen, etwa mit 0,5, während die Korrelation von Geschwistern, die in verschiedenem Milieu leben, nur 0,25 beträgt. Daraus wird ersichtlich, daß der Umwelteinfluß mindestens ebenso hoch zu veranschlagen ist wie der Erbeinfluß.

Insgesamt läßt sich sagen, daß es umweltstabile und umweltlabile Eigenschaften gibt, und daß in allen Fällen sowohl biologische (vererbte) als auch soziale (umweltbedingte) Einflüsse beim Zustandekommen von Merkmalen und Eigenschaften menschlichen Verhaltens mitspielen. Es geht nie um ein Entweder-Oder, sondern nur um ein Sowohl-Als-auch.

Der Sozialisierungsprozeß

Als Sozialisierung bezeichnet man den im frühesten Kindesalter beginnenden Vorgang, in dessen Verlauf sich ein Individuum den sozialen Gegebenheiten seiner Umwelt anpaßt und deren Anforderungen und Normen übernimmt. Die Bemühungen der sozialen Umgebung, solche Anpassungsvorgänge durch entsprechende Beeinflussung zu fördern, nennen wir Erziehung. Der Terminus Sozialisierungsprozeß ist aber umfassender als die Bezeichnung Erziehung. Er umschließt auch die vom Individuum selbst gemachten Anstrengungen zur Anpassung an seine jeweilige Umwelt, weshalb wir diesen Ausdruck bevorzugen.

Den Sozialisierungsprozeß kann man unter verschiedenen Aspekten betrachten.

Geht man von der *Tiefenpsychologie* aus, so stellt sich der Vorgang der Sozialisierung im wesentlichen als Entwicklung des Über-Ichs (Gewissen) dar. Dieses entsteht durch eine fortschreitende Identifizierung mit den Normen der jeweiligen sozialen Umgebung (Familie, Gesellschaft).

In *lerntheoretischer* Sicht spielt der Vorgang der Konditionierung eine entscheidende Rolle. Die Anpassung an die Umwelt geschieht durch Lernvorgänge nach dem Konzept des bedingten Reflexes oder als Lernen am Erfolg. Lernen im umfassenden Sinne bezieht sich auch auf das Einüben sozialer Rollen (etwa der Rolle der Mutter, des Vaters, des Lehrers usw.), auf die wir noch zu sprechen kommen.

Neben der Betrachtung dieses Sozialisierungsprozesses aus dem Blickpunkt bestimmter psychologischer Richtungen, kann man auch die *Institutionen* analysieren, die den größten Einfluß auf ihn ausüben. Solche Institutionen sind die Familie, die Schule sowie Staat und Kirche.

Familie

Erste und zugleich entscheidende Einflüsse erfährt das Kind in der Familie. Familien verschiedener Kulturkreise haben unterschiedliche Strukturen, woraus wiederum ersichtlich wird, daß auch der Familienverband durch übergeordnete Einflußgrößen geformt wird. Die Ansichten über Erziehungsmaßnahmen haben vielfach den Charakter von Selbstverständlichkeiten, d.h., sie werden unreflektiert als feste Verhaltensnormen anerkannt. Solche Verhaltensnormen äußern sich z.B. in der Erwartung, daß ein Kind mit $1^1/_2$ Jahren sauber und trocken ist, daß es etwa zur gleichen Zeit sprechen kann, daß Jungen wild, Mädchen zurückhaltend sind, usw.

Die Bedeutung familiärer Einflüsse in der frühesten Kindheit wird von der Tiefenpsychologie besonders betont. Nach Ansicht dieser Richtung sind z.B. die Erlebnisse in der oralen oder analen Phase von außerordentlicher Bedeutung für die Entfaltung der Persönlichkeit. Kinder, die während der oralen Phase positive Erfahrungen gemacht haben, neigen später zu passiv-oralen Verhaltensweisen in Form von Bequemlichkeit, Unselbständigkeit und Optimismus. Eine übertriebene Reinlichkeitserziehung führt nach Freud zur Entstehung eines sogenannten analen Charakters, der gekennzeichnet ist durch übermäßige Sparsamkeit, Pedanterie und Kleinlichkeit.

Während die bisher genannten Einflüsse auf den Sozialisierungsprozeß von dem Verhalten der Eltern gegenüber dem Kind ausgingen, zeigt sich im Mechanismus der Identifikation ein Bestreben des Kindes, Verhaltensweisen und Wertnormen der Eltern sich zu eigen zu machen. Daß dies nicht ganz freiwillig geschieht, dürfte ohne weiteres klar sein, wenn man bedenkt, in welchem Maße ein Kind von seinen Eltern abhängig ist. Der Vorgang der Identifikation ist entscheidend für die Entstehung des Über-Ichs (Gewissen), das zur innerpersönlichen Richtschnur für ethisches Verhalten wird. Dieses ethische Verhalten entsteht beim Kind nicht von selbst, es wird ihm vielmehr von den Eltern anerzogen oder aufgezwungen. Die Grundlage für die Fähigkeit einer ethischen Entscheidung wird im frühesten Kindesalter gelegt, es ist die Unterscheidung zwischen Gut und Böse. Das Kind erwirbt also dieses Unterscheidungsvermögen zu einem Zeitpunkt, zu dem es noch nicht kraft seiner eigenen Vernunft beurteilen kann, ob es gut oder böse gehandelt hat. Dies kann es nur an den Reaktionen seiner Umwelt, in erster Linie also seiner Eltern, ermessen. Sind diese Reaktionen freundlicher Natur, so hat es gut gehandelt, sind sie unfreundlich, so hat es unrecht oder böse gehandelt. Daraus ergibt sich zugleich, daß ein Kind so zu handeln bestrebt ist, daß es seine Eltern zufriedenstellt, um von ihnen nicht getadelt oder gestraft zu werden. Das Motiv des ethischen Handelns eines Kindes ist also die Furcht, den Eltern oder auch sonstigen Autoritäten zu mißfallen. Um dies zu erreichen, identifiziert sich das Kind mit den von den Eltern verlangten Normen. Sein Bestreben ist, sich so zu verhalten, daß die Eltern es billigen. Natürlich kann man den ganzen Vorgang der Gewissensentstehung auch lerntheoretisch erklären. Das vom Kind erwünschte Verhalten wird von den Eltern ja jeweils durch positive Reaktionen (Zuwendung, Lob usw.) belohnt, so daß das Kind natürlich bestrebt ist, diese „positiven Erlebnisse" immer wieder herbeizuführen.

Innerhalb einer Familie gibt es ferner eine Reihe umschriebener Verhaltensstile, die auch von denen anderer Familien oder von manchen gesellschaftlichen Konventionen abweichen können und ebenfalls auf dem Wege der Identifikation von den Kindern übernommen oder gelernt werden. Solche Verhaltensstile erstrecken sich bis in die sprachliche Ausdrucksweise und in Mienen, Gesten und Gebärden. Es würde zu weit führen, hier näher auf sie einzugehen.

Schule

In allen Kulturstaaten ist die Schule neben der Familie ein wesentlicher formender Faktor im Rahmen des Sozialisierungsprozesses. Der Schule geht es nicht nur um die Vermittlung eines mehr oder weniger neutralen Stoffes, sondern um die Einübung von gesellschaftlich relevanten Verhaltensweisen. Die zugrundeliegenden Mechanismen sind die gleichen wie in der Familie: Identifikation und Lernen.

Mit den psychologischen Problemen im schulischen Bereich beschäftigt sich die pädagogische Psychologie. Im Rahmen des Sozialisierungsprozesses sind die Daten der Entwicklungspsychologie, die Lerngesetze sowie Gesetzmäßigkeiten kleiner Gruppen von Bedeutung. Neben der Erforschung der psychologischen Eigenart des Schülers wendet man sich auch immer mehr der Persönlichkeit des Lehrers zu. Dieser ist in ein kompliziertes System sozialer Rollen eingebaut. Er ist Autorität und Vorbild, Vertreter staatlicher Direktiven und zugleich Anwalt der Rechte des Kindes und der Eltern. Aus dieser mehrdeutigen Stellung in unserer Gesellschaft leiten sich auch zahlreiche Vorurteile über diesen Beruf ab, die entweder auf Überschätzung oder Unterschätzung seiner Funktion hinauslaufen.

Staat und Religion

Beide Institutionen greifen als sehr einflußreiche Autoritäten in den Sozialisierungsprozeß ein. Sie fordern Anpassung an Gesetze und Gebote und können durch diese den Einfluß der beiden bisher genannten Institutionen gemäß willkürlicher und traditioneller Richtlinien modifizieren. Während im Mittelalter die Kirche durch solche Richtlinien Inhalt und Ablauf des Schulunterrichts bestimmte, tut dies in vielen Ländern heute der Staat. In Form von Bildungsplänen und Schulgesetzen werden die Ziele mannigfacher Erziehungsprozesse von übergeordneter Stelle bestimmt. Der Einfluß der Religion erstreckt sich im wesentlichen auf die Entwicklung von moralisch-ethischen Normen, die durch den Vorgang der Identifikation vom einzelnen übernommen werden.

Methoden der Sozialpsychologie

Die Sozialpsychologie hat eine Reihe von Methoden entwickelt, die dazu geeignet sind, Stellungnahmen von Individuen zu erfassen. Als Stellungnahme im weitesten Sinn bezeichnet man sowohl das durch einen außenstehenden Beobachter feststellbare Verhalten, andererseits aber auch die durch den Vorgang der Introspektion feststellbaren gefühlsmäßigen und gedanklichen Regungen eines Individiuums. Stellungnahmen beziehen sich auf Personen, Objekte und Sachverhalte und bestimmen in erheblichem Ausmaß unser Verhalten. Eine Stellungnahme ist z.B. die moralische Verurteilung eines Menschen, der sich nicht an die Konventionen hält, das Eintreten für die Konfessionsschule oder für eine Partei, die Haltung in der Rassenfrage usw. Derlei Stellungnahmen haben meist verschiedene und zum Teil sehr komplexe Hintergründe, mit denen sich die Sozialpsychologie beschäftigt.

Einstellungsmessung

Einstellungen sind Sonderformen von Stellungnahmen. Der Ausdruck Einstellung ist eine umfassende Bezeichnung für relativ konstante, durch Umwelteinflüsse und soziales Lernen entstandene Systeme von Meinungen, Ansichten und Überzeugungen, die meist emotional verankert sind (vgl. Abschnitt „Motivation“, S. 76) und unser Verhalten wesentlich beeinflussen. Sie beziehen sich entweder auf Objekte, Sachverhalte, Mitmenschen oder Gruppen von Mitmenschen.

Eine einfache Methode, etwas über die Einstellung eines Individuums zu erfahren, ist die Exploration. Doch hat sich gezeigt, daß die Ergebnisse dieses Verfahrens, obwohl es nach wie vor zu den Grundbestandteilen jeder psychologischen Untersuchung gehört, auf dem Gebiet der Einstellungen nicht sehr zuverlässig sind. Deshalb hat man genauere und quantitativ auswertbare Methoden entwickelt, die Einstellungen „messen“ sollen. Solche Verfahren sind die Einstellungsskalen. Es handelt sich dabei um nach Gesichtspunkten der Testtheorie konstruierte Meßinstrumente, die jeweils auf den zur Frage stehenden Sachverhalt zugeschnitten sind. Wir können hier nicht auf die Vielzahl von Einstellungsskalen eingehen, sondern nur einige Beispiele bringen.

Die soziale Distanz-Skala beurteilt die Einstellung eines Probanden zu einer bestimmten Menschengruppe (z.B. Farbige, Engländer, Deutsche, Juden) nach der Kontaktbeziehung, die er mit Menschen einer solchen Gruppe aufzunehmen gewillt ist. In einer Untersuchung über die Einstellung zu Negern mit Hilfe dieser Skala würde man z.B. folgende Fragen stellen: „Würden Sie einen Neger heiraten, Neger in der näheren Familie dulden, mit Negern im gleichen Haus wohnen, mit ihnen den Arbeitsplatz teilen usw.?“. Der Prozentsatz der Ja- oder Nein-Antworten auf diese Fragen ist ein Maß für die Anerkennung oder Ablehnung der jeweiligen Menschengruppe, wobei sich in Anbetracht der nach dem Kontaktverhältnis abgestuften Fragen auch etwas über die jeweilige Struktur der Anerkennung oder Ablehnung aussagen läßt.

Andere Skalierungsmethoden benutzen z.B. verschiedene Eigenschaftswörter und lassen bestimmte Menschengruppen hinsichtlich dieser Eigenschaften einstufen. Solche Eigenschaften sind z.B. hilfsbereit, grausam, aggressiv, faul, menschenscheu usw. Jede dieser Eigenschaften kann man mit einer mehrstufigen Skala versehen, wobei die Ziffer 1 dieser Skala bedeutet, daß die betreffende Eigenschaft bei der zu beurteilenden Bevölkerungsgruppe sehr schwach ausgeprägt ist, während die Ziffer 5 oder 7 (man verwendet meist 5- oder 7-stufige Skalen) eine extreme Ausprägung der betreffenden Eigenschaft bedeutet. In Abb. **19** ist das Ergebnis einer solchen Einstellungsmessung einer gemischten Bevölkerungsgruppe gegenüber Epileptikern wiedergegeben. Sie zeigt die Extremwertungen, also jeweils die Ziffern 4 und 5 einer hier verwerteten 5stufigen Skala. Man sieht, daß Epileptiker von einer gemischten Bevölkerungsgruppe als jähzornig, ängstlich, mißtrauisch, sensibel, reizbar, nervös, traurig und launisch bezeichnet werden. Interessant ist, daß der größte Teil der Befragten noch nie mit Epileptikern zu tun hatte. Aus diesem Sachverhalt kann man entnehmen, daß doch in der Bevölkerung relativ umschriebene stereotype Vorstellungen vorhanden sind, die hinsichtlich der hier beurteilten Krankheitsgruppe (der Epileptiker) einen deutlichen negativen Akzent haben. Die in der Skala ebenfalls

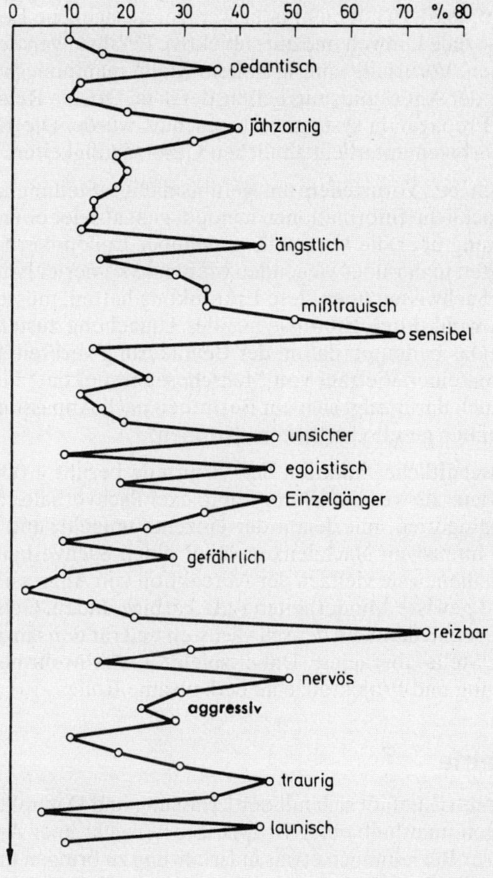

Abb. **19** Soziale Einstellung einer gemischten Bevölkerungsgruppe gegenüber Epileptikern. Die Zahlen auf der Abszisse geben Prozentsätze der Befragten an (aus *Remschmidt, H.:* Nervenarzt 41 [1970]).

enthaltenen positiven Eigenschaften rangierten jeweils unter der 30%-, meist sogar unter der 20%-Schranke.

Die zuletzt erwähnte Untersuchung mit Hilfe einer Einstellungsskala hat uns mit einer Kategorie sehr weitverbreiteter Einstellungen bekannt gemacht, mit den Vorurteilen. Der Ausdruck Vorurteil ist eine Bezeichnung für positive oder negative gefühlsmäßige Einstellungen, die sich weniger auf konkrete Erfahrungen und sachliche Informationen stützen, sondern auf mehr oder weniger unsachliche Beeinflussung durch die soziale Umwelt und auf subjektive Erfahrungen des einzelnen zurückgehen. Vorurteile sind in hohem Maße manipulierbar. Als Beispiel möge der Antisemitismus gelten, der ja im Dritten Reich durch die staatliche Propaganda systematisch geschürt wurde. Die Diskriminierung der Farbigen unterliegt ähnlichen Gesetzmäßigkeiten.

Daß es sich bei Vorurteilen um gefühlsmäßige Stellungnahmen und nicht um sachliche Informationen handelt, geht aus der oben erwähnten Untersuchung über die Vorurteile gegenüber Epileptikern hervor. Da die Befragten in der überwiegenden Mehrzahl keinerlei Erfahrung und auch kein Sachwissen über diese Erkrankung hatten, müssen ihre Einstellungen wohl durch Einflüsse aus der Umgebung zustande gekommen sein. Das bedeutet, daß in der Bevölkerung verbreitete Stellungnahmen von einer Vielzahl von Menschen unreflektiert übernommen werden. Auch darin zeigt sich ein Bestreben nach Anpassung an die jeweils geltenden gesellschaftlichen „Normen".

Die gesellschaftliche Funktion der Vorurteile beruht größtenteils auf deren Tendenz zur Vereinfachung komplexer Sachverhalte. Sie schaffen voreilig Kategorien, mit denen der einzelne umgeht, und die ihn zugleich des intensiven Nachdenkens über einen Sachverhalt entheben. Außerdem dienen sie vielfach der Abreaktion von Aggressionen. Diese werden auf gewisse Minderheiten (z.B. Farbige, Juden, Geisteskranke) konzentriert und damit an der schwächsten und für den einzelnen ungefährlichen Stelle abreagiert. Dabei spielen die Abwehrmechanismen, Verschiebung und Projekton, eine bedeutsame Rolle.

Soziometrie

Die Soziometrie befaßt sich mit der Erfassung und Darstellung sozialer Beziehungen innerhalb einer Gruppe. Sie versucht über Art und Häufigkeit dieser Beziehungen etwas in Erfahrung zu bringen und diese Erfahrung nach Möglichkeit quantitativ oder bildlich darzustellen. Die graphische Darstellung sozialer Beziehungen erfolgt im Soziogramm. Um ein Soziogramm einer Gruppe zu erhalten, geht man in folgender Weise vor: Man stellt jedem einzelnen Gruppenmitglied bestimmte Fragen, etwa: Mit welchem Gruppenmitglied möchten Sie gemeinsam in einem Zimmer wohnen, in Urlaub fahren oder täglich zusammenarbeiten usw. Man kann solche Fragen auch auf mehrere Gruppenmitglieder ausdehnen und auch Rangreihen der jeweiligen Zuneigung oder Abneigung aufstellen. Die Ergebnisse solcher Befragungen hält man tabellarisch fest und stellt sie dann graphisch im Soziogramm dar. In Abb. **20** ist ein solches Soziogramm einer Gruppe von fünf Patienten einer kinderpsychiatrischen Klinik wiedergegeben.

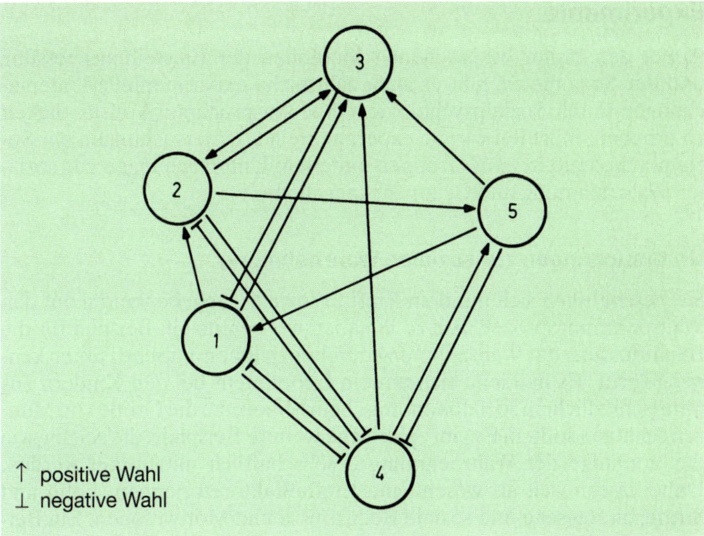

Abb. **20** Soziogramm einer Gruppe von fünf Patienten einer kinderpsychiatrischen Klinik. Patient 3 nimmt eindeutig die Führerrolle wahr (4 positive Wahlen und keine negative). Patient 4 ist der Außenseiter der Gruppe, er wird von drei anderen Patienten abgelehnt.

Aus Soziogrammen kann man die Stellung jedes einzelnen Gruppenmitgliedes zu den anderen Gruppenmitgliedern entnehmen. Man kann sehen, wer am beliebtesten ist und eine Führerrolle einnimmt, und wer abgelehnt wird und in die Rolle des „Schwarzen Schafes“ gerät. Ersteres nennen wir Alpha-, letzteres Omega-Stellung innerhalb der Gruppe. Das Soziogramm ist ein ausgezeichnetes Hilfsmittel zur Erforschung von Gruppenstrukturen. Seine Aussagekraft geht über die der bloßen Beobachtung weit hinaus. Selbst ein geschulter Beobachter ist schon überfordert, wenn er die verschiedenen Wechselbeziehungen von acht bis zehn Gruppenmitgliedern zu erfassen versucht. Erweitert man das Soziogramm dadurch, daß man auch über die Eigenschaften von anerkannten oder abgelehnten Gruppenmitgliedern Näheres in Erfahrung zu bringen versucht, was man durch detaillierte Befragung über die Gründe der Ablehnung oder Anerkennung oder durch testpsychologische Untersuchungen tun kann, so ergibt sich daraus auch die Möglichkeit einer gezielten Beeinflussung der Gruppe. Solcher Methoden bedient man sich in der Psychotherapie.

Experimente

Außer den bisher besprochenen Methoden der Einstellungsmessung und der Soziometrie gibt es auch zahlreiche experimentelle Untersuchungen in der Sozialpsychologie. Ohne Anspruch auf Vollständigkeit zu erheben, möchten wir die experimentellen Untersuchungen der Sozialpsychologie in zwei Gruppen einteilen: Untersuchungen zur sozialen Wahrnehmung und Gruppenexperimente.

Untersuchungen zur sozialen Wahrnehmung

Sie beschäftigen sich mit dem Einfluß sozialer Gegebenheiten auf den Wahrnehmungsprozeß. Auf S. 38 haben wir bereits ein Beispiel für die Beeinflussung der Wahrnehmung durch sozialökonomische Fakten kennengelernt. Es handelte sich um ein Experiment bei den Kindern aus unterschiedlichem sozialökonomischem Milieu, die die Größe von Münzen schätzen sollten. Es gibt zahlreiche weitere Beispiele, die zeigen, wie die Vorgänge der Wahrnehmung gesellschaftlich mitgeprägt werden. Dabei lassen sich als wesentliche Einflußfaktoren nennen: Lohn und Strafe, biologische und soziale Bedürfnisse und Motivationen. Ein Beispiel soll dies veranschaulichen. In einem Experiment wurden zwei Gruppen von Probanden gebildet, die einen waren hungrig, die anderen gesättigt. Diese Probanden sollten nun mehrdeutige Figuren beschreiben. Es zeigte sich, daß die hungrigen Probanden wesentlich häufiger Nahrungsmittel deuteten als die gesättigten. Auch dieses Experiment zeigt, wie sehr biologische Bedürfnisse den Wahrnehmungsvorgang beeinflussen. Ähnliches gilt auch für soziale Bedürfnisse.

Untersuchungen zum Gruppenverhalten

Solche Experimente wurden zu verschiedenen Aspekten des Gruppenverhaltens durchgeführt, auf die wir hier nicht vollständig eingehen können. Es seien nur zwei Gesichtspunkte herausgegriffen: Führerrolle und Gruppenstruktur sowie Leistungsverhalten innerhalb von Gruppen.

Läßt man eine zunächst umstrukturierte Ansammlung von Personen durch eine bestimmte gemeinsame Aufgabe, etwa die Diskussion über ein Problem, zu einer Gruppe zusammentreten, so beobachtet man sehr bald typische, für alle Gruppen geltende Gesetzmäßigkeiten. Es bilden sich im allgemeinen sehr rasch unterschiedliche Rangordnungen heraus, an deren Spitze jeweils ein Führer steht. Die eine Rangordnung ist nach dem Gesichtspunkt der Tüchtigkeit, die andere nach dem der Beliebtheit ausgerichtet. Solche Gruppen haben also in der Regel zwei Führer, von denen der eine der tüchtigste und der andere der beliebteste ist. Wem von der Gruppe eine Führerrolle zuerkannt wird, hängt von persönlichen Eigenschaften des Betreffenden ab, auch von der jeweiligen Aufgabe, die als Gruppenziel verfolgt wird. Diese Zweiteilung der Führerrolle in einen Rangführer und Beliebtheitsführer hat sich auch in vielen Staaten (nationale Großgruppen) durchgesetzt, die einen Premierminister oder Kanzler als Rangführer und einen Staatspräsidenten oder Monarchen als Beliebtheitsführer an die Staatsspitze stellen. In seltenen Fällen können diese beiden Rollen auch in einer Person vereinigt sein. Es spricht manches dafür, daß diese Gesetzmäßigkeiten auch in Kleingruppen, etwa der Familie, eine Rolle spielen.

Als Beispiel für eine Untersuchung zum Problemlöseverhalten sei ein Gruppenexperiment angeführt, in dem fünf Personen eine Aufgabe zu lösen hatten, wobei der Austausch der Informationen auf bestimmte festgelegte Wege begrenzt war. Diese Wege sind in Abb. **21** wiedergegeben.

Es zeigte sich, daß die Gruppen mit stärkerer Zentralisierung (Ausrichtung auf einen Führer, der die meiste Information besitzt [c]) leistungsfähiger sind, daß aber die Zufriedenheit der Gruppenmitglieder mit zunehmender Zentralisierung abnimmt. Die Ergebnisse dieses Experimentes dürfen natürlich nicht vorschnell verallgemeinert werden.

Die Verhältnisse in größeren Gruppen sind viel komplizierter und verwickelter, und die Einteilung solcher Gruppen erfolgt nicht wie hier nach der Möglichkeit des Informationsaustausches. Daß das Leistungsverhalten einer Gruppe entscheidend durch die *Motivation* beeinflußt wird, zeigt ein weiteres Experiment. Einer Gruppe von Versuchspersonen wird die Aufgabe gestellt, kleine Papiergegenstände aus dem Hals einer Flasche herauszuziehen. Jedes Gruppenmitglied erhält einen Faden, an dem ein solcher Gegenstand befestigt ist. Gibt man der Gruppe keine weitere Instruktion, so ist die Kooperation am besten. Setzt man allerdings Belohnungen aus und schafft damit Wettbewerbsbedingungen, so entsteht eine heftige Konkurrenz, und es kommt sehr bald zu einem „Stop“ im Flaschenhals. Die Leistungen der Gesamtgruppe werden also durch eine Konkurrenzsituation erheblich beeinträchtigt. Der

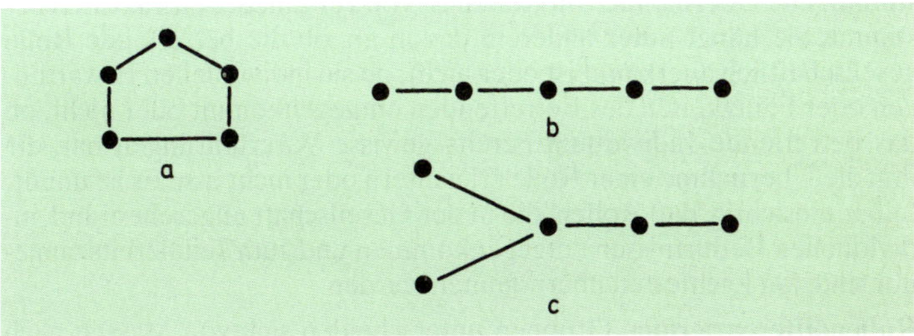

Abb. **21** Art des Informationsaustausches und seine Auswirkung auf das Problemlöseverhalten einer Gruppe (nach *Hofstätter*).

Psychologe Mintz, der dieses Experiment durchführte, sieht in ihm einen Modellversuch für eine Paniksituation. Diese wenigen Experimente sollten zeigen, in welchem Ausmaß Wahrnehmung, Gruppenstruktur und Gruppenverhalten von sozialen Gegebenheiten abhängen.

Theorien der Sozialpsychologie

Die Theorien der Sozialpsychologie versuchen eine Vielzahl einzelner sozialpsychologischer Aspekte unter einheitlichen Gesichtspunkten zu vereinigen. Sie stellen Erklärungsversuche dar, die naturgemäß infolge der komplizierten Verhältnisse sozialer Verhaltensweisen nie vollständig sind. Im folgenden seien drei wichtige Gesichtspunkte der Sozialpsychologie, die *Rolle*, das *Feld* und die *Gruppe*, herausgegriffen und in den Mittelpunkt der Theorienbildungen gestellt.

Rollentheorie

Als Rolle definieren wir in Anlehnung an Hofstätter eine in sich zusammenhängende Folge von Verhaltensweisen (Verhaltenssequenz), die auf die Verhaltenssequenz anderer Personen abgestimmt ist. Die Rolle läßt sich durch drei Momente charakterisieren:

- Sie ist strukturiert, d.h., sie läßt sich von anderen Rollen abgrenzen.
- Sie ist auf die Rollen anderer Personen abgestimmt und angewiesen.
- Sie ist unabhängig vom jeweiligen Rollenträger, d.h., sie kann von anderen übernommen werden, ohne ihre Struktur zu verändern.

Der Begriff Rolle ist uns allen vom Theater her geläufig. Es handelt sich hierbei um festgefügte Verhaltensanweisungen für den Schauspieler, die dieser kraft eigener Intention nur geringfügig wandeln kann. Auch die sozialen Rollen sind gewissermaßen Verhaltensanweisungen für das Individuum, wobei aber die Gesellschaft die jeweilige Struktur bestimmt. Die Übernahme von Rollen ist von verschiedenen Faktoren bestimmt: Sie hängt unter anderem davon ab, ob die betreffende Rolle gesellschaftlich anerkannt ist oder nicht, ob sie individuellen Erwartungen oder Fähigkeiten des Betreffenden entgegenkommt oder nicht, ob das betreffende Individuum bereits gewisse Vorerfahrungen hat, die ihm die Übernahme einer Rolle erleichtern oder nicht usw. Es ist unmittelbar einsichtig, daß Rollen, die in der Gesellschaft angesehen sind, individuellen Bedürfnissen entgegenkommen und zum Teil bereits eingeübt sind, am leichtesten übernommen werden.

Rollendifferenzierung. Gruppen unterscheiden sich von Massen nach Maßgabe ihrer Rollendifferenzierung. Jeder von uns ist in ein kompliziertes System verschiedener Rollen eingebaut. Er hat eine Rolle in der

Familie, im Betrieb, im Verein, er verkörpert eine Geschlechts-, Führer- oder Minoritätenrolle. Die Rollen selbst unterscheiden sich im Grad ihrer Strukturierung. Es gibt solche, die relativ wenig umschrieben sind, und andere, deren Umgrenzung sehr scharf ist. Eine relativ scharf umschriebene Rolle ist z.B. die der Mutter, eine mit viel Spielraum versehene die des Künstlers.

Rollenfindung. Die Anerkennung eines Individuums in unserer Gesellschaft hängt zum großen Teil davon ab, wie bald und wie leicht es in das von der Gesellschaft bereitgestellte System von Rollen hineinwächst. Das Übernehmen von Rollen ist ein entscheidender Faktor im Verlaufe des Sozialisierungsprozesses. An einem Beispiel möge dies klargemacht werden: Zwei amerikanische Forscher stellten sechsjährigen farbigen Kindern zwei Puppen (eine schwarze und eine weiße) zum Spielen zur Wahl. Es zeigte sich, daß 71% der Kinder die weiße Puppe zum Spielen wählten. Auf die Frage, welche der beiden Puppen „böse" sei, deuteten 63% der Kinder auf die schwarze Puppe. Nach der Ähnlichkeit zu ihnen selbst befragt, wählten 68% der Kinder die schwarze Puppe. Zu diesem Experiment schreibt Hofstätter: „Hinter diesen anscheinend so harmlosen Zahlen erblickt man das Problem der Angehörigen einer Minorität, die gelernt haben, alles Schöne und Gute mit dem Kennzeichen der Majorität zu assoziieren, und die zugleich sich selbst diese Anzeichen nicht mehr zuschreiben können. Im Alter von drei Jahren bezeichneten noch 64% der farbigen Kinder die weiße Puppe als ihnen selbst ähnlich. Es geht hier um einen überaus schmerzlichen Prozeß der Rollenfindung."

Der Rollenfindung dient auch ein Großteil der Spiele im Kindesalter. Sie bereiten als sogenannte Fiktions- oder Illusionsspiele (Vater-Mutter-Spiele usw.) auf die später zu übernehmende Rolle vor.

Rollenkonflikte. Rollenkonflikte liegen dann vor, wenn ein Individuum vor der Aufgabe steht, zwei einander widersprüchliche Rollen zu vereinbaren. Solche Konflikte sind überaus häufig. Sie können unter Umständen auch zu krankhaften Verhaltensweisen führen oder aber dazu, daß die angestrebte und nicht erreichte Rolle andernorts gesucht wird. So kann etwa ein Familienvater, der zu Hause keine Führerrolle spielt, diese im Beruf oder in einem Verein suchen. Im weiteren Sinne liegt ein Rollenkonflikt auch dort vor, wo eine große Unsicherheit bezüglich der Übernahme besteht. Dies ist z.B. in unserem Kulturkreis in der Pubertät der Fall. Viele Jugendliche sehen sich in dieser kritischen Phase außerstande, eine eindeutig definierbare Rolle zu übernehmen. Sie fühlen sich nicht mehr als Kind, aber auch noch nicht als Erwachsene, sie wissen nicht, was die Umgebung von ihnen erwartet, und auch diese befindet sich in der gleichen Unsicherheit. Dieser Sachverhalt erklärt viele Schwierigkeiten heranwachsender Jugendlicher. Die Pubertät und das Stadium der Adoleszenz ist bei weitem nicht nur ein biologisches Stadium, die gesellschaftlichen Fakten stehen oft absolut im Vordergrund.

Feldtheorie

Der Ausdruck Feld wurde aus der Physik übernommen. Man will damit aussagen, daß der Mensch von seiner Umgebung (vom Sozialfeld) in hohem Maße abhängig ist, und vergleicht ihn im Extremfall mit den Eisenfeilspänen, die von den richtenden Kräften des Magnetfeldes in ganz bestimmter Art und Weise geordnet werden. Die Feldtheorie betrachtet die Verhaltensweisen des Individuums als weitgehend unabhängig von seinen eigenen Antriebskräften, sie setzt den Hauptakzent auf die Auswirkungen der Gesellschaft, allgemein gesprochen: Sie ist umweltzentriert. Alle Verhaltensweisen, Vorgänge und Zustände eines Individuums werden auf die jeweils wirksamen *Feldkräfte* bezogen. Das jeweilige Verhalten ist die Resultante dieser verschiedenen Feldkräfte. Die Entwicklung eines Individuums kommt in der Sichtweise dieser Theorie in einer zunehmend stärkeren Differenzierung und Ausweitung des Lebensfeldes zum Ausdruck (vgl. S. 96). Die Steuerung des Verhaltens erfolgt nach dieser Theorie nicht durch Kräfte, die dem Individuum innewohnen, sondern durch die Kräfte des Feldes. So greift ein dreijähriges Kind nicht etwa aus eigenen Motiven nach einem in der Nähe liegenden Ball, vielmehr unterliegt es einer im Feld liegenden Anziehungskraft, die es nach dem Ball greifen läßt. Man sagt, der Ball hat einen Aufforderungscharakter für das Kind. Die weitere Entwicklung läuft nun so ab, daß durch die Einflüsse der Umgebung das jeweilige Feld immer mehr Gestalt annimmt und dadurch immer neue richtende Kräfte auf das Individuum einwirken.

Mit Hilfe der Feldtheorie läßt sich eine Reihe von sozialpsychologischen Beobachtungen gut erklären. Die Tatsache, daß individuelle Leistungen unter bestimmten Motivationen in Gruppen zunehmen, läßt sich beispielsweise durch anders wirksame Feldkräfte plausibel machen. Andererseits kann nicht übersehen werden, daß diese Theorie auch ihre Grenzen hat. Konsequent weitergedacht würde sie ja dazu führen, daß man dem Individuum jegliche Eigensteuerung und damit auch Verantwortlichkeit und Entscheidungsfreiheit absprechen müßte.

Gruppentheorie

Ein Großteil unseres Lebens spielt sich in Gruppen ab. Ob es sich um die Familie, die Schulklasse, die Gemeinschaft im Betrieb, in Vereinen oder Parteien handelt, immer liegen Gruppen vor, für die die Gesetzmäßigkeiten der Gruppendynamik gelten. Gruppen unterscheiden sich von Massen durch das Vorhandensein fester Rollenbeziehungen. Diese Beziehungen sind jeweils wechselseitig, d.h., die einzelnen Gruppenmitglieder beeinflussen sich gegenseitig. Den Prozeß der gegenseitigen Beeinflussung oder Wechselwirkung nennen wir soziale *Interaktion*.

Die Entstehung einer stabilen Gruppe hängt von einer Reihe von Voraussetzungen ab. Als solche wären zu nennen: eine ausreichende Motivation, d.h., es muß ein übergeordnetes gemeinsames Ziel vorhanden sein, das den einzelnen veranlaßt, in der Gruppe mitzuwirken, die Gelegenheit zur Kommunikation, d.h., es muß die Möglichkeit gegeben sein, Erfahrungen, Meinungen und Vorstellungen gegenseitig auszutauschen, und die Gruppenmitglieder müssen sich gegenseitig anerkennen.

Im Zuge der Gruppenbildung lassen sich bestimmte gesetzmäßige Stadien unterscheiden:

Exploration: In diesem Anfangsstadium der Gruppenbildung herrscht eine allgemeine Unsicherheit, der einzelne versucht festzustellen, ob er mit den potentiellen Gruppenmitgliedern zusammenarbeiten kann und möchte und, falls die Gruppe schon existiert, ob er sich mit deren Verhaltensnormen identifizieren kann.

Identifikation: Diese Phase ist durch ein Gefühl der Zusammengehörigkeit und der Identifikation mit der Gruppe gekennzeichnet. Dabei fehlen aber noch die eigentlichen Gruppenziele. Die Identifizierung erfolgt also lediglich in formaler Hinsicht mit der Gruppe, was einfach bedeutet, daß der einzelne sich in der Gruppe geborgen und sicher fühlt. Dieses Gefühl der Geborgenheit ist ein für alle Gruppen entscheidender Faktor, der zugleich eine kühle, abtastende oder abwartende Haltung gegenüber Gruppenfremden mit sich bringt.

Entstehung kollektiver Ziele und Entwicklung von Gruppennormen: Kollektive Ziele entstehen vielfach schon bei dem Zusammentreten mehrerer Individuen zu einer Gruppe. Die Gruppenziele sorgen für einen ausreichenden Zusammenhalt der Gruppe. Es hat sich gezeigt, daß eine Gruppe zu zerfallen droht, sobald die Gruppenziele schwinden. Dies hat sich am Verhalten der Soldaten im Zweiten Weltkrieg vielfach gezeigt. Als nach Beendigung des Krieges das Kampfziel verschwunden war, zerfielen die Armeen zusehends. Allerdings muß mit dem Wegfall der Gruppenziele die Gruppe nicht unbedingt zerfallen. Sie kann z.B. erhalten bleiben, wenn an die Stelle des ursprünglichen Zieles andere Ziele getreten sind, für die bei den Gruppenmitgliedern Interesse besteht. So kann z.B. eine ursprünglich als Wohltätigkeitsverein gegründete Gruppe sich wandeln und als „Prestigegruppe“ der oberen Zehntausend weitergeführt werden. An die Stelle des Helfenwollens ist ein anderes Ziel getreten, das ihren Mitgliedern erstrebenswert erscheint.

Jede Gruppe entwickelt auch gewisse Normen. Darunter versteht man Verhaltensanweisungen und Verhaltensstile, die für alle Gruppenmitglieder verbindlich werden und die so ausgeprägt sein können, daß eine Verständigung zwischen Gruppenangehörigen und Gruppenfremden immer schwieriger wird. Ausdruck solcher Gruppennormen sind z.B. auch bestimmte gesellschaftliche Umgangsformen; man denke an die

Etikette in Adelskreisen oder an die gesellschaftlichen Gepflogenheiten in Studentenverbindungen.

Herausbildung von Status und Rolle: Im Zuge der Entwicklung einer Gruppe bilden sich sehr bald auch bestimmte Rollen heraus. Es bilden sich die bereits erwähnten Ranghierarchien nach der Tüchtigkeit und nach der Beliebtheit und verschiedene andere Rollen, die auf den ersten Blick nicht so sehr ins Auge springen, aber für den Bestand der Gruppe ebenfalls bedeutungsvoll sind. Versucht man eine grobe Klassifizierung von Rollen innerhalb einer Gruppe, so gelangt man nach Benne und Sheats zu folgender Dreiteilung:

1. Rollen, die sich auf die Gruppenaufgabe beziehen,
2. Rollen, die sich auf den sozialen Bestand der Gruppe beziehen,
3. Rollen, die sich auf die Bedürfnisse des Individuums in der Gruppe beziehen.

Die Stabilität einer Gruppe hängt unter anderem vom Gleichgewicht dieser drei Rollentypen ab. Dominieren die ersten beiden Rollentypen, so wird unter den Gruppenangehörigen Unzufriedenheit entstehen, weil den individuellen Bedürfnissen zu wenig Rechnung getragen wird, steht der Typ (3) im Vordergrund, so kann die Gruppenintegration ganz empfindlich gestört werden, da in diesem Falle eigennützige und egoistische Interessen den gemeinsamen Gruppenzielen vorgezogen werden. In Tab. **6** sind einige Beispiele für die drei genannten Rollentypen in Anlehnung an Hartley wiedergegeben.

Tabelle **6** Verschiedene Rollentypen und ihre Funktion innerhalb der Gruppe (nach *Hartley*)

Typ (1) Rollen, die sich auf die Gruppenaufgabe beziehen	Typ (2) Rollen mit Erhaltungsfunktionen
Der Anstoßgeber (Initiator)	Der Bestätigende
Der Auskunftsucher	Der Ausgleichende
Der Koordinierende	Der Vermittelnde
Der Wegweisende	Der Normengeber
Der Protokollierende	Der Mitläufer

Typ (3) Rollen, die sich auf individuelle Bedürfnisse erstrecken

- Der Aggressor
- Der Hemmende
- Der Geltungssuchende
- Der Verspielte
- Der Dominanz Erstrebende

Die in Tab. **6** wiedergegebenen Rollen bilden sich natürlich auch in therapeutischen Gruppen heraus. Eine therapeutische Möglichkeit ist ferner das systematische Durchspielen solcher oder ähnlicher Rollen, wodurch in spielerischer Form Konflikte ausgetragen werden, die den einzelnen entlasten können.

Einteilung der Gruppen

Die vielen möglichen und denkbaren Gruppen kann man nach ganz unterschiedlichen Gesichtspunkten einteilen. Lersch unterscheidet biologische Gruppen, psychologische Gruppen und nomologische Gruppen.

Biologische Gruppen sind solche, die Gemeinsamkeit der Abstammung zur Voraussetzung haben (Familie, Sippe, Stamm).

Psychologische Gruppen sind Sympathiegemeinschaften (Liebe, Freundschaft, Kameradschaft), Interessengemeinschaften (Sportvereine, Wohnungsbaugesellschaften, Arbeitsgemeinschaften, Jugendgruppen) und „Sinnesgemeinschaften“ (religiöse und Weltanschauungsgemeinschaften).

Nomologische Gruppen sind solche, die durch Gesetze zusammengehalten werden. Das klassische Beispiel einer nomologischen Gruppe ist der Staat, der durch seine Rechtsordnung aufrechterhalten wird. Zu diesem Gruppentyp gehören auch Berufsverbände, Genossenschaften, Gewerkschaften usw. Nomologische Gruppen sind „Spätformen menschlichen Zusammenlebens“ (Lersch). Biologisch-psychologische Gruppen haben wesentlich früher bestanden und wurden später durch die für nomologische Gruppen typischen Gesetze überformt. Sehr gut kann man dies am Beispiel der Ehe und der Familie deutlich machen. Diese Gruppen haben seit grauer Vorzeit bestanden, aber erst später ihren Rechtsstatus erhalten.

Es gibt noch eine ganze Reihe von Gruppeneinteilungen, z.B. formelle (identisch mit nomologischen Gruppen) und informelle Gruppen (letztere sind dadurch gekennzeichnet, daß nur lose Beziehungen zwischen den einzelnen Gruppenmitgliedern bestehen, etwa in einem Betrieb), Primärgruppen (die durch enges Zusammenleben der Gruppenmitglieder gekennzeichnet sind) und Sekundärgruppen (zu denen alles gerechnet wird, was nicht unter die Primärgruppen fällt), Eigengruppen und Fremdgruppen usw. Auf weitere Einzelheiten können wir hier nicht eingehen.

Die Gruppentheorie gestattet, sehr viele individuelle Verhaltensweisen zu erklären, und ist in der Psychotherapie (Gruppentherapie) auch zur Behebung krankhafter Verhaltensweisen vorzüglich geeignet.

Attributionstheorie

Der Mensch kann die Vielzahl der Informationen, die er aus seiner Umwelt erhält, nur bewältigen und verarbeiten, indem er Vereinfachungen und Kategorisierungen vornimmt, die zu einer Reduktion der Informationsmenge führen. Die Attributionsforschung untersucht dabei diejenigen Prozesse, die Personen in Alltagssituationen anwenden, um sich in ihrer Umwelt zu orientieren. Es geht dabei um die Frage, wie diese Personen ihre Beobachtungen und Eindrücke dazu verwenden, über sich und andere Urteile abzugeben oder wie sie ihre Entscheidungen rechtfertigen und begründen. Der Prozeß, durch den die einzelne Person sozialen Ereignissen und Handlungen Gründe bzw. Ursachen zuschreibt, wird dabei als *Attribution* bezeichnet. Die Forschung richtet sich vorwiegend auf folgende Fragestellung:

a) Auf welche Weise können die verschiedenen Attributionen eingeteilt werden?
Die möglichen Erklärungen für ein Ereignis können in personale (= internale) und situationale (= externale) Attributionen eingeteilt werden. Habe ich beispielsweise eine Prüfung erfolgreich bestanden, dann kann ich dies entweder auf meine Person, d.h. meine Leistungsfähigkeit oder meine Anstrengung, zurückführen oder aber die Umstände, z.B. Glück oder geringe Schwierigkeit der Aufgaben, dafür verantwortlich machen. Internale Attributionen werden eine Person nach einer bestandenen Prüfung eher mit Stolz und Selbstgewißheit erfüllen, externale Attributionen rufen dagegen eher eine leichte Angst hervor, etwa bei der nächsten Prüfung nicht so glückliche Umstände vorzufinden. Bei einer nichtbestandenen Prüfung können beispielsweise äußere Umstände wie die Schwierigkeit der Aufgaben, die Mißgunst des Prüfers oder ähnliches für das Scheitern verantwortlich gemacht werden.
b) Wie entstehen Attributionen?
Bei der Erklärung für ein bestimmtes Ereignis wird die Ursache in den Bedingungen gesucht, die zusammen mit diesem fraglichen Ereignis auftreten. Wenn beispielsweise bei einer Prüfung viele Prüflinge durchgefallen sind, liegt die Erklärung nahe, daß die Schwierigkeit der Aufgaben zu groß war.

Die Schlußfolgerungen, die Menschen über die möglichen Ursachen von Handlungen vornehmen, sind natürlich nicht immer korrekt und weisen sehr häufig Fehler auf. Die Attributionsforschung hat eine ganze Reihe dieser Fehler gefunden und genauer untersucht. Als Beispiele für wesentliche Fehler beim Attribuieren seien an dieser Stelle genannt:

1. Der fundamentale Fehler der Attributionen besteht in der generellen Neigung, Ursachen für Handlungen eher auf Personen und ihre Eigenschaften zurückzuführen als auf Einflüsse der Umwelt.

2. Der sogenannte „falsche Konsensuseffekt“ bezieht sich auf jenen Attributionsfehler, bei dem das eigene Handeln als weit verbreitet und in Übereinstimmung mit den Normen angesehen wird, wohingegen die Handlungen anderer Personen als unangemessen, außergewöhnlich und abnorm beurteilt werden.
3. In Leistungssituationen wird Erfolg in der Regel als persönliches Verdienst internal, Mißerfolg dagegen external attribuiert.

Insgesamt gesehen läßt sich sagen, daß das Attributionskonzept eine zentrale Rolle in der psychologischen Theorienbildung spielt und daß seine Bedeutung nicht nur für die Sozialpsychologie, sondern beispielsweise auch für die klinische und pädagogische Psychologie kaum überschätzt werden kann.

Theorie der kognitiven Dissonanz

Die Theorie der kognitiven Dissonanz wurde von Festinger in den fünfziger Jahren formuliert und hat eine Fülle von Untersuchungen angeregt und in Gang gebracht. Festinger ging von der Annahme aus, daß eine Person, die sich der eigenen widersprüchlichen Gedankengänge bewußt wird, einen unangenehmen Zustand verspürt und bestrebt sein wird, die Widersprüche und Zweifel aufzulösen und das eigene Glaubens- und Gedankensystem widerspruchsfrei zu machen. Widerspruchsfreiheit kann dabei als Gleichgewicht im kognitiven System einer Person verstanden werden. Als Kognition werden von Festinger beispielsweise Meinungen, Einstellungen, Wissenseinheiten, also im Grunde alle möglichen Gedanken einer Person über sich und ihre Umwelt verstanden.

Die Beziehungen zwischen einzelnen Kognitionen können relevant oder irrelevant sein. Relevante Beziehungen bestehen dann, wenn Kognitionen inhaltlich etwas miteinander zu tun haben. Zum Beispiel die Kognitionen: „Ich bin durch die Prüfung gefallen“ und „Ich habe nichts gelernt“ stehen in einer relevanten, aber „Ich bin durch die Prüfung gefallen“ und „Das Nachbarhaus hat ein rotes Dach“ stehen in einer irrelevanten Beziehung zueinander.

Konsonanz oder Dissonanz können nur zwischen relevanten Beziehungen entstehen. Zwischen zwei Kognitionen besteht Dissonanz, wenn das Gegenteil der einen Kognition aus der anderen folgt. Beispielsweise besteht zwischen den Kognitionen „Ich habe nichts gelernt“ und „Ich will die Prüfung bestehen“ eine Dissonanz. Das Bedürfnis, Dissonanz zu reduzieren und konsonante Beziehungen herzustellen, führt dazu, daß entweder konsonante Kognitionen hinzugefügt werden (z.B. „Die Prüfung ist so leicht, daß sie ohne viel Lernen zu bestehen ist“) oder daß dissonante Kognitionen verdrängt und vergessen werden.

Die Theorie der kognitiven Dissonanz wurde an einer ganzen Reihe von konkreten Situationen untersucht und überprüft.

Beispielsweise lösen Wahlsituationen, in denen sich eine Person für eine Alternative entscheiden und eine andere aufgeben muß, Dissonanz aus. Wenn ich etwa beim Autokauf die Wahl zwischen zwei gleich attraktiven Modellen hatte, werde ich hinterher, nach dem Kauf, die positiven Seiten des von mir gekauften Wagens eher herausstellen und die Nachteile des nichtgekauften betonen.

Versuchspersonen, die mit einer ganzen Reihe unterschiedlich anstrengender Aufgaben konfrontiert worden waren, schätzten diejenigen Aufgaben als besonders attraktiv ein, in deren Bewältigung sie die meiste Anstrengung investiert hatten.

Nach der Dissonanztheorie besteht bei der Konfrontation mit Informationen generell die Tendenz, diejenigen Informationsquellen zu vermeiden, die vermutlich Dissonanz hervorrufen, während Informationsquellen, die Dissonanz vermindern, eher aufgesucht werden. Beispielsweise werde ich der politischen Partei, die meinen Grundüberzeugungen näher steht, eher Glauben schenken als der Partei, mit deren Positionen ich nicht übereinstimme.

Ausdruckspsychologie

Die Bedeutung von Ausdrucksphänomenen im zwischenmenschlichen Bereich

Im täglichen Leben haben wir neben der Sprache eine zweite Verständigungsmöglichkeit, die Ausdrucksphänomene. Wir sprechen z.B. vom Gesichtsausdruck eines Menschen, von den Ausdrucksbewegungen einer Tänzerin oder vom Ausdruck, der in der Stimme eines Sängers liegt. So verschieden diese Erscheinungen auch sein mögen, sie haben eines gemeinsam: Sie vermitteln auf nichtsprachlichem Wege Informationen, die vom jeweiligen Beobachter irgendwie verstanden werden. Dieses Verstehen geschieht gewissermaßen in Sekundenschnelle. Man vergegenwärtige sich z.B. einen freundlichen oder spöttischen Gesichtsausdruck eines Gegenübers. Ohne nachdenken zu müssen, registrieren und verstehen wir zugleich diesen „Ausdruck“. Dieses unser Verstehen vermittelt uns also sehr rasch, gewissermaßen „unmittelbar“, einen Eindruck. Auf welche Weise die Ausdruckserscheinung bei uns einen Eindruck hervorruft, versuchen die Ausdruckstheorien zu erklären, auf die wir noch eingehen werden.

Versuchen wir den Ausdrucksphänomenen schrittweise im Verständnis näherzukommen, so läßt sich etwa folgender Gedankengang entwikkeln. Zunächst wird die jeweilige Ausdruckserscheinung wahrgenommen; diese Wahrnehmung erfolgt, wie wir gesehen haben, sehr rasch und führt dazu, daß wir dem Ausdruck gefühlsmäßig irgendwelche Eigenschaften zuschreiben (wir bezeichnen z.B. ein Gesicht als traurig, fröhlich, höhnisch). In den seltensten Fällen aber können wir sagen, weshalb wir jeweils zu einem bestimmten Eindruck kommen. Es scheint so zu sein, daß sich im Laufe der Entwicklung ein sehr differenziertes System von Ausdrucksäußerungen und Ausdrucksverständigung bildet, über dessen Zustandekommen und Wirkungsweise noch sehr wenig bekannt ist.

Eingedenk dieser Schwierigkeiten und zahlreicher methodischer Probleme gelangt Rohracher zu der folgenden Definition: „Ausdruck ist dasjenige an den Wahrnehmungsinhalten, was durch unmittelbare Wirkung gefühlsmäßige Stellungnahmen und Beurteilungen auslöst, die den wahrgenommenen Dingen als Eigenschaften zugeschrieben werden, obwohl sie reizmäßig nicht gegeben sind." In dieser Definition sind einige schwache Stellen enthalten, z.B. läßt sich nicht weiter präzisieren, was unmittelbare Wirkung heißt, dennoch ist eine genauere Formulierung derzeit wohl kaum möglich.

Gegenstand und Methodik der Ausdrucksforschung

Wenn man versucht, die Fülle der Ausdruckserscheinungen zu kategorisieren, so gelangt man zu fünf Gruppen:

- Physiognomik (sie betrifft die Ausdrucksmerkmale des Gesichtes und der Gestalt),
- Mimik (sie bezieht sich auf die Bewegungen im Gesicht);
- Gestik und Motorik (hierbei handelt es sich um die Bewegungen der Hände und des übrigen Körpers),
- Sprache und Stimme und
- Handschrift.

Für alle erwähnten Kategorien ist kennzeichnend, daß ihre Ausdruckserscheinungen unwillkürlich zustande kommen. Im folgenden wollen wir auf einige dieser Gruppen von Ausdruckserscheinungen näher eingehen.

Gesicht

Das bekannteste Ausdrucksphänomen ist der Gesichtsausdruck. Seit der Antike beschäftigt man sich mit seiner Deutung. In einer der ältesten Untersuchungen zum Thema des Gesichtsausdrucks, die man Aristoteles zuschrieb, wird eine Zuordnung von Gesichtsform und Charakter vorgenommen und z.B. ein „längliches Fuchsgesicht" mit Schlauheit, ein „Löwengesicht" mit Mut in Verbindung gebracht. Solche einfachen Zuordnungen werden natürlich dem Ausdrucksproblem in keiner Weise gerecht, sie zeigen aber, wie lange man sich schon mit dem Problem beschäftigt, ohne bis heute eine allen Aspekten gerechtwerdende Lösung zu besitzen. Im 19. Jahrhundert begann die Erforschung von Ausdruckserscheinungen mit naturwissenschaftlichen Methoden, wobei zunächst das Studium der anatomischen Verhältnisse der Gesichtsmuskulatur im Vordergrund stand. Man versuchte herauszufinden, welcher Gesichtsausdruck durch die Kontraktion bestimmter Gesichtsmuskeln entsteht. Trotz solcher Untersuchungen wurde auch mit dieser Methode das Ausdrucksproblem nicht gelöst. Es handelt sich um die Frage, „weshalb in gewissen Seelenzuständen immer nur gewisse Muskeln in Spannung geraten und dadurch hauptsächlich dem Gesichte einen so charakteristischen, jedem verständlichen Ausdruck verleihen“ (Piderit). Piderit stellte die Hypothese auf, daß es sich bei den Ausdrucksbewegungen des Gesichtes um Bewegungen einer biologischen Zweckmäßigkeit handelt. Die mimischen Bewegungen bei der Aufnahme erfreulicher Eindrücke erleichtern die Aufnahme derselben, die Muskelbewegungen bei unangenehmen Erlebnissen versuchen gleichsam die Aufnahme dieser Erlebnisse zu erschweren oder zu verhindern.

Zur Ausdruckswirkung des Gesichtes gibt es eine Reihe experimenteller Untersuchungen. Sie versuchen, den Ausdruckswert einzelner Gesichtsteile (z.B. der Form und Höhe der Augenbrauen, der Form des Mundes, der Nase usw.) und deren Zusammenspiel zu objektivieren. In Abb. **22** sind einige Beispiele für die Ausdruckswirkungen des Gesichtes nach Kühnel dargestellt. In der Legende ist vermerkt, wie die meisten der untersuchten Probanden den Ausdruckswert der Gesichter einschätzten. Interessant ist, daß der Gesamteindruck eines Gesichtes sich nicht additiv aus den Eindruckswirkungen der Einzelmerkmale zusammensetzt, sondern daß sich diese Einzelmerkmale (z.B. Mundform, Höhe der Augenbraue, Haar oder Barttracht) wechselseitig beeinflussen. Die Wahrnehmung des Gesichtsausdruckes unterliegt also dem Gestaltgesetz der Ganzheit. Trotz zahlreicher ähnlicher Untersuchungen bleibt das Problem der Ausdruckswirkung des Gesichts nach wie vor im Dunkeln. Das ändert aber nichts an der Tatsache, daß wir nach wie vor täglich eine Fülle von Informationen aus den Gesichtern unserer Mitmenschen herauslesen und diese verstehen und daß wir feinste Seelenregungen wie Trauer, Freundlichkeit, Unsicherheit oder Andacht zu unterscheiden vermögen.

Handschrift

Die Handschrift ist von jeher Studienobjekt der Ausdruckspsychologie gewesen. Sie hat aber auch zu einer Reihe von Spekulationen geführt, die wissenschaftlich nicht haltbar sind. Mit der Graphologie wird sehr viel Schindluder getrieben, und die Schriftdeutung ist für manche ein gutes Geschäft, das mit ernsthafter wissenschaftlicher Arbeit nichts mehr zu tun hat. Aber auch die wissenschaftliche Psychologie beschäf-

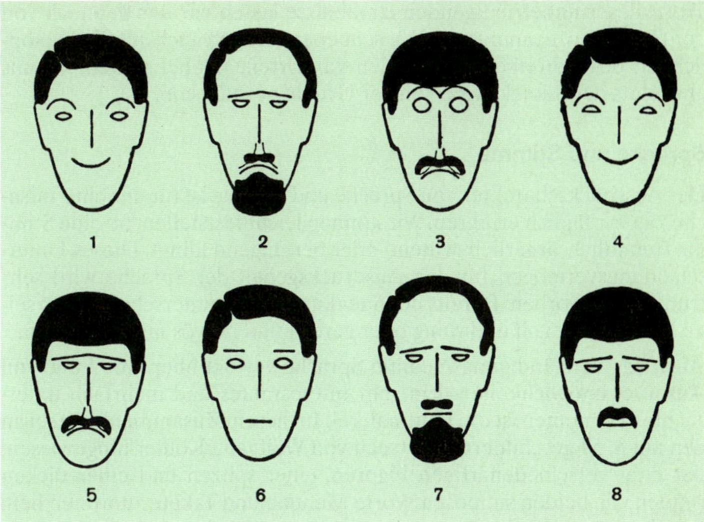

Abb. **22** Beispiele von Ausdruckswirkungen des Gesichtes aus den Versuchen von *E. Kühnel:* 1 das Gesicht, das am häufigsten als „offenherzig" bezeichnet wurde; 2 „verschlossen"; 3 „unintelligent"; 4 „heiter", „energielos"; 5 „böse"; 6 „schön", „gut", „intelligent", „sympathisch"; 7 „energisch"; 8 „traurig" (aus *Rohracher, H.:* Kleine Charakterkunde. Urban & Schwarzenberg, Wien 1969).

tigt sich mit dem Ausdrucksgehalt der Schrift. Sie ist sich allerdings im klaren, daß eine sichere Deutung der Handschrift nach wissenschaftlichen Methoden bisher nicht möglich ist. Dennoch kann man nicht abstreiten, daß in jeder Handschrift individuelle Züge des Schreibers zum Ausdruck kommen. Die wissenschaftlichen Untersuchungen zum Ausdrucksgehalt der Schrift sind in ihren Ergebnissen zum Teil widersprüchlich. Zusammenfassend läßt sich folgendes sagen:

Es ist außerordentlich schwierig, anhand des Schriftbildes ein zuverlässiges Urteil über eine Persönlichkeit zu fällen. Untersuchungen, in denen Persönlichkeitsgutachten von Laien und Berufsgraphologen verglichen wurden, zeigten, daß die Berufsgraphologen nur geringfügig besser abschnitten als die Laien.

Man hat versucht, dem Problem der Ausdruckswirkung der Schrift durch die Untersuchung von Handschriften eineiiger Zwillinge näherzukommen. Dabei stellte man fest, daß die Handschriften in den meisten Fällen viel unterschiedlicher waren als alle sonst untersuchten Eigenschaften. Der Unterschied erklärt sich daraus, daß bei Zwillingspaaren jeweils der eine Partner dominiert.

Trotz dieser unbefriedigenden Ergebnisse lassen wir uns dennoch von der Handschrift „anmuten“. Wir schließen vielfach auch auf die Persönlichkeit des Schreibers oder fällen gar Urteile. Dabei sollten wir uns aber stets der Subjektivität solcher Urteile bewußt sein.

Sprache und Stimme

Der Ausdruckscharakter von Sprache und Stimme ist für uns eine Tatsache, die wir täglich erfahren. Wir können leicht feststellen, ob eine Stimme freundlich, ärgerlich, wütend oder beruhigend klingt. Dieses Unterscheidungsvermögen für den Ausdrucksgehalt der Sprache wird sehr frühzeitig erworben. Bereits der Säugling lernt zu unterscheiden, ob seine Mutter liebevoll und ruhig oder gereizt und nervös mit ihm spricht.

Auch das Verständigungsmedium Sprache verfügt über eine Fülle von Ausdrucksmöglichkeiten. Ein sehr interessantes und mehrfach untersuchtes Phänomen ist die Lautmalerei. In diesem Zusammenhang sei an den auf S. 57 geschilderten Versuch von Wolfgang Köhler hingewiesen, der zwei verschiedenartigen Figuren, einer spitzen und einer dicken runden, die beiden sinnlosen Worte Maluma und Takete zuordnen ließ. Die Tatsache, daß die Erwachsenen eine eindeutige und gleichsinnige Zuordnung der Begriffe vornahmen, Kinder aber nicht, zeigt, daß dieses „lautmalerische Unterscheidungsvermögen“ erlernt wird. Tatsächlich assoziieren wir bei Worten mit den dunklen Vokalen o und u plumpe und massive Dinge, während Worte, die den Vokal i enthalten, von uns eher als klein, leicht und spitzig empfunden werden. Diese Sachverhalte wurden durch eine Reihe experimenteller Untersuchungen überprüft, wobei sich zeigte, daß die Zuordnung nach dem Lautcharakter mit zunehmendem Alter einheitlicher wurde.

Der Ausdrucksmöglichkeit der Sprache waren sich viele Dichter und Komponisten bewußt. Sie haben sie in Gedichten, Dramen oder Opern manchmal in erstaunlicher Weise ausgeschöpft. Auf diese Probleme, die in die Psychologie der Kunst führen würden, können wir hier nicht weiter eingehen. Es sei nur noch einmal daran erinnert, wie sehr wir im täglichen Leben von den Ausdruckswirkungen der Sprache abhängig sind. Ein unfreundliches Wort, eine gereizt wirkende Stimme, ein ärgerlicher Unterton in einer formal sachlichen Anweisung können Hinweise sein auf einen Konflikt und unsere Stimmung unter Umständen erheblich beeinträchtigen.

Ausdruckstheorien

Wir haben in diesem Kapitel immer wieder darauf hingewiesen, daß es im Bereich der Ausdruckspsychologie mehr offene als gelöste Fragen gibt. Vor allem ist unklar, wie es zum Verstehen von Ausdruckserscheinungen kommt. Dies versuchen die sogenannten Ausdruckstheorien zu erklären.

Assoziationstheorie. Dieser Erklärungsversuch geht davon aus, daß jeder Mensch beim Anblick fremder Ausdruckserscheinungen früher erlebte Ausdruckswirkungen gleicher Art assoziiert. Beim Erfassen eines traurigen Gesichtsausdruckes erinnern wir uns nach dieser Theorie also an einen selbst erlebten Zustand der Trauer und verstehen auf diese Weise die Wirkung einer entsprechenden Mimik.

Analogieschlußtheorie. Sie nimmt an, daß man von den Ausdruckserscheinungen auf die hinter ihnen steckenden Erlebnisse „rückschließen" kann. Dies wird in folgender Weise begründet: Hinter jeder Ausdruckserscheinung, z.B. hinter einer mimischen Bewegung, steckt das Bewußtsein eines bestimmten Erlebnisses. Sieht man nun an einem anderen Menschen Ausdruckserscheinungen, so schließt man daraus, daß hinter diesen Erlebnisse stecken, die den eigenen Erlebnissen entsprechen.

Rudimententheorie. Die Rudimententheorie geht vom sogenannten „ideomotorischen Gesetz" aus. Dieses Gesetz besagt: „Jede Wahrnehmung oder Vorstellung eines Bewegungszustandes erregt im Wahrnehmenden oder Vorstellenden den Antrieb zu gleichen Bewegungszuständen" (W. Hellpach, zit. Rohracher). Auf mimische Ausdruckserscheinungen bezogen heißt dies, daß wir beim Anblick eines fröhlichen oder traurigen Gesichtes unwillkürlich mit unserer Gesichtsmuskulatur minimale Bewegungen ausführen, die den Bewegungen des jeweils wahrgenommenen Gesichtsausdruckes gleichgerichtet sind. Die Existenz solcher unwillkürlicher Mitbewegungen beim Wahrnehmen und Vorstellen von Bewegungsabläufen ist experimentell vielfach bewiesen. Man hat z.B. Versuche gemacht, in deren Verlauf man die Probanden aufforderte sich vorzustellen, daß sie ihre Beine oder ihren Arm bewegten. Die gleichzeitig registrierten elektrischen Ströme in den entsprechenden Muskeln zeigten, daß die Muskulatur tatsächlich durch die bloße Vorstellung in Tätigkeit gesetzt wurde. Die Rudimententheorie vermag viele Ausdruckserscheinungen derzeit am besten zu erklären.

Tiefenpsychologie

Grundbegriffe

Die Tiefenpsychologie ist eine psychologische Richtung, die sich mit der Erforschung unbewußter Vorgänge des Seelenlebens beschäftigt. Sie wurde von Sigmund Freud begründet und in der Folgezeit von einer Reihe anderer Forscher erweitert, ergänzt und gewandelt. Die Tiefenpsychologie hat sich aus dem praktischen Anliegen der Behandlung krankhafter Störungen des Seelenlebens entwickelt und hat ein recht kompliziertes theoretisches System aufgebaut, das je nach Autor verschiedene Schwerpunkte aufweist.

Die verschiedenen Aspekte der Tiefenpsychologie

Trotz unterschiedlicher Auffassungen verschiedener Forscher lassen sich einige gemeinsame Züge der tiefenpsychologischen Konzeption herausstellen, die für alle Schulen gelten. Wir halten uns dabei an die Darstellung von D. Rapaport.

Der topische Aspekt. Fast alle tiefenpsychologischen Schulen arbeiten mit räumlichen Vorstellungen von seelischen Funktionen. Am bekanntesten geworden ist die Freudsche Instanzenlehre, deren einzelne Bestandteile, das Es, das Ich und das Über-Ich als räumlich getrennte Bereiche dargestellt werden. Auch im täglichen Leben benutzen wir die Kategorie des Raumes, wenn wir über seelische Ereignisse sprechen. Wir sagen z.B.: „Wenn ich in der Tiefe meiner Seele krame..." oder „im tiefsten Winkel meines Herzens bin ich davon überzeugt" usw. Natürlich sind solche räumlichen Anordnungen nur Hilfsvorstellungen, denn wir wissen weder, wo die „Seele" sitzt, noch können wir einzelne psychische Funktionen lokalisieren. Der topische Aspekt ist uns aber eine Hilfe im Verständnis psychischer Erscheinungen.

Der dynamische Aspekt. Die Tiefenpsychologie ist eine dynamische Psychologie. Dynamisch heißt, daß hinter allen Verhaltensweisen des Menschen ein antreibendes Element, eine Energie vermutet wird, die die Richtung des Verhaltens bestimmt. Mit anderen Worten: Hinter allem Verhalten stehen Motive, es wird also von Bedürfnissen, Instinkten, Trieben und Gefühlen gelenkt. Im Kapitel „Motivation" (S. 76) sind wir auf diese näher eingegangen. Für die tiefenpsychologischen Schulen ist nun charakteristisch, daß sie nur ganz wenige Triebe anerkennen, mit deren Hilfe sie die verschiedenartigen Verhaltensweisen zu erklären versuchen. So kommt Freud in seinen früheren Schriften mit einem einzigen Trieb, dem Sexualtrieb (Libido), aus, durch dessen Wirkung letztlich alle seelischen Reaktionen bedingt sind.

Der genetische Aspekt. Diese Betrachtungsweise legt den Schwerpunkt auf die Entwicklung. Im Kapitel „Entwicklungspsychologie" sind wir im Zusammenhang mit dem Prägemodell näher auf die hierher gehörenden tiefenpsychologischen Gedankengänge eingegangen. Im Mittelpunkt des Interesses stehen dabei die ersten Lebensjahre, in denen der Mensch sowohl durch innere (Triebe, Bedürfnisse) als auch durch äußere (soziale) Einwirkungen am stärksten formbar ist. Dieser Gesichtspunkt wird auch für das tiefenpsychologische Verständnis von seelischen Störungen relevant, die sich nach Ansicht der meisten Schulen bis in die früheste Kindheit zurückverfolgen lassen.

Der soziokulturelle Aspekt. In dieser Sicht wird der Einfluß der Umwelt als entscheidend angesehen. Die Entwicklung des Menschen ist ja weitgehend dadurch gekennzeichnet, daß er Verhaltensnormen seiner jeweiligen Umgebung übernimmt. Der Grad der Identifizierung mit solchen Normen entscheidet weitgehend über die Anpassung eines Menschen an die Gesellschaft, in der er lebt. Die Übernahme solcher Vorstellungen erfolgt schon sehr früh durch die Erziehungsmethoden der Eltern, später durch die Schule und durch den Einfluß des Staates. Von soziokulturellen Einflüssen hängen schließlich auch moralisch-ethische Maßstäbe ab, wie Untersuchungen zur Entstehung des kindlichen Gewissens gezeigt haben.

Das Unbewußte und seine Zugangswege

Das Unbewußte. Unter dem topologischen Aspekt der Tiefenpsychologie ist dies ein Persönlichkeitsbereich, der alle unserem Bewußtsein nicht zugänglichen psychischen Vorgänge umfaßt. Unbewußt sind alle seelischen Vorgänge, die wir nicht erleben, die aber dennoch unser Verhalten beeinflussen. Die Tiefenpsychologie betrachtet das Unbewußte als ein eigenständiges System von Reaktionen, das seine eigene, unserem Willen und unserem Einflußbereich entzogene Dynamik hat. In diesem System herrscht strenge Kausalität, d.h., es geschieht nichts zufällig, alle Reaktionen laufen gesetzmäßig ab. Die Aufdeckung solcher Gesetzmäßigkeiten ist ein Hauptanliegen der Tiefenpsychologie.

Das Vorbewußte. Dies ist ein Bereich, der zwischen dem Unbewußten und dem Bewußtsein eingeschaltet ist. Tritt ein seelischer Inhalt aus dem Unbewußten ins Bewußtsein, so passiert er zunächst diese Zwischenstufe. Das Vorbewußte beherbergt noch eine Reihe von verschiedenen seelischen Phänomenen. Uns allen ist geläufig, daß wir in Zeiten angestrengter Aufmerksamkeit bestimmte Vorgänge in unserer Umgebung nicht bemerken. In einem solchen Zustand nehmen wir dennoch vieles wahr, was uns nicht bewußt ist, aber durch kurzes Nachdenken oder eine Frage eines anderen plötzlich bewußt werden kann. Weitere Inhalte des Vorbewußten sind automatisierte körperliche und psychische Vorgänge. Ein gutes Beispiel dafür ist das Autofahren. Während der Anfänger bewußt an alle Tätigkeiten denken muß, neben solchen Verrichtungen weder Radiohören noch sich unterhalten kann, laufen beim routinierten Autofahrer alle diese Reaktionen automatisch und vorbewußt ab. Er ist aber jederzeit in der Lage, sie ins Bewußtsein zurückzuholen, d.h., er kann auch ganz bewußt registrieren, wann er die Kupplung tritt, wann er den Gashebel betätigt usw.

Der weitere Unterschied zwischen dem Vorbewußten und dem Unbewußten ist also, daß seine Inhalte jeweils durch Nachdenken, Verlagerung der Aufmerksamkeit, Änderung der Einstellung, also „aktiv" wieder bewußt gemacht werden können. Dies ist bei den Inhalten des Unbewußten nicht möglich, doch gibt es auch zu ihm eine Reihe von Zugangswegen, auf die wir noch zu sprechen kommen.

In Abb. **23** sind die Beziehungen zwischen Unbewußtem, Vorbewußtem und Bewußtsein schematisch dargestellt. Wie aus ihr hervorgeht, ist das Vorbewußte zwischen dem Bewußtsein und dem Unbewußten lokalisiert. Die Abbildung zeigt nun, daß es zwei Möglichkeiten für die energiegeladenen Inhalte des Unbewußten gibt, um das Bewußtsein zu beeinflussen. Sie können entweder durch bestimmte Methoden (Hypnose, Traum, freies Assoziieren) über das Vorbewußte bewußt gemacht werden oder aber unter Umgehung des Vorbewußten als unbewußte Tätigkeit unser Denken und Handeln beeinflussen. Eine solche direkte Beeinflussung durch unbewußte Triebkräfte liegt vielen unserer Handlungen zugrunde. So gibt es Menschen, die mit ungeheurer Energie irgendein Ziel verfolgen. Hinter einer solchen energiegeladenen Haltung kann sich ein Minderwertigkeitsgefühl verbergen, das durch eine frühkindliche Frustration ausgelöst wurde. Dieser Auslösung sind sich aber die Betreffenden in den seltensten Fällen bewußt, d.h., eine unbewußte

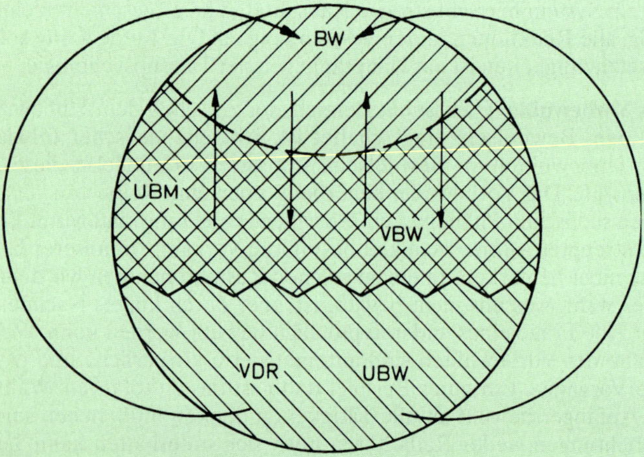

BW = Bewußtsein
UBW = Unbewußtes
UBM = Unbemerktes
VBW = Vorbewußtes
VDR = Verdrängtes
kleine Pfeile = Fluktuation zwischen Bewußtsein und Vorbewußtem
Außenpfeile = Beeinflussung des bewußten Verhaltens und Erlebens ohne Bewußtwerden

Abb. **23** System des Bewußten und Unbewußten (aus *Schraml, W.J.:* Einführung in die Tiefenpsychologie. Klett, Stuttgart 1976).

Triebkraft steuert das Verhalten vieler solcher Menschen. Wir sind alle von Motiven, Bedürfnissen und Trieben abhängig, deren Energie aus dem Unbewußten kommt und deren Entstehungsmechanismus wir häufig nicht kennen. Ein Großteil der neurotischen und psychosomatischen Störungen läßt sich auf ein Dominieren energiegeladener unbewußter Vorgänge in unserem Verhalten zurückführen, worauf wir noch zu sprechen kommen.

Triebe, Instinkte und ihre Dynamik

Wir haben einleitend als einen wesentlichen Aspekt der Tiefenpsychologie den der Dynamik herausgestellt. Dynamik will heißen, daß hinter allen Reaktionen starke Motivationskräfte stehen, die unser Handeln tiefgreifend beeinflussen, obwohl wir uns vielfach über die eigentlichen unbewußten Motivationskräfte nicht im klaren sind. Eine der wichtigsten Motivationen ist der Trieb. Freud definiert ihn in folgender Weise: „Ein Trieb unterscheidet sich von einem Reiz darin, daß er aus Reizquellen im Körperinneren stammt, wie eine konstante Kraft wirkt, und daß sich die Person ihm nicht durch die Flucht entziehen kann, wie es bei einem äußeren Reiz möglich ist. Man kann am Trieb Quelle, Objekt und Ziel unterscheiden. Die Quelle ist ein Erregungszustand im Körperlichen, das Ziel die Aufhebung dieser Erregung, auf dem Weg von der Quelle zum Ziel wird der Trieb psychisch wirksam. Wir stellen ihn vor als einen gewissen Energiebetrag, der nach einer bestimmten Richtung drängt. Von diesem Drängen hat er den Namen: Trieb."

In dieser Definition ist der energetische Charakter des Triebs deutlich wiedergegeben.

Der wichtigste Trieb ist nach Freud der Sexualtrieb. Dieser macht sich nicht erst in der Pubertät bemerkbar, sondern zeigt sich bereits beim Säugling in mannigfachen Formen. Die dem Sexualtrieb zukommende Energie bezeichnet Freud als Libido. Die Libido ist nach Freud durch folgende Momente gekennzeichnet:

- durch Quantifizierung (Triebe lassen sich in diesem Sinne auffassen als Beträge libidinöser, d.h. sexueller Energie),
- durch ihre körperliche Grundlage (was besonders bei der Objektfindung, d.h. bei der Findung eines geeigneten Sexualpartners, von Bedeutung ist),
- dadurch, daß sie die Möglichkeit einer energetischen Wandlung in sich birgt.

Besonders wichtig ist der dritte Gesichtspunkt. Er drückt aus, daß alle unsere Handlungen, sofern sie stärker motiviert sind, durch ein mehr oder weniger großes Quantum libidinöser Energie gesteuert werden. Wandlung heißt, daß die genannte Steuerung nicht nur für Handlungsweisen gilt, die mit Sexualität direkt etwas zu tun haben, sondern daß auch hinter geistigen oder kulturellen Interessen und Tätigkeiten die Energie einer gewandelten Libido steht.

Gemäß der großen Bedeutung der Libido wird auch die Entwicklung vom Säuglings- bis zum Erwachsenenalter vorwiegend unter dem Aspekt der sexuellen Entwicklung gesehen.

Die Libido der kleinkindlichen Sexualität ist autoerotisch, d.h., sie befriedigt sich am eigenen Körper. Ziel der infantilen Sexualität sind die erogenen Zonen, die allerdings noch nicht sehr ausgeprägt sind. Unter erogenen Zonen verstehen wir bestimmte Körperregionen, deren Reizung sexuell getönte Lustgefühle hervorruft. Im Prinzip kann jede Körperstelle zu einer erogenen Zone werden, wenn es auch dazu besonders prädestinierte Regionen gibt.

Im einzelnen unterscheidet Freud folgende Stufen der kindlichen Sexualentwicklung:

1. Eine autoerotische Stufe (1. Lebensjahr), die sich in der Entdeckung sexueller Regungen am eigenen Körper äußert.
2. Die orale Phase
   In dieser Phase fällt Sexualtätigkeit und Nahrungsaufnahme zusammen. „Das Objekt der einen Tätigkeit ist auch das der anderen. Das Sexualziel besteht in der Einverleibung des Objektes" (Freud).
3. Die anal-sadistische Phase
   Die Vorgänge des Beißens und der Ausscheidung bzw. der Verweigerung der Ausscheidung, die jeweils lustbetont sind, stehen im Vordergrund. In dieser Phase ist nach Freud der Gegensatz, von männlich und weiblich auch bereits in seinen Grundzügen angelegt, jedoch noch allgemein nach Aktivität und Passivität differenziert. Die Aktivität wird repräsentiert durch die Körpermuskulatur, die Passivität durch die erogene Darmschleimhaut.
4. Die phallische Phase (um das vierte Lebensjahr)
   In dieser Phase ist das kindliche Sexualstreben erstmalig nicht mehr autoerotisch, d.h. auf den eigenen Körper ausgerichtet, sondern es folgt eine Zuwendung zum jeweils andersgeschlechtlichen Elternteil. In dieser Zeit entsteht auch der Ödipus-Komplex, weshalb diese Phase auch von manchen Analytikern als ödipale Phase bezeichnet wird.
   Im Rahmen des *Ödipus-Komplexes* kommt es zu einer übermäßigen Bindung der Jungen an die Mutter (der Mädchen an den Vater) und zu Eifersuchtsgefühlen gegenüber dem Vater.
5. Die Latenzphase (etwa 7. bis 10. Lebensjahr)
   Sie ist dadurch gekennzeichnet, daß die sexuellen Interessen weitgehend in den Hintergrund treten, wobei ihre Energie (Libido) sich wandelt, was sich in einem stärkeren Hervortreten der geistigen In-

teressen äußert. Einen solchen Vorgang der Umwandlung sexueller Energie in nicht sexuelle, sozial akzeptierte Handlungen nennen wir Sublimation.

6. Die genitale Phase (etwa ab dem 12. Lebensjahr)
   Nach der Latenzzeit kommt es schließlich in der Pubertät zu entscheidenden Wandlungen im Bereich der Libido. Diese sind dadurch gekennzeichnet, daß die Genitalzonen stärker hervortreten und daß die sexuelle Energie sich auf den Vorgang der Objektfindung (Partnersuche) konzentriert.

Die geschilderten Phasen der Sexualentwicklung sind für das Verständnis der tiefenpsychologischen Krankheitslehre von außerordentlicher Bedeutung. Seelische Krankheiten und Fehlentwickungen lassen sich nämlich meist bis in die Kindheit zurückverfolgen und können durch folgende Möglichkeiten mit den hier geschilderten Phasen der kindlichen Sexualentwicklung in Verbindung gebracht werden:

- Es kann zu einem Stillstand oder einer übermäßigen Bindung (Fixierung) an eine der genannten Phasen kommen oder
- es kann unter dem Einfluß von Belastungen auch bei Erwachsenen zu einem „Rückfall“ auf Verhaltensweisen kommen, die für eine dieser Phasen typisch sind. Diesen Vorgang nennen wir Regression.

Lustprinzip und Realitätsprinzip. Die Libido richtet sich immer nach dem Lustprinzip, d.h., sie erstrebt jeweils die Befriedigung ihrer Wünsche und Bedürfnisse, sie möchte sich „ausleben“. Dieses Ausleben wird jedoch durch die gesellschaftlichen Schranken und durch das anerzogene Gewissen (Über-Ich) verhindert. Deshalb werden die sexuellen Regungen gezwungen, andere Wege zu gehen. Dies geschieht durch die sogenannten Abwehrmechanismen, auf die wir noch zu sprechen kommen. Das Realitätsprinzip, der Gegenspieler des Lustprinzips, stellt einen Kompromiß her zwischen den Erfordernissen der Umwelt und den Bestrebungen des Lustprinzips.

Instanzenlehre

Die Instanzenlehre ist das Kernstück des tiefenpsychologischen Persönlichkeitsmodells. Sie beinhaltet eine Dreiteilung der Persönlichkeit, wobei die drei Teilbereiche (das Es, das Ich und das Über-Ich) in intensiver Wechselwirkung stehen.

Das Es. Das Es wird vielfach mit der Triebschicht gleichgesetzt. Es enthält einen Großteil der Energien des Seelenlebens. Triebe, Bedürfnisse, Instinkte und Interessen beziehen aus ihm ihre Energie. Das Unbewußte liegt ebenfalls im Bereich des Es, wobei wir unterscheiden können zwischen einem primären Unbewußten, das mit dem Bewußtsein noch nie in Berührung kam, und einem verdrängten Unbewußten, das durch die sogenannten *Abwehrmechanismen* ins Unbewußte zurückbefördert wurde. Freud schildert das Es in folgender Weise: „Wir nähern uns dem Es mit Vergleichen, nennen es ein Chaos, einen Kessel voll brodelnder Erregungen. Wir stellen uns vor, es sei am Ende gegen das Somatische (Körperliche) offen, nähme da die Triebbedürfnisse in sich auf, die in ihm ihren psychischen Ausdruck finden... Von den Trieben her erfüllt es sich mit Energie, aber es hat keine Organisation, bringt keinen Gesamtwillen auf, nur das Bestreben, den Triebbedürfnissen unter Einhaltung des Lustprinzips Befriedigung zu verschaffen. Für die Vorgänge im Es gelten die logischen Denkgesetze nicht, vor allem nicht der Satz vom Widerspruch. Gegensätzliche Regungen bestehen nebeneinander, ohne einander aufzuheben oder sich voneinander abzuziehen, höchstens daß sie unter dem herrschenden ökonomischen Zwang zur Abfuhr der Energie zu Kompromißbildungen zusammentreten."

Das Ich. Das Ich können wir auffassen als eine Art Steuerungsorgan oder vermittelnde Instanz. Es muß die aus dem Es herandrängende und ungesteuerte triebhafte Energie abwehren bzw. modifizieren und mit den Erfordernissen der Umwelt sowie den Anforderungen des Über-Ichs in Einklang bringen. Das Verhältnis zwischen Ich und Es läßt sich in dem bekannten Reiter-Pferd-Gleichnis darstellen. Dabei ist das Es der Energieträger, der kräftiger ist und den Reiter, das Ich, trägt. Das Ich ist aber in der Lage, das Pferd zu steuern und das Ziel des Rittes zu bestimmen. Dabei ist es aber nicht ganz unabhängig. Es muß einerseits die Gegebenheiten des Geländes berücksichtigen (es kann z.B. nicht einen breiten See überqueren) und andererseits die ethischen Normen des Über-Ichs berücksichtigen. Dieses verbietet ihm z.B., das Pferd unnötig zu strapazieren.

Das Über-Ich. Diese Instanz enthält unsere bewußten und unbewußten Wertnormen, moralische und ethische Verpflichtungen. Das Über-Ich entsteht durch den Vorgang der Identifikation. Das Kind identifiziert sich zunächst mit seinen Eltern in der Weise, daß es ihre Gebote und Verbote übernimmt. Diesen Vorgang des Sich-zu-eigen-Machens von Geboten und Wertvorstellungen nennen wir Introjektion. Das Über-Ich können wir weitgehend gleichsetzen mit dem Begriff des Gewissens. Unser Gewissen entsteht also dadurch, daß wir uns mit den von unseren Eltern oder anderen „Autoritätspersonen" vermittelten moralischen und ethischen Maßstäben identifizieren. Das Über-Ich beeinflußt in erster Linie als moralische Instanz das Ich, das seine Impulse mit den Anforderungen der Umwelt in Einklang bringt und im Rahmen des Realitätsprinzips dem Lustprinzip des Es gegenüberstellt. In Abb. **24** sind die Beziehungen der drei Instanzen und ihre Inhalte wiedergegeben.

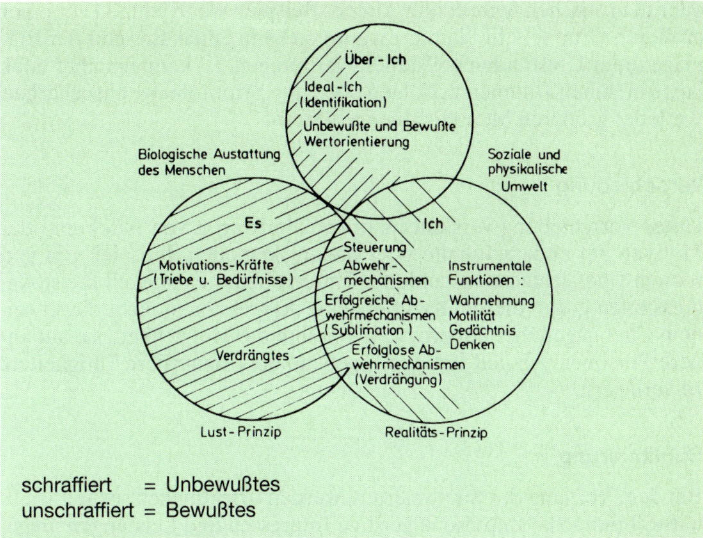

Abb. **24** Persönlichkeitsmodell der gegenwärtigen Psychoanalyse. Die Anordnung der Bezeichnungen entspricht dem Bewußtseinszustand der psychischen Funktionen (aus *Schraml, W.J.:* Einführung in die Tiefenpsychologie. Klett, Stuttgart 1976).

Abwehrmechanismen

Der Ausdruck Abwehrmechanismen stammt von Anna Freud. Man versteht darunter psychische Vorgänge, die zur Unterdrückung oder Ausschaltung unerlaubter Triebregungen dienen. Abwehrmechanismen sind Strategien, mit deren Hilfe das Ich das seelische Gleichgewicht aufrechterhält. Sie sind besonders deutlich im Rahmen von seelischen Fehlentwicklungen und Krankheiten zu beobachten, kommen aber auch im normalen Seelenleben vor.

Verdrängung

Durch die Verdrängungen werden triebhafte Vorstellungen und Wünsche aus dem Bewußtsein ausgeschieden, ohne eine Erinnerung zu hinterlassen. Unerlaubt sind alle Triebregungen, die sowohl von der moralischen Instanz (dem Über-Ich) als auch von der sozialen Umwelt (Gesellschaft) nicht geduldet werden. Das Verdrängte bleibt jedoch im Unbewußten nicht untätig liegen, sondern entwickelt dort eine zum Teil erhebliche Dynamik, die sich in Gestalt von Fehlleistungen, Träumen oder neurotischen Symptomen äußert. Beispiel: Wenn jemand vor einer größeren Gruppe sehr blamiert wurde, so kann er das Ereignis der Blamage unter Umständen vollständig verdrängen. Es kann ihn aber noch lange in seinen Träumen verfolgen oder zum Symptom der Unsicherheit vor jeder größeren Menschenmenge führen.

Verschiebung

Unter Verschiebung versteht man das Übertragen von Affekten oder Motiven auf andere Inhalte oder andere Personen. Beispiel: Ein von seinem Chef schlecht behandelter Untergebener entwickelt meist Aggressionen gegen diesen. Kann er seine Aggressionen nicht direkt seinem Chef gegenüber äußern, so bleibt ihm die Möglichkeit, sie auf andere Personen, z.B. auf ihm Untergebene oder neutralere Tätigkeiten, zu verlagern.

Sublimierung

Bei dem Vorgang der Sublimierung werden ursprünglich sexuell-triebhafte (libidinöse) Impulse in geistige Interessen und Leistungen umgewandelt. Beispiel: Ein Mensch, dem die unmittelbare sexuelle Triebbefriedigung aus irgendeinem Grund versagt ist, kann seine libidinöse Energie sublimieren und z.B. dichterische oder wissenschaftliche Werke verfassen. Nach Freud sind alle bedeutenden Kulturleistungen letztlich durch sublimierte sexuelle Energie entstanden.

Rationalisierung

Unter Rationalisierung verstehen wir eine nachträgliche Scheinbegründung. Als Abwehrmechanismus kann sie insofern für das Individuum von Vorteil sein, als sie törichte oder unsinnige Handlungsweisen, deren Eingeständnis als peinlich oder blamabel empfunden wird, nachträglich rechtfertigt.

Identifikation

Man versteht darunter „das unreflektierte und absichtslose Sichhineinversetzen in einen anderen Menschen, meist aufgrund unmittelbaren Angemutetwerdens oder Ausdruckverstehens" (Hehlmann). Die Identifikation spielt im Laufe der individuellen Entwicklung eine große Rolle. Alle im Über-Ich repräsentierten Gebote und Verbote gehen letztlich auf sie zurück. Als Abwehrmechanismus tritt die Identifikation meist in Form der Entschuldigung des eigenen Verhaltens in Erscheinung. Beispiel: Die Rechtfertigung grausamen Verhaltens im Krieg wurde oft durch Identifizierung mit den Vorstellungen des jeweiligen Regimes gerechtfertigt: „Es dient dem Vaterland, überdies muß man Befehle ausführen."

Projektion

Der Mechanismus der Projektion besteht darin, daß eigene Erlebnisse oder Triebregungen, die man nicht wahrhaben möchte, anderen Menschen zugeschrieben werden. Beispiel: Ein geiziger oder unaufrichtiger Mensch, der diese Eigenschaften für seine Person nicht akzeptieren will, schreibt sie anderen Menschen (z.B. seinem Nachbarn oder Arbeitskollegen) zu.

Regression

Unter Regression verstehen wir das Zurückfallen auf frühere, längst überwundene Verhaltensweisen. Der Abwehrcharakter der Regression drückt sich in der unbewußten Tendenz des Betreffenden aus, gemäß seinem Verhalten auch als jünger und entsprechend weniger verantwortlich angesehen zu werden. Beispiel: Ein achtjähriges längst trockenes Kind beginnt nach der Geburt eines jüngeren Geschwisters wieder einzunässen. Es ist damit auf eine frühere Entwicklungsstufe regrediert und dokumentiert damit gleichzeitig den Sachverhalt: „Ich bin auch noch klein, ich möchte wie ein kleines Kind behandelt werden."

Konversion

Konversion ist die Bezeichnung für die Umwandlung von unerlaubten Triebregungen oder Affekten in körperliche Symptome. Beispiel: Ein zehnjähriger Junge, der von seinen Eltern unterdrückt und in jeder Hinsicht eingeengt wurde, aber seine Aggressionen nicht äußern konnte, entwickelte eine psychogene Gangstörung. Man kann sagen, diese Umwandlung nicht äußerungsfähiger Affekte in ein körperliches Symptom ist die Art, in der sich der Patient gegen seine Eltern zur Wehr setzte. Er erreichte dadurch, daß sie ihn wie einen Kranken, also mit mehr Fürsorge und Zuwendung behandelten. Für den Patienten bedeutete dies einen sogenannten Krankheitsgewinn.

Neurosen im tiefenpsychologischen Modell

Der Begriff Neurose wird in den verschieden tiefenpsychologischen Schulen unterschiedlich definiert. Dennoch gibt es Gemeinsamkeiten. Sie lassen sich in fünf Punkten zusammenfassen:

1. Neurosen sind Krankheiten.
2. Sie sind erlebnismäßig bedingt.
3. Sie führen zur körperlichen oder psychischen Symptombildung.

4. Eine gewisse konstitutionelle Labilität ist für ihre Entstehung Voraussetzung.
5. Sie sind psychotherapeutisch beeinflußbar.

Neurosen sind rein psychische Erkrankungen, bei denen sowohl seelische als auch körperliche Symptome auftreten können, jedoch keine organisch faßbaren Veränderungen vorkommen. Die Patienten leiden weniger an Schmerzen als vielmehr an ihrer Person oder ihrer Umwelt (Angst, Zweifeln, Zwangsgedanken, Konflikten); sie fühlen sich ständig unterlegen, glauben im täglichen Leben zu versagen und befinden sich in einem permanenten seelischen Spannungszustand.

Die Ursache von Neurosen sind Erlebnisse. Als Erlebnisse fassen wir in diesem Zusammenhang Belastungen und Konflikte auf. Allgemein kann man von sogenannten psychischen Traumen (Trauma = Verletzung) sprechen. Schon der tägliche Sprachgebrauch hat ein Wort für diesen Sachverhalt, wenn wir es auch meist in einem anderen Zusammenhang gebrauchen. Wir sagen z.B., „das Verhalten oder die Bemerkung des Herrn X hat mich verletzt", und meinen damit, daß wir uns irgendwie in unserem Innersten „getroffen" fühlen. In einem solchen Fall wissen wir aber meist, *was* uns getroffen hat und reagieren eindeutig: Wir sind beleidigt, fühlen uns übergangen, schmieden vielleicht Rachegedanken oder resignieren und ziehen uns zurück. In jedem Falle aber leiden wir unter einem solchen Zustand. Dies tut auch der Neurotiker. Der Unterschied in seinem Verhalten gegenüber dem gesunden Menschen aber ist,

- daß er nicht weiß, *wer* oder *was* ihn „getroffen" hat (das psychische Trauma ist ihm meist unbekannt oder unbewußt);
- daß er unter einem psychischen Trauma oder seinen Auswirkungen sehr lange leidet und
- daß er auf ein traumatisches Erlebnis nicht eindeutig, sondern ambivalent (doppeldeutig oder auch unentschieden) und unter Zuhilfenahme verschiedener Abwehrmechanismen reagiert.

In Abb. **25** ist der Mechanismus der Neurosenentstehung schematisch dargestellt.

Wie die Abbildung zeigt, gibt es zwei Wege der Neurosenentstehung: *Indirekter Weg:* Ein psychisches Trauma oder ein Konflikt wirken auf einen Menschen ein. Er muß sich mit ihnen auseinandersetzen. Durch einen tiefenseelischen Abwehrmechanismus (meist Verdrängung) entsteht im Unbewußten ein Komplex, dessen Energie ins Bewußtsein wirkt und körperliche oder psychische Symptome verursacht. Wenn die Entwicklung so abläuft, entstehen Psychoneurosen und Organneurosen.

Direkter Weg: Wirkt ein akutes psychisches Ereignis (z.B. Schreckerlebnis, Naturkatastrophe) auf einen Menschen ein, so ist in der Regel gar keine Zeit für den Umweg über die Verdrängung oder einen anderen

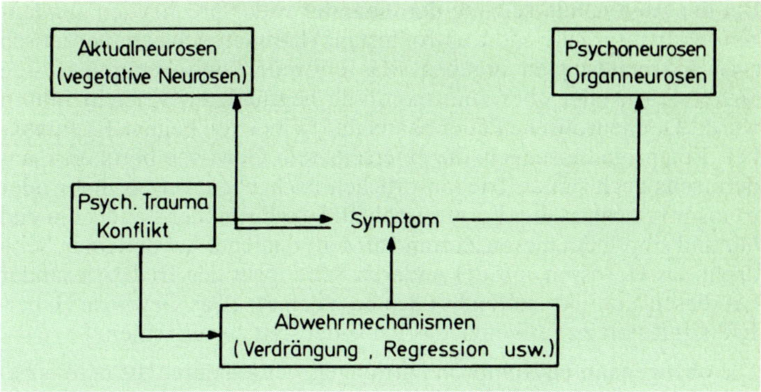

Abb. **25** Mechanismus der Neurosenentstehung in tiefenpsychologischer Sicht.

Abwehrmechanismus. In einem solchen Falle kommt es *sofort* und *direkt* (über das vegetative Nervensystem) zur Symptombildung. Die so entstandenen Neurosen nennen wir auch Aktualneurosen oder vegetative Neurosen.

Aktualneurosen (Vegetative Neurosen)

Der Ausdruck Aktualneurosen stammt von Freud. Freud verstand darunter einer Gruppe von Neurosen, deren Ursache aktuell (momentan) auftritt (z.B. Schreck, traumatische Naturkatastrophen usw.). Er war der Ansicht, daß durch diese akuten Ereignisse und ihre Verarbeitung sexuelle Energie angestaut würde, die dann in dem Symptom der Aktualneurose ihren Ausdruck fände. Diese Einengung auf den sexuellen Bereich ist heute nicht mehr vertretbar. Heute versteht man unter Aktualneurosen solche, die durch ein akutes Ereignis hervorgerufen werden, mit überschießenden vegetativen Erscheinungen einhergehen und zu verschiedenen psychischen Symptomen (z.B. Panikreaktion, Kurzschlußreaktion) führen. Im Vordergrund stehen die vegetativen Symptome.

Psychoneurosen

Psychoneurosen entstehen im Gegensatz zu Aktualneurosen nicht durch aktuelle (momentan einwirkende) Erlebnisse, sondern durch psychische Traumen, die in der Vergangenheit des Patienten liegen. Sie äußern sich *nur* in psychischen Symptomen und beruhen fast ausnahmslos auf einem Konflikt zwischen Triebimpulsen und einer anerzogenen Kontrollinstanz (Über-Ich, Gewissen). Diese anerzogene Kontrollinstanz wird uns zu einer Richtschnur, die uns sagt, was erlaubt und was verboten ist.

Bei der Auseinandersetzung der einander widersprechenden Tendenzen (Triebansprüche und Kontrollinstanz) könnten sich nun theoretisch zwei Extremlösungen ergeben, was entweder zum hemmungslosen Sichausleben oder aber zum moralisch begründeten Verzicht führen würde. Der neurotische Patient kann nun keines von beiden. Er entwikkelt Kompromißlösungen, die einerseits sein Gewissen beruhigen, andererseits auch seinen Triebansprüchen nachgeben, was in mehr oder weniger verschlüsselter Form geschieht. So schwankt er ständig hin und her und empfindet diesen Zustand als sehr quälend. Auf der einen Seite droht das Gewissen, auf der anderen Seite lockt der Trieb. Alexander hat diesen Konflikt treffend in den Satz gefaßt: „Das Gewissen (Über-Ich) straft statt zu verbieten, das Ich leidet statt zu verzichten."

Die obengenannten Kompromißlösungen werden durch die bereits beschriebenen Abwehrmechanismen erreicht.

Im einzelnen können wir folgende Formen von Neurosen unterscheiden:

Phobie: Unter Phobie verstehen wir eine Neurose, die mit abnormer Angst und Furcht einhergeht, wobei die Furcht immer auf etwas bezogen ist, z.B. Furcht vor weiten Plätzen (Agoraphobie), vor engen Räumen (Klaustrophobie), aber auch vor bestimmten Tieren (Mäusen, Hunden etc.) oder vor bestimmten Situationen (Eisenbahnfahrt usw.). Die Furcht kann so ausgeprägt sein, daß die Patienten nicht mehr wagen, das Haus zu verlassen. Phobien entstehen meist nach dem Prinzip eines bedingten Reflexes (vgl. S. 44).

Zwangsneurosen. Als Zwang bezeichnet man bestimmte immer wiederkehrende seelische Vorgänge (Gefühle, Vorstellungen) oder auch Handlungen, die vom Patienten als beängstigend und quälend erlebt werden, obwohl er sie bereits als unsinnig erkannt hat. Dies nützt ihm aber nichts, denn die erwähnten Vorgänge kehren ohne sein Zutun immer wieder und drängen sich ihm ständig auf. Sehr häufig sind *Zwangsgedanken*: Die Patienten müssen z.B. immer wieder „an Blut" denken oder auch an sexuelle Szenen. Bei anderen Patienten überwiegen die *Zwangshandlungen*. Solche Kranken können z.B. unter einem Kontrollzwang leiden, der sie veranlaßt, ständig nachzusehen, ob alle Türen verschlossen oder alle Wasserhähne abgedreht sind.

Zwangsneurotiker sind in ihrem Wesen oft überaus pedantisch, ängstlich und selbstunsicher. Dies sind aber Charakterzüge, die bereits *vor* der Erkrankung vorhanden waren (sogenannte prämorbide Persönlichkeit), und die sich im Rahmen der Erkrankung oft grotesk und zeremonienhaft zuspitzen.

Im tiefenpsychologischen Modell werden Zwangsneurosen auf die anale Phase zurückgeführt. Man spricht auch von einem sogenannten analen Charakter, der zur Entstehung von Zwangsneurosen disponiert.

Depressive Neurosen. Bestimmte Menschen mit passiven und verzichtbereiten Persönlichkeitszügen, die ihre aggressiven Regungen verdrängen, neigen zu Minderwertigkeitsgefühlen, die schließlich zu einer neurotischen Depression führen können. Diese äußert sich als chronische Dauerverstimmung mit Denkhemmung, Hemmung der Initiative und Selbstmordgedanken.

Charakterneurosen. Während die bisher besprochenen Neurosen sich in Einzelsymptomen äußerten, gegen die sich die „intakte Restperson" zur Wehr setzt (Hoff), sind Charakterneurosen solche, bei denen der Persönlichkeitskern abnorm ist. Sie haben ihre Ursachen in sehr lange einwirkenden traumatischen Erlebnissen, die nach Ansicht der meisten Psychoanalytiker immer auf die früheste Kindheit zurückzuführen sind. Die Trennung der Charakterneurosen von den Psychopathien (= abnorme Persönlichkeiten) ist sehr schwierig.

Organneurosen

Im Gegensatz zu den meisten bisher besprochenen Neurosen äußern sich die Organneurosen im *körperlichen Bereich.* Sie verursachen Symptome, die an ein Organ oder Organsystem gebunden sind. Der eine Patient klagt über Schmerzen im Bereich der Herzgegend, der andere über ständigen Durchfall, der dritte über Magenschmerzen usw. Die Symptome können auch ihr Organ wechseln, sie können z.B. vom Herzen auf die Lunge übergehen und Atemstörungen oder psychogene Asthmaanfälle verursachen.

Bei den Symptomen handelt es sich jeweils um funktionelle Beschwerden, es lassen sich keine organischen Veränderungen nachweisen.

Die Ursache der Organneurosen liegt, wie bei den bisher besprochenen Neurosen, in einer *Fehlverarbeitung von Erlebnissen* mit Konfliktcharakter. Warum die gleichen Erlebnisse bei dem einen Patienten zu einer Psychoneurose, beim anderen zu einer Organneurose führen, ist eine interessante Frage, über die es viele Vermutungen gibt – es sei nur an die These Adlers von der Organminderwertigkeit erinnert – die aber bis heute nicht in jedem Fall befriedigend lösbar ist. Sicherlich spielt auch hier die prämorbide Persönlichkeitsstruktur eine Rolle.

Der therapeutische Prozeß

Im Laufe einer analytischen Psychotherapie stellen sich immer wieder gesetzmäßige Phänomene ein, deren wichtigste unter dem Namen Widerstand und Übertragung zusammengefaßt werden. Sie gehören zum analytisch-psychotherapeutischen Prozeß. Freud bezeichnete alle Formen der Psychotherapie, bei denen die Phänomene Widerstand und Übertragung eine Rolle spielen, als analytische Verfahren.

Widerstand

Entsprechend der psychoanalytischen Grundregel wird der Patient dazu angehalten, alles, was ihm in den Sinn kommt, auch wenn es ihm peinlich ist, auszusprechen. Dieser Aufforderung zur „rücksichtslosen Aussprache“ stellen sich beim Patienten jedoch zahlreiche Widerstände entgegen. Denn der neurotische Patient hat sich ja vielfach mit seinen Symptomen arrangiert, er zieht möglicherweise einen Krankheitsgewinn aus seiner Neurose. Darüber hinaus richten sich die Widerstände oft auch gegen den Therapeuten. Dies kann verschiedene Gründe haben. Häufig ist, daß dieser mit dem Vater oder einer anderen Beziehungsperson des Patienten identifiziert wird, gegen die Aversionen bestehen. Die Phase des Widerstandes ist ein kritisches Durchgangsstadium im Rahmen einer Psychotherapie. Die Art und Weise, wie sie gelöst wird, ist für den weiteren Therapieverlauf entscheidend. Bleibt sie lange Zeit erhalten, so stagniert vielfach der therapeutische Prozeß, obwohl der Therapeut zahlreiche Einblicke in die Persönlichkeit des Patienten gewinnt. Wird sie rasch überwunden, so kommt es nicht selten zum Phänomen der Übertragung.

Der Widerstand wird als eine Reaktionsweise des Ichs betrachtet. Das Ich ist bestrebt, daß die Triebansprüche, die mühevoll abgewehrt wurden, nicht wieder ins Bewußtsein gehoben werden und auf diese Weise zur Beunruhigung führen. Um den Heilungsprozeß jedoch voranzutreiben, muß das Ich mit den „verdrängten Triebregungen“ konfrontiert werden. Da bei dieser Konfrontation regelmäßig Angst entsteht, kann man den Widerstand des Ichs auch als einen Mechanismus der Angstabwehr ansehen. Es ist also so, daß durch den Widerstand zwar Beunruhigung und Angst vermieden werden, jedoch fehlen dem Individuum dadurch auch Triebregungen, die zu seiner optimalen Entwicklung notwendig sind.

Übertragung

Darunter verstehen wir einen psychischen Vorgang, bei dem Vorstellungen und Gefühle von einer Situation oder Person auf eine andere „übertragen“ werden. Im Rahmen einer Psychoanalyse kommt es häufig zur Übertragung von Gefühlsregungen auf den Therapeuten. Diese Gefühlsregungen sind meist solche, die früher wichtigen Beziehungspersonen entgegengebracht wurden. So ist es z.B. häufig, daß ein Patient affektive Regungen auf den Therapeuten überträgt, die früher seinem Vater oder seiner Mutter galten. Für den Psychotherapeuten ist nun wichtig, sich stets darüber im klaren zu sein, daß diese Gefühlsregungen gar nicht ihm gelten, sondern lediglich über den Vorgang der Identifikation auf ihn übergehen. Das Erkennen solcher Mechanismen ist nicht immer einfach, weshalb im Rahmen einer psychotherapeutischen Ausbildung auch so sehr darauf geachtet wird, daß der künftige Analytiker eine möglichst große Erfahrung mit seinen eigenen psychischen Mechanismen erwirbt.

Der Vorgang der Übertragung erlaubt, zahlreiche frühere Konflikte und Reaktionsmechanismen des Patienten in der therapeutischen Situation wieder zum Vorschein zu bringen und über ein Neuerleben emotional zu bewältigen. Da früher durchlebte Konfliktsituationen häufig Ursache für neurotische Entwicklungen sind, ist auf diesem Wege eine Heilung möglich.

Neben der Übertragung, die sich mit den Gefühlen des Patienten beschäftigt, kennt man noch den Begriff der *Gegenübertragung*, worunter wir den Sachverhalt verstehen, daß der Psychoanalytiker seine Gefühlsregungen auf den Patienten überträgt. Durch diesen Vorgang kann der Verlauf der Therapie empfindlich gestört werden. Auch deshalb ist es so wichtig, daß der Psychoanalytiker seine eigenen psychischen Mechanismen gut kennt; erst dann kann er Vorgänge, wie den der Gegenübertragung, verhindern.

Deutung

Durch die Aussprache allein wird eine psychische Erkrankung nur in den seltensten Fällen geheilt. Es kommt darauf an, das „Material", das sich in der psychotherapeutischen Situation ergibt, auch zu entziffern und zu deuten.

Dieses Material besteht aus frei geäußerten Einfällen, aus Assoziationen zu diesen, aus Träumen oder Erlebnissen. Was in der therapeutischen Situation zur Sprache kommt, ist vielfach ein Wirrwarr von Erlebnissen, Konflikten und Gefühlsregungen, die zunächst unvermittelt nebeneinander stehen. Es ist nun die Aufgabe der Deutung, „dem Kranken für bisher unverbunden nebeneinander stehende Akte und Zustände (Gedanken und Phantasien, Handlungen, Gefühle usw.) eine psychologische Erklärung als Hypothese zur Verfügung" zu stellen (Loch).

Die Aufmerksamkeit des Therapeuten muß sich also auf das Erkennen der durchgängigen Linie oder des Grundproblems richten, das hinter den Assoziationen und anderen Äußerungen des Patienten verborgen ist. Dabei wählt er auch oft die Technik, sich seinen Einfällen zu bestimmten Äußerungen des Patienten zu überlassen.

Die wichtigsten Phänomene, mit denen sich der Analytiker deutend beschäftigen muß, sind die des Widerstandes und der Übertragung, der Gegenübertragung sowie die Träume des Patienten.

Bei der Besprechung des Widerstandes und der Übertragung sind wir schon auf deren mögliche Bedeutung eingegangen. Die Deutung von

Träumen ist wesentlich schwieriger. Vor allem darf man die Traumanalyse keinesfalls überbewerten. Sie soll lediglich dazu dienen, bisher unbekanntes „Material“ aus dem Unbewußten des Patienten zutage zu fördern, das man mit Erlebnissen, Konflikten und Assoziationen des Patienten in Beziehung zu bringen versucht. Auf Einzelheiten der Traumdeutung können wir hier nicht eingehen, es handelt sich überdies um sehr subjektive Verfahren.

Insgesamt läßt sich zum Vorgang der Deutung sagen, daß Art und Umfang derselben von den einzelnen psychoanalytischen Schulen in sehr unterschiedlicher Weise gehandhabt werden. Während manche Schulen die Deutung als den wesentlichsten Vorgang im Rahmen einer Psychotherapie betrachten, warnen andere vor zu vielen Deutungen, weil damit der therapeutische Prozeß leicht in eine bestimmte Richtung gelenkt wird, wodurch wesentliche Konfliktmomente ausgeklammert werden können.

Die wichtigsten tiefenpsychologischen Schulen

Aus der von Freud begründeten Psychoanalyse haben sich in der Folgezeit zahlreiche therapeutische Schulen herausgebildet, die sich z.T. erheblich unterscheiden. Die bekanntesten Schulen sind die von Freud, Jung und Adler, die man als Klassiker der Psychoanalyse bezeichnen kann. Darüber hinaus haben sich noch zahlreiche eklektische Schulen gebildet, die in ihren Theorien diejenigen Prinzipien vereinigt haben, die ihnen therapeutisch wirksam erscheinen. Bekanntgeworden sind die sogenannte Neo-Psychoanalyse von Schultz-Hencke und die amerikanischen Neo-Freudianer (Horney, Fromm und Sullivan). Auf die einzelnen Richtungen können wir hier nicht näher eingehen. Im Abschnitt über Psychotherapie sind die wichtigsten (Freud, Jung, Adler, Frankl und Schultz-Hencke) besprochen.

Anwendungsgebiete der Psychologie

Klinische Psychologie

Psychodiagnostik

Unter Psychodiagnostik verstehen wir die Anwendung psychologischer Methoden zur Erfassung einer Persönlichkeit, ihres Entwicklungsstandes, ihrer Begabung, ihres Verhaltens, ihrer Leistungen und ihrer Fehlentwicklungen. Einen Großteil der mit der Psychodiagnostik zusammenhängenden Probleme haben wir in den vorangehenden Kapiteln besprochen, so daß dieser Abschnitt sehr knapp gehalten werden kann. (Ausführlichere Darstellungen finden sich bei Arns/Jochheim/Remschmidt, Bräutigam und Langen.)

Die *Methoden* der Psychodiagnostik sind weitgehend identisch mit den im Abschnitt „Methoden der Psychologie“ (S. 3) besprochenen. Sie werden allerdings je nach Anwendungsgebiet entsprechend modifiziert. Es handelt sich dabei im wesentlichen um Beobachtung, Gespräch, Interview, biographische Anamnese sowie um die Anwendung von Tests und Experimenten.

Versuchen wir eine grobe Abgrenzung der Bereiche, in denen psychodiagnostische Verfahren am häufigsten angewandt werden, so kommen wir zu folgender Dreiteilung:

- Leistungsdiagnostik,
- Persönlichkeitsdiagnostik und
- Diagnostik seelischer Störungen und Erkrankungen.

Leistungsdiagnostik

Es handelt sich hierbei um die Anwendung von psychodiagnostischen Verfahren zur Feststellung und Beurteilung von Leistungen auf verschiedenen psychischen Gebieten: Intelligenz, Denken, Aufmerksamkeit, Gedächtnis, Vorstellungsvermögen, motorische Begabung, Handgeschick usw. Die Untersuchung solcher „psychischen Funktionen“ erfolgt jeweils unter umschriebenen Fragestellungen. Beispielsweise soll geklärt werden, ob ein Studienbewerber für das Fach Mathematik gut räumlich denken kann, ob ein Schriftsetzer genügend aufmerksam ist, ob ein Kraftfahrer schnell genug reagiert, ob ein Kind schulreif ist oder ob ein Patient nach einer schweren Kopfverletzung noch in der Lage ist, seine frühere Tätigkeit als Buchhalter auszuüben.

Schon aus unseren Beispielen geht hervor, daß die angeführten Fragestellungen nicht allein von der Leistungsseite her beantwortet werden können. Aufmerksamkeit, Reaktionsvermögen, Gedächtnis usw. sind ja nicht isolierte Funktionen, die unbeeinflußt arbeiten können, sie sind vielmehr gegenüber „Störgrößen" aller Art überaus anfällig. Uns allen bekannt ist, daß die Aufmerksamkeit nachläßt, wenn wir müde sind, daß wir uns schlecht konzentrieren können, wenn wir uns geärgert haben, ja daß überhaupt unsere Leistungsfähigkeit von Antrieben, Gefühlen und Motiven in hohem Maße beeinflußt wird. Aus diesem Grund muß die Leistungsdiagnostik immer ergänzt werden durch eine mehr oder weniger ausführliche Persönlichkeitsdiagnostik. Wie ausführlich der Leistungsbereich oder der Persönlichkeitsbereich untersucht wird, hängt unter anderem von der Fragestellung, aber auch von der Zuverlässigkeit der Methoden ab.

Persönlichkeitsdiagnostik

Sie beschäftigt sich vorwiegend mit denjenigen psychischen Abläufen, die wir subjektiv als Kräfte erleben. Auf die Probleme der Persönlichkeitsdiagnostik sind wir ausführlich in dem Abschnitt „Persönlichkeitspsychologie" (S. 88) eingegangen.

In der Persönlichkeitsdiagnostik ist man bestrebt, neben der grundlegenden Persönlichkeitsstruktur auch dynamische Aspekte wie Belastbarkeit, Interessen, Anspruchsniveau, Willensverhalten usw. zu erfassen.

Wie das Leistungsverhalten kann auch die Persönlichkeit durch krankhafte körperliche oder seelische Vorgänge beeinträchtigt oder verändert werden, weshalb der Feststellung seelischer Störungen und Erkrankungen große Bedeutung zukommt.

Diagnostik seelischer Störungen und Erkrankungen

Seelische Störungen und Erkrankungen äußern sich in verschiedenartigen Kombinationen von Leistungs- und Persönlichkeitsstörungen. Jede Psychodiagnostik bei Patienten mit solchen Erkrankungen muß mit einer möglichst genauen Beobachtung beginnen. Sie wird ergänzt durch Interviews, biographische Anamnese und die Anwendung standardisierter Tests. In Abb. **26** ist der Untersuchungsgang schematisch dargestellt.

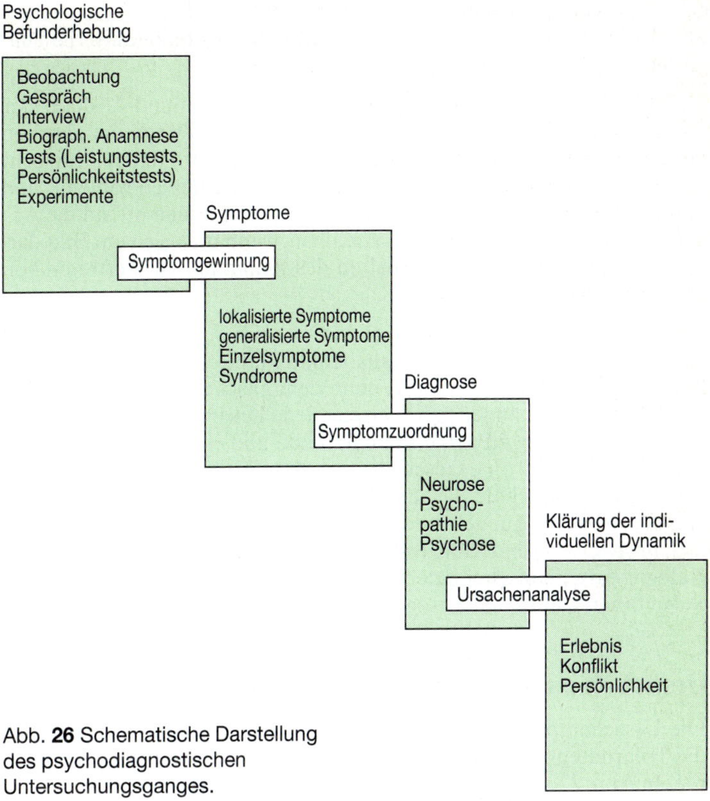

Abb. **26** Schematische Darstellung des psychodiagnostischen Untersuchungsganges.

Erster Schritt einer solchen Untersuchung ist die Feststellung von *Symptomen*, die sich im körperlichen oder psychischen Bereich äußern können. Solche Symptome (z.B. motorische Unruhe, Angst, Selbstmordgedanken, traurige Stimmung) können *lokalisiert* (z.B. Zwinkertic) oder *generalisiert* (z.B. verschiedene Gesichtstics) sein, sie können sich als *vereinzeltes Symptom* äußern (z.B. Furcht vor Hunden) oder aber zu *Syndromen* = Symptomkomplexen vereinigt sein (z.B. depressives Syndrom). Wenn man die einzelnen Symptome zusammengetragen hat, wobei die Ergebnisse aller in Abb. **26** angegebenen Untersuchungsverfahren mit berücksichtigt werden, so folgt der nächste Schritt.

Er besteht in der *Zuordnung* von festgestellten Symptomen zu Krankheitsbildern. Dieser Zuordnungsvorgang setzt voraus, daß der Untersucher eine genaue Vorstellung von den jeweils in Frage kommenden Krankheitsbildern hat. Ergebnis des Zuordnungsvorganges ist die Diagnose.

Der dritte Schritt konzentriert sich auf die Ursachen und Auslöser der jeweiligen psychischen Störung oder Erkrankung. Durch die gleichen Untersuchungsmethoden, die zur Diagnose geführt haben, versucht man die Konfliktlage des Patienten, seine besonderen Probleme und seine Persönlichkeitsstruktur zu erfassen. Dabei ist man oft auf die Angaben Angehöriger angewiesen, vor allem, wenn man sich ein Bild darüber machen will, wie das Verhalten des Patienten *vor* Auftreten von Krankheitssymptomen war.

Aus der Analyse dieser individuellen Dynamik des Krankheitsgeschehens gewinnt man zugleich Anhaltspunkte für die Therapie. Diese Analyse ist außerordentlich wichtig, denn dem gleichen Symptom (z.B. einem Gesichtstic) können ganz verschiedene Ursachen zugrunde liegen. In einem Fall kann z.B. eine dominierende und einengende Mutter, in einem anderen Fall eine Geschwisterrivalität, in einem dritten Fall kann Versagen in der Schule das ursächliche oder auslösende Erlebnis sein. Aus diesen Überlegungen wird deutlich, daß psychische Symptome vielfach *unspezifisch* sind. Eine feste Kopplung zwischen einer bestimmten Kategorie traumatischer Erlebnisse oder Konflikte und entsprechenden Symptomen gibt es in der Regel nicht.

Ursachen psychischer Störungen und Erkrankungen

Die Ursachen psychischer Störungen und Krankheiten lassen sich um die Polaritäten somatogen–psychogen und endogen–exogen gruppieren. In Abb. **27** sind sie schematisch wiedergegeben.

Somatogene Erkrankungen. Diese haben eine eindeutige körperliche Ursache (z.B. Hirnverletzung, psychische Erscheinungen bei Schilddrüsenerkrankungen usw.).

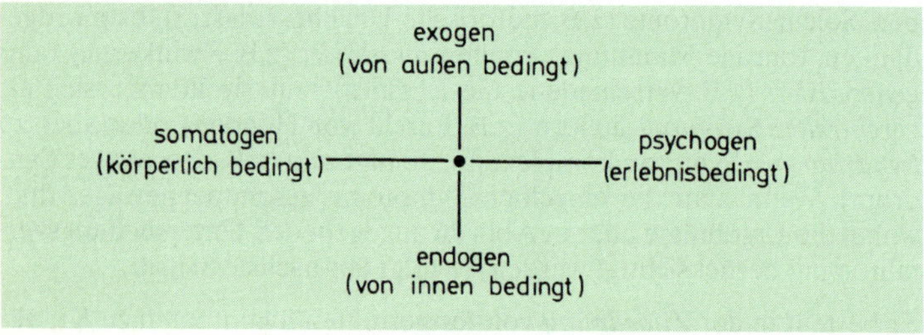

Abb. **27** Ursachen psychischer Störungen und Erkrankungen.

Psychogene Störungen. Sie haben eine psychische Ursache. Die häufigsten psychischen Ursachen sind Erlebnisse, mit denen die Betreffenden nicht fertig werden (sogenannte traumatische Erlebnisse), und Konflikte, Erkrankungen, die durch eine solche „Störung der Erlebnisverarbeitung“ hervorgerufen werden, nennen wir Neurosen.

Exogene Krankheiten. Dies sind Krankheiten, bei denen entweder eine von außerhalb des Körpers kommende Schädigung (z.B. Bakterien, äußere Gewalt) oder eine innerhalb des Körpers, jedoch außerhalb des Gehirnes entstehende Schädigung (z.B. Urämie, Leberkoma) zur Krankheitsursache wird. Die Bezeichnung ist nicht sehr glücklich, weil sie von der Vorstellung ausgeht, daß das Gehirn und die Psyche gegenüber dem restlichen Körper eine Art Außenbezirk darstellen. Man kann die Bezeichnung eigentlich nur als polaren Gegensatz zu dem Begriff endogen verstehen.

Endogene Krankheiten. Diese sind anlagebedingt. Man findet bei ihnen zwar keine faßbaren körperlichen Ursachen, muß diese jedoch vermuten. Nach Kenntnis dieser Definition können wir auch die exogenen Krankheiten besser definieren. Wir fassen sie auf als körperliche, nicht anlagebedingte Erkrankungen.

Die Symptome psychischer Störungen und Erkrankungen können sich sowohl im körperlichen Bereich als auch im seelischen Bereich äußern (körperliche Symptome sind z.B. Herzbeschwerden, Ticerscheinungen, Atemstörungen usw.). Psychische Symptome äußern sich beispielsweise in Angst, Selbstmordgedanken, Gereiztheit, Gedächtnisstörungen usw.). Wie aus Abb. **28** ersichtlich, können sowohl körperliche als auch psychische Symptome endogen, exogen, somatogen oder psychogen verursacht sein.

Psychische Störungen und Erkrankungen gehören in das Fachgebiet der Psychiatrie, weshalb wir hier nicht näher auf sie eingehen können. Es kam uns aber darauf an, den Untersuchungsgang der Psychodiagnostik kurz zu skizzieren und die möglichen Ursachen seelischer Störungen und Erkrankungen aufzuzeigen. Die Psychologie beschäftigt sich, ihren Möglichkeiten entsprechend, am ausführlichsten mit psychogenen (er-

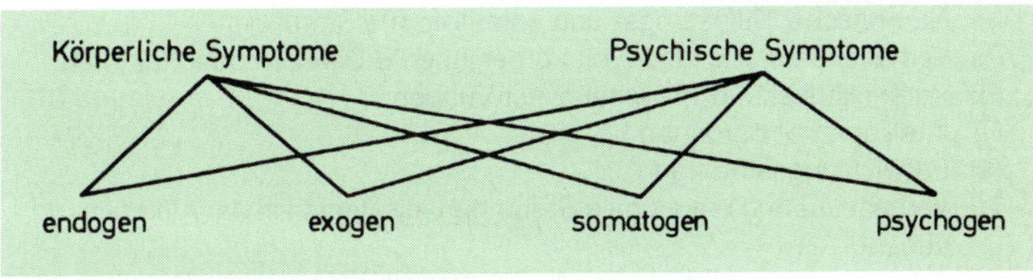

Abb. **28** Ursachen der Symptome psychischer Störungen und Erkrankungen.

lebnisbedingten) Krankheiten und Reaktionen. Sie hat auch entsprechende Behandlungsmethoden entwickelt, auf die wir im nächsten Kapitel eingehen werden. Das tiefenpsychologische Konzept der Neurosenentstehung haben wir auf S. 153 bereits dargestellt.

Psychiatrische Erkrankungen

Psychiatrie ist die Lehre von den seelischen Erkrankungen und ihrer Behandlung. Die in der Psychiatrie vorkommenden Krankheiten äußern sich vorwiegend in psychischen Symptomen, es können jedoch auch körperliche Symptome vorkommen, die eine seelische Ursache haben. Diese stehen jedoch meist nicht im Vordergrund, obwohl gerade körperliche Veränderungen oft die Ursache für das Auftreten psychischer Symptome sind.

Im Rahmen eines Buches, welches sich schwerpunktmäßig mit der *Psychologie* beschäftigt, kann auf die psychiatrischen Erkrankungen nicht im einzelnen eingegangen werden. Es müssen einige kurze Bemerkungen genügen.

Nach dem neuesten von der Weltgesundheitsorganisation herausgegebenen Klassifikationsschema (International Classification of Diseases), welches nun in 10. Auflage vorliegt, werden die wichtigsten psychiatrischen Erkrankungen den in Tab. **7** angeführten Kategorien zugeordnet. Auf alle diese Kategorien wird im folgenden in aller Kürze eingegangen.

Tabelle **7** Die wichtigsten diagnostischen Kategorien der 10. Version des ICD-Schemas (ICD-10)

ICD-Nr.	
F0	Organische, einschließlich symptomatischer psychiatrischer Störungen
F1	Psychische und Verhaltensstörungen durch psychotrope Substanzen
F2	Schizophrenie, schizotype und wahnhafte Störungen
F3	Affektive Störungen
F4	Neurotische, Belastungs- und somatoforme Störungen
F5	Verhaltensauffälligkeiten mit körperlichen Störungen oder Faktoren
F6	Persönlichkeits- und Verhaltensstörungen
F7	Intelligenzminderungen
F8	Entwicklungsstörungen
F9	Verhaltens- und emotionale Störungen mit Beginn in der Kindheit und Jugend

Organische einschließlich symptomatische psychiatrische Störungen (F0)

Unter dieser Bezeichnung werden psychische Erkrankungen zusammengefaßt, deren Ursache auf eine Erkrankung des Gehirns, eine Hirnverletzung oder eine andere Schädigung, die zu einer Hirnfunktionsstörung geführt hat, zurückzuführen ist. Die Hirnfunktionsstörung kann dabei *primär* das Gehirn selbst betreffen (z.B. durch eine Verletzung) oder auch *sekundär* durch eine anderweitige Erkrankung hervorgerufen werden, deren Ausgangspunkt nicht das Gehirn selbst ist. Dieses wird jedoch von der Erkrankung mit ergriffen, z.B. bei Systemerkrankungen.

Die Symptomatik dieser organischen Störungen kann sehr vielfältig sein. Es lassen sich jedoch zwei übergeordnete Gruppierungen von Symptomen herausstellen:

- Störungen der kognitiven Funktionen (z.B. Gedächtnis, Lernen, Denken und Aufmerksamkeit) und
- Störungen im emotionalen und Persönlichkeitsbereich, der Stimmung und der Gefühlssphäre.

Beide Gruppen von Symptomen können sich jedoch auch bei ein und demselben Patienten finden. Die verschiedenen organischen psychischen Störungen können auf allen Altersstufen auftreten. Im Kindesalter haben sie jedoch oft ein anderes Gepräge.

Die wichtigsten psychiatrischen Erkrankungen, die der Kategorie F0 zugeordnet werden, sind: Demenzprozesse (z.B. Alzheimersche Erkrankung), delirante Zustandsbilder, psychische Störungen, die durch eine Funktionseinschränkung des Gehirns bedingt werden, und Veränderungen der Persönlichkeit, welche ebenfalls in einer Hirnschädigung ihre Ursache haben.

Psychische und Verhaltensstörungen durch psychotrope Substanzen (F1)

Unter dieser Bezeichnung wird eine Vielzahl von Krankheitsbildern zusammengefaßt, deren Ursache in der Einnahme von Drogen oder anderen Abhängigkeit erzeugenden Substanzen liegt. Unterschieden werden dabei, unabhängig von der eingenommenen Substanz, mehrere Schweregrade bzw. Abstufungen des Störungsbildes wie die akute Intoxikation (Vergiftung), der schädliche Gebrauch, das Abhängigkeitssyndrom, das Entzugssyndrom, eine psychotische Störung usw.

Zur Kategorie F1 gehören u.a.: Störungen durch Alkohol, durch Opioide, durch Kokain, durch Stimulanzien, durch Halluzinogene usw.

Die Symptomatik dieser einzelnen Krankheitsbilder unterscheidet sich je nach der eingenommenen Substanz, der Dosis und der Kombination mit anderen psychotropen Substanzen. Dementsprechend ist auch die Kategorie „Störungen durch multiplen Substanzgebrauch und Konsum anderer psychotroper Stubstanzen“ (F19) vorgesehen.

Schizophrenie, schizotype und wahnhafte Störungen (F2)

Unter Schizophrenie verstehen wir eine schwere psychiatrische Erkrankung, die häufig mit einer Veränderung der Persönlichkeit, mit Wahn und Halluzinationen einhergeht und deren hervorstechendstes Kennzeichen eine Veränderung des Realitätsbezuges ist. Als *schizotype Störung* bezeichnen wir eine Erkrankung, die zahlreiche Symptome aufweist, welche für die Schizophrenie charakteristisch sind, jedoch kommt es nicht zum Auftreten von Halluzinationen und Wahnphänomenen. Die schizophrenen Erkrankungen werden in mehrere Untergruppen eingeteilt, deren wichtigsten die paranoide (wahnbildende) Schizophrenie, die hebephrene Schizophrenie, die katatone Schizophrenie und die undifferenzierte Schizophrenie sind.

Die Hebephrenie tritt häufig im Jugendalter oder im jungen Erwachsenenalter auf und ist durch das Vorherrschen von Veränderungen im emotional-affektiven Bereich gekennzeichnet, für die katatone Schizophrenie sind motorische Veränderungen charakteristisch (steife negativistische Körperhaltung), die undifferenzierte Schizophrenie läßt sich keinem der genannten Typen eindeutig zuordnen.

Neben der Schizophrenie gibt es eine Reihe von anderen Erkrankungen, bei denen ebenfalls ein Wahn vorkommen kann, die jedoch nicht die Kriterien der Schizophrenie erfüllen.

Affektive Störungen (F3)

Bei diesen Störungen stehen Veränderungen der Stimmung oder Affektivität im Vordergrund, entweder in Richtung einer depressiven Verstimmung, mit oder ohne Angstsymptomatik, oder in Richtung einer gehobenen Stimmung. Die wichtigsten hierzu gehörigen Krankheitsbilder sind:

- manische Episoden mit einer deutlich gehobenen Stimmung,
- bipolare affektive Störungen, bei denen es im Wechsel zu depressiven Verstimmungen und zu manischen Episoden kommt,
- depressive Episoden, die sich wiederholen und deren wesentliche Merkmale eine gedrückte Stimmung, Interessenverlust und eine Verminderung des Antriebs sind.

Je nach Schweregrad unterscheidet man bei den affektiven Störungen leichtere von mittelgradigen und schweren Erkrankungen.

Neurotische, Belastungs- und somatoforme Störungen (F4)

Unter dieser Überschrift wird eine Reihe von Erkrankungen zusammengefaßt, bei denen man eine überwiegende seelische Verursachung vermutet und die sich auch ganz überwiegend in psychischen Symptomen äußern. Die wichtigsten hier zugehörigen Erkrankungen sind:

- die phobische Störung, bei der es zu einer umschriebenen Angst vor bestimmten Objekten (z.B. Tieren, engen Räumen oder weiten Plätzen kommt),
- andere Angststörungen
  (hierunter werden panikartig auftretende Angstsyndrome und Angstsyndrome, die mit depressiver Verstimmung einhergehen, zusammengefaßt),
- die Zwangsstörung, die dadurch gekennzeichnet ist, daß der Patient durch immer wiederkehrende Zwangsgedanken oder Zwangshandlungen beeinträchtigt wird,
- Reaktionen auf schwere Belastungen und Anpassungsstörungen
  (hierbei handelt es sich um psychische Symptome, die nach ungewöhnlich starken Belastungen auftreten [z.B. Tod eines nahen Angehörigen, Opfer von Folterung etc.]),
- Konversionsstörungen, bei denen es durch einen psychischen Konflikt zum Auftreten eines körperlichen Symptoms (z.B. einer psychogenen Lähmung) kommt.

Verhaltensauffälligkeiten mit körperlichen Störungen oder Faktoren (F5)

Hierzu gehört eine Reihe von Erkrankungen, bei denen körperliche Störungen im Vordergrund stehen, wobei man eine seelische Ursache annimmt. Gemeint sind damit z.B. Eßstörungen (Anorexia nervosa und Bulimia nervosa), nicht organisch verursachte Schlafstörungen, sexuelle Funktionsstörungen, die nicht durch eine organische Erkrankung bedingt sind, und der Mißbrauch von Substanzen, die keine Abhängigkeit hervorrufen. Der gemeinsame Nenner aller dieser Störungen ist die ins Auge springende körperliche Symptomatik.

Persönlichkeits- und Verhaltensstörungen (F6)

Persönlichkeitsstörungen sind keine scharf umgrenzbaren Verhaltensmuster, sondern Varianten der emotionalen und kognitiven Ausstattung von Menschen, denen nur in besonderen Fällen Krankheitswert zukommt. Sie werden im Klassifikationssystem ICD-10 gemeinsam mit Verhaltensauffälligkeiten zusammengefaßt, weil auch im Rahmen der Persönlichkeitsstörungen immer abnorme bzw. sehr auffällige Verhaltensweisen vorkommen. Beispiele für Persönlichkeitsstörungen sind: zwanghafte, ängstliche, abhängige, impulsive, dissoziale, schizoide oder paranoide Persönlichkeiten.

Aber auch abnorme Gewohnheiten wie pathologisches Spielen oder pathologische Brandstiftung gehören hierher, ebenso wie Störungen der Geschlechtsidentität (Transsexualismus, Transvestitismus).

Der gemeinsame Nenner aller dieser Störungen (Persönlichkeits- wie Verhaltensstörungen) liegt in der Abweichung ihres Verhaltens von einer uns vorschwebenden Durchschnittsbreite. Insofern unterscheiden sich die Symptome dieser Störungen nicht grundsätzlich vom Verhalten eines sogenannten „Durchschnittsbürgers“, sondern lediglich in ihrem quantitativen Ausmaß.

Intelligenzminderungen (F7)

Unter Intelligenzminderungen (Minderbegabung, Schwachsinn) verstehen wir Varianten der intellektuellen Ausstattung in Richtung einer unterdurchschnittlichen Intelligenz. Traditionellerweise wird die Intelligenz mit Hilfe des Intelligenzquotienten gemessen. Dementsprechend klassifiziert man die Intelligenzminderungen auch nach verschiedenen IQ-Bereichen:

- leichte Intelligenzminderung (IQ-Bereich 50–69),
- mittelgradige Intelligenzminderung (IQ-Bereich 35–49),
- schwere Intelligenzminderung (IQ-Bereich 20–34),
- schwerste Intelligenzminderung (IQ-Bereich unter 20).

Es muß an dieser Stelle darauf hingewiesen werden, daß im unteren Meßbereich häufig nicht genau genug gemessen werden kann, so daß der Intelligenzquotient sich nicht exakt festlegen läßt und mehr auf einer Schätzung beruht. Zum anderen muß beachtet werden, daß der Intelligenzquotient allein nicht hinreichender Maßstab für die intellektuelle Ausstattung eines Menschen ist. Es ergeben sich oft Diskrepanzen zwischen der Intelligenz und den sozialen Fähigkeiten eines Menschen. In diesem Sinne können z.B. Menschen mit einer recht niedrigen Intelligenz relativ gut sozial eingegliedert sein.

Entwicklungsstörungen (F8)

Die unter der Bezeichnung Entwicklungsstörungen zusammengefaßten Erkrankungen sind durch drei Merkmale gekennzeichnet:

- einen Beginn im Kleinkindesalter oder in der Kindheit,
- Verzögerungen und Entwicklungseinschränkungen, die eng mit der biologischen Reifung des zentralen Nervensystems zusammenhängen, und
- einen kontinuierlichen Verlauf, der nicht durch die bei vielen psychiatrischen Erkrankungen bekannten „Rückfälle“ gekennzeichnet ist.

Entwicklungsstörungen können nahezu alle Bereiche aus der menschlichen Entwicklung umfassen. Die bekanntesten Entwicklungsstörungen sind:

- umschriebene Entwicklungsstörungen des Sprechens und der Sprache,
- umschriebene Entwicklungsstörungen schulischer Fertigkeiten (z.B. Lesestörung, Rechenstörung etc.),
- umschriebene Störungen der motorischen Entwicklung,
- kombinierte Entwicklungsstörungen und
- tiefgreifende Entwicklungsstörungen, unter denen am bekanntesten der frühkindliche Autismus (Kanner-Syndrom), die autistische Persönlichkeitsstörung (Asperger-Syndrom) und das Rett-Syndrom sind.

Das gemeinsame Kennzeichen der tiefgreifenden Entwicklungsstörungen liegt darin, daß sie in der Regel bis ins Erwachsenenalter fortdauern und nur schwer therapeutisch zu beeinflussen sind.

Verhaltens- und emotionale Störungen mit Beginn in der Kindheit und Jugend (F9)

Obwohl die unter dieser Überschrift zusammengefaßten Störungen ebenfalls in der Kindheit beginnen, unterscheiden sie sich von den Entwicklungsstörungen dadurch, daß sie stärker situationsabhängig sind, in der Regel nicht so ausgeprägt mit verzögerten Entwicklungsprozessen einhergehen und den sozialen und emotionalen Bereich stärker erfassen. Die bekanntesten hierzu gehörigen Störungen sind:

- hyperkinetische Störungen, die durch eine überschießende Motorik, Aufmerksamkeitsstörungen und impulsives Verhalten gekennzeichnet sind,
- die Störungen des Sozialverhaltens, bei denen es häufig zu oppositionellem, aufsässigem und dissozialem Verhalten kommt,
- die emotionalen Störungen, bei denen häufig Trennungsangst, phobische Ängste und Geschwisterrivalität im Vordergrund stehen,
- Störungen sozialer Funktionen, unter denen der Mutismus (freiwilliges Schweigen aus seelischen Gründen) trotz Intaktheit des Sprechapparates das bekannteste Störungsbild ist,

- Ticstörungen, bei denen es zu umschriebenen Zuckungen im Gesichtsbereich oder auch an anderen Körperstellen kommt, die nicht selten mit dem Ausstoßen von Lauten verbunden sind (Gilles-de-la-Tourette-Syndrom),
- andere Verhaltens- oder emotionale Störungen mit Beginn in Kindheit und Jugend, unter denen das Einnässen, das Einkoten sowie Stottern und Poltern die bekanntesten sind.

Diese kurze Übersicht kann nicht eine eingehendere Beschäftigung mit den psychiatrischen Erkrankungen ersetzen. Hingewiesen sei dabei auf das Thieme Taschenbuch Haupt/Jochheim/Remschmidt: Neurologie und Psychiatrie für Krankenpflegeberufe (7. Auflage 1993) und auf das Taschenbuch: Kinder- und Jugendpsychiatrie von H. Remschmidt (2. Auflage 1987) , ebenfalls Thieme.

Psychosomatische Erkrankungen*

Begriffsbestimmung. Unter der Bezeichnung psychosomatische Erkrankungen fassen wir eine Gruppe von Störungen zusammen, die mit einer körperlichen Symptomatik und einem körperlichen Befund einhergehen, bei denen jedoch psychische Einflüsse als Ursache, Teilursache oder den Krankheitsprozeß aufrechterhaltende Faktoren diskutiert werden. Im Glossar psychiatrischer Erkrankungen der WHO (1973, 3. Aufl.) sind sie umschrieben als „Störungen mit Schädigung des Gewebes oder Anhalten der physiologischen Funktionsstörung, von denen man glaubt, daß emotionale Faktoren in der Ätiologie eine erhebliche Rolle gespielt haben. Die krankhaften Veränderungen spielen sich im allgemeinen im vegetativen Nervensystem ab und wirken sich an einem Organsystem besonders aus".

Von den Organneurosen unterscheiden sich psychosomatische Erkrankungen dadurch, daß sie mit einem faßbaren organischen Befund einhergehen. Im Prinzip können sie sich an allen Organen oder Funktionen manifestieren. Die in der Praxis häufigsten betreffen die Haut, das Atmungssystem, das Herz-Kreislauf-System, die Nahrungsaufnahme und den Verdauungstrakt. Ein Großteil der psychosomatischen Erkrankungen wird in medizinischen Kliniken mit psychosomatischer Ausrichtung oder in eigenen psychosomatischen Abteilungen bzw. Kliniken behandelt. Ein Teil der Patienten wird jedoch auch in psychiatrische Kliniken eingewiesen. Aus diesem Grunde sollten Schwestern und Pfleger in der

* Dieses Kapitel ist weitgehend identisch mit dem Abschnitt Psychosomatische Erkrankungen in dem Taschenbuch Haupt/Jochheim/Remschmidt: Neurologie und Psychiatrie für Krankenpflegeberufe, 7. Aufl. Thieme, Stuttgart 1993.

Psychiatrie die wichtigsten psychosomatischen Störungen kennen. Wir können sie hier nur sehr kurz abhandeln. Zur ausführlichen Information sei auf ein Taschenbuch hingewiesen: W. Bräutigam, P. Christian: Psychosomatische Medizin, 3. Aufl. Thieme, Stuttgart 1981, 5. Aufl. 1992.

Psychosomatische Störungen der Haut

Die Wirksamkeit psychischer Einflüsse wird bei einer ganzen Reihe von Hauterkrankungen diskutiert (Neurodermitis, Ekzem, Urtikaria = Nesselsucht). Für allergische Hauterkrankungen wird auch immer wieder der Zusammenhang mit dem Asthma bronchiale herausgestellt. Als Beispiel für eine psychosomatische Störung der Haut wollen wir das *Ekzem* behandeln.

Ekzem

Das Ekzem, vielfach auch als atopische Dermatitis bezeichnet, ist eine Hauterkrankung, die sich sehr früh (meist innerhalb der ersten beiden Lebensjahre) manifestiert und einen chronischen Verlauf nimmt. Sie ist gekennzeichnet durch Veränderungen der Haut, die sich an charakteristischen Stellen häufen, und durch einen starken Juckreiz. Ein gemeinsames Auftreten von Ekzem, Urtikaria und Asthma bronchiale ist geläufig.

Ursache. Neben erblichen Faktoren werden allergische Prozesse sowie Störungen der Mutter-Kind-Beziehung diskutiert. Gesichert scheint zu sein, daß die davon betroffenen Kinder bereits vor Einsetzen der Erkrankung zu überempfindlichen Hautreaktionen neigen. Diese werden möglicherweise durch spärliche Hautkontakte und einen Mangel an emotionaler Zuwendung gefördert. Die Mutter-Kind-Beziehung soll charakterisiert sein durch Unerwünschtheit und Ablehnung des Kindes. Bekannt ist, daß Einsetzen und Wiederauftreten der Hautveränderungen mit emotionalen Belastungssituationen einhergehen.

Therapie. Die Behandlung ist unterschiedlich, je nachdem welche ursächlichen Komponenten im Vordergrund stehen. Dominieren allergische Momente, so wird eine medikamentöse Behandlung durchgeführt. Bei Vorherrschen psychischer Einflüsse kommen psychotherapeutische Verfahren verschiedenster Art, einschließlich Gruppentherapie, zur Anwendung.

Psychosomatische Störungen der Atmung

Asthma bronchiale

Unter Asthma bronchiale versteht man eine anfallsweise auftretende Atemnot mit verlängertem und erschwertem Exspirium, die auf einem Krampf der glatten Muskulatur, der kleinen Bronchien und Bronchiolen beruht. Eine Häufung asthmatischer Anfälle kann lebensgefährlich sein. Im Intervall liegen meist keine Beschwerden vor.

Häufigkeit. Am häufigsten ist die Erkrankung im 1. Lebensjahrzehnt. Rund 25% der Fälle manifestieren sich vor dem 5. Lebensjahr, wobei Jungen gegenüber Mädchen im Verhältnis 2:1 überwiegen. Um die Pubertät ist eine Besserungstendenz festzustellen. Epidemiologische Untersuchungen haben gezeigt, daß etwa 2% einer größeren Kinderpopulation an Asthma bronchiale leiden.

Ursache. Es werden im wesentlichen drei Theorien diskutiert: Infektionstheorie, Allergietheorie und Theorie der Psychogenese.

Die *Infektionstheorie* betont die Bedeutung entzündlicher Erkrankungen des Atmungstraktes für die spätere Ausbildung eines Asthma bronchiale.

Die *Allergietheorie* führt das Asthma bronchiale im wesentlichen auf die Ausbildung allergischer Reaktionen zurück.

Die *Theorie der Psychogenese* macht seelische Einflüsse verantwortlich, die wiederum spezifischer oder unspezifischer Natur sein können.

Unter *spezifischen* wird eine bestimmte Persönlichkeitsstruktur hervorgehoben, die als ängstlich, abhängig und unfähig zur Äußerung von Emotionen, speziell Aggressionen, angesehen wird oder auch spezifische Konflikte, die im Asthmaanfall einen symbolischen Ausdruck finden. Die Theorien, die *nichtspezifische* Einflüsse in den Vordergrund stellen, machen allgemein bedeutsame Faktoren, wie eine hohe Angstintensität oder auffällige Familieninteraktionen für die Entstehung der Erkrankung verantwortlich. Dabei greifen sie vielfach auf die Lerntheorien zurück. Sowohl die psychoanalytischen als auch die lerntheoretischen Ansätze haben gemeinsam, daß sie die Angstentwicklung und die Angstreduktion mit dem Asthmaanfall in Verbindung bringen. Alle hier angeführten Faktoren werden von manchen Autoren auch auf erbliche Einflüsse zurückgeführt.

Therapie. Unumstritten ist die medikamentöse Behandlung, die in schweren Fällen auf Nebennierenrindenhormone zurückgreifen muß. Auf psychotherapeutischem Gebiet wurden fast alle Methoden, die man sich denken kann, angewandt. Auch verhaltenstherapeutische Techniken wurden immer wieder erprobt. Nicht selten wird bereits durch eine stationäre Aufnahme des Patienten ein Erfolg erzielt, allerdings nicht auf Dauer. Bei begründeten Anhaltspunkten für Konflikte innerhalb der Familie oder für Störungen der Eltern-Kind-Beziehung ist eine Familientherapie angezeigt.

Hyperventilationssyndrom

Bei dieser Störung kommt es in bestimmten, meist angstbesetzten Situationen zu einer forcierten Atmung, die im wesentlichen in einer Frequenzerhöhung der Atemzüge besteht. Durch eine Verschiebung des pH-Wertes im Blut (im Sinne einer Alkalose) entsteht dann die sog. Atmungstetanie. Das Syndrom kommt sowohl im Rahmen der Angstneurose wie der Angsthysterie vor.

Therapie. Im akuten Stadium Wiederzuführung von CO_2 durch einen Atmungsbeutel. Die Behandlung der psychischen Faktoren kann durch autogenes Training, psychoanalytische Verfahren oder Verhaltenstherapie erfolgen. Die Prognose ist relativ günstig.

Psychische Einflüsse werden bei einer ganzen Reihe von Störungen des Atmungstraktes diskutiert (z.B. bei der vasomotorischen Rhinitis, bei der Bronchitis, auch beim gewöhnlichen Schnupfen). Wir können jedoch hier nicht weiter auf sie eingehen.

Psychosomatische Störungen des Herz-Kreislauf-Systems

Zahlreiche Störungen und Erkrankungen des Herz-Kreislauf-Systems werden mit psychischen Faktoren in Verbindung gebracht. Dabei werden diese als *Ursache*, als den Krankheitsverlauf *unterhaltende Momente* oder als *Begleiterscheinungen* betrachtet. Zu ihnen zählt man: Hypertonie und Hypotonie, Herzrhythmusstörungen, die Herzphobie, die Herzhypochondrie und synkopale Zustände. Mitunter wird auch die Migräne dazu gerechnet.

Als Beispiel für eine psychosomatische Erkrankung des Herz-Kreislauf-Systems sei die *Herzphobie* herausgegriffen. Man kann sich bei dieser Störung streiten, ob sie als psychosomatische Erkrankung oder Organneurose aufzufassen ist. Da sie von den meisten Autoren zu den psychosomatischen Erkrankungen gerechnet wird, gehen wir hier ebenfalls davon aus.

Herzphobie

Symptomatik. Die Patienten klagen über einen akut einsetzenden „Herzanfall“, der mit massiver Angst, Herzjagen (Tachykardie von 120–160 Schlägen/min) und der Befürchtung, das Herz könne aussetzen oder stehenbleiben, einhergeht. Gleichzeitig kommt es zu Schweißausbruch und zur forcierten Atmung. Die Symptomatik weitet sich oft in hypochondrischer (Herzbeschwerden, Angst vor Herzinfarkt und Herzstillstand) und phobischer Weise (Platzangst, Raumangst) aus. Die Patienten sind über längere Zeit nicht mehr arbeitsfähig. Herzphobien machen etwa 8% des ambulanten Krankengutes einer psychosomatischen Klinik aus. Betroffen sind meist jüngere Menschen (bis zum 40. Lebensjahr), wobei das männliche Geschlecht leicht überwiegt.

Ursache. Als Ursache werden eine symbiotische Mutter-Kind-Beziehung mit großen Ablösungsschwierigkeiten sowie eine bestimmte Persönlichkeitsstruktur (Unselbständigkeit und Abhängigkeit, Neigung zu depressiven und hypochondrischen Reaktionen) beschrieben.

Therapie. Aufdeckende Psychotherapie mit dem Ziel, die zugrundeliegende Konfliktproblematik zu klären und das Reifedefizit der Persönlichkeit aufzuholen. Im akuten Angstanfall ist eine medikamentöse Behandlung (z.B. durch Valium) angezeigt. Die Prognose ist relativ günstig, insbesondere bei jüngeren Patienten, bei denen die Krankheit noch nicht chronifiziert ist.

Auf weitere psychosomatische Erkrankungen des Herz-Kreislauf-Systems kann hier nicht eingegangen werden.

Psychosomatische Störungen der Nahrungsaufnahme und des Verdauungstraktes

Anorexia nervosa (Pubertätsmagersucht)

Symptomatik. Unter Anorexia nervosa versteht man eine ganz überwiegend bei Mädchen in der Präpubertät und Pubertät auftretende und von psychischen Faktoren abhängige extreme Gewichtsabnahme bzw. Verweigerung der Nahrungsaufnahme, die von der Befürchtung, zu dick zu werden, begleitet ist. Im Laufe der Erkrankung kommt es zur Obstipation, bei Mädchen zum Ausbleiben der Regel, nicht selten bereits vor Einsetzen der Abmagerung. Die Patientinnen versuchen unter allen Umständen, eine fortschreitende Gewichtsabnahme zu erreichen bzw. ein niedriges Gewicht aufrechtzuerhalten. Diesem Zwecke dient die Nahrungsverweigerung, häufig auch Erbrechen sowie der Mißbrauch von Abführmitteln. Nicht selten findet man auch heimliches Naschen bei sonstiger Nahrungsverweigerung. Die Patientinnen sind sehr an ihr Symptom fixiert und überwachen die Nahrungsaufnahme zuweilen mit einem Kalorienplan. Um ihr niedriges Gewicht aufrechtzuerhalten, entfalten sie meist einen gesteigerten Bewegungsdrang. Psychisch sind sie durch starke Sthenizität, Neigung zu depressiven Verstimmungen, ausgeprägten Ehrgeiz, durch hysterische oder schizoide Persönlichkeitszüge sowie eine in der Regel gute Intelligenz gekennzeichnet. Die körperliche Symptomatik ist insgesamt einheitlicher als die psychische.

Ursache. Die Ursache dieser Erkrankung wird nicht einheitlich betrachtet. Die Vorstellungen zur Ätiologie enthalten zwei Gesichtspunkte: die Konstitutionstheorie und die Theorien der Psychogenese.

Die *Konstitutionstheorie* führt die Erkrankung auf genetische Faktoren zurück. Von Verfechtern dieser Theorie wird ins Feld geführt, daß man in Familien von Anorexiapatientinnen häufig Fettleibigkeit findet und einen früheren Eintritt der Menarche beobachtet. Manche Autoren fassen Anorexien auch als Sonderformen endogener Depressionen um die Pubertät auf und interpretieren den gelegentlich beobachteten Übergang in schizophrene Psychosen im Sinne der Konstitutionstheorie. Aufgrund epidemiologischer Untersuchungen ist diesen Thesen jedoch mit Vorsicht zu begegnen.

Die *Theorien zur Psychogenese* betonen unterschiedliche Gesichtspunkte. Allgemein wird anerkannt, daß die Erkrankung bei Mädchen mit der sexuellen Reifungsproblematik und der damit verbundenen Übernahme der weiblichen Geschlechtsrolle zusammenhängt. Die Abwehr gegenüber der weiblichen Rolle wird in Verbindung gebracht mit einer dominierenden Stellung der Mutter in den Familien von Anorexiapatientinnen. Dadurch kommt es zu Identitätskrisen und zu Abwehrmechanismen, wobei die Nahrungsaufnahme mit der Sexualsphäre assoziiert wird und gewissermaßen stellvertretend für die Auseinandersetzung mit der Sexualität steht. Manche Autoren versuchen das Krankheitsbild über Lernerfahrungen zu erklären. Sie machen familiäre Essensgewohnheiten, die große Bedeutung, die man ihnen zumißt und gleichzeitige negative Erlebnisse während des Essens für die Entstehung verantwortlich.

Verlauf und Prognose. Der Krankheitsverlauf ist sehr langwierig. Es wird eine Letalitätsquote zwischen 4 und 15% angegeben. Ein Drittel der Fälle heilt aus, in einem Drittel wandelt sich die Symptomatik, und es bleiben andere psychische Auffälligkeiten zurück. Dem Rest gelingt eine Anpassung, wobei jedoch die Sphäre der Nahrungsaufnahme weiter problematisch und leicht störbar bleibt.

Therapie. Sowohl psychoanalytische als auch lerntheoretische Behandlungsmethoden haben sich bewährt. Beide Ansätze erfordern, wenn auch in unterschiedlicher Weise, eine Einbeziehung der Familie.

Magen- und Zwölffingerdarmgeschwür

Rund 10% der Bevölkerung haben bis zum 60. Lebensjahr irgendwann ein Magen- oder Zwölffingerdarmgeschwür durchgemacht. Das Häufigkeitsmaximum der Erkrankung liegt zwischen 30 und 40 Jahren, die Relation von Magengeschwüren zu Zwölffingerdarmgeschwüren beträgt 1:2 bis 1:3. Männer sind rund dreimal so häufig betroffen wie Frauen (Bräutigam u. Christian 1981).

Die *Symptomatik* ist durch Druckbeschwerden im Oberbauch, Nüchternschmerz, Sodbrennen sowie allgemeine Magenempfindlichkeit gekennzeichnet.

Ursachen. Zur Erklärung der Ursache des Magen- und Zwölffingerdarmgeschwüres werden folgende Faktoren herausgestellt: genetische Einflüsse, Persönlichkeitsfaktoren und familiäre Faktoren.

Genetische Einflüsse. Für ihren Einfluß wird die Tatsache angeführt, daß unter Verwandten von Ulkusträgern rund 2- bis 2,5mal häufiger Magengeschwüre auftreten. In gleicher Richtung wird die bei den meisten Patienten mit Zwölffingerdarmgeschwüren beobachtete Übersekretion des Magens gedeutet.

Persönlichkeitsfaktoren. Die Persönlichkeit der Patienten soll durch folgende Züge gekennzeichnet sein: Passivität, Hemmung, besonders in der Äußerung von Affekten, übermäßig starke Abhängigkeit von der Mutter bei gleichzeitiger Ambivalenz und Unfähigkeit, negative Gefühle auszudrücken.

Familiäre Faktoren. Als wesentliche familiäre Einflüsse werden eine belastende häusliche Situation sowie frühe negative Erfahrungen, insbesondere im Verhältnis zur Mutter, herausgestellt.

Therapie. Erwiesen ist der positive Einfluß von Bettruhe und Nikotinabstinenz. Möglicherweise kommt die Bettruhe einer Regressionstendenz der Patienten entgegen. Voraussetzung für eine effektive Behandlung ist aber immer die Abklärung der individuellen Konfliktlage, was nicht selten auf eine Einbeziehung der Familie hinausläuft. Da der Einfluß von Angst- und Spannungsreaktionen sowie emotionaler Erregung als erwiesen angesehen werden kann, bieten sich auch Entspannungsübungen (z.B. autogenes Training) an. Darüber hinaus wird häufig eine analytisch orientierte Behandlungsform durchgeführt.

Colitis ulcerosa und andere psychosomatische Darmkrankheiten

Symptomatik und Vorkommen. Bei der Colitis ulcerosa handelt es sich um eine häufig akut einsetzende, rezidivierende, unspezifisch-entzündliche Erkrankung des Dickdarms, die durch heftige Leibschmerzen, blutige, schleimige Stühle, Appetit- und Gewichtsverlust gekennzeichnet ist. Von der Erkrankung können alle Altersstufen betroffen sein. Der Häufigkeitsgipfel liegt im 3. oder 4. Lebensjahrzehnt. Kinder und Jugendliche machen etwa 10% aller Krankenhausaufnahmen aus. Die Krankheit ist unabhängig von der sozioökonomischen Situation, hingegen scheint eine kulturspezifische Abhängigkeit vorhanden zu sein.

Ursachen. Heute werden im wesentlichen zwei Theorien diskutiert, die Autoimmunhypothese und die psychosomatische Hypothese.

Autoimmunhypothese. Sie geht von der Beobachtung aus, daß bei Kolitispatienten wiederholt Antikörper gegen die Kolonschleimhaut gefunden wurden. Es ist jedoch noch nicht aufgeklärt, ob derartige Autoimmunreaktionen allein für die Entstehung einer Kolitis verantwortlich gemacht werden können.

Psychosomatische Hypothese. Diese kann sich auf eine Reihe von Faktoren stützen, von denen jedoch keiner für die Verursachung der Erkrankung als hinreichend angesehen werden kann. Unter ihnen hervorzuheben sind:

- Relativ spezifische auslösende Situationen (z.B. schmerzvolle Verlusterlebnisse, familiäre Konfliktsituationen).
- Eine charakteristische Persönlichkeitsstruktur. Nach Ansicht mancher Autoren sollen Kolitispatienten gekennzeichnet sein durch Infantilität, depressive Reaktionsbereitschaft und Aggressionshemmung. Von psychiatrischer Seite wird ein relativ häufiges Zusammentreffen von Kolitis mit depressiven und schizophrenen Psychosen berichtet, was für ein internistisches Krankengut allerdings nicht gilt.
- Mutter-Kind-Beziehung und familiäre Situation. Für die Patienten, besonders für Kinder und Jugendliche, wurde häufig die auch bei anderen psychosomatischen Erkrankungen bekannte symbiotische Mutterbindung beschrieben. Die Mütter von Kolitispatienten werden als perfektionistisch, kontrollierend und dominierend charakterisiert. Es gibt jedoch auch Untersuchungsergebnisse, die damit nicht übereinstimmen. Unter den Kolitispatienten findet man auffällig viele Erstlingskinder, deren Entfaltung in der Phase des frühkindlichen und kindlichen Trotzes behindert worden sein soll.

Therapie. Man kann zwischen einer Therapie im akuten und im chronischen Stadium unterscheiden. Im akuten Stadium überwiegt die somatische Behandlung, jedoch müssen bereits detaillierte Explorationen zur Klärung der psychogen wirksamen Faktoren durchgeführt werden. Bei Erwachsenen wird, sofern eindeutig psychogene Faktoren vorliegen, eine analytisch orientierte Psychotherapie durchgeführt. Bei Kindern ist diese Behandlung nicht angezeigt.

Weitere Darmerkrankungen, für deren Entstehung psychische Faktoren diskutiert werden, sind *Ileitis terminalis*, das *Reizkolon* sowie die psychogen bedingte Diarrhö und *Obstipation*. Auf sie können wir hier nicht näher eingehen.

Weitere psychosomatische Syndrome

Es gibt noch zahlreiche andere Erkrankungen, die der eingangs gegebenen Definition für psychosomatische Syndrome entsprechen. Auch bei vielen Erkrankungen, die zunächst als rein somatisch aufgefaßt wurden, werden heute psychogene Komponenten diskutiert, so bei verschiedenen *endokrinen Störungen* (z.B. bei der Hyperthyreose und beim Diabetes mellitus), bei *rheumatischen Erkrankungen*, bei manchen *gynäkologischen Erkrankungen* und sogar bei Infektionskrankheiten. In dieser Betrachtungsweise zeigt sich auch das zunehmende Bedürfnis, Kranksein sowohl in seiner somatischen als auch in seinen psychischen und psychosozialen Dimensionen, die ja immer alle vorhanden sind, zu begreifen.

Psychotherapie*

Unter Psychotherapie verstehen wir die Behandlung von Krankheiten und psychogenen Störungen durch seelische Mittel. Sie erfordert Einfühlungsvermögen und spezielle Schulung von seiten des behandelnden Arztes, eine intensive Zusammenarbeit mit dem Krankenpflegepersonal und aktive Mitarbeit seitens des Patienten.

In ihrer allgemeinsten Form umfaßt Psychotherapie alles, was dazu geeignet ist, das psychische Befinden des Patienten zu bessern und seine Krankheitssymptome abzumildern. Aus zahlreichen Untersuchungen weiß man, daß allein die Persönlichkeit des Arztes von tiefgreifender Wirkung auf das psychische Verhalten eines Patienten sein kann. Ob sie positiv oder negativ auf ihn einwirkt, hängt natürlich weitgehend vom Wissen, Geschick und Einfühlungsvermögen des Arztes ab.

Aber nicht nur das Verhalten des Arztes, auch die Art und Weise, wie das Pflegepersonal dem Kranken gegenübertritt, kann den Heilungsvorgang stark beeinflussen. Hierbei kommt es vor allem auf Verständnis und Geduld an sowie auf das Bestreben, dem Patienten ein Gefühl der Verläßlichkeit und des Vertrauens zu geben. Gerade das Vertrauensverhältnis zwischen dem Therapeuten und dem Patienten ist für eine erfolgreiche Psychotherapie unabdingbare Voraussetzung. Der Förderung und Erhaltung dieses Vertrauensverhältnisses müssen die Bemühungen aller Mitarbeiter gelten, die mit dem Kranken zu tun haben.

Anwendungsgebiet der Psychotherapie. Eine psychotherapeutische Beeinflussung im weitesten Sinne ist fast bei allen Behandlungsmethoden wirksam. Selbst bei der Anwendung von Medikamenten sind zahl-

---

* Dieses Kapitel ist weitgehend identisch mit dem Abschnitt Psychotherapie in dem Taschenbuch Arns/Jochheim/Remschmidt: Neurologie und Psychiatrie für Krankenpflegeberufe, 5. Aufl. Thieme, Stuttgart 1983.
Die Psychotherapie gehört eigentlich nicht in das Gebiet der Psychologie, soll aber hier wegen des engen klinischen Bezuges dargestellt werden.

reiche psychische Mechanismen mit im Spiel. Die *speziellen* Methoden der Psychotherapie setzt man jedoch bevorzugt dort ein, wo psychische Ursachen oder psychisch stark beeinflußbare vegetative Funktionen im Vordergrund der Krankheitserscheinungen stehen. Zu dieser Gruppe von Störungen rechnet man vor allem

- abnorme psychogene Reaktionen,
- abnorme psychogene Entwicklungen (Neurosen) und
- abnorme Persönlichkeiten.

Psychotherapeutische Methoden werden natürlich noch bei einer ganzen Reihe von seelischen Störungen und Erkrankungen angewandt. Zu nennen wären hier Mißbrauch und Sucht, vegetative Regulationsstörungen, psychosomatische Erkrankungen usw. Selbst bei der Schizophrenie, der Epilepsie und bei hirnorganischen Ausfallserscheinungen hat man mit wechselndem Erfolg psychotherapeutische Methoden angewandt. Natürlich erwartet man bei diesen Erkrankungen keine ursächliche Heilung durch die Psychotherapie, man versucht vielmehr, die Patienten von psychogenen Überlagerungen zu befreien und die in ihrer Persönlichkeit vorhandenen Kräfte des Antriebs und der Initiative anzuregen.

Wir können hier auf die zahlreichen psychotherapeutischen Methoden nur kurz eingehen. Wer sich ausführlicher informieren will, sei auf das Thieme-Taschenbuch von Langen „Psychotherapie" hingewiesen. Es gibt zahlreiche Möglichkeiten psychotherapeutische Verfahren zu klassifizieren. Wir möchten sie im folgenden unter fünf Gesichtspunkten abhandeln, wobei die *Art* der Vorgehensweise als Einteilungskriterium dient. Unter diesem Aspekt unterscheiden wir: Zudeckende Verfahren, aufdeckende Verfahren, Übungsverfahren, die Verhaltenstherapie und die Sozialtherapie.

Stützende (supportive) Verfahren

Hierbei handelt es sich um solche, die die einer Krankheit zugrundeliegenden Erlebnisse und Konflikte dem Patienten nicht bewußt zu machen versuchen, sondern seine Abwehrkräfte und seine Möglichkeiten zur Bewältigung von Schwierigkeiten stärken. Man sollte den Akzent vor allen Dingen auf letzteres legen und diese Verfahren nicht unbedingt im Gegensatz zur analytischen Methode sehen, bei der die Sichtbarmachung des zugrunde liegenden Konfliktes oder Erlebnisses im Vordergrund steht.

Suggestionstherapie

Suggestion heißt nichts anderes als Beeinflussung, wobei in der Behandlung auf Denken, Fühlen und Wollen des Patienten bewußt und planmäßig Einfluß genommen wird. Wesentlich bei der Suggestion ist, daß es zu dieser Beeinflussung unter Umgehung der rationalen Persönlichkeitsanteile kommt. Es findet also eine vorwiegend affektive Beeinflussung statt, deren Wirksamkeit man als sogenannte „affektive Resonanzwirkung" erklärt. Suggestive Momente spielen bei allen ärztlichen Behandlungsmethoden eine Rolle. Bei systematischer Anwendung versucht man, gezielte Suggestionen wirksam werden zu lassen, wobei man die Empfänglichkeit des Patienten für optische oder akustische Beeinflussung nützt. Häufige therapeutische Suggestionen sind nach Langen: „Trösten, Beruhigen, Bagatellisieren, Ignorieren, Ermutigen, Überreden und Überraschen." Die Suggestion erfolgt in der Regel durch eindringliches Zureden (verbale Suggestion) und kann durch Medikamente oder auch physikalische Hilfsmittel (z.B. Elektrisieren) unterstützt werden. Wichtig ist, daß man im Rahmen der Suggestion positive Vorstellungen zu vermitteln versucht und negative Begriffe nach Möglichkeit meidet. Nach Langen haben sich bei der Durchführung der Suggestionstherapie folgende Prinzipien bewährt:

- Herausheben des Wesentlichen,
- positive Aussage,
- kurze Sätze,
- einfache Sprache in Abhängigkeit von der Aufnahmefähigkeit des Patienten,
- Wiederholung mit leichter Variation,
- Steigerung der Aussage.

Der Erfolg der Suggestionsbehandlung ist sehr verschieden, da die Ansprechbarkeit für Suggestionen (Suggestibilität) bei den einzelnen Patienten persönlichkeitsbedingte Schwankungen aufweist. Der Erfolg ist um so größer, je mehr man bei der Behandlung auf die Reaktionsweise und Konfliktlage des Patienten eingeht. Auch die Persönlichkeit des Therapeuten spielt, wie bei allen Formen der Psychotherapie, eine große Rolle.

Ein spezielles Anwendungsgebiet der Suggestionsbehandlung gibt es nicht, man muß bei ihrer Anwendung die Persönlichkeitsstruktur des Patienten zum Ausgangspunkt der Überlegungen machen.

Hypnose

Unter Hypnose verstehen wir einen durch Suggestion herbeigeführten und wieder beendeten schlafähnlichen Zustand, in dem das Bewußtsein auf den Kontakt zum Hypnotiseur eingeengt ist. Äußeren Reizen gegenüber besteht eine deutliche Unempfindlichkeit. Im Zustand der Hypnose werden die Bewußtseinsinhalte (Fühlen, Denken, Vorstellen usw.) nicht mehr vom hypnotisierten Patienten, sondern vom suggerierenden Willen des Therapeuten bestimmt.

Die im hypnotischen Zustand dem Patienten erteilten Suggestionen können sich auf folgende Funktionen auswirken:

- Sinnesempfindung:
  Es können Farben, Klänge, Gerüche usw. suggeriert werden.
- Motorik:
  Suggestion von bestimmten Körperhaltungen oder Bewegungsstarre (Katalepsie).
- Vegetatives Nervensystem:
  Suggestion von Schwitzen, Jucken, Erröten, Verbrennungen, wobei sogar Brandblasen entstehen können.
- Gedächtnis:
  Die Erinnerungsfähigkeit kann durch Hypnose gesteigert werden.

Schließlich sind noch die sogenannten posthypnotischen Aufträge zu erwähnen, bei denen *während* der Hypnose erteilte Anweisungen (z.B. Hinauswerfen eines Taschentuchs aus dem Fenster) *nach* Beendigung der Hypnose ausgeführt werden. Fragt man die Betreffenden nach den Motiven solcher Handlungen, so erfinden sie meist irgendeine Erklärung, weil sie die Hintergründe nicht wissen, aber dieses Unwissen aus Angst vor einer Blamage nicht zugeben möchten. Sie finden also Scheinbegründungen (Rationalisierungen).

Technik der Hypnose. Vor Einleitung der Behandlung sollte ein ausführliches Gespräch zwischen Arzt und Patient über Art und Zweck der Hypnosetherapie geführt werden. Dann wird meist in einem halbdunklen Raum die Hypnose beim entspannt auf einer Couch liegenden Patienten mit der Suggestion von Müdigkeit, Entspannung und Schlaf eingeleitet. Um das Gefühl der Ermüdung leichter zu erreichen, werden Fixierübungen (z.B. Fixieren einer kleinen Kugel oder der Spitze des Reflexhammers) durchgeführt. Dieses Fixieren, untermalt von den mit monoton-einschläfernder Stimme vorgetragenen Suggestionen, führt schließlich, je nach Empfänglichkeit des Patienten, früher oder später zum Zustand der tiefen Hypnose.

Je nach Tiefe der Hypnose unterscheidet man herkömmlicherweise drei Stufen: Die Somnolenz (Schläfrigkeit), die Hypotaxie (mittlerer „Schlaf") und den Somnambulismus (Trancezustand, tiefe Hypnose). In der tiefen Hypnose werden die eigentlichen therapeutischen Suggestionen gegeben. Bei ihrer Beendigung müssen alle gegebenen Suggestionen wieder zurückgenommen werden.

Das Anwendungsgebiet der Hypnose umfaßt folgende Störungen: Organmißempfindungen, psychogene Schmerzzustände, Schlafstörungen, Stottern, Atemstörungen (z.B. psychogenes Asthma).

Schließlich kann die Hypnose auch der Vorbereitung aufdeckender (analytischer) Verfahren dienen oder mit ihnen kombiniert werden. In diesem Zusammenhang könnte man sie auch zu den aufdeckenden Methoden rechnen, bei denen vor allem das gesteigerte Erinnerungsvermögen während der Hypnose ausgenützt wird.

Aufdeckende Verfahren

Die aufdeckenden Methoden haben im Gegensatz zu den zudeckenden, die vorwiegend Symptome bekämpfen, das Ziel, durch eine eingehende Analyse die Ursache einer psychischen Störung aufzufinden, sie dem Patienten bewußt zu machen und ihn so weit zu bringen, daß er sich aktiv mit ihr auseinandersetzt.

Analytische Psychotherapie

Nahezu alle aufdeckenden (analytischen) Verfahren basieren auf den Erkenntnissen der Tiefenpsychologie und der Psychoanalyse. Es würde zu weit führen, hier auf die verschiedenen, zum Teil sehr divergierenden Richtungen der Tiefenpsychologie und Psychoanalyse einzugehen. Es sollen lediglich die gemeinsamen Prinzipien psychoanalytischen Vorgehens dargestellt werden. Es handelt sich dabei im wesentlichen um folgende Thesen (in Anlehnung an K. Horney):

- Im Bereich des Psychischen geschieht nichts zufällig. Alle seelischen Prozesse sind, wie die physikalischen, durch feststellbare Ursachen (kausal) bedingt.
- Der überwiegende Teil unserer Antriebe ist uns unbewußt und affektiv getönt.
- Verdrängung: In Konfliktsituationen werden bestimmte Erlebnisse ins Unbewußte verdrängt, wodurch es zu Scheinlösungen von Problemen kommt. Neben der Verdrängung kennt man noch zahlreiche andere Abwehrmechanismen.
- Gegen das Bewußtwerden verdrängter Vorgänge arbeitet der sogenannte *Widerstand*, dessen Ziel es ist, dem Individuum die peinliche Einsicht in die eigenen Probleme zu ersparen.
- Durch bestimmte Techniken, im Traum und in der freien Assoziation kann der Widerstand überwunden werden, wodurch verdrängte „Komplexe" ins Bewußtsein geholt und gedeutet werden können.
- Ein Großteil der zu psychischen Störungen führenden Konfliktsituationen läßt sich bis in die früheste Kindheit zurückverfolgen. Deshalb wird in der Psychoanalyse auf die Entwicklung in den ersten Lebensjahren besonderer Wert gelegt.
- In der psychotherapeutischen Situation werden viele, ursprünglich auf andere Personen (z.B. Eltern) bezogene affektive Regungen auf den Therapeuten übertragen. Es kann auf diese Weise zu ausgesprochenen Haßgefühlen, aber auch zu Liebe und Zuneigung gegenüber dem Therapeuten kommen (zur Übertragung s.auch S. 158).

Freud faßt alle Verfahren, bei denen die beiden Phänomene Widerstand und Übertragung auftreten, unter dem Begriff Psychoanalyse zusammen.

Indikation zur psychoanalytischen Behandlung. Bei weitem nicht alle psychischen Störungen und Erkrankungen eignen sich für eine psychoanalytische Behandlung. Bevor man eine solche beginnt, muß eine klare Indikation gestellt werden, für die nach Battegay folgende Faktoren wesentlich sind:

1. *Die Neurosenstruktur*
   Man versucht sich zunächst ein Bild von der Art der Neurose zu machen. Die Erfolgschancen sind um so größer, je frischer die Erkrankung ist und je umschriebener die Symptome sind.
2. *Das Alter des Patienten und die Krankheitsdauer*
   Die Erfolgsaussichten sind bei jüngeren Patienten im allgemeinen besser als bei älteren, eine feste Altersgrenze läßt sich jedoch nicht festlegen. Freud vertrat die Ansicht, daß Patienten nach dem 50. Lebensjahr nicht mehr analysiert werden sollten. Diese Meinung wird von den meisten Psychoanalytikern heute nicht mehr geteilt, wenn auch noch heute der Psychoanalyse im höheren Alter berechtigte Skepsis entgegengebracht wird.
3. *Die Intelligenz des Patienten*
   Bei der Psychoanalyse handelt es sich um eine sehr differenzierte Behandlungsmethode, die eine ausreichende Fähigkeit zum Einblick in die eigenen psychischen Vorgänge und Probleme von Patienten verlangt. Deshalb ist eine normale oder überdurchschnittliche Intelligenz in der Regel die Voraussetzung für eine erfolgreiche Psychoanalyse.
4. *Das Verhältnis von Leidensdruck zum sekundären Krankheitsgewinn*
   Wir haben mehrfach darauf hingewiesen, daß manche psychischen Erkrankungen und Symptome mit einem Krankheitsgewinn verbunden sind. Andererseits leiden die Patienten auch unter ihren Symptomen. Eine Behandlung kann jedoch nur erfolgreich sein, wenn der Leidensdruck für den Patienten vordergründiger ist und er bereit ist, schrittweise von dem sekundären Krankheitsgewinn Abstand zu nehmen.
5. *Die soziale Integration des Patienten*
   Als Maßstab dafür wird meist die Ausübung eines Berufes angesehen. Es hat sich eingebürgert, daß nur Patienten in Analyse genommen werden, die einer regelmäßigen Tätigkeit nachgehen.
6. *Einstellung des Analytikers*
   Neben den bisher genannten Kriterien, die ausschließlich auf den Patienten ausgerichtet waren, spielt natürlich bei einer so differenzierten Behandlungsmethode auch die Persönlichkeit des Analytikers eine große Rolle. Es muß geklärt werden, ob auch der Analytiker bereit ist, über längere Zeit mit einem Patienten zusammenzuarbeiten.

Viele Analytiker versuchen, dieses nicht immer leichte Problem durch eine „Probezeit“ von einigen Wochen zu lösen, in der sich Patient und Analytiker über ihre Bereitschaft zur Therapie klar zu werden versuchen.

Technik der Psychoanalyse

Vor Beginn der psychoanalytischen Behandlung wird der Patient zur Einhaltung der sogenannten psychoanalytischen Grundregel verpflichtet. Sie lautet nach Freud: Der Patient „soll uns nicht nur mitteilen, was er absichtlich und gern sagt, was ihm wie in einer Beichte Erleichterung bringt, sondern auch alles andere, was ihm seine Selbstbeobachtung liefert, alles, was ihm in den Sinn kommt, auch wenn es ihm unangenehm zu sagen ist und auch wenn es ihm unwichtig oder sogar unsinnig erscheint“. Nach der klassischen Methode wird der entspannt auf einer Couch liegende Patient aufgefordert, alle seine Gedanken und Einfälle ungeachtet ihres Inhaltes auszusprechen. Diesen freien Einfällen (Assoziationen) soll sich der Patient ohne alles gezielte Nachdenken vollkommen überlassen, und auch der Therapeut soll in diesen Prozeß nicht eingreifen (Abstinenz des Therapeuten). Das Assoziieren wird ergänzt durch die Analyse von Träumen, die der Patient dem Therapeuten erzählt. Alle diese Methoden dienen dazu, verdrängte Komplexe aus dem Unbewußten an das Tageslicht des Bewußtseins zu bringen und in enger Beziehung zu den Problemen des Patienten zu deuten. Der Arzt soll bei der Analyse bewußt im Hintergrund stehen, auch die Deutungen müssen sehr sparsam sein. Es muß möglichst viel dem Patienten selbst überlassen werden.

Die Art und Weise der Deutung des vom Patienten ausgesprochenen „Materials“ richtet sich nach dem Leitbild der jeweiligen psychoanalytischen Schule.

Die bekanntesten psychotherapeutischen Behandlungsmethoden sind die von Freud, Adler und Jung. Darüber hinaus gibt es noch zahlreiche modifizierte Techniken, auf die wir hier nur kurz eingehen können.

Die Freudsche Psychoanalyse

Freud darf als Begründer der Psychoanalyse gelten. Alle anderen Schulen gehen letztlich auf sein Werk zurück. Zentral im Freudschen System steht sein dynamischer Libidobegriff, der im wesentlichen auf die Sexualität bezogen ist. Diese Libido (sexuelle Energie) möchte sich nach dem Lustprinzip „ausleben“, was jedoch durch die gesellschaftlichen Schranken und durch das anerzogene Gewissen (Über-Ich) verhindert wird. Die sexuellen Regungen werden daher gezwungen, andere Wege zu gehen. Sie werden vielfach ins Unbewußte verdrängt oder aber in schöpferische

Impulse umgeformt, die zu künstlerischer Betätigung führen können (Sublimation). Neben Verdrängung und Sublimation kennt man noch eine ganze Reihe anderer Abwehrvorgänge, wie Rationalisierung (nachträgliche Scheinbegründung), Projektion (Zuschreiben eigener Probleme an andere Personen), Regression (Zurückfallen auf frühere, meist kindliche Formen der Konfliktbewältigung) oder Konversion (Transformation psychischer Konflikte in körperliche Symptome). Auf diese Abwehrmechanismen wird an anderen Stellen dieses Buches ausführlicher eingegangen. Bei der Entstehung von psychischen Störungen und Erkrankungen spielen sie eine große Rolle, insbesondere die Verdrängung, die Regression und die Konversion. Weitere wichtige Gesichtspunkte in der Lehre Freuds sind die Entwicklung und die Instanzenlehre.

Die *Entwicklung* ist deshalb so wichtig, weil sich nach Freud fast alle neurotischen Symptome bis in die früheste Kindheit zurückverfolgen lassen. Im Rahmen der Entwicklung unterscheidet Freud die orale, anale und die phallische Phase, die bis etwa zum sechsten Lebensjahr abgeschlossen sind; es folgt dann die sogenannte Latenzzeit bis zur Pubertät.

Die Instanzenlehre beinhaltet eine Dreiteilung der Persönlichkeit (Es, Ich, Über-Ich), von denen das Es die Triebschicht, das Über-Ich eine Art Gewissen und das Ich eine zwischen beiden vermittelnde, vorwiegend bewußte Instanz repräsentiert. Ziel der Therapie ist nach Freud, „aus dem Es Ich zu machen". Im Abschnitt „Tiefenpsychologie" (S. 143) sind wir näher auf die Instanzenlehre eingegangen.

Die Individualpsychologie Adlers

Nach Adler ist der Grundtrieb des Menschen nicht der Geschlechtstrieb, sondern das Macht- und Geltungsstreben. Dieses wird aus mehr konstitutionellen Gründen (z.B. Organminderwertigkeit) oder auch aus Gründen psychischen Versagens an seiner natürlichen Entfaltung gehindert, wodurch es zu starken Minderwertigkeitsgefühlen kommt. Die Minderwertigkeitsgefühle werden vom Patienten durch Überkompensation und allerlei andere Scheinlösungen (sogenannte Arrangements) zu überspielen versucht. Ziel der Therapie ist es, durch die Methode der Ermutigung Minderwertigkeitsgefühle und Überkompensationen abzubauen und den Patienten zu einem gesunden, seinen Kräften angemessenen Leitbild zu führen, das seine Einordnung in die Gemeinschaft ermöglicht. Hinsichtlich des therapeutischen Vorgehens bei der Behandlung unterscheidet Adler drei Schritte:

Der erste Schritt ist als Versuch anzusehen, die Schwierigkeiten und Probleme des Patienten psychologisch zu verstehen. Der Therapeut hat die Aufgabe, sich ein möglichst klares Bild von der Situation des Patienten zu verschaffen.

Der zweite Schritt ist darauf ausgerichtet, „dem Patienten den Mechanismus seines Mißlingens zu erklären und ihn die Gesetze erkennen und verstehen zu lehren, die sein Verhalten beherrschen".

Der dritte Schritt schließlich zielt darauf ab, dem Patienten Wege der Anpassung zu zeigen und ihn zu ermutigen, diese Wege zunächst unter der Supervision des Therapeuten möglichst bald, aber alleine zu beschreiten. Hauptbestreben des Therapeuten ist die *Ermutigung* des Patienten.

Aus diesen wenigen Andeutungen dürfte schon hervorgegangen sein, daß sich die individualpsychologische Therapie Adlers ganz wesentlich von der Psychotherapie im Freudschen Sinne unterscheidet.

Die komplexe Psychologie Jungs

C.G. Jung, ursprünglich Schüler und Mitarbeiter Freuds, hat sich später von Freud getrennt, weil er dessen von der Sexualität beherrschten Libidobegriff nicht mehr akzeptieren konnte. Jung versteht unter Libido nicht die sexuelle Energie, sondern die gesamte psychische Energie. Ein zweiter Gegensatz zwischen den beiden Psychotherapeuten betrifft das Unbewußte. Während Freud nur ein persönliches Unbewußtes kennt, unterscheidet Jung neben diesem noch ein *kollektives* Unbewußtes, dessen Inhalte allen Menschen gemeinsame Urbilder (Archetypen) sind, die in Sagen, Märchen und Mythen aller Völker auftauchen und sich auch in Träumen und Phantasien finden. Beispiele für Archetypen sind „der alte Weise", die „große Mutter", „Animus", „Anima", „Schatten" usw.

Ziel der Behandlung ist es, durch Auffinden der Archetypen die Deutung der Probleme des Patienten über die eigene Person hinaus zu erweitern, andererseits aber auch die Phänomene des kollektiven Unbewußten in die eigene Person mit einzubeziehen. Dazu gehört auch die Konfrontation des Patienten mit seinem eigenen Schatten, d.h. mit der negativen Seite seiner Persönlichkeit.

Auf diese Weise soll schließlich eine optimale Verwirklichung der eigenen Person, die Individuation, erreicht werden.

Ein weiterer, auch auf anderen Gebieten ungemein fruchtbarer Gesichtspunkt der Lehre Jungs ist seine typologische Unterscheidung zwischen introvertierten (nach innen gewandten) und extravertierten (nach außen gerichteten) Persönlichkeiten.

Die Existenzanalyse und Logotherapie Frankls

Frankl sieht die Ursache vieler Neurosen im Verlust des Lebenssinnes (sogenannte noogene Neurosen). Ziel der Behandlung ist es, nach einer Analyse des Patienten und seiner konkreten Lebensschwierigkeiten mit ihm gemeinsam wieder einen Sinn zu finden, den er akzeptieren und zur Grundlage seines Weiterlebens machen kann. Die Therapie im Sinne

Frankls ist vor allem dort angebracht, wo seelische Störungen durch geistige Probleme mitbedingt sind. Frankl bedient sich in seiner Logotherapie vor allem zweier Prinzipien: der paradoxen Intention und der Dereflexion.

Paradoxe Intention

Das Ziel der paradoxen Intention ist es, dem Patienten das nahezubringen und ihn versuchen zu lassen, was er scheut und wovor er Angst hat. Beispielsweise versucht man einen Patienten, der an einer Phobie leidet, mit dem phobischen Objekt so lange in Verbindung zu bringen (und sei es lediglich durch Vorstellen), bis die Angst sich verliert.

Dereflexion

Ziel der Dereflexion ist es, den Patienten vom Symptom bzw. von einer verstärkten Selbstbeobachtung wegzubekommen. Das kann man dadurch erreichen, daß man seine Aufmerksamkeit systematisch auf andere Bereiche lenkt.

Die Logotherapie eignet sich ebenso wie die komplexe Psychologie Jungs zur Behandlung von Lebenskrisen und Schwierigkeiten im mittleren und höheren Lebensalter.

Die neopsychoanalytische Therapie nach Schultz-Hencke

Schultz-Hencke versucht, Gesichtspunkte der Freudschen Analyse, der Individualpsychologie und der komplexen Psychologie zusammenzufassen, wobei die Phänomene Antrieb und Hemmung eine zentrale Stellung einnehmen. Die Neopsychoanalyse versucht, ein Bild von der Persönlichkeit des Patienten unter Berücksichtigung der verschiedenen im Laufe der Entwicklung erlebten Einschränkungen und Hemmungen zu erhalten. Der Patient wird wie bei der Therapie Freudscher Richtung zur Einhaltung der analytischen Grundregel verpflichtet, allerdings stehen im Gegensatz zur klassischen Psychoanalyse aktuelle Probleme im Mittelpunkt der analytischen Arbeit; darüber hinaus kommt der Interpretation eine andere Rolle zu als in der Freudschen Psychoanalyse.

Es existieren noch zahlreiche andere analytisch orientierte psychotherapeutische Behandlungsmethoden, auf die wir hier nicht näher eingehen können.

Erfolgschancen der psychoanalytischen Therapie

Trotz der Verschiedenheit der einzelnen Schulen und Methoden ist auffällig, daß ihre Erfolge in etwa gleich groß sind. Die Angaben über Heilungen schwanken zwischen 40 und 65%. Natürlich sind auf diesem Sektor Angaben mit besonderer Vorsicht zu genießen, da die Heilerfolge schwer überprüfbar sind. Von nichtanalytischer Seite kommt darüber hinaus auch der Einwand, daß unter Umständen ganz elementare Faktoren, die man bei allen Formen der aufdeckenden Psychotherapie findet, wie Vertrauen, ausführliches Gespräch, Möglichkeit zum sprachlichen Abreagieren von Konflikten, für die Erfolge ausschlaggebend sind.

Narkoanalyse

Bei der Narkoanalyse erfolgt die tiefenpsychologische Exploration unter dem Einfluß von narkotischen Medikamenten. Im Zustand einer leichten Beeinflussung des Bewußtseins versucht man, die verdrängten Regungen des Patienten aufzudecken. Selbstverständlich darf eine solche Methode, wie auch die anderen psychotherapeutischen Verfahren, nur mit Einverständnis des Patienten durchgeführt werden. Von der Narkoanalyse erhofft man sich vielfach eine Abkürzung des analytischen Verfahrens.

Übungsverfahren

Autogenes Training (J.H. Schultz)

Beim autogenen Training, auch konzentrative Selbstentspannung genannt, wird durch bestimmte Übungen eine Art hypnotischer Ruhezustand erzeugt, in dem die Beeinflussung vegetativer Funktionen (z.B. Regulierung der Durchblutung oder der Atemtätigkeit) möglich ist. Im Gegensatz zur Hypnose wird der Entspannungs- und Ruhezustand vom Patienten selbst erzeugt. Das autogene Training hat die Hypnose heute weitgehend verdrängt.

Technik

Die einzelnen Übungen sollten anfangs nur unter ärztlicher Anleitung und Aufsicht durchgeführt werden. Sie beginnen damit, daß der Übende eine entspannte Haltung einnimmt. Als günstig haben sich die horizontale Lage und die sogenannte Droschkenkutscherhaltung erwiesen, bei der der Oberkörper schlaff in sich zusammenfällt, die Oberschenkel gespreizt werden und die Unterarme locker auf die Oberschenkel gelegt werden. Die Entspannung wird durch Autosuggestionen, wie „ich bin ganz ruhig", und die Vorstellung beruhigender Bilder verstärkt. Anschließend beginnt man mit den Übungen, wobei man bis zur Beherrschung einer Übung, bei täglichem Üben von dreimal drei Minuten, eine Zeit von etwa 14 Tagen veranschlagt. Die sechs Übungen werden in folgender Reihenfolge durchgeführt:

Schwereübung: Die Übung beginnt mit dem formelhaften Sichvorsagen: „Mein rechter Arm ist ganz schwer" (bei Linkshändern der linke), wobei man sich die Schwere gleichzeitig in irgendeiner Form vorstellt. Vor Beendigung der Übung müssen die Suggestionen wieder zurückgenommen werden. Dies geschieht durch die Formel: „Arme fest anziehen, tief einatmen, Augen auf." Wenn die Übung gelungen ist, geht man in gleicher Weise zur Schwereübung der Beine über.

Wärmeübung: Formelhafte Suggestion: „Der rechte Arm ist warm, ganz warm." Später wird wieder die entsprechende Beinübung durchgeführt.

Herzübung: Man suggeriert sich die Formel: „Herz schlägt ganz ruhig." Man kann diese Übung dadurch erleichtern, daß man die rechte Hand entspannt auf die Herzgegend legt, um ein besseres Gefühl für die Herztätigkeit und ihre Beeinflussung zu bekommen.

Atemübung: Formelhafte Suggestion: „Atem ganz ruhig, es atmet mich."

Sonnengeflechtsübung (Regulierung der Durchblutung und der Bauchorgane): Das Sonnengeflecht ist ein Ganglion, das für die vegetative Regulation der Bauchorgane mitverantwortlich ist. Mit der Sonnengeflechtsübung: „Sonnengeflecht strömend warm", soll ein Gefühl der Wärme im Bauchraum erzeugt werden. Die Übung kann man durch die Vorstellung unterstützen, man atme bis hinunter in den Bauchraum.

Kopfübung: Die formelhafte Suggestion lautet: „Stirn angenehm kühl."

Alle Übungen muß man durch Zurücknehmen der Suggestion beenden. Wenn diese Übungen konsequent durchgeführt werden, gelangt man schließlich so weit, daß man sich in jeder Umgebung entspannen und seine vegetativen Regulationen beeinflussen kann.

Anwendungsgebiet

Das autogene Training kann bei sehr vielen psychogenen Störungen und Erkrankungen angewandt werden, vor allem bei Schlafstörungen, vegetativer Labilität, psychogenem Asthma und Kopfschmerzen, funktionellen Herzbeschwerden und Magen-Darm-Störungen. Darüber hinaus kann es natürlich auch bei der Bekämpfung vegetativer Fehlregulationen, die keinen Krankheitswert haben, wie z.B. Angst vor schwierigen Entscheidungen, kalte Füße, innere Verspannung usw., von großer Hilfe sein.

Gestufte Aktivhypnose (E. Kretschmer)

Die gestufte Aktivhypnose ist ein kombiniertes Übungsverfahren, das Elemente des autogenen Trainings und der Hypnose vereinigt. Zunächst wird das autogene Training bis zur Beherrschung der Schwere- und Wärmeübung erlernt, dann wird durch Fixierübungen ein hypnoider Zustand herbeigeführt.

Zweigleisige Standardmethode (E. Kretschmer)

Sie stellt eine Kombination zwischen gestufter Aktivhypnose und einer kurzen Psychoanalyse dar. Das Verfahren hat den Vorteil, daß man einen Teil der durch die Analyse aufgedeckten Symptome durch Übungen gleich aktiv angehen kann. Dies geschieht durch spruchbandartige, formelhafte Suggestionen.

Verhaltenstherapie

Die Verhaltenstherapie befaßt sich mit der *direkten* Beeinflussung des Verhaltens. Direkt heißt, daß das vorliegende Krankheitssymptom ohne Umwege über seine verschiedenen Entstehungsbedingungen gezielt angegangen wird.

Grundlagen

Die Grundlagen der Verhaltenstherapie sind die Lerntheorien. Der Begriff Lerntheorie umfaßt viel mehr als das, was wir im täglichen Sprachgebrauch als Lernen bezeichnen. Wenn wir in der Umgangssprache von Lernen sprechen, so meinen wir vorwiegend das schulische oder an die Schule gebundene Lernen. Lernen im weiteren Sinne umfaßt aber nahezu alles menschliche Verhalten. Ob es sich um die Reinlichkeitserziehung der Kinder, das Spielen auf einem Musikinstrument oder um Autofahren handelt, immer sind Lernprozesse entscheidend beteiligt.

Unser Lernen geschieht nach bestimmten Bedingungen, die die Psychologie anhand der sogenannten Lerngesetze näher zu präzisieren versucht. Auf die Lerngesetze sind wir auf S. 44 ausführlich eingegangen. Es sei hier lediglich an die beiden wichtigsten Arten des Lernens erinnert: An das Lernen nach dem Prinzip des bedingten Reflexes und an das Lernen am Erfolg.

Ein sehr wichtiges Prinzip für die Verhaltenstherapie ist das der Generalisation: Zahlreiche Behandlungsversuche haben gezeigt, daß das in der therapeutischen Situation erlernte erwünschte Verhalten die Tendenz hat, auch in anderen Situationen aufzutreten, die mit der therapeutischen Situation verwandt sind. Dieses Phänomen wird als Generalisation bezeichnet.

Es erklärt die Tatsache, daß wir auch in unvorhergesehenen und unerwarteten (also unbekannten) Situationen richtig reagieren können; wir sind also nicht nur von den bereits erlebten Situationen abhängig, unser Verhalten hat die Möglichkeit zur Generalisation.

Die Verhaltenstherapie geht nun davon aus, daß, wie nahezu alle menschlichen Reaktionen, auch Krankheitssymptome (insbesondere neurotische Symptome) erlernt werden können.

Neurotische Verhaltensweisen sind solche, die von den Verhaltensnormen der Gesellschaft abweichen, d.h. neurotisches Verhalten ist fehlangepaßt. Diese Fehlanpassung ist nach Ansicht der Verhaltenstherapeuten erlernt.

Unter den krankhaften (neurotischen) Verhaltensweisen können wir nach Eysenck zwei Arten unterscheiden:

1. Solche, bei denen sich falsche bzw. unerwünschte Reaktionen ausgebildet haben. Sie können sowohl nach dem Prinzip des bedingten Reflexes als auch nach dem des Lernens am Erfolg entstanden sein. Beispiele: Phobien, Angstzustände, Zwänge.
2. Solche, bei denen bedingte Reaktionen, die normalerweise zur Ausbildung erwünschten Verhaltens führen, in der Entwicklung gefehlt haben.
   Beispiele: Bettnässen, Einkoten, sexuelle Perversionen, Psychopathien.

Das Ziel der Verhaltenstherapie ist nun, diese Störungen direkt zu beeinflussen, wobei sie sich der Lerngesetze, besonders des Lernens am Erfolg, bedient.

Ihr Prinzip lautet:

- Erwünschtes Verhalten wird belohnt (verstärkt),
- unerwünschtes Verhalten wird bestraft bzw. nicht beachtet.

Dieser Grundsatz ist eigentlich nichts Neues. Jede Erziehung arbeitet auf seiner Grundlage. In der Verhaltenstherapie wird er jedoch viel systematischer als sonst befolgt, und alle Verhaltensänderungen des Patienten werden genau protokolliert.

Anwendungsgebiete der Verhaltenstherapie. Sie hat sich besonders bei neurotischen Störungen bewährt. Umfangreiche Erfahrungen liegen vor für die Behandlung von motorischen Störungen (wie Jaktationen, Tics), Sprachstörungen, Phobien, sowie kindliche Verhaltensstörungen (z.B. Einnässen, Einkoten, Aggressivität usw.).

Wie bei allen gezielten Behandlungsmethoden muß auch der Stationsbetrieb entsprechend umorganisiert werden. Schwestern und Pfleger müssen über die Grundprinzipien der Therapie Bescheid wissen; denn auch außerhalb der Therapiestunden muß der Behandlungsplan genau eingehalten werden. Durch andersartige Beeinflussung der Patienten außerhalb der Therapiestunden wird der Erfolg fragwürdig. Hingegen können Verhaltensweisen der Patienten, die im Sinne des therapeutischen Zieles liegen, auch außerhalb der Behandlungszeit gefördert werden.

Familientherapie

Eine Therapieform, die sich ausschließlich auf die individuellen Probleme eines Patienten bezieht, erfaßt häufig nur einen Teilbereich der Problematik. In ihrem Erleben und Verhalten ist jede einzelne Person eng auf die Verhaltensweisen ihrer Mitmenschen bezogen. Besonders deutlich wird dies bei den Mitgliedern einer Familie, die sich in ihrem Verhalten aufeinander abstimmen und sich wechselseitig beeinflussen.

Psychopathologische Symptome eines Familienmitgliedes sind unter diesem Aspekt nicht nur Ausdruck einer individuellen Störung oder Erkrankung, darüber hinaus weisen sie auf eine Problematik im Beziehungsgefüge der Familie hin. Die Art und Weise wie Familienmitglieder miteinander umgehen, ist in vielen Fällen Grundlage und Ausgangspunkt für die Entwicklung der Symptomatik. Selbst wenn dies nicht der Fall ist, so werden doch oft die Symptome des Patienten durch die familiären Interaktionen aufrechterhalten oder verstärkt. Dies trifft sogar dann zu, wenn es sich um eine rein körperlich verursachte Erkrankung handelt, wie z.B. bei einer geistigen Behinderung oder einem organischen Psychosyndrom. In solchen Fällen kann ein familientherapeutisches Eingreifen sinnvoll sein, um z.B. die Familie im Umgang mit der Erkrankung oder Behinderung zu unterstützen. Überall dort, wo die individuelle Problematik Ausdruck eines zugrundeliegenden Beziehungsproblems ist, hat die Familientherapie ihr wichtigstes Anwendungsfeld. Von Familientherapie sprechen wir dann, wenn der Schwerpunkt der Therapie auf der Veränderung der familiären Beziehungen liegt.

Voraussetzung für eine Familientherapie ist eine *Diagnostik*, in der die Indikation für die vorgesehene Therapie genau abgeklärt wird. Abhängig vom individuellen Krankheitsbild, von der Art der Familienprobleme und von den Kooperationsmöglichkeiten der Familie, ist zu entscheiden, ob überhaupt eine Familientherapie angezeigt ist, ob sie als alleinige Therapieform oder in Kombination mit anderen therapeutischen Maßnahmen durchgeführt werden soll. Darüber hinaus ist zu klären, welche Personen an der Therapie teilnehmen, mit welcher Häufigkeit die Sitzungen stattfinden und wo der inhaltliche Schwerpunkt liegen soll.

Die wichtigste diagnostische wie auch familientherapeutische Methode ist das *gemeinsame Gespräch* mit der Familie. In diagnostischer Hinsicht dient das Gespräch dem Therapeuten dazu, ein Verständnis für die Familie zu gewinnen. Zu diesem Zweck kann er beispielsweise die folgenden Fragen stellen: Was sind die wichtigsten individuellen Problembereiche des Patienten und der anderen Familienmitglieder? Was sind die wichtigsten Probleme der Familie insgesamt?

Wie sind die emotionalen Beziehungen der Familienmitglieder untereinander? Wie sind die Aufgaben und Machtverhältnisse in der Familie verteilt? Wie hängen die individuellen und familiären Probleme mit diesen Beziehungen in der Familie zusammen? Welchen Stellenwert haben die Probleme, die zur Vorstellung führen im familiären Beziehungsgefüge? Welche positiven Bewältigungsmöglichkeiten und Fähigkeiten lassen die Familienmitglieder erkennen? Welche Bewältigungsformen für Konflikte und andere Probleme stehen der Familie zur Verfügung?

Therapeutische Prinzipien:

Ebenso wichtig wie die diagnostischen Aufgaben sind schon vom ersten Kontakt an die therapeutischen Aspekte. Im Gespräch mit der Familie orientiert sich der Therapeut an Prinzipien, die eine vertrauensvolle Zusammenarbeit mit der Familie und therapeutische Veränderungen in der Familie ermöglichen sollen.

Zu diesen Prinzipien gehören:

1. Transparenz: Die Überschaubarkeit der Therapiesituation und die vollständige Information der Familie sind Voraussetzungen dafür, daß sich die Familie im Umgang mit dem Therapeuten sicher fühlen kann. Beispielsweise teilt der Therapeut, wenn er Vorinformationen über die Familie hat, seinen Kenntnisstand der Familie offen mit. Auch für den Fall, daß Videoaufnahmen gemacht werden oder ein Kollege das Gespräch am Einwegspiegel verfolgt, wird der Zweck dieses Vorgehens erläutert und das Einverständnis der Familie eingeholt. Wenn die Familie keinerlei Verständnis dafür hat, warum alle Mitglieder wegen der „Krankheit“ eines einzelnen eingeladen wurden, ist es wichtig, daß der Therapeut ihr den Zweck des Gespräches erläutert.
2. Neutralität: Nach dem Motto „jeder ist wichtig“ werden alle Familienmitglieder gebeten, die aktuellen Probleme aus ihrer Sicht zu schildern. Der Therapeut befragt reihum alle Familienmitglieder und betont dabei, daß jeder die Situation von einem eigenen Standpunkt aus betrachtet und daß es für ihn wichtig und nützlich ist, die persönliche Einstellung jedes einzelnen kennenzulernen. Der Therapeut versucht in seiner Einstellung neutral zu bleiben, d.h., er ergreift nicht Partei für oder gegen ein Familienmitglied.
3. Wahrnehmen, Verstehen und Akzeptieren: Im Gespräch soll sich der Therapeut ganz auf die Beobachtung und Wahrnehmung der Familie konzentrieren und vorschnelle Beurteilungen vermeiden. Das Gespräch wird um so produktiver und ergiebiger verlaufen, wenn der Therapeut in der Lage ist, die Schilderungen, so wie sie ihm gegeben werden, zu akzeptieren. Er kritisiert oder bewertet die Familienmitglieder nicht, die Darstellungen jedes einzelnen wird er deshalb auch nicht als unangemessen verurteilen, sondern als persönlichen Ausdruck ernst nehmen.
4. Positive Hervorhebung und Orientierung auf mögliche Veränderungen: In den geschilderten Schwierigkeiten, die oft einseitig von der

Familie als negativ geschildert werden und in denen die Familie nur Fehlschläge erblickt, zeigt der Therapeut positive Aspekte auf und hebt die für die weitere Entwicklung produktiven Ansätze hervor. Er würdigt dabei das Vertrauen, das die Familie ihm schenkt und die Bereitschaft zur Zusammenarbeit.

An diese Prinzipien, an denen sich der Therapeut in den Kontakten mit der Familie orientiert, können weiterreichende und spezifischere Interventionsmethoden (Therapietechniken) anknüpfen. Es handelt sich dabei entweder um Methoden, die sich auf die Interaktion direkt in der Familiensitzung richten, z.B. spezielle familientherapeutische Gesprächstechniken („zirkuläre Befragung") oder auch nicht verbale bzw. aktionale Methoden (z.B. Rollenspiele oder die „Familienskulptur"). Andere Methoden richten sich auf die Familieninteraktion zwischen den Sitzungen. Hierbei handelt es sich meist um Anweisungen (Ratschläge, „Verträge", „Verschreibungen"), die der Therapeut der Familie mit nach Hause gibt. Dabei wird unterschieden zwischen direkten (z.B. Registrierung der Symptomhäufigkeit) und komplexen bzw. paradoxen Anweisungen, z.B. „Symptomverschreibung".

Sozialtherapie

Beschäftigungstherapie

Mit Hilfe der Beschäftigungstherapie versucht man, durch vorwiegend musisches und kunsthandwerkliches Arbeiten (Malen, Modellieren, Schnitzen, Weben) schöpferische und gestalterische Kräfte im Patienten zu wecken. Musische Betätigungen sind auch vorteilhaft zur Abreaktion von aggressiven Impulsen (besonders bei Kindern) und zur allgemeinen psychischen Lockerung. Als „Ausdrucksphänomene" können sie auch diagnostische Hinweise geben.

Die Beschäftigungstherapie vollzieht sich vorwiegend in Gruppen, was neben der Förderung der genannten schöpferischen Impulse auch Stimmung und Initiative anhebt und die Eingliederung in eine Gemeinschaft erleichtert. Im Rahmen der Beschäftigungstherapie lassen sich zahlreiche Beobachtungen machen, die für die weitere Behandlung des Patienten außerordentlich wichtig sein können. Die beiden Gesichtspunkte, auf die der Beschäftigungstherapeut achtet, sind: Arbeitsweise und Sozialverhalten. Hinsichtlich der Arbeitsweise ist wichtig, ob der Patient selbständig arbeitet oder nur unter Anleitung, ob er gründlich und konsequent arbeitet, ob er mit dem Material richtig umgeht usw. Was das Sozialverhalten betrifft, so achtet man auf sein Kontaktverhalten (sucht er Kontakte oder meidet er sie), auf seine Stellung innerhalb der Gruppe und auf das Verhältnis zum Therapeuten.

Die Beschäftigungstherapie ist ein Durchgangsstadium der Behandlung, deren Ziel es ist, den Patienten für die etwas höheren Anforderungen der Arbeitstherapie vorzubereiten.

Arbeitstherapie

Der Arbeitstherapie geht es darum, den Patienten mit Hilfe eines Systems gestufter Anforderungen wieder leistungsfähig und belastbar zu machen. Die zu verrichtende Arbeit muß notwendig und sinnvoll sein, der Patient soll ihre Bedeutung erkennen, die Arbeit soll gewisse Anforderungen an Ausdauer und Gewissenhaftigkeit stellen und möglichst gemeinsam mit anderen durchgeführt werden. Auch hierbei spielt die Gruppengemeinschaft eine bedeutsame Rolle. Wer der Arbeitstherapie innerhalb der Klinik oder Anstalt gewachsen war, kann bald in einem benachbarten Betrieb beschäftigt werden. Man versucht zu diesem Zweck, einige Patienten im Rahmen sogenannter „industrieller Arbeitsgruppen" zusammenzufassen und unter schrittweiser Steigerung der Arbeitsanforderung in Betrieben der freien Wirtschaft einzusetzen. Das Gefühl, nicht allein zu sein, sondern gemeinsam nach längerer Krankheit wieder „ins freie Leben" hinauszugelangen, vermittelt dem Patienten ein Gefühl der Geborgenheit und des Schutzes. Allmählich versucht man dann die Patienten so weit zu verselbständigen, daß sie z.B. im Rahmen einer Nachtklinik nur noch zum Schlafen ins Krankenhaus kommen, sich aber sonst frei bewegen. Der nächste Schritt ist dann die vollständige Eingliederung in eine Umgebung außerhalb der Klinik.

Milieutherapie

Bei ihr soll für den Kranken ein optimales Milieu geschaffen werden, das eine reibungslose Entfaltung seiner Persönlichkeit ermöglicht. Es ist verständlich, daß eine solche Form der Behandlung mit unzähligen Faktoren zu rechnen hat und deshalb immer nur ein Versuch bleiben kann. Aufklärung der Familienangehörigen, Veränderungen des beruflichen Milieus sind nur einige Maßnahmen, die man ergreifen muß. Eine enge Zusammenarbeit zwischen Klinik, Fürsorge und Jugendämtern ist unbedingt notwendig. Das Indikationsgebiet der Milieutherapie erstreckt sich vor allem auf verwahrloste (milieugeschädigte) Kinder und Jugendliche, aber auch auf psychogene Schwierigkeiten Erwachsener in Familie und Beruf.

Gruppentherapie

Unter den Gesichtspunkten der modernen Gruppentherapie haben sich die Stationen vieler psychiatrischer Krankenhäuser grundlegend gewandelt. Die Gruppentherapie versucht Probleme und Schwierigkeiten der Patienten durch eine Aussprache in der Gemeinschaft anzugehen. Dabei ergeben sich eine ganze Reihe von sogenannten Interaktionen (Wechselwirkungen) zwischen dem Therapeuten und den Gruppenmitgliedern sowie zwischen den Gruppenmitgliedern untereinander. Angestrebt wird dabei eine *therapeutische Gemeinschaft.* Darunter versteht man eine Art Großgruppe, die aus Patienten, Schwestern, Pflegern, Ärzten und allen anderen, die mit den Patienten zu tun haben, besteht und deren Ziel es ist, die optimalen Voraussetzungen für die Besserung oder Heilung ihrer kranken Mitglieder zu schaffen. Im Gegensatz zur herkömmlichen Stationsgliederung versucht man, auf hierarchische Strukturen weitgehend zu verzichten, und verteilt Kompetenzen und Initiativen in abgestufter Weise auf möglichst viele Gruppenmitglieder. Die Hauptaufgaben der therapeutischen Gemeinschaft bestehen nach Napolitani darin, daß

- „das krankhafte Verhalten des einzelnen der Gruppe deutlich wird und daß der einzelne durch die Gruppe darauf aufmerksam gemacht werden kann;
- die Gruppe und der einzelne sich bemühen, dieses krankhafte Verhalten zu verstehen;
- diejenigen Situationen gefördert werden, die korrigierende Erfahrungen ermöglichen;
- die gesunden Seiten der Persönlichkeit durch die Gruppe anerkannt und durch adäquate Rollen entwickelt werden".

Im Rahmen solcher therapeutischen Gemeinschaften werden in Form von Gruppengesprächen alltägliche Probleme, die sich aus dem Gemeinschaftsleben ergeben, und auch persönliche Schwierigkeiten und Differenzen ausführlich besprochen. Gespräche dieser Art tragen ganz wesentlich dazu bei, daß eine Atmosphäre der Offenheit, des Vertrauens und des Verstehens entsteht. Sie verhindern zugleich auch unterschwellige Spannungen und die Ansammlung von Aggressionen, die sich dann explosionsartig entladen. Der wesentliche therapeutische Vorgang in einer solchen Gemeinschaft geschieht nach Jones nach dem Prinzip des „sozialen Lernens". Soziales Lernen heißt, daß die Patienten durch gruppendynamische Prozesse und Vorgänge wieder zu einer Anpassung an eine Gemeinschaft geführt werden.

Bei der *analytischen Gruppentherapie* werden Konflikte und Probleme der Patienten unter der unauffälligen Leitung eines Therapeuten diskutiert. Über das Kennenlernen der Probleme anderer, die häufig ähnlicher Natur sind, entsteht die Bereitschaft zu verstehen und schließlich ein Zugang zur Gemeinschaft. Wie bei der analytischen Einzeltherapie können auch hier die Phänomene Widerstand und Übertragung auftreten und sich unter Umständen sehr störend bemerkbar machen. Deshalb muß mit besonderer Sorgfalt auf die Zusammensetzung der Gruppe geachtet werden. Die Leitung einer analytischen Gruppentherapie erfordert vom Therapeuten sehr viel Geschick und Menschenkenntnis.

Das Psychodrama (Moreno) ist eine besondere Form der Gruppentherapie, bei der die Patienten im freien Spiel und in selbstgewählten Szenen ihre Affekte und aggressiven Regungen abreagieren. Durch nachträgliche Aussprache können verdrängte Komplexe und Konfliktlagen bewußt gemacht und in ihrer Bedeutung für die eigene Person erkannt werden. Je nachdem, auf welche Bereiche der Schwerpunkt beim Psychodrama gelegt wird, unterscheiden wir das Soziodrama (es werden vorwiegend soziale Probleme behandelt) vom Axiodrama (Kernproblem sind ethische und moralische Werte).

Psychologie im Krankenhaus

Der nun folgende Teil des Buches behandelt die psychologischen Probleme, die sich für Arzt, Schwester und Patient im Krankenhaus stellen. Anzahl und Art der Probleme sind so zahlreich und so vielgestaltig, daß sie hier nicht erschöpfend dargestellt werden können. Wir müssen uns damit begnügen, die wichtigsten herauszugreifen. Dabei wollen wir jeweils so vorgehen, daß die in den beiden ersten Teilen des Buches erarbeiteten Kenntnisse jeweils auf die Situation im Krankenhaus angewandt werden. Soziologische Gesichtspunkte werden, soweit sie für das Verständnis psychologischer Zusammenhänge wichtig sind, mit einbezogen.

Sozialgefüge des Krankenhauses

Personelle Struktur

Die Atmosphäre, die den Patienten im Krankenhaus erwartet, hängt von verschiedenen Faktoren ab. Sie wird beeinflußt durch viele subjektive Momente, die im Erleben des Patienten liegen, durch das Verhalten des Krankenhauspersonals, z.B. durch die Güte der Zusammenarbeit unter allen Mitarbeitern, aber auch durch allgemeine Organisationsformen der personellen Strukturen, die in fast allen Krankenhäusern identisch sind. Von dieser personellen Struktur soll nun die Rede sein.

Die drei Funktionskreise

Der Patient, der ein Krankenhaus betritt, sieht sich drei verschiedenen Funktionskreisen gegenübergestellt: dem medizinischen, dem pflegerischen und dem Funktionskreis der Verwaltung. Jeder dieser Funktionskreise stellt ein in sich hierarchisch gegliedertes Gebilde dar, das in gewissen Grenzen autonom ist.

Das bedeutet, daß es in jedem Funktionskreis Kompetenzen gibt, die nur *innerhalb* dieses Funktionskreises geregelt werden können. So werden alle organisatorischen Belange, die die Schwestern und Pfleger betreffen, von der Oberschwester oder vom Oberpfleger geregelt, die rein ärztlichen Belange werden von den Chefärzten und Oberärzten wahrgenommen, und für Fragen der Verwaltung ist der Verwaltungsdirektor in letzter Instanz zuständig. Innerhalb solcher Kompetenzen bewegt sich auch die Weisungsgebundenheit. Beispielsweise ist ein Stationsarzt gegenüber den auf Station arbeitenden Schwestern weisungsbefugt, wenn es sich um ärztliche oder pflegerische Verordnungen handelt, nicht weisungsberechtigt ist er jedoch in Angelegenheiten der Diensteinteilung, Urlaubsregelung usw. der Schwestern und Pfleger. Er ist auch nicht weisungsbefugt gegenüber Mitarbeitern der Verwaltung, d.h., seine Kompetenzen bewegen sich lediglich auf dem medizinischen Sektor und betreffen Personal anderer Funktionskreise nur dann, wenn diese mit der Durchführung medizinischer oder pflegerischer Maßnahmen befaßt sind.

Die drei Funktionskreise sind jeweils vertikal (hierarchisch) gegliedert, was man am besten mit einem pyramidenartigen Gebilde verdeutlicht (s.Abb. **29**).

Die in Abb. **29** wiedergegebenen Verhältnisse zeigen den personellen Aufbau eines Krankenhauses. Die unterschiedliche Staffelung der Pyramiden bedeutet, daß es ein soziales Gefälle oder ein Autoritätsgefälle zwischen den einzelnen Funktionskreisen bzw. deren Angehörigen gibt. Solche Unterschiede im sozialen Status sind nicht selten Anlaß von offenen oder latenten Konflikten zwischen Angehörigen verschiedener Funktionskreise.

An der Spitze der Funktionskreise stehen der ärztliche Direktor (medizinischer Funktionskreis), die Oberschwester (Oberin) oder der Oberpfleger (pflegerischer Bereich) und der Verwaltungsdirektor. Diese sind weisungsberechtigt gegenüber allen im vertikalen System der Pyramide tieferstehenden Personen ihres Funktionskreises. Die im linken Abschnitt der Abb. **29** wiedergegebenen Stufen stellen die jeweiligen Über- und Unterordnungsverhältnisse dar.

Bisher haben wir den Hauptakzent unserer Betrachtung auf die Verhältnisse von Über- und Unterordnung, d.h., auf die *vertikale* Struktur

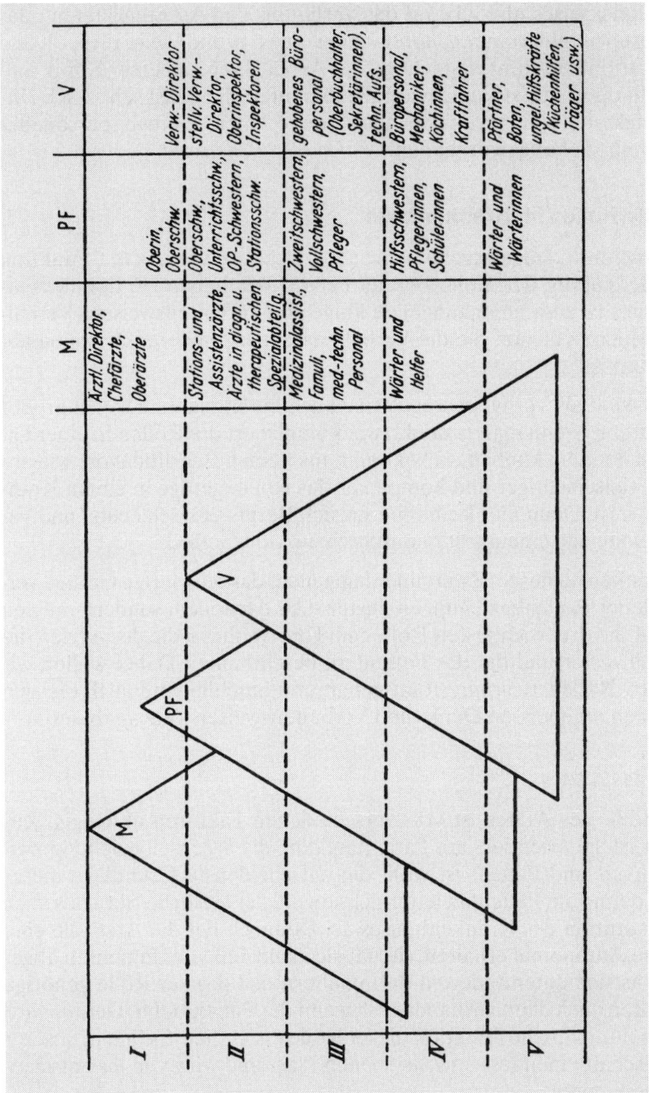

Abb. **29** Personeller Aufbau eines Krankenhauses (aus *Rohde, J.J.:* Soziologie des Krankenhauses. Enke, Stuttgart 1962).

der Funktionskreise gelegt. Wir können jeden Funktionskreis aber auch auf seine *horizontale* Struktur hin untersuchen. Diese erstreckt sich auf die Art der Beziehungen zwischen *gleichberechtigten* Mitarbeitern eines

Funktionskreises, also z.B. auf das Verhältnis von Assistenzärzten oder Schwesternschülerinnen untereinander. Die Art und Weise dieser Kommunikation bestimmt weitgehend das Arbeitsklima an einer Klinik und ist nicht ohne Auswirkungen auf die Patienten, die meist sehr rasch Unstimmigkeiten im vertikalen und horizontalen Gefüge personeller Wechselbeziehungen erkennen.

Soziale Rollen im Krankenhaus

Im Abschnitt „Sozialpsychologie" (S. 118) haben wir uns mit Funktion und Bedeutung der Rolle bereits befaßt. Wir haben sie definiert als „eine in sich zusammenhängende Folge von Verhaltensweisen (Verhaltenssequenz), die auf die die Verhaltenssequenz anderer Personen abgestimmt ist".

Rollen sind als Verhaltensregulative auch im Krankenhaus von großer Bedeutung. Wenn man bedenkt, wie kompliziert die Rollen in einer Familie schon sein können, so bekommt man einen Begriff davon, wie ungleich vielschichtiger und komplexer das Rollengefüge in einem Krankenhaus ist. Denn hier kombinieren sich Berufs-, Geschlechts- und Familienrollen zu einem fast undurchschaubaren Geflecht.

Wir können in diesem Zusammenhang nicht das schwierige Gefüge verschiedener Rollenbeziehungen ausführlich darstellen, sondern müssen uns auf die drei wichtigsten Rollen im Krankenhaus, die des Arztes, die der Schwester und die des Patienten, beschränken. Dabei wollen wir von den Rollen*erwartungen* ausgehen und anschließend auch die sich aus ihnen ergebenden Denk- und Verhaltensweisen kurz analysieren.

Rolle des Arztes

Die Rolle des Arztes ist von verschiedenen Faktoren abhängig. Zunächst ist sie orientiert am Patienten, d.h., die Wechselbeziehung zwischen Arzt und Patient ist wohl die entscheidenste Grundlage dieser Rolle, denn vom Patienten leitet sich sowohl der ärztliche Beruf als auch die Institution des Krankenhauses ab. Dennoch hat die Arztrolle eine gewisse Autonomie erhalten, sie hat sich zum Teil vom Patienten abgelöst, was sich unter anderem darin äußert, daß das zur Rolle gehörige Verhalten auch dann vorhanden ist, wenn der Patient fehlt. Daraus wird die gesellschaftliche Funktion dieser Rolle ersichtlich. Sie hat in unserer Gesellschaft einen fest umschriebenen Platz und wird von ihr entscheidend mitgeprägt.

Von der Gesellschaft mitgeprägt wird vor allem auch das Ansehen verschiedener Ärztegruppen, wobei das Ausmaß der Orientierung am Organischen ein wichtiger Gradmesser zu sein scheint. Ärzte, die vorwiegend Organmedizin betreiben (etwa Chirurgen, Internisten, Frauenärzte), genießen in der Regel höheres Ansehen als solche, die sich „nur nervösen Störungen" widmen (Psychiater, Psychotherapeuten). Es gibt also auch eine Rangordnung der Fachdisziplinen. Neben dieser gesellschaftlich mitbestimmten Rangordnung existiert noch eine zweite, die durch die *Funktion* des Arztes innerhalb des medizinischen Funktionskreises bestimmt wird (vgl. Abb. **29**) und die ebenfalls seine Rolle mitprägt. Ihre Auswirkung äußert sich in dem alllgemein bekannten Sachverhalt, daß sich die Rollen eines Chefarztes, Oberarztes, Assistenzarztes und Medizinalassistenten unterscheiden, obwohl alle Ärzte sind. Diese Unterschiede kommen einerseits durch verschieden lange Ausbildungs- und Fortbildungsgänge, zum anderen aber auch durch die Autorität, die man der bekleideten Stelle (etwa Chefarzt, Oberarzt) zuschreibt, zustande. Im Idealfall entsprechen sich beide Faktoren.

Neben den bisher skizzierten Einflüssen ist die Rolle des Arztes in ihrer allgemeinsten Form durch die folgenden Erwartungen bestimmt (in Anlehnung an T. Parsons):

Fachliche Kompetenz. Aufgrund seiner naturwissenschaftlichen Grundausbildung wird vom Arzt erwartet, daß er die ihm vorgebrachten Krankheitssymptome zur richtigen Diagnose vereinigen und anschließend eine wirksame Behandlung einleiten kann. Diese fachliche Zuständigkeit wird vom Patienten oft *über*schätzt oder *unter*schätzt.

*Über*schätzt wird sie, wenn vom Arzt verlangt wird, daß er lediglich aufgrund eines kurzen Eindruckes vom Patienten die Diagnose und Therapie festlegt. Solche Erwartungen haben fast magischen Charakter und werden von unseriösen Heilkundigen auch entsprechend genützt. Ohne eine sorgfältige Untersuchung ist auch eine sichere Diagnose nicht möglich. Das schließt natürlich nicht aus, daß ein Arzt gelegentlich aufgrund großer Erfahrung „Anhiebsdiagnosen" stellen kann. Diese müssen aber in jedem Fall durch eine gründliche Untersuchung bestätigt oder widerlegt werden.

*Unter*schätzt wird das Fachwissen häufig von solchen Patienten, die nur zum Facharzt oder Spezialisten gehen. In ihren Augen hat sich der ärztliche Beruf in derart viele Sparten aufgeteilt, daß z.B. ein praktischer Arzt nichts mehr von der Lunge und ein Lungenarzt nichts mehr vom Nervensystem versteht. Beide Auffassungen (Über- und Unterschätzung ärztlichen Wissens) werden dem wahren Sachverhalt nicht gerecht. Ihr Vorhandensein zeigt aber, wie sehr die Arzt-Patient-Beziehung auch von vorgefaßten Meinungen und stereotypen Vorstellungen bestimmt wird. Solche Vorstellungen haben natürlich auch viele Ärzte über den Patienten, wie wir noch sehen werden.

Gefühlsmäßige (emotionale) Neutralität. Eine weitere Eigenschaft, die man Ärzten zuschreibt und die ganz wesentlich zu ihrer Rolle gehört, ist eine Neutralität, was Gefühlsäußerungen betrifft. Man verlangt vom Arzt, daß er den Klagen und dem Schicksal des Patienten sachlich begegnet und seine Aufgaben im Rahmen von Diagnostik und Therapie kühl berechnend wahrnimmt. Das bedeutet natürlich nicht, daß ein Arzt während seiner Berufsausübung keine Gefühle zeigen dürfte. Man erwartet von ihm nur, daß er sie den sachlichen Erwägungen unterordnet und dem Patienten stets beherrscht und kontrolliert entgegentritt. Es bedarf kaum des Hinweises, daß diese emotionale Neutralität bei weitem nicht immer eingehalten wird. Sie ist in vieler Hinsicht auch als ein Abwehrmechanismus zu verstehen, der einerseits verhindern soll, daß der Arzt von den vielen Schicksalen, die er täglich an sich vorbeiziehen sieht, zu stark persönlich affiziert wird, und der zum anderen darauf abzielt, den Arzt in seinen Entscheidungen von Einflüssen seiner Umgebung möglichst unabhängig zu halten.

Relativ häufig durchbrochen wird das Prinzip der emotionalen Neutralität im chirurgischen Operationssaal. Hier macht sich die spannungsgeladene Atmosphäre nicht selten in Gefühlsausbrüchen Luft. Auch die Witze im Operationssaal sind in diesem Zusammenhang zu erwähnen. Sie reduzieren die Spannung und zeigen innerhalb kontrollierter, d.h., partiell versachlichter Form Gefühle. Interessant dabei ist, daß die Emotionen in einer Situation „freigelassen" werden, in der das Arzt-Patient-Verhältnis durch die Ausschaltung des Patienten (Narkose) einseitig geworden ist. Es fällt also eine „Kontrolle" durch den Patienten weg. Dieser Umstand einer Kontrolle, der den Arzt zwingt, sich „stärker zusammenzunehmen", mag auch einer der Gründe sein, weshalb Chirurgen nicht gerne Laien als Zuschauer im Operationssaal haben möchten.

Andererseits sind Patienten und Laien leicht geneigt, Ärzten, die als Spezialisten hohes Ansehen genießen, affektive Entgleisungen zuzubilligen. In manchen Fällen mündet diese Haltung in einen fast magischen Persönlichkeitskult. Der Patient nimmt solches Verhalten in Kauf, weil er seine ganze Hoffnung an das Wissen und Können eines bestimmten Spezialisten hängt.

Universalismus. Universalismus bedeutet, daß der Arzt für alle Patienten da ist. Man erwartet von ihm, daß er jeden, unabhängig von seiner Rasse, Konfession oder seinen sozialen Verhältnissen, behandelt und hinsichtlich der Art und Gründlichkeit der Behandlung keinerlei Unterschiede macht. Dieser Universalismus wird heute natürlich durch eine Reihe von Faktoren eingeengt. So bringt es schon die immer weiter fortschreitende Spezialisierung des ärztlichen Berufes mit sich, daß ein Arzt nicht *jeden* Patienten behandeln kann. Als Positivum bringt die Spezialisierung mit sich, daß sachliche Kompetenz in höherem Maße garantiert ist. Eine weitere Einschränkung des Universalismus besteht durch die hierarchische Gliederung innerhalb eines Krankenhauses, Chefärzte oder Oberärzte konzentrieren sich in der Regel auf die komplizierteren Fälle, während den Assistenten die Behandlung häufiger und geläufiger Krankheiten übertragen wird. Ein weiterer Gesichtspunkt , der den Universalismus des einzelnen Arztes begrenzt, ist die Tatsache, daß diese Eigenschaft seiner Rolle immer stärker von ihm als Person auf die Institution eines Krankenhauses übergeht. Das bedeutet, daß nicht der *einzelne* Arzt gehalten und verpflichtet ist, jeden Patienten zu behandeln, vielmehr ist das Krankenhaus als Ganzes verpflichtet, dies zu tun.

Orientierung am Gemeinwohl. Eine der wesentlichsten Rollenerwartungen, die dem ärztlichen Beruf entgegengebracht wird, ist die, daß er aus der Krankheit des Patienten keinen übermäßigen finanziellen Vorteil zieht. Dieser Gesichtspunkt stellt den ärztlichen Beruf in Gegensatz zu vielen anderen Berufsgruppen, deren erklärtes Ziel finanzieller Gewinn ist. Er bringt den Arzt aber auch nicht selten in einen Rollenkonflikt, der dann entsteht, wenn die eigenen Interessen an finanziellem Gewinn mit der rollenmäßig vorgeschriebenen sozialen Haltung kollidieren. Der Grundsatz „Orientierung am Gemeinwohl“ bringt aber noch eine Reihe weiterer Probleme mit sich. Er kann nicht nur vom Arzt aus persönlichem Gewinnstreben, sondern auch vom Patienten und vom Krankenhausträger oder einer anderen Institution zu eigenem Vorteil ausgenutzt werden. Die rücksichtslose Inanspruchnahme von Ärzten durch Patienten ist keine Seltenheit. Ihr wird durch die Rollenerwartung „Selbstlosigkeit des Arztes“ Vorschub geleistet. Wenn etwa ein Patient, den vor drei Tagen eine Biene gestochen hat, ohne über Beschwerden zu klagen am Sonntag um 24 Uhr eine chirurgische Klinik aufsucht, weil er in der Zeitung gelesen hat, daß ein solcher Stich gefährlich werden könne und, nachdem ihm bedeutet wurde, er möchte doch zur Sprechstundenzeit kommen, ärgerlich fragt, wozu denn die Ärzte da wären, so kann man hier eine Haltung feststellen, die den Anspruch ausdrückt: Ärzte müssen Tag und Nacht für mich da sein, das ist eben ihr Beruf. Auch die Ausbeutung des Arztes durch eine Institution ist keine Seltenheit. Das Knausern um die Bezahlung von Nachtdiensten und Überstunden, die jedem Arbeiter selbstverständlich zugestanden wird, das geringfügige Entgelt für Unterrichtstätigkeit oder kleinliche Verträge mit hochspezialisierten Ärzten, die der Institution viel Geld einbringen, seien als wenige Beispiele hier genannt.

Verpflichtung zur Diskretion (Schweigepflicht). Die Schweigepflicht gebietet dem Arzt, über das in der Ausübung seines Berufes vom Patienten Erfahrene Stillschweigen zu bewahren. Die Schweigepflicht ist wohl einer der wichtigsten Faktoren in der Vertrauensbeziehung zwischen Arzt und Patient. Ein Durchbrechen der Schweigepflicht ist nur in jenen seltenen Fällen gerechtfertigt, in denen das öffentliche Interesse höher zu veranschlagen ist als das des Patienten. Ein Beispiel wäre etwa die

Meldung eines Anfallskranken beim Gesundheitsamt, wenn dieser trotz häufiger Anfälle ein Kraftfahrzeug steuert, aber nicht einsieht, daß er dadurch die Allgemeinheit gefährdet.

In manchen Fällen, in denen aus irgendwelchen Gründen Behörden oder andere Institutionen Informationen über einen Patienten erhalten möchten, ist dies nur möglich, wenn der Patient den Arzt von der Schweigepflicht gegenüber der jeweiligen Institution entbindet.

Im Krankenhaus ergibt sich hinsichtlich der Schweigepflicht noch ein anderes Problem. Hier erfahren notgedrungen mehrere Personen, darunter auch Schwestern und Pfleger oder technische Assistentinnen, Einzelheiten über einen Patienten, die der Schweigepflicht unterliegen. Die Schweigepflicht bezieht sich hier also auf eine Gruppe, sie muß gleichsam korporativ eingehalten werden. Da der Arzt sich vielfach über die Einhaltung des Schweigegebotes durch seine Mitarbeiter nicht absolut sicher ist und eine Vielzahl von „Mitwissern" die Schranke des Arztgeheimnisses erfahrungsgemäß leichter durchlässig werden läßt, gerät er häufig in einen Konflikt. Dieser ist dadurch charakterisiert, daß einerseits zum Verständnis des Patienten und zur sachgerechten Durchführung der Behandlung Einzelheiten aus der Krankengeschichte als Information weitergegeben werden müssen, andererseits aber das Vertrauensverhältnis zum Arzt durch die geringste Indiskretion empfindlich gestört werden kann.

Rolle der Schwester

Wenn wir im folgenden von der Rolle der Schwester sprechen, so liegt hier, wie bei der Rolle des Arztes, eine Vereinfachung vor. Denn *die* Rolle der Schwester gibt es ebensowenig wie *die* des Arztes, wir müßten also eigentlich von verschiedenen Schwesternrollen sprechen. Es lassen sich aber trotz dieser Bedenken allgemeine und allen Schwesternrollen gemeinsame Züge herausarbeiten, auf die wir nun kurz eingehen wollen. Dabei ergibt sich natürlich eine Reihe von Übereinstimmungen und Gemeinsamkeiten mit der Rolle des Arztes. Wenn wir die Beziehung zwischen Schwester und Patient in den Mittelpunkt der Betrachtung stellen, so ergeben sich nach Whiting vier wichtige Aufgabenbereiche der Schwester:

- physische Pflege des Patienten,
- emotionale Unterstützung des Patienten,
- erzieherische Beeinflussung des Patienten,
- Vermittlung zwischen Patient und Arzt.

Die physische Pflege. Sie bildet den Kernbestand der Schwesternrolle. Je nach Spezialisierung und Aufgabenbereich nimmt sie einen größeren oder geringeren Raum in der Tätigkeit einer Schwester ein. Auf einer

Intensivpflegestation oder im Operationssaal steht die physische Pflege absolut im Vordergrund, auf einer Abteilung für verhaltensgestörte Kinder überwiegt die erzieherische Aufgabe usw. Das Vorherrschen eines Aufgabenbereiches bedeutet aber nicht, daß dadurch die anderen ganz in den Hintergrund treten.

Die emotionale Unterstützung des Patienten. Sie erfordert von der Schwester viel psychologisches Einfühlungsvermögen, das sich, wie beim Arzt, mit einer gewissen Sachlichkeit kombinieren soll. Diese Sachlichkeit muß sich die Schwester unbedingt erhalten, wenn sie nicht als Vollbeteiligte von den Sorgen und Nöten der Patienten aufgerieben werden will. Bei dem engen Kontakt zum Patienten ist es unumgänglich, daß die Schwester mit in seine Leidensgeschichte einbezogen wird, wobei sich verschiedene fehlerhafte Verhaltensweisen gegenüber dem Patienten ergeben können. So kann die Schwester ihre eigenen Schwierigkeiten in den Patienten hineinprojizieren und ihre eigenen emotionalen Bedürfnisse an ihm abreagieren, sie kann ihm mit Sympathie oder Antipathie begegnen, weil er sie in irgendeiner Weise an beliebte oder unbeliebte Personen erinnert, oder sie kann ihre Launen und Aggressionen, die sie andernorts nicht zu äußern wagt, an ihm als einem Abhängigen auslassen. Auf solche fehlerhaften Verhaltensweisen, die meist unbewußt, d.h., keineswegs böswillig, ablaufen, werden wir noch näher eingehen (vgl. S. 253).

Erzieherische Beeinflussung. Sie bedeutet im wesentlichen Anpassung an Normen. Im Krankenhaus gelten neben den Normen, die dem Patienten von „draußen" bekannt sind, noch krankenhausinterne, die sich in Regeln der Organisation und in Regeln der Behandlung aufteilen lassen und eine relativ feste Ordnung bilden. Die erzieherische Aufgabe der Schwester und des Pflegers erstreckt sich im wesentlichen darauf, den Patienten an diese krankenhausinternen Normen anzupassen. Die Art und Weise, wie dies geschieht, ist recht variabel und zum Teil abhängig vom Stil des Hauses und den persönlichen Eigenarten der jeweiligen Schwester oder des Pflegers, die nicht selten auf die selbst erlebten erzieherischen Einflüsse zurückgehen.

Autoritärer Führungsstil. Ein Teil der Schwestern und Pfleger versucht den Patienten mit Autorität an Normen und Verhaltensstil des Krankenhauses anzupassen. Auf autoritär geführten Stationen herrscht ein strenges Reglement von Aufgaben und Pflichten und eine straffe Befehlskette von der Stationsschwester bis zur Schwesternschülerin. Die Devise ist Gehorchen, und wer gehorcht und sich einfügt, ist beliebt und anerkannt. Wer sich mangelhaft einordnet oder den Anordnungen widersetzt, muß damit rechnen, daß er links liegengelassen wird.

Inkonsequenter Führungsstil. Er steht im Gegensatz zum autoritären und ist dadurch gekennzeichnet, daß viele Regelungen mal so, mal so gehandhabt werden. Die leitende Schwester oder der leitende Pfleger sind meist unsicher im Ausüben ihrer Funktion. Diese Unsicherheit führt zu Zugeständnissen an der falschen Stelle, was von dem Patienten und von den Stationsmitarbeitern reichlich ausgenützt werden kann.

Überzeugender Führungsstil. Bei dieser Form der Stationsführung wird weder im Befehlston verfahren noch nach subjektiven Momenten in der jeweiligen Situation entschieden, sondern nach Grundsätzen, von denen man zu überzeugen sucht. Kurze und einleuchtende Erklärungen sollen die Ausführung von Anordnungen erleichtern und verständlich machen. Diese Art der Stationsführung appelliert also an die Einsicht von Mitarbeitern und Patienten und ist insofern aufwendiger, als es nicht immer leicht ist zu überzeugen, besonders wenn es sich um überkommene Regelungen handelt, die zwar nicht immer sinnvoll, aber durch Gewohnheit eingeschliffen sind und nicht ohne weiteres abgebaut werden können. Solche unzweckmäßigen Gewohnheiten gibt es in jedem Krankenhaus. Sie abzuändern stößt insofern auf Schwierigkeiten, als immer eine ganze Reihe von Personen betroffen sind und Neuerungen erfahrungsgemäß ohnehin mit Skepsis begegnet wird.

Überzeugen kann man durch Argumente und durch persönliches Vorbild, wobei letzteres zweifellos wirksamer ist.

Vermittlung zwischen Patient, Arzt und anderen Mitarbeitern. Schwestern und Pfleger sehen den Patienten täglich über eine längere Zeitspanne als der Arzt. Dadurch und durch die Art ihres Kontaktes mit dem Patienten (vgl. Physische Pflege, Emotionale Stützung) beobachten und erfahren sie vieles, was dem Arzt für die Diagnostik und für das Verständnis des Patienten außerordentlich wichtig ist, ohne ihre Mitteilung jedoch verborgen bliebe. Die Weitergabe solcher Beobachtungen an den Arzt ist also eine wichtige diagnostische Aufgabe. Darüber hinaus ergibt sich oft die Situation, daß ein Patient es nicht wagt, den Arzt wegen gewisser persönlicher Probleme anzusprechen, weil er etwa der Ansicht ist, diese gehörten nicht unmittelbar zu seiner Krankheit. Auch in solchen Fällen kann die Schwester oder der Pfleger vermitteln. Im gegenteiligen Fall, in dem ein Patient wegen jeder Kleinigkeit zum Arzt rennt, können Schwester und Pfleger ebenfalls ausgleichend wirken. Die vermittelnde Funktion erstreckt sich natürlich nicht nur auf die Beziehungen zum Arzt, sondern auch auf die zu anderen Mitarbeitern eines Krankenhauses. Sie kann, wie die erzieherische Aufgabe, in sehr unterschiedlicher Weise wahrgenommen werden und in manchen Fällen bei unsachlicher und ungerechter Handhabung auch zu Unstimmigkeiten und Konflikten führen. Dies geschieht z.B. dann, wenn Beobachtungen an Patienten von Sensationslust gefärbt und mit dem Ziel weitergegeben werden, den Patienten beim Arzt anzuschwärzen, oder wenn das Arztzimmer von einer Schwester übermäßig gehütet wird, so daß der Patient nur über eine Kontrolle durch die Schwester Zutritt erhält.

Eine vermittelnde Funktion, die ebenfalls zur Rolle der Schwester und des Pflegers gehört, von diesen aber meist abgelehnt wird, ist die Vermittlung zwischen Patient und Verwaltung. Dieser Rollenausschnitt wird von den Schwestern – übrigens auch von Ärzten – als Fremdkörper innerhalb ihres Aufgabenbereiches betrachtet. Das Ausfüllen von Anmeldeformularen, Berichten und Statistiken wird als lästige Schreibarbeit empfunden, die darüber hinaus von der eigentlichen Aufgabe, der Betreuung der Patienten, wegführt. Da diese Arbeiten nur sehr ungern erledigt werden, bleibt manches länger liegen, und die nachfragende und auf Erledigung bedachte Verwaltung gerät leicht in die Rolle eines ständigen Nörglers, der nur hinter Formularen und Geld her ist. Auf diese Weise entsteht in vielen Krankenhäusern ein latenter oder offener Konflikt zwischen Schwestern, Ärzten und dem Verwaltungssektor.

Neben diesen vorwiegend vom Verhältnis zum Patienten ausgehenden Eigenschaften der Schwesternrolle werden ihr auch alle diejenigen zugeschrieben, die wir bei der Rolle des Arztes kennengelernt haben, wobei die Schwerpunkte allerdings ein wenig anders liegen.

Orientierung am Gemeinwohl. Diese Rollenerwartung steht bei der Schwesternrolle zweifellos an erster Stelle. Zugrunde liegen ihr zahlreiche Vorstellungen, die sich aus der historischen Entwicklung erklären lassen. So war für die religiösen Orden, denen in früheren Zeiten alle Schwestern angehörten, Selbstlosigkeit, Aufopferung und Dienen das primäre Gebot, bevor überhaupt von Krankenpflege die Rede war. Denn die Schwestern traten ja zunächst dem Orden bei, der diese Opfer von ihnen verlangte, und widmeten sich erst anschließend der Krankenpflege. In vielen Publikationen, die sich mit der Schwesternrolle befassen, findet man Dienen und Selbstlosigkeit immer noch als alleinige Attribute schwesterlicher Tätigkeit genannt. Diese Konzeption muß aber heute neu überdacht werden, denn die sozialen und politischen Voraussetzungen einer solchen Denkweise haben sich heute grundlegend geändert. Das primäre Motiv einer Ordensschwester ist ja nicht das der Berufswahl, sondern die ganz persönliche Entscheidung, selbstlos zu dienen. Die meisten, die sich heute entschließen, Schwester oder Pfleger zu werden, tun dies aber in der erklärten Absicht, einen Beruf zu ergreifen. Daß in einem solchen Beruf auch die Bereitschaft zur Aufopferung und zum Dienen ihren Platz hat, ist selbstverständlich, sie steht aber nicht mehr im Vordergrund. Hinzu kommt, daß die gesellschaftliche Achtung und Einschätzung einer solchen dienenden Haltung heute geringer ist als früher. D.h., unsere heutige Gesellschaft kann der Aufopferung und Selbstlosigkeit, die sie von den pflegerischen Berufen erwartet, nicht adäquate sozialpsychologische Gegenleistungen entgegensetzen, die als „Entlohnung“ für manche persönliche Verzichte akzeptiert werden können. Diese Wandlungen, die hier nur angedeutet werden können, haben eine Krise der Schwesternrolle geschaffen, die noch nicht überwunden ist. Ein Ansatz dazu wäre eine Erhöhung des sozialen Prestiges der Schwesternrolle und damit die Schaffung einer neuartigen Motivation, was sich natürlich nicht von heute auf morgen bewerkstelligen läßt.

Gefühlsmäßige Neutralität. Es scheint zunächst ein Widerspruch zu sein, daß die Schwester einerseits den Patienten psychisch stützen und andererseits ihm gefühlsmäßig neutral begegnen soll. Bei genauer Betrachtung zeigt sich aber, daß gerade eine gewisse sachliche Distanz die erste Stützung des Patienten darstellt. Auch hier läßt sich durch eine historische Betrachtung manches besser verstehen. Es kann nach Rohde kein Zweifel darüber bestehen, daß das Prinzip der gefühlsmäßigen Neutralität bei den Ordensschwestern am besten verwirklicht ist. Mitmenschliche Anteilnahme trotz Distanz wird hier durch religiöse Haltungen garantiert, die außerhalb der Einflußsphäre des Krankenhauses liegen. Für die freie Schwester ergibt sich in verstärktem Maß das Problem, wie sie trotz Anteilnahme am Schicksal der Patienten vermeiden kann, sich allzu weit persönlich zu investieren oder gar eigene Probleme mit denen des Patienten zu verquicken. Da eine ideale Lösung dieser Schwierigkeit angesichts der allgemeinen Rollenunsicherheit der Schwester kaum möglich ist, scheint eine psychologische Schulung, die darauf abzielt, die Problematik sichtbar werden zu lassen, vorerst die beste Maßnahme zu sein. Die ausführliche Behandlung der psychologischen Probleme, die sich im Tätigkeitsbereich der Schwester ergeben, gehört ebenso in den Schwesternunterricht wie die Besprechung der Infektionskrankheiten oder der Grundlagen der Sterilität.

Universalismus. Hier ist in nur geringfügig modifizierter Form ähnliches zu sagen wie über die Rolle des Arztes. Auch von der Schwester wird zunächst erwartet, daß sie überall dort einspringt, wo Not am Mann ist. In Notfällen geschieht dies auch. Im Routinebetrieb eines Krankenhauses ist allerdings auch, was Schwestern betrifft, bekanntlich eine so starke Spezialisierung eingetreten, daß der Patient je nach Art seiner Erkrankung und der notwendigen Therapie mit ganz verschiedenen Schwesternrollen in Berührung kommt. Vergleichende Untersuchungen an verschiedenen Krankenhäusern haben gezeigt, daß es im Krankenhausbetrieb am leichtesten zu Schwierigkeiten kommt, wenn die einzelnen Rollen der Krankenhausmitarbeiter mangelhaft gegeneinander abgegrenzt sind. In solchen Fällen kann es zu Kompetenzstreitigkeiten kommen, die sich entweder darin äußern, daß zwei Mitarbeiter hinsichtlich ihrer Befugnisse in eine Auseinandersetzung geraten oder daß einer dem anderen unliebsame Arbeiten zuzuschieben versucht. Solche Verhaltensweisen sind natürlich gleichermaßen bei Ärzten zu finden.

Schweigepflicht. Selbstverständlich wird vom Arzt wie auch von der Schwester die strenge Einhaltung der Schweigepflicht erwartet. Ein Mißbrauch derselben kann aus verschiedenen Motiven heraus entstehen und führt neben anderen Konsequenzen zu einer ganz empfindlichen Störung des Vertrauensverhältnisses zum Patienten.

Rolle des Patienten

Wie bei der Rolle des Arztes und der Schwester müßten wir eigentlich auch beim Patienten von verschiedenen Rollen sprechen. Denn die Patienten unterscheiden sich danach, ob sie Privat- oder Kassenpatienten sind, ob sie ambulant oder stationär, operativ oder konservativ behandelt werden. Aber auch hier lassen sich übergeordnete Gesichtspunkte finden, die in allgemeinster Form für alle Patienten gültig sind. Diese lassen sich nach T. Parsons in Gestalt folgender Rollenerwartungen wiedergeben:

- Befreiung von den alltäglichen Rollenverpflichtungen.
- Angewiesensein auf fremde Hilfe, d.h., der Patient kann nicht durch eigene Initiative gesund werden, etwa dadurch, „daß er sich zusammennimmt".
- Verpflichtung zum Gesundungswillen und zur Inanspruchnahme fachkundiger Hilfe.

Diese Rollenerwartungen korrespondieren mit denen der Rolle des Arztes und der Schwester. Das Erkennen und Anerkennen der gegenseitigen Rollen ist Voraussetzung für eine ungestörte Arzt-Patient- bzw. Schwester-Patient-Beziehung.

Befreiung von den alltäglichen Rollenverpflichtungen. Nahezu jede Krankheit, gleichgültig ob sie ambulant oder stationär behandelt wird, führt dazu, daß sich die Lebensweise des Patienten in irgendeiner Weise zwangsläufig ändert. Dies liegt daran, daß Behandlungsmaßnahmen meist mit Geboten und Verboten einhergehen. Das Einhalten einer Magendiät, das Verbot zu rauchen, die Einschränkung sportlicher Betätigung oder gar strenge Bettruhe können den Aktionsradius und die Lebensfreude eines Menschen erheblich beeinträchtigen. Erfolgt eine stationäre Aufnahme in einem Krankenhaus, so sind diese Einengungen noch viel gravierender. Es kommt zur physischen und psychischen Isolierung des Patienten. Seine alltäglichen Beziehungen in Familie und Beruf sind plötzlich abgeschnitten, er sieht sich der für ihn fremden und angsteinflößenden Atmosphäre des Krankenhauses gegenübergestellt und ist sich über seinen neuen Status im Krankenhaus im unklaren. Aus dieser erheblichen Verunsicherung heraus erklärt sich auch der häufig anzutreffende Sachverhalt, daß manche Kranke Teile ihrer sonstigen Rolle, und wenn es nur die Berufsbezeichnung ist, mit ins Krankenhaus hineinzunehmen versuchen.

Auf der anderen Seite bringt die Befreiung von täglichen Verpflichtungen für manche Patienten auch eine seelische Entlastung mit sich. Denn viele Erkrankungen haben ja ihre Ursache in Konflikten, die sich in der alltäglichen Umgebung, in Familie und Beruf abspielen. Auf diese Weise kann die Herauslösung aus der alltäglichen Umgebung auch von therapeutischer Wirkung sein. Dies ist auch der Grund dafür, weshalb man manche Erkrankungen, deren klinische Erscheinungen keineswegs dramatisch sind, stationär behandelt. Bekannte Beispiele für solche Erkrankungen sind etwa das aufgrund beruflicher Konfliktsituationen entstandene Magenulkus oder die durch ein pathogenes Familienmilieu bedingte Enuresis nocturna älterer Kinder. Von einer anderen Gruppe Kranker, von vielen Neurotikern, wird die Befreiung von alltäglichen Verpflichtungen und die Anerkennung ihrer Krankheit mit Befriedigung festgestellt, was man als Krankheitsgewinn bezeichnet.

Angewiesensein auf fremde Hilfe. Mit jeder schweren Erkrankung ist eine Hilflosigkeit des Patienten verbunden und damit eine erhebliche Abhängigkeit von seiner Umgebung. Der Patient muß darauf warten, daß der Arzt geholt wird und daß er ins Krankenhaus gebracht wird; er hat keinen Einfluß darauf, wer ihn behandelt und wie er behandelt wird. Im Extremfall der Bewußtlosigkeit weiß er gar nicht, was mit ihm geschieht. Diese Ohnmächtigkeit gehört zu den schmerzlichsten Erfahrungen eines Kranken, sie ist zugleich aber auch ein Appell an Ärzte und Schwestern, alles in ihrer Macht Stehende zu tun, um diesen Zustand der Hilflosigkeit bald zu beenden.

Verpflichtung zum Gesundungswillen und zur Inanspruchnahme fachkundiger Hilfe. Ein wesentlicher Bestandteil der Rolle des Kranken ist der Wille, wieder gesund zu werden. Diesen Willen kann aber ein Patient nur haben, wenn er sich darüber im klaren ist, daß er krank ist. Eine Krankheitseinsicht ist jedoch nicht bei allen Erkrankungen vorauszusetzen. So sind gerade psychotische Erkrankungen in den meisten Fällen dadurch charakterisiert, daß den Patienten die Krankheitseinsicht fehlt. Da sie also weder einen Gesundungswillen haben noch aus eigenem Antrieb ärztliche Hilfe in Anspruch nehmen können, muß ihnen die Gesellschaft dies abnehmen. Bei Kranken, die an einer Psychose leiden, ist dies oft nur durch eine Zwangseinweisung in eine Nervenklinik möglich. Andererseits gibt es auch Patienten, die trotz Krankheitseinsicht keinen Gesundungswillen haben und sich ärztlicher Behandlung entziehen. In einem Teil solcher Fälle sind die Patienten aus finanziellen Gründen (z.B. wegen einer Rente) am Bestehenbleiben des meist nicht sehr schwerwiegenden Krankheitszustandes interessiert, zum anderen Teil zählen diejenigen, die nach jahrelangen chronischen Leiden jede Hoffnung und jeden Gesundungswillen verloren haben. Auch diese Kranken und gerade sie benötigen die psychische Hilfe von Arzt und Schwester, und wenn sie nur darin besteht, zuzuhören oder auf ängstliche Fragen ruhig zu antworten und, wenn man manche Fragen nicht beantworten kann, zu schweigen.

Ideologien des Krankenhauspersonals

Unter Ideologien verstehen wir hier nicht politische Bekenntnisse, sondern einen Komplex von Einstellungen, Wunschvorstellungen und Vorurteilen, die von gewissen Gruppen innerhalb einer Gesellschaft, hier der Krankenhausgemeinschaft, vertreten werden. Solche Ideologien sind meist stark emotional gefärbt; hinter ihnen stehen oft Motive, die der Aufrechterhaltung oder Durchsetzung von Interessen der jeweiligen Gruppe dienen.

In diesem Zusammenhang ist eine Untersuchung von Wessen erwähnenswert, der die soziale Struktur eines amerikanischen Krankenhauses untersuchte und dem Personal eine Reihe von Fragen vorlegte, etwa derart: Welches sind die Funktionen des Krankenhauses? Wozu besteht es? Welches sind seine grundlegenden Ziele? usw. Er teilte die Befragten in drei Gruppen ein: Ärzte, Krankenschwestern und andere Angestellte. Es zeigte sich, daß die Antworten der drei Gruppen recht verschieden ausfielen. Während Schwestern und die Gruppe der Angestellten die Pflege der Patienten als wichtigste Aufgabe nannten, stand bei den Ärzten die Funktion der Ausbildung an der Spitze. An zweiter Stelle unter den Aufgaben des Krankenhauses wurde von Ärzten und Schwestern die Bedeutung des Dienstes für die Gemeinde genannt, bei den anderen Angestellten stand diese Funktion an vierter Stelle. Schon diese wenigen Ergebnisse zeigen, daß die Vorstellungen von den Aufgaben eines Krankenhauses unter den einzelnen in ihm tätigen Berufsgruppen sehr differieren.

Die **Ideologie der Ärzte** ist sehr stark berufsorientiert. Wessen drückt diesen Sachverhalt etwas pointiert etwa so aus: Die Ärzte denken oft von einem Krankenhaus wie von einem „Ärzte-Laboratorium“ und „wenn der Arzt das Krankenhaus betrachtet, neigt er dazu, nur das zu sehen, was für seine eigenen beruflichen Bedürfnisse relevant ist“. Diese Art der Betrachtungsweise mag recht egoistisch erscheinen, jedoch stehen hinter einer solchen Haltung nicht nur rein egoistische Motive. Sie kommt u.a. auch dadurch zustande, daß sich die Ärzte sehr stark mit der Institution Krankenhaus identifizieren und deshalb zu der Meinung kommen, was für sie günstig ist, ist auch für das Krankenhaus von Vorteil. Im Falle der Ausbildung wird man kaum Gegenteiliges behaupten können.

In der **Ideologie der Krankenschwestern** ist das Hauptziel im Krankenhaus die Betreuung der Patienten. Alle anderen Funktionen werden von diesem Blickpunkt aus beurteilt, gerechtfertigt oder abgelehnt. Darüber hinaus betonen die Schwestern, daß sie den größten Anteil an der Arbeit des Krankenhauses haben und die engste Beziehung zum

Patienten. Insgesamt ist die Ideologie der Schwestern sehr stark idealistisch und altruistisch orientiert und nicht ohne missionarischen Eifer.

Die **Ideologie der Angestellten** ist viel weniger präzise als die der Ärzte und Schwestern und nach Wessen durch zwei Faktoren gekennzeichnet. Einerseits werden die Dienstleistungen des Krankenhauses, an dem die Angestellten sehr wesentlichen Anteil haben, sehr stark gewürdigt, zum anderen identifizieren sich die Angestellten sehr stark mit der Institution in ihrer Gesamtheit, d.h., sie fühlen sich mitbeteiligt an allen Leistungen des Krankenhauses, auch an solchen, zu denen sie nicht beigetragen haben.

Kommunikationen im Krankenhaus

Unter dem Vorgang der Kommunikation verstehen wir die Weitergabe einer Nachricht (Information) von einem Organismus zu einem anderen. Im weiteren Sinne rechnen wir darunter auch die Kontaktaufnahme zwischen einzelnen oder Gruppen. Solche Kontaktaufnahmen, die ja immer auch mit dem Austausch von Nachrichten verbunden sind, finden wir im Krankenhaus in vielfältiger Weise. Die personelle Struktur eines Krankenhauses ist ja geradezu auf solche Kontaktaufnahmen angelegt. Man denke nur an die vielschichtigen personellen Wechselbeziehungen, mit denen Patienten, Schwestern und Ärzte ständig konfrontiert werden. Dabei ist festzustellen, daß es unter den einzelnen im Krankenhaus tätigen Gruppen jeweils bevorzugte Wege der Kommunikation und somit des Informationsaustausches gibt, mit denen wir uns nun näher befassen wollen.

Kommunikationswege

Wir stellen uns hier die Fragen: Wie und in welcher Weise arbeitet etwa das Stationspersonal eines Krankenhauses zusammen? Welche Gruppen haben untereinander oder mit anderen Gruppen am meisten Kontakt?

Diese Fragen hat Wessen durch systematische Beobachtungen an einem amerikanischen Krankenhaus zu beantworten versucht. Er ging dabei so vor, daß er über einen bestimmten Zeitraum feststellte, wie häufig Angehörige des Krankenhauses mit Mitgliedern ihrer Gruppe und mit denen anderer Gruppen in Kontakt waren, wobei er unter Kontakt verstand, daß sie miteinander sprachen. Einige Ergebnisse dieser Untersuchung sind in Tab. **8** festgehalten.

Das in Tab. **8** wiedergegebene Ergebnis zeigt, daß das Stationspersonal die meisten Kontakte zu Mitgliedern der eigenen Gruppe unterhält. Am ausgeprägtesten ist dieses Verhalten bei den Ärzten. Ärzte sprechen rund dreimal so häufig mit anderen Ärzten wie mit Schwestern und nur ganz selten (2,6% aller Gespräche) mit dem anderen Personal (Sta-

Tabelle **8** Verteilung der Gespräche zwischen Mitgliedern verschiedener Berufsgruppen auf 2 Stationen eines Krankenhauses (nach *Wessen*)
A = Schwestern, B = andere, C = Ärzte
(aus *Wessen, F.:* Beobachtungen zur sozialen Struktur des Krankenhauses. In: *König, R.* u. *Tönnesmann, M.:* Probleme der Medizinsoziologie. Westdeutscher Verlag, Opladen 1958)

Richtung der beobachteten Gespräche	Beobachtete Gruppe Ärzte	Schwestern	andere
Gespräche innerhalb der eigenen Gruppe	74,1%	61,6%	61,7%
Gespräche mit den verbleibenden Gruppen relativ höheren Status	23,2%	9,4%[C]	1,4%[C]
Gespräche mit den verbleibenden Gruppen niederen Status	2,6%[B]	29,0%[B]	36,9%[A]

tionshilfen, Reinmachefrauen usw.). Andererseits sind die Kommunikationen von Schwestern untereinander rund siebenmal so häufig wie Gespräche zwischen Schwestern und Ärzten. Das übrige Personal hingegen hat relativ häufig Kontakt zu den Schwestern (36,9%), aber fast gar keinen zu den Ärzten (1,4%).

In diesem Ergebnis kommt ganz klar zum Ausdruck, daß die Kommunikationswege im Krankenhaus unter anderem vom sozialen Status der einzelnen Gruppen abhängig sind, denn je größer die soziale Distanz (d.h. Statusunterschied) zwischen den einzelnen Berufsgruppen ist, um so seltener sind die Kontakte zwischen ihnen. Natürlich ist die Häufigkeit der Kontakte nicht ausschließlich vom sozialen Status abhängig. Man muß auch die *Art* der Kommunikation mit berücksichtigen und überlegen, welche *Funktion* die Kontakte haben. Wenn man dies tut, so bemerkt man, daß das oben geschilderte Ergebnis ein wenig abgemildert werden muß, denn die Ärzte sind schon aus rein berufsspezifischen Gründen gezwungen, mehr mit Schwestern zu reden, weil sie ihnen Anweisungen zur Krankenbehandlung geben müssen, als beispielsweise mit den Küchenhilfen, die mit der Krankenbehandlung höchstens indirekt betraut sind.

Darüber hinaus ist es auch noch interessant, die *Richtung* der Kontakte zu betrachten. Dabei ergibt sich, daß die Gruppen mit dem höheren sozialen Status häufiger Gespräche mit Gruppen niederen Status führen als umgekehrt. Sehr deutlich ist dieser Sachverhalt bei den Interaktionen zwischen Ärzten und Schwestern sichtbar. (Lediglich für die Beziehungen zwischen Schwestern und „anderem Personal" trifft dies nicht zu.) Wessen interpretiert dies in der Weise, daß sich Autorität und Respekt entlang der „Kommandokette“ bewegen.

Kommunikationsstörungen

Unter Kommunikationsstörungen verstehen wir hier ganz allgemein Erschwerungen der Zusammenarbeit im Krankenhaus. Die Ursachen solcher Kommunikationsstörungen können sehr vielfältig sein. Sehr häufig liegen ihnen Konflikte zugrunde. Von ihrer Schwere, Häufigkeit und von der Art und Weise, wie sie bewältigt werden, hängt das Klima eines Krankenhauses sehr wesentlich ab. Mit der Problematik von Konflikten haben wir uns bereits auf S. 86 näher befaßt. Es sei auf diese Ausführungen noch einmal hingewiesen.

Konflikte im Krankenhaus können wir einteilen einmal nach der „Konfliktquelle“, d.h. nach den einander widersprechenden Tendenzen und Interessen, wir können sie aber auch einteilen nach der Richtung ihrer Ausbreitung innerhalb der Krankenhausstrukturen. Legt man den zuletzt genannten Gesichtspunkt der Einteilung zugrunde, so kann man folgende Möglichkeiten der Entstehung von Spannungen unterscheiden:

Spannungen mit horizontaler Ausbreitungsrichtung

Es sind dies Spannungen und Konflikte, die sich auf gleicher Ebene abspielen und deren Determinanten verschiedenartig sind.

Spannungen zwischen den Funktionskreisen. In vielen Krankenhäusern existieren Spannungsfronten zwischen den drei grundlegenden Funktionskreisen (zwischen medizinischem Sektor, pflegerischem Sektor und dem Sektor der Verwaltung). Diese sind nicht selten bedingt durch das verschiedene soziale Ansehen, das die einzelnen Funktionskreise genießen. Eng damit verknüpft ist nicht selten eine Geringschätzung der Arbeit des anderen. Ausgeprägtester Gegensatz dieser Art sind die häufig anzutreffenden Spannungen zwischen Angehörigen des medizinischen Sektors und denen der Verwaltung.

Spannungen innerhalb eines Funktionskreises. Sie äußern sich in Unstimmigkeiten oder Auseinandersetzungen, die sich auf einen Funktionskreis beschränken. Ein bekanntes Beispiel dafür sind die Diskrepanzen, die an vielen Krankenhäusern zwischen Internisten und Chirurgen herrschen. Dieser Gegensatz innerhalb des medizinischen Funktionskreises liegt nicht zuletzt in der unterschiedlichen Aktivität des therapeutischen Vorgehens bei verschiedenen Krankheiten begründet und wird oft durch Sätze parodiert wie: „Internisten wissen alles und können nichts, Chirurgen können alles und wissen nichts.“ Ganz ähnlich sind auch die zum Teil humorvoll ausgetragenen Gegensätze zwischen Organmedizinern (Chirurgen, Internisten) und Psychiatern. Natürlich sind solche Spannungsmomente nicht nur auf den medizinischen Funktionskreis beschränkt, sie finden sich genauso innerhalb des pflegerischen Funktionskreises oder innerhalb des Sektors der Verwaltung.

Spannungen mit vertikaler Ausbreitungsrichtung

Auch hier können wir Konflikte *zwischen* verschiedenen Funktionskreisen und solche innerhalb der Funktionskreise unterscheiden. Am häufigsten und wichtigsten sind zweifellos die letzteren. Sie erklären sich größtenteils durch die unterschiedlichen Rollen und die damit verbundene Autorität innerhalb des hierarchischen Aufbaus der Funktionskreise. Autoritätskonflikte treten z.B. häufig auf, wenn fach- und statusgebundene Autorität einander nicht die Waage halten. Dieser Fall liegt vor, wenn beispielsweise eine Stationsschwester nicht aufgrund eines größeren Fachwissens und einer größeren Erfahrung, sondern einzig und allein aufgrund ihres höheren Status nachgeordneten Schwestern sachlich nicht gerechtfertigte Aufträge gibt und diese unbedingt durchzusetzen sucht. In solchen Situationen wird es zur offenen oder unterschwelligen Opposition der anderen Schwestern kommen. Natürlich kann eine solche Opposition aber auch durch ganz persönliche Sympathien und Antipathien oder Rivalitäten zustande kommen. Auch unter Ärzten sind solche Spannungen nicht selten. Entscheidend ist, daß Wege zu ihrer Überwindung gefunden werden, was in vielen Fällen nicht generell gelingt, sondern häufig einzelnen, die die Rolle von Vermittlern übernehmen, vorbehalten bleibt.

Diesen kurzen Ausführungen über die Möglichkeiten der Konfliktentstehung im Krankenhaus sollten diesen wichtigen Fragenkomplex nicht erschöpfend behandeln. Sie sollen lediglich dazu anregen, Konflikte, die sich anbahnen, besser zu erkennen und gleichzeitig über die Wege ihrer Lösung nachzudenken.

Krankheit und ihre psychische Verarbeitung

Mehrdimensionale Betrachtung von Krankheiten

Unser Krankheitsbegriff ist nicht einheitlich. Er ist von biologischen, psychologischen und sozialen Faktoren abhängig und unterliegt mit der Veränderung wissenschaftlicher und gesellschaftlicher Bedingungen auch entsprechenden Wandlungen.

Krankheit als körperliche Funktionsstörung

Der klassische Krankheitsbegriff führt Erkrankungen auf Störungen der Körperfunktion zurück. Ganz verschiedene Einflüsse (Entzündungen, Verletzungen, Tumoren, Stoffwechselanomalien usw.) können die körperlichen Funktionen beeinträchtigen und so zu organischen Krankheiten führen. Lange Zeit existierte nur dieser organische Krankheitsbegriff. Psychische Störungen wurden nicht als Krankheit akzeptiert und vielfach als „Verrücktheit" oder „Besessenheit" abgetan. Die Auswirkungen dieser Einstellung sind manchmal noch heute zu spüren (vgl. Vorurteile gegenüber psychisch Kranken).

Körperliche Erkrankungen können exogenen und endogenen Ursprungs sein.

Die *exogene Konzeption* führt das Auftreten einer Krankheit auf die Einwirkung einer äußeren Ursache zurück. Diese verändert und beeinträchtigt die Körperfunktionen sichtbar oder nachweisbar, was sowohl für das Erlebnis des Kranken als auch für die Reaktion seiner Umgebung bedeutsam ist. Denn ein organisch Kranker wird in dieser Rolle ohne weiteres akzeptiert, seine Erkrankung ist legitim, und wenn sie exogenen Ursprungs ist, wird sie auch meist nicht mit einer Schuld in Zusammenhang gebracht. Das hat zur Folge, daß ein derartiger Patient seine Krankheit auch jenseits eines persönlichen Makels als ein Schicksal auffaßt, das jeden anderen ebenso treffen könnte und seine Familie nicht weiter belastet, es sei denn, es handelt sich um eine lebensbedrohende Erkrankung. Anders ist dies bei Erkrankungen endogenen Ursprungs.

Die *endogene Konzeption* führt Krankheiten auf Faktoren wie Erblichkeit oder Konstitution zurück. Körperliche Krankheitssymptome werden hier also vererbt und so über die Generationen weitergegeben. Ein bekanntes Beispiel für eine solche endogene körperliche Erkrankung ist die Bluterkrankheit, die dank der gut zu verfolgenden Genealogien der europäischen Königs- und Fürstenhäuser in ihrem Erbgang seit langem geklärt ist. Erkrankungen dieser Art bringen für die Familie des Betroffenen den Makel des Negativen oder Minderwertigen mit sich und beeinflussen damit auch das Krankheitserlebnis des Patienten. Lange Zeit hat man unter dem Einfluß religiöser Vorstellungen derartige Erkrankungen mit einer Schuld in Verbindung gebracht.

Krankheit als Störung des psychischen Gleichgewichts

Krankheiten können auch als Störung des psychischen Gleichgewichts aufgefaßt werden. Um sie so zu definieren, muß man sich erst darüber im klaren sein, wann und unter welchen Bedingungen ein psychisches Gleichgewicht vorliegt. Dies ist aber eine ungemein schwierige Frage. Man kann ihr jedoch recht nahekommen, wenn man Faktoren herauszustellen versucht, die die psychische Balance ermöglichen. Ein ganz zentraler Faktor dieser Art ist die Fähigkeit zur Anpassung. In einer verminderten oder veränderten Anpassungsfähigkeit werden Störungen des seelischen Gleichgewichts häufig sichtbar, wobei es sich entweder um Anpassungsstörungen an die eigenen Ansprüche und Intentionen oder solche gegenüber der sozialen Umwelt handelt. Sehr eindrucksvoll und mit der Wertigkeit einer Krankheit treten Anpassungsstörungen auf, deren Ursachen Konflikte oder andere schwerwiegende Erlebnisse sind.

Erlebnisorientierter Krankheitsbegriff

Im Mittelpunkt dieser Konzeption steht das *Erleben* des Patienten. Krankheit wird dabei nicht aufgefaßt als Störung körperlicher Vorgänge (wenn es auch sekundär zu solchen kommen kann), auch nicht als unverstehbares oder unbeeinflußbares Schicksal, sie ist, wie A. Mitscherlich es ausdrückt, „nicht anonym wirkender Zufall", sondern „Reaktionsmöglichkeit des erlebenden Individuums in hilfloser Lage". Dieser erlebnisorientierte Krankheitsbegriff bezieht sich natürlich nur auf einen Teil von Erkrankungen, doch hat die psychosomatische Medizin gezeigt, daß deren Zahl weitaus größer ist, als man ursprünglich angenommen hatte. Denn „letztlich ist die Erlebnisverarbeitung, die das Individuum zu leisten hat, die Antriebskraft hinter vielen – eben den psychosomatischen – Krankheiten. Erlebnisverarbeitung: Das meint, wie ein Mensch mit den Grenzen seiner Begabung, mit den Fakten seiner Mitwelt, mit den Gesetzen der Sittlichkeit seiner Gesellschaft zu Rande kommt – oder nicht. In dieser Auseinandersetzung zwischen wahrnehmendem Ich und Innenwelt und zwischen Ich und Welt läßt die Entstehung einer Krankheit eine Rückzugslinie sichtbar werden" (A. Mitscherlich).

Eine ganze Gruppe von Krankheiten, die Neurosen, hat ihre Ursache in traumatischen Erlebnissen; sie werden geradezu als Krankheiten definiert, die ihren Ursprung in einer „Störung der Erlebnisverarbeitung" haben. Dieses Konzept hat breite Anerkennung gefunden. Uneinheitlich jedoch sind die Meinungen, was

- die *Art* der Erlebnisse und
- den *Zeitpunkt* ihrer Einwirkung betrifft.

Unter den Erlebnissen, die zu einer neurotischen Entwicklung führen können, sind vor allem chronische Belastungs- und Frustrationssituationen sowie Konflikte zu nennen. Diese können dem Patienten bewußt oder unbewußt sein.

Hinsichtlich des *Zeitpunktes* ihres Wirksamwerdens vertreten die meisten tiefenpsychologischen Schulen den Standpunkt, daß der Schwerpunkt ihrer Wirksamkeit in der frühesten Kindheit liegt, während die klassische Psychiatrie und die an den Lerntheorien orientierte Verhaltenstherapie ihnen in *allen* Lebensphasen eine krankheitserzeugende Wirksamkeit zuerkennt. Nicht leugnen läßt sich allerdings, daß auch die Reaktionsweisen des Erwachsenen durch seine frühesten Kindheitserlebnisse entscheidend mitgeprägt werden. Dieser Sachverhalt läßt sich auch gut lerntheoretisch stützen.

Hinsichtlich des Wirkmechanismus kennt die Psychoanalyse eine ganze Reihe von Abwehrmechanismen (z.B. Regression, Verdrängung, Projektion usw.), über die das traumatische Erlebnis zur Symptombildung führt. Sie spielen auch in der Psychotherapie eine bedeutsame Rolle. Im Abschnitt „Tiefenpsychologie“ (S. 143) sind wir näher auf sie eingegangen.

Verhaltensorientierter Krankheitsbegriff

Im Gegensatz zu der zuletzt geschilderten Auffassung von Krankheit läßt die unter dem Einfluß der Lerntheorien (vgl. S. 44) konzipierte Auffassung das Erleben des Patienten außer acht und orientiert sich nur an dessen Verhalten. Demgemäß spielen hier Abweichungen von einem als „Norm“ gesetzten Verhalten die Hauptrolle. Da Verhaltensweisen zum größten Teil erlernt werden, ist es nur einleuchtend, daß auch bei den Verhaltens*störungen* Lernprozesse eine führende Rolle spielen. Natürlich trifft der hier dargestellte Krankheitsbegriff nur auf einen Teil von Erkrankungen, vor allem auf die psychosomatischen Krankheiten und die Neurosen zu. Bei diesen entstehen die fehlangepaßten Verhaltensweisen nach den Gesetzen der Lerntheorien, etwa über die Ausbildung bedingter Reflexe oder als Lernen am Erfolg. Nach Eysenck können wir im Rahmen neurotischer Erkrankungen zwei Arten fehlangepaßter Verhaltensweisen unterscheiden:

Störungen *erster Art*, bei denen sich falsche bzw. unerwünschte Reaktionen ausgebildet haben (z.B. Phobien, Angstzustände, Zwänge) und

Störungen *zweiter Art*, bei denen bedingte Reaktionen, die zur Ausbildung erwünschten Verhaltens führen, in der Entwicklung gefehlt haben. Beispiele dafür wären das Bettnässen, Einkoten und die Verhaltensweisen der Psychopathen (abnorme Persönlichkeiten).

An einigen Beispielen soll das Zustandekommen der genannten Erkrankungen kurz dargestellt werden. Für Störungen *erster Art* ist die Ausbildung von Zwangsphänomenen ein charakteristisches Beispiel. Ein großer Teil derselben entsteht in angstbesetzten Situationen. Verhaltensweisen, die einmal oder mehrfach (zufällig) eine Angstreduktion herbeigeführt haben, werden *verstärkt* und treten in angstbesetzten Situationen erneut auf. Da die Kombination einer bestimmten Verhaltensweise (z.B. Händewaschen) mit Angstminderung zufällig war, erscheint sie bei erneutem späteren Auftreten als sinnlos. Sie wird aber ausgewählt und beibehalten, weil sie dem Organismus in einer kritischen Situation Erleichterung verschafft hat. Sie wurde also als „Verstärkung“ empfunden, wenn sie auch bei späterem Auftreten sinnlos und unerwünscht ist.

Als Beispiel für eine Störung *zweiter Art* sei die Enuresis nocturna erwähnt. Sozial unerwünschte Verhaltensweisen entwickeln sich bei Kindern nach dem Prinzip des bedingten Reflexes, d.h., erwünschte Verhaltensweisen werden von den Eltern belohnt und gefördert, unerwünschte dagegen bestraft oder zumindest nicht beachtet. Auf diese Weise entwickeln sich nach entsprechender Zeit bedingte Reaktionen in Form des erwünschten Verhaltens. Beim Einnässen unterbleibt nun aus irgendwelchen Gründen (z.B. durch mangelhafte Erziehungsbemühungen der Eltern) die Ausbildung solcher bedingter Reaktionen, die z.B. in einer festen Assoziation zwischen dem Reiz einer gefüllten Blase und der bedingten Reaktion des Aufsuchens der Toilette bestehen, und es resultiert das fehlangepaßte Verhalten des Einnässens. Entsprechend den hier angeführten Entstehungsbedingungen können neurotische Verhaltensweisen auch nach lerntheoretischen Gesichtspunkten behandelt werden. Dies ist das Ziel der Verhaltenstherapie, auf die wir bereits näher eingegangen sind.

Krankheit als soziale Fehlanpassung

Im letzten Abschnitt haben wir Krankheit als Störung des psychischen Gleichgewichts eines einzelnen betrachtet. Wir haben versucht, sie als Störung des individuellen Lebensraums verständlich zu machen. Traumatische Erlebnisse, Konflikte und Beeinträchtigungen entspringen aber vielfach überindividuellen Gegebenheiten, sie sind also *auch* abhängig von der Gesellschaftsstruktur, von politischen, ökonomischen und sozialen Bedingungen. Diesem Sachverhalt trägt die moderne Sozialmedizin Rechnung, wenn sie versucht, medizinische Störungen, Magen-Darm-Erkrankungen, Herz- und Kreislauferkrankungen mit soziologischen Daten (Alter, Geschlecht, Familiensituation, Migration, soziale Schicht, Wohnregion) in Beziehung zu setzen. Ohne Anspruch auf Vollständigkeit zu erheben, seien einige Ergebnisse epidemiologischer Erhebungen zur pathogenen Wirksamkeit sozialer Bedingungen angeführt. Dabei folgen wir weitgehend der Darstellung von Pflanz. Kritisch zu bemerken ist, daß es zwar eine Fülle von Beziehungen zwischen soziologischen und medizinischen Daten gibt, daß aber in sehr vielen Fällen der zugrundeliegende Wirkungsmechanismus noch nicht bekannt ist.

Geschlechtsunterschiede sind nicht nur ein biologisches, sondern auch ein soziokulturelles Phänomen. Mit letzterem hängt zusammen, daß Mann und Frau in fast allen Kulturen durch sehr unterschiedliche Rollen charakterisiert sind, die sich nicht restlos auf biologische Bedingungen zurückführen lassen. Während die Vorgänge um Geburt, Wochenbett, Stillzeit usw. z.B. mehr von biologischen Gegebenheiten abhängig sind, kann man die Rolle der Frau in der Erziehung, der Arbeitswelt oder auch im Haushalt nicht als rein biologisch determiniert ansehen. Christian hat darauf hingewiesen, daß wesentliche soziologische Unterschiede zwischen Mann und Frau in einer unterschiedlichen Konfliktstruktur zu suchen sind. Während beim Mann Probleme und Konflikte vorwiegend aus dem beruflichen Bereich stammen, stehen bei der Frau Eheprobleme, familiäre Schwierigkeiten, Unzufriedenheit mit der Hausfrauenrolle und ähnliches im Vordergrund. Von pathogener Bedeutung kann auch eine Veränderung der Geschlechtsrolle sein. So hat man festgestellt, daß die Rollenunterschiede zwischen Mann und Frau sich in den letzten 20 Jahren immer stärker neutralisiert haben. Ein solcher Wandel muß sich zunächst im Bereich der Familie, aber auch gesellschaftlich äußern. Im Zusammenhang damit hat man die zunehmende Häufigkeit von Zwölffingerdarmgeschwüren bei Frauen gedeutet. Glatzel nahm an, daß die Frau durch eine mit einer solchen Rollenänderung verbundene vermehrte Selbständigkeit in stärkerem Maße Leistungskonflikten ausgesetzt ist, die ursächlich an der Entstehung von Magen- und Zwölffingerdarmgeschwüren beteiligt sind. Dies sei nur ein Beispiel dafür, wie sich durch einen Wandel der sozialen Rolle auch die Geschlechtsdifferenzen von Krankheitshäufigkeiten verändern können. Unterschiedliche Häufigkeiten in Hinblick auf das Geschlecht sind von zahlreichen Erkrankungen bekannt. So findet man bei Frauen häufiger Adipositas, Hypertonie, Kreislaufkrankheiten, Gallenblasenleiden, Polyarthritis und neurotische sowie funktionelle Störungen. Beim Mann hingegen überwiegen die Koronarerkrankungen und das Zwölffingerdarmgeschwür. In welchem Maß diese Geschlechtsdifferenzen durch biologische Faktoren oder das soziologische Anderssein von Mann und Frau bedingt sind, läßt sich nicht eindeutig nachweisen. Sicher ist jedoch, daß beide Faktoren von Bedeutung sind.

Krankheit und Familie. Die Familie ist zugleich eine biologische und soziologische Institution. Im Hinblick auf beide Bereiche hat sie zahlreiche Aufgaben. In biologischer Hinsicht ist sie durch Zeugung, Geburt und Aufzucht von Nachkommen im Sinne der Arterhaltung tätig, ihre soziologischen Aufgaben liegen einmal darin, daß sie als Kleingruppe Träger der Gesellschaft ist und daß sie zum anderen Wertsysteme und Normen der Gesellschaft an ihre Nachkommen weitergibt. Die zuletzt genannte Funktion führte erst zur Etablierung des Menschen als kulturelles Wesen, was R. König als „zweite Geburt“ bezeichnet hat.

Es ist nur einleuchtend, daß gesellschaftliche Wandlungen die Struktur der Familie verändern können. Dies haben zahlreiche Untersuchungen an Flüchtlingsfamilien in der Nachkriegszeit gezeigt. Schelsky fand unter anderem in solchen Familien eine Erhöhung der Stabilität, eine stärkere soziale Isolierung und Konzentration der Intentionen der Familie auf Wiederaufstieg, steigende Irrealität des Sozialbewußtseins durch Festhalten veralteter sozialer Leitbilder, eine Verschiebung der innerfamiliären Autorität zugunsten der Frau und eine stärkere Forderung der Frau durch Aufgaben in der Öffentlichkeit.

Es ist unmittelbar einsichtig, daß Eigenarten und Wandlungen eines so differenzierten Organismus wie der Familie auch ihren Einfluß auf Krankheit und Krankheitsverhalten ihrer Mitglieder haben. Krankheiten können einmal dadurch entstehen oder ihr charakteristisches Gepräge erhalten, daß übergeordnete gesellschaftliche Wandlungen die Familienstruktur verändern, zum anderen sind sie vielfach auch durch die Binnenstruktur der Familie bzw. durch Wandlungen derselben determiniert. Wir wollen hier nur die zuletzt genannte Einflußmöglichkeit kurz analysieren, wobei wir nur auf die Bedeutung der Geschwisterzahl, des Familienstandes sowie der unvollständigen Familie aufgrund von Scheidung oder Tod eines Ehepartners eingehen können.

Geschwisterzahl. Geschwister haben für das Verhalten eines Kindes eine regulierende Funktion. Im Zusammenspiel mit den Erziehungsmaßnahmen der Eltern entwickeln Kinder zahlreiche Verhaltensmuster, die im weitesten Sinn auf Anpassungsvorgänge angelegt sind. Die Richtigkeit dieser These kann man an Einzelkindern prüfen, die aufgrund ihrer Position innerhalb der Familie weniger Gelegenheit zur Entwicklung solcher Anpassungsreaktionen hatten. Die Folge ist, daß Einzelkinder in der Regel schwerer mit den Einflüssen ihrer Umgebung zurechtkommen. Sie werden darüber hinaus von den Eltern auch häufig verwöhnt, was natürlich eine Ablösung von der Familie erschwert und die Entwicklung neurotischer Störungen begünstigt. Ähnliches gilt auch für Kinder, die einen größeren Altersabstand von ihren Geschwistern haben, die also sehr ähnlichen Bedingungen ausgesetzt sind wie das Einzelkind. Man fand, daß männliche Einzelkinder wesentlich häufiger als weibliche an einer Fettsucht leiden. Dies führt man darauf zurück, daß bei ihnen die Verwöhnung durch die Mutter (overprotection) stärker ist. Eine solche verwöhnende Haltung findet man oft auch bei Müttern von kranken Kindern. So konnten Navratil u. Strotzka zeigen, daß Mütter, deren Kinder an Epilepsie litten, eine sehr ausgeprägte Overprotection-Haltung an den Tag legten, was mit unbewußten Schuldgefühlen zusammenhängen soll.

Die soziologischen Relationen zwischen Geschwisterzahl und Krankheiten sind mit äußerster Vorsicht zu betrachten, weil hier verschiedene andere Variable (z.B. Schichtzugehörigkeit, Familientradition, familiäre Gewohnheiten) eine sehr große Rolle spielen. Deshalb läßt sich aus den meisten Untersuchungen über den Einfluß zahlreicher Geschwister auf Krankheitshäufigkeiten nichts Verbindliches ableiten. So fand Pflanz bei einer Gruppe von Patienten, die acht oder mehr Geschwister hatten, gehäuft die Symptome: Gastritis, vegetative Beschwerden, Kopfschmerzen, Schwindelgefühl, Oberbauchbeschwerden, Appetitstörung, Schlafstörung, Obstipation. Das Ergebnis läßt sich jedoch aus den oben genannten Gründen nicht näher interpretieren. Pflanz deutet es dahingehend, daß die Großfamilie nicht, wie oft behauptet, „eine besondere protektive Wirkung ausübt".

Familienstand. Die Einordnung in eine Familie ist für den einzelnen in der Regel mit Geborgenheit und Sicherheit verbunden. Eine Änderung des Familienstandes schafft neue Bedingungen und erfordert eine Anpassungsleistung an diese. So geht die Verheiratung meist mit der Trennung von den Eltern und mit dem Aufgeben zahlreicher Freundschaften und Bekanntschaften einher. Andererseits ist die neue Gemeinschaft Ehe vielfach noch nicht so gefestigt, daß sie die Funktion der aufgegebenen Bindungen voll ersetzen kann. So kommt es, daß Magengeschwüre bei Männern vielfach nach der Eheschließung und bei Verlust kameradschaftlicher oder freundschaftlicher Beziehungen auftraten. Den pathogenetischen Zusammenhang sieht Pflanz im „Verlust einer bergenden Gemeinschaft". Insgesamt gesehen ist jedoch bei Verheirateten die Krankheitsanfälligkeit niedriger und die Lebenserwartung höher als bei Ledigen.

Mehrere Untersuchungen kommen zu dem Ergebnis, daß *Ledige* eine höhere Anfälligkeit für psychische Störungen, gleichgültig ob es sich um psychotische oder neurotische handelt, aufweisen. Diese Tatsache bringt man mit der besonderen sozialen Situation der Ledigen in Zusammenhang. Man muß aber auch die Faktoren berücksichtigen, die eine Eheschließung verhindert haben; diese Momente gehen aus den meisten Statistiken nicht hervor. Nach Angaben des Statistischen Bundesamtes sowie zahlreicher anderer Untersuchungen haben Ledige auch eine höhere Mortalität als Verheiratete. Dies wurde mit ihren schlechteren Ernährungsbedingungen sowie einem größeren Risiko hinsichtlich des Alkoholismus in Verbindung gebracht. Ledige Frauen leiden, wie Pflanz festgestellt hat, häufiger an Lungentuberkulose. Möglicherweise hängen ihre geringen Ehechancen damit zusammen.

Andererseits hat Bräutigam beobachtet, daß eine Lungentuberkulose nicht selten nach dem Abbruch eines Partnerschaftsverhältnisses manifest wird. Ledige Frauen über 35 Jahren leiden ferner häufiger an Kopfschmerzen und Appetitstörungen. Auf weitere Einzelheiten können wir hier nicht eingehen.

Unvollständige Familien aufgrund von Tod eines Ehepartners oder Scheidung. Pflanz hat in einer Literaturübersicht darauf hingewiesen, daß Verwitwete ebenso wie Ledige häufig an psychischen Störungen und Erkrankungen leiden. Dies gilt sowohl hinsichtlich der Anfälligkeit für Psychosen als auch für Neurosen. Darüber hinaus ist auch ihre Mortalität höher als die der Verheirateten und der Ledigen. Pflanz diskutiert in diesem Zusammenhang drei Erklärungsmöglichkeiten:

- Ehepartner einer bestimmten Charakterstruktur und bestimmter Krankheitsdisposition könnten sich stärker gegenseitig anziehen. Damit wäre für beide Partner ein höheres Risiko, vorzeitig zu sterben, verbunden.

- Beide Partner leben unter den gleichen ungünstigen Umweltbedingungen.
- Die Situation des Witwenstandes, der mit Trauer, Sorge und einer Änderung der wirtschaftlichen Lage verbunden ist, könnte sich ungünstig auswirken.

Pflanz untersuchte eine Gruppe von Patienten, die innerhalb der letzten zwei Jahre vor der Untersuchung den Ehepartner durch Tod oder Scheidung verloren hatten. Er konnte dabei feststellen, daß die Männer dieser Gruppe keine Auffälligkeiten zeigten, während die Frauen häufiger an starken vegetativen Beschwerden, an Appetit- und Schlafstörungen litten.

Die Veränderung einer Familiensituation durch Scheidung bringt zahlreiche Probleme mit sich. Zunächst ist festzustellen, daß die Scheidungsziffern angestiegen sind. Dieses Phänomen kann man verschieden deuten. Manche Autoren haben es als ein Zeichen einer sozialen Desorganisation betrachtet, andere, wie Schelsky, weisen mit Recht darauf hin, daß man die Stabilität der Familien nicht an der Zahl der Ehescheidungen messen könne, sondern an den Leistungen der einzelnen Familienmitglieder für die Familie. Man kann nämlich die Zunahme der Scheidungsziffer auch als Ausdruck einer ehrlicheren Haltung deuten, die dazu führt, daß unglückliche Ehen leichter geschieden werden als früher.

Besonderes Augenmerk muß den Kindern geschenkt werden, die aus geschiedenen Ehen stammen. Haffter konnte feststellen, daß eine Scheidung der Eltern nicht in jedem Fall von ungünstiger Auswirkung auf die Kinder ist. Er weist darauf hin, daß die Auseinandersetzungen der Eltern vor deren Scheidung sich viel schwerwiegender auswirken.

Andererseits weiß man, daß sogenannte Broken-home-Situationen (die Ehescheidung ist nur eine von vielen möglichen Bedingungen in dieser Richtung) häufiger Verhaltensstörungen bei Kindern zur Folge haben. Aktuell werden diese Einflüsse heute im Zusammenhang mit der Drogenabhängigkeit bei Kindern und Jugendlichen. Auch unter drogenabhängigen Jugendlichen findet man gehäuft sogenannte Broken-home-Situationen (Kielholz).

Neben den hier kurz angedeuteten soziologischen Faktoren gibt es zahlreiche Thesen, die sich mit den pathogenetischen Mechanismen bei der Krankheitsentstehung unter soziologischen Aspekten beschäftigen. Auf drei von ihnen sei noch kurz eingegangen.

Krankheit als Störung der Einheit Individuum – Kultur (Pflanz)

Der Zustand der Gesundheit kann als ein Gleichgewicht in verschiedener Richtung aufgefaßt werden: Als Gleichgewicht körperlicher Vorgänge, psychischer Mechanismen und als Gleichgewicht der Einheit Individuum und Kultur. Wir haben bereits bei der Entstehung des Magen- bzw. Zwölffingerdarmgeschwürs gesehen, daß eine Störung des sozialen Gleichgewichts (Verlust einer Geborgenheit durch Wechsel sozialer Gruppenbeziehungen) zu einer Krankheit führen kann. Es gibt noch zahlreiche weitere Untersuchungen, die diese These stützen. So konnten Sopp u. Mitarb. zeigen, daß Krankheiten im Rahmen eines individuellen Lebenslaufes nicht zufällig verteilt, sondern gehäuft auftreten. Es zeigte sich, daß die Perioden häufiger Erkrankungen, die sich auf verschiedene Organe beziehen konnten, zusammenfielen mit Störungen der sozialen Einordnung und einem Verlust der Geborgenheit, also einer Verschiebung des Gleichgewichts zwischen Individuum und sozialer Umwelt. Ein sehr eindrucksvolles und auf einem frühen Stadium der individuellen Entwicklung eintretendes Ereignis dieser Art ist die Störung der Mutter-Kind-Beziehung im Säuglingsalter, die zum Hospitalismus führen kann. R. Spitz, der sich ausführlich mit dieser frühesten Störung zwischen Individuum und Umwelt befaßte, konnte zeigen, daß Kinder, die in einem Heim mit bester Pflege, aber geringer menschlicher Zuwendung und Anteilnahme aufwuchsen, im Vergleich zu anderen, die täglich mit ihrer Mutter Kontakt hatten, sich ausgesprochen verzögert entwickelten und sehr bald Verhaltensstörungen verschiedenster Art aufwiesen. Diese Beobachtungen wurden von zahlreichen Autoren bestätigt. Sie zeigen, daß die sozialen Bindungen zwischen Mutter und Kind von entscheidendem Einfluß auf die körperliche und psychische Entwicklung sind. Es gibt aber auch Arbeiten, die diesen Beobachtungen widersprechen. Levin z.B. ist der Ansicht, daß eher der Entzug von Sinnesreizen als der Verlust der Mutter für die nachfolgenden Entwicklungsstörungen verantwortlich zu machen ist. Casler konnte nachweisen, daß ein Kind nach Verlust der Mutter nur vorübergehend stark in Mitleidenschaft gezogen wird, wenn rechtzeitig eine Ersatzmutter gefunden wird. Es liegen auch Erfahrungen aus Israel vor, wonach Kinder, die in einem Kibbuz aufgewachsen waren, sich emotional völlig normal entwickelt haben.

Insgesamt läßt sich sagen, daß die These „Krankheit als Störung der Einheit Individuum – Kultur“ durchaus für eine Reihe von Krankheiten gültig ist, aber keineswegs als allgemein verbindlich angesehen werden kann. Viele Erkrankungen lassen sich nicht nach diesem Schema erklären.

Krankheit als soziale Desorganisation

Die Bezeichnung soziale Desorganisation oder soziale Desintegration (König) geht davon aus, daß soziale Strukturen im allgemeinen optimal organisiert sind. Organisation heißt, daß sie an Normen orientiert, ihre Mitglieder an Rollen gebunden auf einen sozial definierten Verhaltensraum in ihrer Wirksamkeit eingeengt sind. Zu einer sozialen Desorganisation kommt es, wenn die Normen verletzt oder die Rollen verlassen werden. Geschieht dies, so entsteht abweichendes Verhalten, das im Sinn dieser Theorie vielfach zur Krankheit führt. Soziale Desorganisation kann durch gesellschaftliche Wandlungen übergreifender Art (z.B. Wirtschaftskrisen, Kriegssituationen, übermäßiger Wohlstand) entstehen, aber auch dadurch, daß sich einzelne oder Gruppen von den als gültig angesehenen Normen oder Rollen bewußt entfernen.

Krankheiten können nun aufgefaßt werden

- als Folge sozialer Desintegrationsprozesse. Genannt werden unter anderem Psychosen, Neurosen, psychosomatische Erkrankungen, aber auch andere Phänomene wie Kriminalität, Ehescheidungen und Prostitution, oder
- als Versuche einer mißglückten Anpassung an die durch soziale Desintegrationsprozesse veränderte Umwelt. Unter diesem Aspekt betrachtet W. Schulte die Neurosen. Auch die sogenannten noogenen Neurosen nach V. Frankl, bei denen ein vielfach durch gesellschaftliche Prozesse bedingter Verlust des Lebenssinnes im Vordergrund steht, kann man hierher rechnen.

Engt man den Begriff soziale Desorganisation auf den individuellen Raum ein, so kann man auch diejenigen krankhaften Störungen darunter subsumieren, die aus Überforderungssituationen erwachsen. Bei diesen wird nämlich vielfach von einem einzelnen die Erfüllung von Normen erwartet, die seinem Leistungsstand nicht angemessen sind. Für den Betreffenden entsteht dann ein Konflikt, der ihn einerseits dazu veranlaßt, alle Anstrengungen zu machen, um dem von ihm erwarteten Normverhalten gerecht zu werden, der ihn andererseits aber in immer neue Frustrationssituationen führt, weil er den Erwartungen nicht gewachsen ist. Derlei Situationen sind häufig von pathogener Valenz. Gerade bei Jugendlichen findet man nicht selten eine Überforderung von seiten der Schule oder seitens der Eltern zu hohe Erwartungen. Die daraus entstehenden Krankheitsprozesse gehören meist in den Bereich neurotischer Störungen und können sich sowohl als Organ- als auch als Psychoneurosen, aber auch in vegetativen Erscheinungen, emotionaler Labilität, Alkohol- oder Drogenkonsum äußern. Soziale Desintegrationsprozesse kann man sehr gut in Familien beobachten. Hier werden Kollisionen im Hinblick auf Wertnormen zwischen Eltern und Kindern oft sehr klar sichtbar. Man kann nicht selten beobachten, wie Konflikte zwischen den Eltern zu neurotischen Störungen der Kinder führen und wie umgekehrt ein geistig behindertes Kind zu einer völligen Umstrukturierung der Familie Anlaß sein kann.

Das Konzept Krankheit als soziale Desorganisation kann natürlich nur für einen kleinen Teil von Krankheiten als Erklärungsmöglichkeit herangezogen werden. Zusätzlich sind immer individuelle Momente und Persönlichkeitsfaktoren als weitere Determinanten mit zu berücksichtigen. Kritisch ließe sich anmerken, daß es ja wohl kaum ideal organisierte soziale Gebilde gibt, wodurch der Begriff einer sozialen Desintegration natürlich an Schärfe verliert.

Krankheit als Kommunikationsstörung

Viele Krankheiten, besonders aber psychische Erkrankungen, sind charakterisiert durch eine Störung der Beziehung zur Umwelt. Um in das Wesen dieser Beziehungsstörung eindringen zu können, muß man das Gesamtsystem* Mensch – Umwelt näher betrachten. Prinzipiell muß jede Störung eines Teilsystems (also sowohl eine Störung des Systems Mensch als auch des Systems Umwelt) zu einer Veränderung des Gesamtsystems führen. Nun ist aber das Gesamtsystem Mensch – Umwelt multistabil und durch eine Reihe von Sicherungsmechanismen so konstruiert, daß Veränderungen, sofern sie eine kritische Grenze nicht überschreiten, kompensiert werden. Überschreiten dagegen gewisse Veränderungen (in beiden Teilsystemen) eine individuelle kritische Schwelle, so resultiert eine Gesamtveränderung des Systems, die zu einer Störung seiner Funktionsweise führt. Dabei kann man sich eine ganze Variationsreihe von Störungsmöglichkeiten ausdenken, je nachdem, ob das Teilsystem Mensch oder Umwelt primär gestört ist, und ob im Fall von Störungen, die beide Systeme betreffen, diese gleichsinnig wirken oder einander entgegengesetzt.

Krankheit als Kommunikationsstörung heißt, daß der Informationsaustausch zwischen Mensch und Umwelt gestört ist. Diese Störungen können an verschiedenen Stellen liegen: in der Informationsaufnahme, in der Informationsverarbeitung und in der Informationsweitergabe.

Bezüglich des Informationsflusses im Menschen sind bereits zahlreiche Schemata aufgestellt worden. Die meisten kranken allerdings daran, daß sie nur das enthalten, was Rohracher die psychischen Funktionen nennt, die psychischen Kräfte hingegen (Motive, Affekte, Interessen) fehlen. Es kann aber kein Zweifel darüber bestehen, daß gerade die psychischen Kräfte Informationen umwandeln und verändern können und so zum Ausgangspunkt pathologischer Prozesse werden. Sie können alle drei Stufen des Informationsflusses beeinflussen, was wir im folgenden an einigen Beispielen aufzeigen werden.

---

* Unter System verstehen wir eine Menge von Elementen und die zwischen ihnen bestehenden Relationen. Elemente können dabei Pflanzen, Tiere, Menschen, aber auch Maschinen oder auch Kombinationen von Elementen sein, z.B. Mensch-Maschinen-Systeme.

Störungen der Informationsaufnahme

Die Informationsaufnahme des Menschen hat zwei Aspekte, den rein sinnesphysiologischen Vorgang des Aufnehmens von Reizen, ihre Verschlüsselung und afferente Weitergabe und den psychologischen Vorgang des Wahrnehmens von Bedeutungen. Unsere Sinnesapparate und unser Wahrnehmungssystem sind so konstruiert, daß sie jeweils nur einen Bruchteil der vorhandenen Informationen aufnehmen und daß wir nicht Einzelreize wahrnehmen, sondern Gestalten, mit anderen Worten: eine geordnete Umwelt. Nun gibt es Erkrankungen, bei denen die Informationsaufnahme gestört ist. Zu ihnen gehört die Schizophrenie.

Der Beginn der Schizophrenie läßt sich beschreiben als eine plötzliche Informationszunahme oder als ein Redundanzverlust der Umwelt. Für den schizophrenen Patienten wird alles, was ihn umgibt, wichtig, d.h. es hat Information. Er kann also zunächst nicht geordnet wahrnehmen, er ist umgeben von einer chaotischen Welt. Bei der Störung der Informationsaufnahme von Schizophrenen spielen affektive Momente, vor allem die Angst, eine entscheidende Rolle. Durch Affekte können selbst Sinneseindrücke vollkommen verfälscht werden (affektive Informationsverfälschung).

Auf sinnesphysiologischer Ebene sind die Werkzeugstörungen (Aphasien, Apraxien) als Störungen der Informationsaufnahme zu betrachten.

Störungen der Informationsverarbeitung

Es bedarf keiner weiteren Erläuterung, daß Störungen der Informationsaufnahme in der Regel auch mit Störungen der Informationsverarbeitung und -weitergabe gekoppelt sind. Es sollen im folgenden nur einige Beispiele gebracht werden, bei denen die Informationsverarbeitung im Mittelpunkt der Krankheit steht. Solche Beispiele sind zum großen Teil die Neurosen, die Psychopathien und die Psychosen. Neurotische Reaktionsweisen beruhen zum großen Teil auf Fehlverarbeitungen von Informationen, die erlernt sind. Diese Fehlverarbeitung führt zugleich zu einer „falschen" Verhaltensweise der Umwelt gegenüber. Der Ursprung dieser fehlerhaften Verarbeitung liegt häufig in der Umwelt selbst. Gleichgültig, ob die Genese solcher neurotischen Störungen über den Mechanismus eines bedingten Reflexes abläuft oder am Lernen am Erfolg orientiert ist, immer handelt es sich um Vorgänge, bei denen im Rahmen des Lernens gleichzeitig redundante Verhaltensweisen auftauchten. Im Gegensatz zu den Neurosen, die man als zeitlich begrenzte Störungen der Informationsverarbeitung betrachten kann, stellen die Psychopathien dauerhafte Fehlverarbeitungen dar. Auch bei ihnen wird, meist unter dem Einfluß von Affekten, Information auf ganz wenige Aspekte reduziert, die gänzlich am subjektiven Informationsgehalt orientiert sind. Diese subjektive Information weicht in quantitativer

Hinsicht erheblich von der den gesellschaftlichen Normen entsprechenden Information ab, woraus sich der Konflikt der Psychopathen mit der Gesellschaft ableiten läßt. Auch die Verschiebung und Einstellung ethischer Maßstäbe läßt sich in diesem Modell betrachten.

Störungen der Informationsweitergabe

Es ist einleuchtend, daß Störungen der Informationsverarbeitung in der Regel zu einer veränderten Informationsweitergabe führen. Gerade in diesem Bereich, an der Grenze des Mensch-Umwelt-Systems, spielen sich eine Reihe von veränderten Rückkoppelungsprozessen ab. Wenn man die Verhaltensstörungen im Modell des Regelkreises betrachtet, so läßt sich unschwer ableiten, wie eine Veränderung der Regelgröße zu einer Veränderung des Gesamtsystems führen kann. Bleibt man in der informationstheoretischen Nomenkultur, so ist eine gestörte Informationsweitergabe (gestörte Rückkoppelung) eine Sprache, die die soziale Umwelt nicht versteht. Sie muß also auch verständnislos reagieren. Diese Reaktionsweise wird vom kranken Individuum wiederum als ungewohnte und fremde Information aufgenommen, was zu einer erneuten Fehlverarbeitung führt. Auf diese Weise kann man zeigen, wie sich ein regelrechter Circulus vitiosus bildet, wenn ein Mensch-Umwelt-System aus seinem Regelkreis gerät. In diesem Modell können die meisten psychischen Störungen (besonders Neurosen und Psychopathien) betrachtet werden. Darüber hinaus lassen sich aus ihm zahlreiche Hypothesen ableiten, deren empirische Überprüfung lobenswert wäre.

Die zuletzt geschilderte informationstheoretische Auffassung von Krankheit bezieht von vornherein jegliche Umwelt, also auch die soziale, mit in ihre Betrachtungen ein. Soziale Einflüsse können sich an allen drei Stellen des Kommunikationsschemas (vgl. Abb. **30**) bemerkbar machen, bei der Informationsaufnahme, bei der Informationsverarbeitung und bei der Informationsweitergabe.

Wie sehr soziale Gegebenheiten selbst bei anscheinend so objektiven Vorgängen wie der Wahrnehmung mitspielen können, beweisen die zahlreichen Untersuchungen zur sozialen Wahrnehmung (vgl. S. 38). Für den Bereich der psychischen Krankheit bedeutet dies, daß durch die soziale Umwelt (besonders durch die Erziehung) Umwelteinflüsse in entstellter Weise aufgenommen und verarbeitet werden. Es entstehen zahlreiche subjektive Informationsketten, die mit den sozialen Normen nicht übereinstimmen und zu unangepaßten Reaktionen führen. Auch die Informationsverarbeitung unterliegt zahlreichen sozialen Einflüssen. Hier machen sich vor allem *Vorurteile und Konventionen* bemerkbar. Auf dieses Problem haben wir bereits mehrfach aufmerksam gemacht. Viele psychische Krankheitssymptome werden nämlich nur deshalb vom Patienten als so gravierend empfunden, weil mit ihnen der

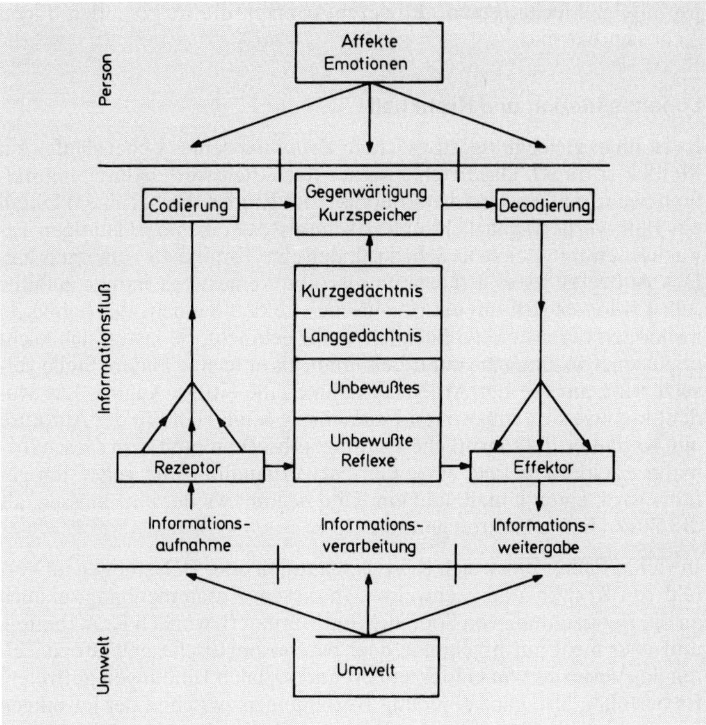

Abb. **30** Stark vereinfachtes Schema für den Informationsfluß im Menschen und seine Wechselwirkungen.

Makel der Schande, des Minderwertigen oder Degenerierten verbunden ist.

Krankheitserleben des Patienten

Wir haben uns bisher mit verschiedenen Betrachtungsmöglichkeiten von Krankheiten befaßt und sind dabei auch auf theoretische Modellvorstellungen gekommen. Einige von ihnen haben das *Erleben* des Kranken bereits mitberücksichtigt, bei anderen war es von sekundärer Bedeutung. Für den Patienten ist aber jede Krankheit ein Erlebnis, mit dem er sich auseinandersetzen muß und das ihn vielfach in eine existentielle Krise stürzt. Immer sind damit Sorgen, Befürchtungen und Ängste verbunden, die die Persönlichkeit des Patienten wandeln und in ihm psychische Mechanismen aktivieren können, die in gesunden Tagen nicht sichtbar sind.

Lebenssituation und Krankheit

Es ist nicht gleichgültig, zu welchem *Zeitpunkt* seines Lebenslaufes ein Mensch erkrankt. Das Erleben seiner Krankheit wird dadurch tiefgreifend beeinflußt. So wird das Erlebnis eines Kindes, das bei einem Unfall ein Bein verliert, gänzlich anders sein als das eines berufstätigen Erwachsenen mit gleichem Schicksal, der eine Familie zu versorgen hat. Das Auftreten einer Erkrankung ist nun keineswegs immer zufällig, selbst wenn es sich um ein organisches Leiden handelt. Wir haben im bisherigen bereits einige Beispiele dafür gebracht, sie lassen sich leicht ergänzen: Ein Finanzbeamter bekommt, als er in eine andere Stelle versetzt wird, am Tag der Arbeitsaufnahme eine eitrige Angina. Ein Student klemmt sich am zweiten Examenstag seine Hand in der Autotüre ein, so daß er die schriftliche Prüfung abbrechen muß. Ein Geschäftsmann erleidet am Tage einer Gerichtsverhandlung, die gegen ihn geführt wird, einen Unfall, und ein Kind beginnt wieder einzunässen, als die Eltern heftig in Streit geraten.

In vielen Fällen lassen sich Krisensituationen oder Belastungen im Vorfeld von Krankheiten nachweisen. In diesem Zusammenhang sei auch an die Beobachtung von Sopp u. Mitarb. erinnert, wonach Krankheiten, und zwar nicht nur psychische oder psychosomatische, gehäuft zu Zeiten des Verlustes von Geborgenheit und sozialen Bindungen auftreten. Es bestehen also ganz eindeutig Beziehungen zwischen der jeweiligen biographischen Situation des Betreffenden und seiner Erkrankung. Diese Erkentnnis ist zugleich eine Aufforderung für Ärzte und Pflegepersonal, sich nicht nur mit dem „Organbefund", sondern mit dem ganzen Menschen und seinen Problemen zu beschäftigen.

Zur biographischen Situation gehören natürlich auch eine ganze Anzahl von weiteren Faktoren wie Lebensalter, Familienstand, berufliche und wirtschaftliche Situation, Art und Intensität der Bindung an die Angehörigen usw. Auf die meisten dieser Faktoren sind wir bereits in dem Abschnitt „Krankheit als soziale Fehlanpassung" (S. 221) eingegangen.

Neben den bisher genannten Faktoren ist für das Erleben des Kranken natürlich auch die *Art* seiner Erkrankung von entscheidender Bedeutung, wobei wir hier unter *Art* nicht eine Klassifizierung nach Ursachen verstehen, sondern Folgeerscheinungen und den vermutlichen Ausgang der Krankheit zum Maßstab nehmen. Versucht man eine solche Gruppierung, so kann man folgende Arten von Krankheiten unterscheiden.

Banale Erkrankungen ohne Folgeerscheinungen

Diese Krankheiten bringen auch für den Erlebnisbereich des Patienten keine größeren Veränderungen mit sich. Es handelt sich bei ihnen um vorübergehende Episoden, die zwar im akuten Stadium unangenehm und lästig sind, die dem Patienten durchaus auch Angst und Sorgen machen, deren Einfluß aber mit dem Beginn der Heilung verschwindet und später auch der Vergessenheit anheimfällt. Beispiele für solche Erkrankungen sind viele Infektionskrankheiten (z.B. Masern, Windpocken, Pneumonien), aber auch manche Operationen (z.B. Blinddarm- oder Gallenoperation), sofern sie komplikationslos verlaufen.

Chronische Erkrankungen mit vorübergehenden oder dauerhaften Folgeerscheinungen

Ganz andere Verhältnisse liegen bei chronischen Erkrankungen vor. Diese unterscheiden sich von der erstgenannten Gruppe dadurch, daß ihre Heilung und vielfach auch ihr Ausgang nicht abzusehen sind. Der Patient weiß, daß er immer wieder mit einem Aufflackern der Krankheit rechnen und daß er vielfach zeitlebens gewisse Folgeerscheinungen in Kauf nehmen muß. Beispiele für solche Erkrankungen sind chronische Nierenleiden, rheumatische Erkrankungen, inoperable Herzfehler, Diabetes mellitus, multiple Sklerose und zahlreiche andere Nervenkrankheiten. Bei Erkrankungen dieser Art ist der Patient zu einer intensiven Auseinandersetzung mit seiner Krankheit gezwungen. Er muß lernen, mit ihr zu leben, muß ihre Eigenarten kennenlernen und sich danach richten und muß auf vieles, was ihm wesentlich war, verzichten. Chronische Krankheiten erfordern auch einen hohen therapeutischen Aufwand und machen häufige Konsultationen von Ärzten, vielfach auch wiederholte Krankenhausaufenthalte notwendig. Auch dies sind für das Erleben des Patienten wesentliche Gesichtspunkte. Es ist verständlich, daß chronisch Kranke oft in ständiger Sorge und Angst leben. Sie machen sich Sorgen wegen eines möglicherweise auftretenden Rezidivs, haben Angst vor einer weiteren Leistungseinbuße oder vor einem erneuten Krankenhausaufenthalt, sind bedrückt, weil sie von manchen Genußmöglichkeiten ausgeschlossen sind, und fühlen sich häufig auch gesellschaftlich als Außenseiter.

Eine besondere Gruppe von Erkrankungen, häufig mit tödlichem Ausgang oder mit chronischen Folgezuständen, sind solche, die durch unvernünftigen Lebenswandel und durch tpyische Verhaltensweisen in den industrialisierten Ländern (Streß, Rauchen, Trinken, Überernährung) herbeigeführt werden. Zu ihnen gehören die „5 Killer“ Herzinfarkt, Bronchitis, Lungenkrebs, Leberzirrhose und auch die Verkehrsunfälle. Die Einsicht, daß man diesen „verhaltensbedingten“ Erkrankungen wiederum nur mit Verhaltensänderungen begegnen kann, hat zu einem neuen Gebiet, der „Verhaltensmedizin“, geführt.

Unheilbare Krankheiten

Erleben und Verhalten von Patienten, die an unheilbaren Erkrankungen leiden, hängen davon ab, ob und wieweit die Kranken über ihr Leiden informiert sind. Darüber hinaus sind ihr Alter und ihre jeweilige biographische Situation von entscheidender Bedeutung für ihr Krankheitserlebnis. Zu der Sorge um die eigene Person und der Auseinandersetzung mit dem Tode tritt die Besorgnis um die Familie oder um die Zukunft eines begonnenen Lebenswerkes. Der Umgang mit unheilbar Kranken bringt für alle, die mit ihnen zu tun haben, zahlreiche Probleme mit sich, auf die wir ebenso wie auf das Erleben dieser Patienten im Abschnitt „Unheilbarkeit, Sterben, Tod" (S. 329ff.) näher eingehen.

Phasen des Krankheitserlebens

Weitgehend unabhängig von der individuellen Lebenssituation des Patienten kann man im Verlauf seiner Erkrankung mehrere Phasen abgrenzen, die für sein Erleben charakteristisch sind. Lederer unterscheidet vier solche Phasen, die im folgenden kurz beschrieben sind:

Phase des Krankheitsbeginns mit Symptombewußtsein

Zu Beginn einer Erkrankung bemerkt der Patient zunächst gewisse Krankheitssymptome. Diese bereiten ihm einerseits Unbehagen und schneiden ihn andererseits, wenn sie deutlicher werden, von seinen täglichen Pflichten ab. Nicht gleichgültig ist, von seiten welcher Organe oder Organsysteme die Beschwerden kommen. Handelt es sich um „gängige Organbeschwerden", so kann man mehr oder weniger ungehindert darüber sprechen; anders wird es schon, wenn Organe betroffen sind, über deren Erkrankungen man nicht so gerne spricht (z.B. Geschlechtsorgane, Ausscheidungsorgane). Wenn es sich schließlich um psychische Symptome handelt, so sind der Patient und dessen Familie vielfach geneigt, diese zu verbergen. Aus solchen Bedingungen heraus ist auch zu verstehen, warum viele Patienten ihre Krankheit nicht mehr wahrhaben wollen, sie also „verdrängen", worauf wir noch ausführlicher zu sprechen kommen. Bereits im Stadium dieser ersten Phase setzen also zahlreiche psychische Mechanismen ein, die je nach Persönlichkeit des Kranken variieren und für das weitere Erleben seiner Krankheit bedeutsam bleiben. Fast immer tritt in diesem Stadium Angst auf, die die Reaktionsweise des Patienten ebenfalls entscheidend mitprägt.

Manche Patienten, z.B. solche, die an einer Neurose leiden, akzeptieren vielfach schnell ihre Krankheitssymptome und bewerten sie nicht selten übermäßig, weil ihnen daraus ein „Krankheitsgewinn" erwächst.

Phase von Diagnose und Therapiebeginn

In dieser zweiten Phase hat der Patient einen Arzt oder eine Klinik aufgesucht. Er kommt, weil seine Symptome schwerwiegender geworden sind oder weil er Angst und Sorgen hat, er könnte an einer schweren Krankheit leiden. Die Umgebung, in die er nun eintritt, ist zunächst ganz und gar nicht geeignet, ihm seine Angst zu nehmen. Er betritt eine ihm fremde Atmosphäre, die durch weißlackierte Möbel, chromblitzende Apparaturen und strenge Verhaltensvorschriften gekennzeichnet ist. Manche Autoren, wie Schoene und Rohde, haben auf den Symbolgehalt der Krankenhauseinrichtung („Alles in Weiß") hingewiesen. Rohde meint, daß Weiß in solcher Häufung eine unpersönliche Sachlichkeit, Neutralisierung, Devitalisierung, Regression und Abgeschnittenheit vom Leben symbolisiere. Wenn uns solche Formulierungen auch zu weit zu gehen scheinen, so ist hier dennoch ein wenig beachteter Sachverhalt im Kern richtig getroffen.

In diesem zweiten Stadium wird die Diagnose gestellt und eine Behandlung eingeleitet. Die Angst des Patienten, die durch die Atmosphäre des Krankenhauses nicht gemildert wird, ist zunächst ganz wesentlich eine Angst vor der Diagnose bzw. vor diagnostischen Eingriffen. Viele Patienten kommen mit großen Befürchtungen ins Krankenhaus oder in die Sprechstunde. Sie haben z.B. Angst, an einer unheilbaren Krankheit zu leiden, oder sie befürchten, ein langer Krankenhausaufenthalt könne sie von Familie und Beruf abschneiden usw. Diese wenigen Andeutungen dürften genügen, um begreiflich zu machen, daß das Stellen einer Diagnose, auch wenn es sich um eine rein körperliche handelt, für den Patienten mit schwerwiegenden psychischen Vorgängen verbunden ist. Eines der schlimmsten Gefühle für den Patienten ist ein Schweben in Unsicherheit. Es ist deshalb die Verpflichtung eines jeden Arztes, mit dem Patienten über die Art seiner Erkrankung zu sprechen. Wie ausführlich eine solche Aufklärung sein sollte und inwieweit man unheilbar Kranken gegenüber offen reden kann, ist eine andere Frage, auf die wir im Abschnitt „Unheilbarkeit, Sterben, Tod" (S. 329) näher eingehen. Die Reaktion des Kranken nach Mitteilung der Diagnose kann sehr verschieden sein. Wittkower befragte 785 Tuberkulöse nach ihrer ersten Reaktion auf die Diagnose. 58% der Patienten erklärten, sie hätten einen inneren Schock empfunden, 34% berichteten, daß sie ruhig blieben und von der Diagnose nicht sehr berührt waren, und 8% zweifelten an der Diagnose. Die Reaktion auf die Diagnose hängt natürlich davon ab, welche Erwartung man vorher hatte. So wird ein Patient, der eine unheilbare Krankheit befürchtet hatte, erleichtert sein, wenn er erfährt, daß es sich lediglich um eine banale Entzündung handelt. Patienten, die an einer einmal gestellten Diagnose zweifeln, suchen in der Regel andere Ärzte auf. Bei einer kleinen Gruppe von Patienten kann dies groteske Formen annehmen. Sie suchen unter Umständen so lange einen Arzt nach dem anderen auf, bis eine Diagnose gestellt wird, die sie akzeptieren können.

Mit der Einleitung von Behandlungsmaßnahmen sind für den Patienten nicht selten Schmerzen verbunden. Dadurch kann er in seiner ängstlichen Haltung bestärkt werden. Auch in dieser Phase sollte man darauf hinwirken, daß die therapeutischen Maßnahmen für den Patienten durchschaubar werden. Mit der Reduktion von Ungewißheit sinkt dann auch die Angst. Leider ist in manchen Krankenhäusern immer noch die Haltung verbreitet, dem Patienten nichts über das Ergebnis der Untersuchung und über die eingeleiteten Therapiemaßnahmen zu sagen. Die Auskunft, der Hausarzt werde dem Patienten schon alles erläutern, ist für ihn in dieser Situation keineswegs befriedigend und ist ganz und gar nicht geeignet, seine Angst zu verringern.

Phase des Akzeptierens der Krankheit

Wenn die Krankheit diagnostiziert ist und bereits therapeutische Maßnahmen eingeleitet wurden, sind viele Patienten immer noch nicht bereit, ihre Krankheit zu akzeptieren. Sie verbergen sich vielfach immer noch hinter Abwehrhaltungen, wollen die Krankheit z.B. nicht wahrhaben, verharmlosen sie unter Umständen oder lassen sich auf erneute diagnostische Prozeduren ein, weil sie der Diagnose keinen Glauben schenken. Die Krankheit kann erst dann als akzeptiert gelten, wenn der Patient bereit ist, sich als krank anzusehen. Dadurch wird der schwebende Zustand zwischen Krankheit und Gesundheit beendet, und der Patient übernimmt die Rolle des Kranken. War das Stadium von Diagnose und Therapiebeginn durch ein hohes Maß an Unsicherheit und Unbehagen gekennzeichnet, so tritt der Kranke jetzt in eine Phase, für die es klare normative Vorstellungen in der Gesellschaft gibt. Dadurch reduziert sich für ihn einerseits seine Unsicherheit, zum anderen wird aber sein Lebensraum ganz erheblich eingeengt. Die Rolle des Kranken ist, wie wir im Abschnitt „Sozialgefüge des Krankenhauses" (S. 199) näher ausgeführt haben, relativ gut umschrieben. Zu ihr gehört:

- Befreiung von den Rollenverpflichtungen des täglichen Lebens;
- die Tatsache, daß man von ihm nicht erwarten kann, er könne dadurch gesund werden, daß er sich zusammennimmt; damit wird er weitgehend von Verantwortung befreit;
- die Verpflichtung, gesund werden zu wollen, und
- die Verpflichtung, fachkundige Hilfe in Anspruch zu nehmen.

Die ersten beiden Aspekte der Rolle des Kranken befreien ihn von den alltäglichen Verpflichtungen und den Erwartungen der Umwelt. Einen solchen „Rabatt" billigt man in physiologischer Weise eigentlich nur Kindern zu. D.h., die gesellschaftlichen Vorstellungen von Krankheit gestatten dem Patienten, auf kindähnliche Verhaltensweisen zu regredieren. Hinzu kommt, daß viele Gepflogenheiten des Krankenhauses (z.B. Bettruhe, Essen im Krankenzimmer, Erfordernis der Anpassung und damit Aufgabe von Eigeninitiative usw.) regressives Verhalten begünstigen. Man findet deshalb bei vielen Kranken eine Einengung der Interessen, die so weit gehen kann, daß sich der Patient nur noch für seine Krankheit und seine Körpervorgänge interessiert, hypochondrische Befürchtungen zeigt, ferner ein kindliches Abhängigkeitsverhältnis von den Pflegepersonen, vielfach aggressives oder nörglerisches Verhalten und fast immer Angst. Wichtig zu wissen ist, daß in solchen Verhaltensweisen Gesetzmäßigkeiten zum Ausdruck kommen, die keineswegs immer als negativ zu bewerten sind. Im Vorgang krankheitsbedingter Regression kann man auch die Konzentration der gesamten psychischen Energien auf das eigene Ich sehen, wodurch eine Stärkung der eigenen Person in der Auseinandersetzung mit der Krankheit bewirkt werden kann. Darüber hinaus wird dieses in Zeiten der Gesundheit „unmögliche" Verhalten durch die gesellschaftliche Rolle des Krankseins ausdrücklich gebilligt.

Die Übernahme einer Krankenrolle ist allerdings kein eigengesetzlicher Prozeß. Sie wird sowohl durch die Persönlichkeitszüge des Kranken als auch durch das Verhalten seiner Umgebung (im Krankenhaus durch das Verhalten des Pflegepersonals) mitbestimmt. Die Umgebung des Patienten kann hierbei ein wichtiges Regulativ sein. Das gilt besonders für diejenigen Patienten, die sich allzu sehr „gehenlassen" und übermäßig regredieren. In solchen Fällen ist es natürlich nicht zweckmäßig, diese Bestrebungen zu begünstigen. Man kann dies dadurch verhindern, daß man dem Patienten sachlich begegnet und ihn nicht zu sehr bemuttert. Bei chronisch Kranken ist es manchmal sehr schwierig, eine regulierende Funktion auf ihr Verhalten auszuüben. Problematisch wird bei ihnen auch der Übergang in die Phase der Rekonvaleszenz, weil es vielfach durch die lange Krankheitsdauer unter dem Einfluß zahlreicher Lerneffekte zu starken Rollenfixierungen gekommen ist. Vielen dieser Patienten fällt es sehr schwer, ihre gesellschaftlichen Funktionen und Verantwortung, die sie vor Ausbruch der Erkrankung zu erfüllen hatten, wieder aufzunehmen. Faktoren dieser Art müssen bei Rehabilitationsmaßnahmen immer berücksichtigt werden. Man versucht, den Patienten den Übergang von der geschützten in eine offene Umgebung dadurch zu erleichtern, daß man sie stufenweise an Pflichten und Verantwortung gewöhnt.

Phase der Rekonvaleszenz

Dieses letzte Stadium im Krankheitserleben des Patienten finden wir natürlich nur bei denjenigen Erkrankungen, die heilbar sind. Biologisch ist diese Phase gekennzeichnet durch das Einsetzen von Heilungsvorgängen im Organismus, psychologisch durch das Wiedererwachen von Initiative, Anteilnahme und Interesse an der Umwelt und soziologisch durch den Wunsch oder die Notwendigkeit, von der Rolle des Kranken Abstand zu nehmen. Wir haben bereits darauf hingewiesen, daß dieser Übergang manchmal viele Probleme mit sich bringt. Aus der Sicht des Kranken ist auch diese Phase noch mit zahlreichen Ängsten verbunden. Er merkt einerseits, daß er wieder mehr Mut bekommen hat, er spürt, wie ihn wieder seine Familie, seine Freunde, seine Arbeitsstelle oder das Weltgeschehen interessieren. Andererseits hat er aber, besonders nach längerer Krankheit, Zweifel, ob er seinen Aufgaben auch wieder gewachsen sein wird. Die Angst des Kranken hat sich also gewandelt. Es ist nicht mehr die Angst vor einer unheilbaren Krankheit, vor Schmerzen oder gar vor dem Tode, es ist nicht mehr die Angst vor dem Ende der Zukunft, sondern eine Angst, mit der Zukunft nicht fertig zu werden. Diese Angst ist zugleich von Hoffnung und Zweifeln überlagert. Der Kranke fühlt seine Lebenskräfte wieder steigen, er weiß aber noch nicht, in welche Richtungen er sie lenken soll. Auch in diesem Stadium ist deshalb die Beratung und das Gespräch mit dem Patienten von außerordentlicher Bedeutung. Es kommt darauf an, ihn in seinem Selbstvertrauen, im Vertrauen auf die eigene Leistung zu bekräftigen, um ihm so die Wiedereingliederung in Familie und Beruf zu erleichtern. Von großer Hilfe ist hier die Weiterbetreuung des Patienten, auch wenn er entlassen ist, durch eine geschulte Fürsorgerin oder einen Sozialarbeiter. Diese können sich auch dafür einsetzen, daß z.B. die Arbeitsbedingungen, die den Rekonvaleszenten erwarten, auf seine Leistungsfähigkeit abgestimmt sind und je nach seinen Fortschritten stufenweise gesteigert werden.

Psychische Mechanismen bei der Krankheitsverarbeitung

Im Zusammenhang mit den Phasen des Krankheitserlebens sind wir bereits auf verschiedene psychische Mechanismen bei der Krankheitsverarbeitung eingegangen. Wir haben gesehen, daß jede Krankheit, gleichgültig welche Ursache sie hat, zugleich ein psychisches Problem für den Patienten ist. Die in der Auseinandersetzung mit der Krankheit sichtbar werdenden psychischen Mechanismen haben natürlich je nach Persönlichkeit des Betreffenden und je nach seiner Lebenssituation ihr individuelles Gepräge. Unabhängig davon lassen sich aber einige Verhaltenskategorien herausstellen, die man bei sehr vielen Kranken beobachten kann. Mit einigen von ihnen wollen wir uns im folgenden beschäftigen, wobei wir nur sehr knapp auf sie eingehen, aber immer wieder in den weiteren Abschnitten des Buches auf sie zu sprechen kommen werden.

Verdrängung

Eine häufige Form der Auseinandersetzung mit der Krankheit ist die Verdrängung (vgl. S. 151). Der Kranke weicht mit Hilfe dieses Mechanismus seiner Krankheit aus. Er akzeptiert sie nicht oder, soziologisch ausgedrückt: Er wehrt sich dagegen, die Rolle des Kranken zu übernehmen. Dies kann in unterschiedlicher Form geschehen: als Nichtwahrhabenwollen der Krankheit, als Verharmlosung ihrer Symptome, als Konzentration auf Dinge, die mit ihr nichts zu tun haben usw. Hinter einer solchen Haltung steht vielfach die Befürchtung, es könne sich ein schweres Leiden anbahnen, oder auch das Gefühl, die Krankheit könne als persönliche Schwäche oder als Schande angesehen werden. Ein wenig bewußtseinsnäher ist das Motiv, man scheue sich, beim Arzt so lange zu warten, es gebe ja noch andere, die schlimmer dran seien, oder man gehe erst lieber gar nicht zum Arzt, denn dieser finde ja immer etwas. Durch Aufgreifen des Mechanismus der Verdrängung entzieht sich der Kranke einer Auseinandersetzung, die für ihn unangenehm werden könnte. Dieser Vorgang bezieht sich nicht nur auf den Patienten selbst, er wird vielfach auch von seinen Angehörigen übernommen, worauf wir im Abschnitt „Kind, Krankheit, Krankenhaus“ (S. 255) näher eingehen werden.

Egozentrizität und Einengung des Denkens

In bedrohlichen Situationen sind Denken und Handlungsweisen eines Menschen in erster Linie auf Selbsterhaltung ausgerichtet. Kranksein ist eine bedrohliche Situation. Deshalb beobachtet man an Kranken auch sehr viele egozentrische Züge: Ihr Denken ist stark eingeengt, sie beschäftigen sich viel mit sich und ihrem Körper, beobachten ängstlich ihre Körperfunktionen und zeigen sich ihrer Umwelt gegenüber gleichgültig oder gar apathisch, sprechen vielfach nur noch über ihre Krankheit und haben oft wenig Verständnis dafür, daß z.B. Besucher oder das Pflegepersonal nicht in gleicher Weise an ihrem Wohlergehen engagiert sind. Das Ausmaß egozentrischen Verhaltens ist unter anderem davon abhängig, wie sich der Betreffende prämorbid, d.h. in gesunden Tagen, verhalten hat. Jemand, der auch in Zeiten der Gesundheit stark auf sich selbst bezogen (also narzißtisch) ist, wird es während des Krankseins in noch viel ausgeprägterem Maß sein. Egozentrisches und narzißtisches Verhalten stellt an alle, die mit dem Kranken zu tun haben, hohe Anforderungen. Wenn man aber weiß, daß es sich dabei um ein gesetzmäßiges und krankheitsbedingtes Verhalten handelt, wird der Umgang mit dem Patienten schon leichter fallen. Da diesem sein Verhalten vielfach gar nicht bewußt ist, sollte man in sachlicher Form mit ihm darüber zu sprechen versuchen. Das setzt aber voraus, daß man als Arzt, Schwester oder Pfleger mit dem Ärger, den egozentrisches Verhalten in einem selbst häufig hervorruft, fertig wird. Gewiß, solche Gespräche sind eine zusätzliche Belastung, sie werden oft als ausgesprochen lästig empfunden, sie sind aber vielfach die einzige Möglichkeit, dem Patienten in seiner Auseinandersetzung mit der Krankheit weiterzuhelfen.

Bei manchen chronisch Kranken kann egozentrisches Verhalten oft groteske Formen annehmen. Es kann so ausgeprägt sein, daß die Kranken nur noch an sich selbst denken und ihren Mitpatienten jede Zuwendung seitens des Pflegepersonals neiden.

Wir konnten einen 20jährigen Patienten beobachten, der infolge einer Muskeldystrophie ans Bett gefesselt war, der es aber verstand, das ganze Krankenzimmer zu beherrschen und alle anderen Patienten für seine persönlichen Belange einzusetzen.

Für viele Patienten ist die Krankheit auch eine Möglichkeit, sich hervorzutun. Sie sind stolz darauf, ein besonders „interessanter Fall" zu sein, um den sich viele bemühen. Verhalten dieser Art findet man nicht selten bei Kindern und alten Menschen, die sich auf diese Weise mehr Geltung zu verschaffen versuchen.

Regressives Verhalten

Auf regressives Verhalten sind wir bereits mehrfach eingegangen. Wir haben auch gesehen, daß es verschiedene Bedeutungen haben kann: Der Patient stellt sich damit auf eine kindliche Stufe, er kann nicht oder nur bedingt zur Verantwortung gezogen werden, und er erreicht dadurch vielfach ein hohes Maß an persönlicher Zuwendung und Anteilnahme.

Die Bereitschaft zur Regression ist von verschiedenen Faktoren abhängig:

– Von der Persönlichkeitsstruktur des Betreffenden und dem Grad seiner Reife.

So neigen retardierte, unreife und stark von Emotionen beherrschte Persönlichkeiten eher zu regressivem Verhalten. Eine vorwiegend von seiten der Persönlichkeit determinierte Regression kann man mit Schraml als individuelle Regression bezeichnen.

Persönlichkeits- und reifungsabhängig sind aber auch diejenigen Fälle, in denen die Krankheit selbst eine Regression darstellt. Krankheiten dieser Art finden wir oft bei Kindern und Jugendlichen, die in Belastungssituationen vielfach mit regressivem Verhalten (z.B. Einnässen, Einkoten) reagieren.

– Von den institutionellen und situativen Bedingungen im Krankenhaus. Wir haben bereits darauf hingewiesen, daß der Stil unserer Krankenhäuser regressives Verhalten ausgesprochen begünstigt.

Für das Befinden des Kranken entscheidend ist, wie Ärzte, Schwestern und Pfleger regressivem Verhalten begegnen. Die Art und Weise, wie man dies tut, ist unter anderem auch abhängig vom Stadium der Erkrankung. Ein Schwerkranker hat das Recht, regressive Verhaltensweisen zu zeigen, und sie werden ihm auch zugebilligt. Wichtig ist hier, darauf hinzuwirken, daß der Kranke mit zunehmender Genesung lernt, sich von seinen regressiven Verhaltensweisen (z.B. Sichwaschenlassen, Fütternlassen usw.) schrittweise zu entfernen.

Anders sieht die Situation aus, wenn Patienten, die körperlich nicht schwer krank sind (z.B. Neurotiker) in stärkerem Ausmaß regressives Verhalten zeigen. In diesem Falle werden im Pflegepersonal unfreundliche Emotionen wachgerufen. Es heißt dann z.B.: „Ich habe es satt, den Herrn X auf Schritt und Tritt zu bedienen", „Frau B. könnte auch einmal auf den Gedanken kommen mitzuhelfen, die macht keinen Finger krumm." Solche Reaktionen von seiten des Pflegepersonals sind durchaus verständlich, jedoch sollte es nicht bei diesen bleiben. Denn hier wird für Schwestern und Pfleger eine pädagogische Aufgabe sichtbar. Es muß der Versuch gemacht werden, den Patienten, der ja aus krankhaften Gründen diese Haltung einnimmt, davon zu befreien. Dazu sind keine immensen psychologischen Kenntnisse erforderlich. Oft genügt es, den Kranken zur Mitarbeit aufzufordern und diese Aufforderung ohne Ironie und ohne Vorwurf vorzubringen.

Aggressives Verhalten

Jeder, der als Arzt, Schwester oder Pfleger längere Zeit in einem Krankenhaus tätig war, weiß, daß es immer wieder Patienten gibt, die ihm mißtrauisch, feindselig oder aggressiv gegenübertreten. Sie fühlen sich ungerecht behandelt, zweifeln an der Richtigkeit von Diagnose und therapeutischen Maßnahmen, scheinen alles besser zu wissen und stecken auch oft Mitpatienten durch ihre Unzufriedenheit an. Nur allzuleicht neigt man in solchen Fällen dazu, die Patienten abzuschieben etwa mit der Bemerkung: „Wenn es Ihnen hier nicht paßt, dann können Sie ja anderswohin gehen." In so gearteten Situationen sollte man, bevor einem eine Antwort obiger Tendenz aus dem Munde rutscht, sich zwei Fragen stellen:

- Warum ist *der* Kranke so aggressiv?
- Warum bin *ich* eigentlich so ärgerlich?

Wer sich diese Fragen überhaupt stellt, wird vermutlich allein dadurch anders reagieren, als wir es oben beschrieben haben.

Auch bei aggressivem Verhalten von Patienten sind vielfach die bereits besprochenen tiefenpsychologischen Abwehrmechanismen mit im Spiel. So kann Aggressivität im Rahmen einer Übertragung oder einer

Projektion auftreten. In diesem Fall sind Schwestern und Pfleger gar nicht gemeint; vielmehr galt die Aggression einer anderen Beziehungsperson und wurde lediglich auf Schwestern oder Pfleger übertragen. Weitere Gründe für das Auftreten aggressiven Verhaltens sind körperliche Beschwerden oder Frustrationserlebnisse. Patienten, die an heftigen Schmerzen leiden, tendieren in diesem Zustand der Beeinträchtigung eher dazu, aggressiv zu reagieren, als in gesunden Tagen. Auch die Angst wird häufig zum Schrittmacher für aggressives Verhalten. Letztlich steht hinter derartigen Verhaltensweisen meist Hilflosigkeit oder gar Ausweglosigkeit, denen man nicht in gleicher Weise, sondern durch Verständnis und die Bereitschaft, derartiges Verhalten in Kauf zu nehmen, begegnen kann.

Angst und Dominanz des Emotionalen

Auf die Angst kranker Menschen werden wir im folgenden noch mehrfach eingehen. Sie gehört zum Kranksein ebenso wie die Symptome. Zunächst ist der Kranke fast immer stark beunruhigt. Dies leitet sich einmal ab von dem Gefühl des Beeinträchtigtseins, hinter dem ein für den Patienten nicht durchschaubares körperliches oder seelisches Geschehen steckt, zum anderen durch alles, was sich auf dem Weg zur Diagnosestellung ereignen kann (Eingriffe, Schmerzen usw.); schließlich entsteht nicht selten die stärkste Unruhe aus Angst vor einer unheilvollen Diagnose. Versucht man nun diese von vielfältigen Angsterlebnissen gekennzeichnete Situation eines Kranken zu begreifen, so wird in ihr eines immer wieder deutlich: das Dominieren emotionaler Momente. Dies wirkt sich natürlich auch in den Reaktionen des Patienten aus. Er kann seiner Umgebung keineswegs neutral und sachlich gegenübertreten, weil er von seinen Ängsten und Gefühlen beherrscht wird. Er ist auch nicht mehr der gleiche Mensch, der er vor Auftreten seiner Krankheitssymptome und vor dem Wissen, krank zu sein, war. Rationale Steuerungsmöglichkeiten und klare logische Einsicht nehmen im Denken und Erleben kranker Menschen nicht mehr den Stellenwert sein, den sie in gesunden Tagen hatten. Die universelle Verunsicherung und Hilflosigkeit wird vielfach zur Leitschiene für die in diesem Abschnitt bereits beschriebenen Mechanismen der Verdrängung, der Regression und der Aggression. Nicht zuletzt entsteht durch Angst Verunsicherung und durch das Überwiegen emotionaler Impulse eine Fixierung des Denkens und der Erlebnisweise an die eigene Person. Wenn man derartiges Verhalten manchmal allzu leicht als Egozentrizität oder Egoismus charakterisiert, so darf man doch nie vergessen, daß viele Kranke in dieser Situation keine andere Wahl haben und daß derlei Mechanismen auch positive, auf Selbsterhaltung gerichtete Aspekte haben.

Psychologische Aufgaben von Schwester und Pfleger

Das Verhältnis zum Patienten

Das Verhältnis von Schwestern oder Pflegern zum Patienten ist, wie jede zwischenmenschliche Kommunikation, von zahlreichen Faktoren abhängig. Diese lassen sich, ein wenig schematisch, in *überindividuelle* und *individuelle* Faktoren einteilen. Sie wirken sich auf die Vorstellung aus, die Schwestern und Pfleger vom Verhalten des Patienten haben und prägen auch ihre Reaktionsweisen ihm gegenüber. Ebenso beeinflussen sie Erwartung und Haltung des Patienten und dessen Vorstellung vom Verhalten des Pflegepersonals. Auf diese Weise machen sich *beide* (Schwestern bzw. Pfleger und Patient) ein „Bild" vom Verhalten des anderen, das sie als optimal und richtig ansehen. Ein von diesem Bild abweichendes Verhalten werden sie dementsprechend als falsch oder gar verwerflich betrachten. Nun ist aber bei der Vielzahl der Faktoren ohne weiteres einsichtig, daß sich die Vorstellungen vom Verhalten des „anderen" keineswegs immer decken können und daß dadurch Mißverständnisse und Konflikte entstehen, die nur dann grundlegend ausgeräumt werden können, wenn man sich der Verschiedenheit der Maßstäbe und ihres unterschiedlichen Zustandekommens bewußt wird.

In Abb. **31** sind das Zusammenwirken einiger Faktoren und ihr Einfluß auf die Erwartung von Patienten und Schwestern sowie deren Verhalten schematisch dargestellt. Die gegenläufigen Pfeile symbolisieren die sehr wesentliche Wechselbeziehung zwischen den einzelnen Faktoren. Im folgenden wollen wir ein wenig näher auf sie eingehen.

Bedeutung überindividueller Faktoren

Als Beispiel für die Wirksamkeit überindividueller Faktoren soll die Rolle dienen. Sie wird vorwiegend von sozialen Einflüssen bestimmt;

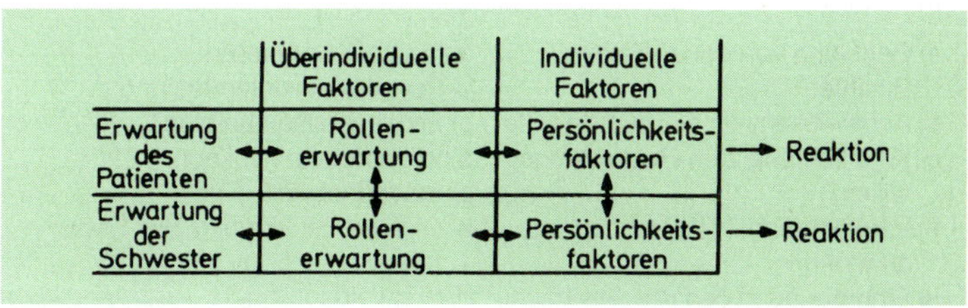

Abb. **31** Bedeutung überindividueller und individueller Faktoren für das Verhältnis Schwester(Pfleger)–Patient.

wir sind im ersten Abschnitt dieses Teiles ausführlich auf sie eingegangen. Für unsere jetzigen Betrachtungen ist sie nur insoweit interessant, als sie für die Beziehung Schwester (Pfleger) – Patient verhaltensregulierend wirksam wird. Schwierigkeiten ergeben sich dann, wenn die Rollenauffassungen von Patient und Schwester bzw. Pfleger sich nicht decken. Am besten veranschaulicht man dies an einer Gegenüberstellung einiger Rollenerwartungen an Patienten und Schwester (Pfleger).

Die in Tab. **9** angeführten Rollenerwartungen können nun, je nachdem aus welcher Sicht man sie betrachtet (aus der Sicht des Patienten oder der Schwester bzw. des Pflegers), schon zu verschiedenen Rollenkollisionen und damit zu Störungen des Verhältnisses Schwester (Pfleger) – Patient führen. So wird z.B. die Rollenerwartung an den Patienten, „sich möglichst reibungslos in den Krankenhausbetrieb einzuordnen (e)", von Schwestern und Pflegern in der Regel sehr ernst genommen. Verstöße des Patienten gegen diese Erwartung führen deshalb sehr leicht zu einer Trübung des gegenseitigen Verhältnisses, wobei Schwestern und Pfleger ihren persönlichen Groll hinter der Aussage verbergen können, daß das zur Frage stehende Verhalten des Patienten eine ernste Gefährdung seines Heilungsprozesses bedeutet. Dagegen ist natürlich nichts einzuwenden, wenn es sich wirklich um eine solche Gefahr handelt. Häufig wird dieses Argument aber auch in Fällen angewandt, in denen es nicht zutrifft.

Auf der anderen Seite haben viele Patienten sehr hohe Ansprüche an die mit der Rolle der Schwester eng assoziierte Eigenschaft der Selbstlosigkeit, was sich darin äußern kann, daß sie z.B. die ständige Anwesenheit der für sie zuständigen Schwester für selbstverständlich halten und sehr erstaunt sind, wenn sie in die Freistunde geht, abends das Haus verläßt oder einige wichtige Behandlungsmaßnahmen der sie ablösenden

Tabelle **9** Einige Rollenerwartungen an den Patienten und die Schwester (den Pfleger)

Rollenerwartung an den Patienten	Rollenerwartung an die Schwester (den Pfleger)
a) Befreiung von den täglichen Pflichten	a) Körperliche Pflege
b) Angewiesensein auf fremde Hilfe	b) Psychische Unterstützung
c) Verpflichtung zum Gesundungswillen	c) Erzieherische Funktion
d) Verpflichtung, Hilfe in Anspruch zu nehmen	d) Vermittelnde Funktion
e) Einordnung in den Krankenhausbetrieb	e) Selbstlosigkeit
	f) Gleiche Behandlung aller Patienten
	g) Schweigepflicht

Nachtschwester überläßt. Anläßlich solcher Gelegenheit hört man nicht selten Meinungen wie „früher, als es nur Ordensschwestern gab, war dies noch anders, die waren wenigstens für die Patienten da“. In solchen Ansichten drücken sich sehr einseitige Idealvorstellungen aus, die an heute nicht mehr haltbaren Wertmaßstäben orientiert sind und einem ungetrübten Verhältnis zwischen Schwester (Pfleger) und Patient nicht selten im Wege stehen.

Diese wenigen Beispiele zeigen, wie sehr die Rollen von Patient und Schwester (Pfleger) subjektiven Interpretationen unterliegen, die sich belastend auswirken können.

Rollenkollisionen dieser Art werden Schwestern und Pfleger in der Regel eher begegnen können als die Patienten. Wenn sie längere Zeit im Beruf und für psychologische Sachverhalte aufgeschlossen und geschult sind, so sind ihnen Probleme dieser Art geläufig, denn sie wiederholen sich ja immer wieder. Schwieriger ist es allerdings, etwas dagegen zu tun. Liegt ein Mißverständnis vor, das durch das Verhalten des Patienten bedingt ist, so ist es am wirksamsten, eine sachliche und von eigenen Emotionen freie Aussprache herbeizuführen, was natürlich nur dann möglich ist, wenn das Problem von irgend jemand angesprochen wurde. Weitaus problematischer sind unterschwellige Spannungen, die nicht ausgesprochen werden. In diesen Fällen sollte man dem Patienten weiterhin mit gleichbleibender Freundlichkeit begegnen, sich von dessen Mißlaune keineswegs anstecken lassen und im geeigneten Moment sich nach der Ursache seiner Mißlaunigkeit erkundigen.

Nicht leicht ist es, Mißverständnissen und Schwierigkeiten auf den Grund zu gehen, deren Ursache im *eigenen Verhalten* liegt. Es gehört schon ein ziemliches Maß an Selbstkritik dazu, solche Ursachen aufzufinden und sie sich auch einzugestehen. Eine Hilfe dazu können Aussprachen von Schwestern und Pflegern untereinander sein. Wenn es die Atmosphäre auf einer Station erlaubt, daß die psychologische Behandlung der Patienten und das eigene Verhalten dabei ebenso Gesprächsgegenstand werden wie die medikamentöse oder operative Behandlung, so ist schon ein Weg gefunden, der dazu geeignet ist, fehlerhaften eigenen Verhaltensweisen zu begegnen. Es ist eine alte Erfahrung, daß man viele seiner eigenen Fehler nicht bemerkt und erst im offenen Gedankenaustausch mit anderen erkennen lernt.

Dies gilt natürlich nicht nur für die bisher kurz skizzierten subjektiven Auffassungen vom Rollenverhalten, sondern weit mehr für die im Umgang mit Patienten wirksamen individuellen Faktoren, insbesondere die tiefenpsychologischen Abwehrmechanismen, von denen einige bei jedem Menschen in stärkerem oder geringerem Ausmaß wirksam sind.

Bedeutung individueller Faktoren

Von den zahlreichen individuellen Faktoren, die für das Schwester-(Pfleger-)Patient-Verhältnis maßgebend sind, seien hier nur einige wenige angeführt. Wir beschränken uns bewußt nur auf einige tiefenpsychologische Abwehrmechanismen, weil sie im täglichen Umgang mit Kranken sowohl bei diesen selbst als auch bei Ärzten, Schwestern und Pflegern überaus häufig wirksam sind und weil sie viele zunächst unverständlich erscheinende Reaktionsweisen zu erklären vermögen.

Verdrängung

Die Verdrängung ist ein sehr häufig vorkommender Abwehrmechanismus, der sich auf ganz verschiedene psychische Sachverhalte beziehen kann.

Bei *Patienten* finden wir den Vorgang der Verdrängung in sehr vielgestaltigen Formen. So kann die Verdrängung sich in der Symptombildung von seelischen Krankheiten zeigen – etwa darin, daß unerlaubte Triebimpulse unterdrückt werden, um sich schließlich in einem körperlichen Symptom zu zeigen; sie kann sich aber auch z.B. darin zeigen, daß ein Patient eine Konsultation beim Arzt oder gar einen Operationstermin aufgrund starker emotionaler Spannungen oder weil er Angst hat, verdrängt, was zum Auftreten quälender Träume, von Unruhe oder unmotivierten Handlungen führen kann.

Ein Beispiel für die Wirksamkeit der Verdrängung beim *Pflegepersonal* zeigt folgende Beobachtung aus dem Alltag einer Krankenstation: Eine sehr gewissenhafte Schwester „vergißt“, einem Patienten am Tage vor der Operation die notwendige Prämedikation zu geben. Bei dem Patienten handelte es sich um einen Mann, dem die Familie der Schwester aufgrund verschiedener Zerwürfnisse feindselig gesinnt war. Sie hatte sich nun bemüht, ihm gegenüber keinerlei Feindseligkeit zu zeigen und ihn ebenso gut und korrekt zu behandeln wie alle anderen. Die „Vergeßlichkeit“ der Schwester war in Wirklichkeit eine Verdrängung. Mit der Verdrängung der feindseligen Impulse gegenüber dem Patienten hatte sie auch diesen selbst und auch ihre Aufgabe „vergessen“, was ihr in vierjähriger Tätigkeit auf dieser Station noch nie passiert war.

Rationalisierung

Rationalisierung als nachträgliche Scheinbegründung findet man oft bei Patienten, die ihnen unsinnig erscheinende Handlungen oder Einfälle zu erklären versuchen. So sagte eine 42jährige, an starken Zwängen (u.a. auch an einem Waschzwang) leidende Frau, sie müsse sich so oft die Hände waschen, weil ihre Haut an den Händen so trocken und spröde sei.

Auch als Erklärungsversuch für ganz unterschiedliche Erkrankungen werden Rationalisierungen immer wieder von Patienten herangezogen. Dies ist besonders dann der Fall, wenn sie sich den wahren Entstehungsmechanismus ihrer Krankheit nicht vorstellen können oder nicht vorstellen wollen. Ersteres findet man nicht selten bei Patienten mit Herzfehlern, die ihre Krankheit sehr häufig auf körperliche Anstrengung zurückführen möchten, obwohl sie fast immer durch Entzündungen bedingt sind. Letzteres trifft vor allem auf Erkrankungen zu, deren Entstehung mit Schuldvorstellungen verknüpft ist (z.B. Geschlechtskrankheiten, durch Alkoholabusus bedingte Leberschäden usw.). Viele Patienten wollen sich dabei ihre Schuld nicht eingestehen und finden andere harmlose Erklärungen, die sie leichter akzeptieren können.

Natürlich kann sich der Vorgang der Rationalisierung auch auf die Beziehung zwischen Patient und Schwester (Pfleger) erstrecken, etwa in der Weise, daß unliebsames Verhalten der Schwester gegenüber dem Patienten, obwohl es vielleicht andere Hintergründe hat, von diesem auf Überarbeitung zurückgeführt wird. Diese Erklärung ist für den Patienten leichter zu ertragen als z.B. die Vermutung, von der Schwester abgelehnt zu werden. Die umgekehrte Version ist vielleicht noch häufiger zu beobachten.

Identifikation, Projektion und Übertragung

Die Abwehrmechanismen der Identifikation und Projektion werden zusammen abgehandelt, weil sie auch meist gemeinsam auftreten.

Beispiel: Eine 17jährige Patientin, die wegen einer Anorexia nervosa stationär aufgenommen war, identifizierte die Stationsschwester mit ihrer Mutter. Sie „projizierte“ zahlreiche Eigenschaften ihrer Mutter, die von ihr abgelehnt wurde, auf die Schwester, natürlich auch viele feindselige Impulse. Die Oppositionshaltung der Patientin wurde schließlich so ausgeprägt, daß sie von der Schwester keinerlei Dienste mehr annahm.

Dieses zugegebenermaßen sehr drastische Beispiel aus einer jugendpsychiatrischen Klinik ist gut geeignet, die Konsequenzen aufzuzeigen, die sich daraus für das Schwester-Patient-Verhältnis ergeben. Eine unerfahrene Schwester könnte das Verhalten der Patientin zunächst als persönliche Antipathie auffassen und ebenfalls eine ablehnende Haltung ihr gegenüber einnehmen. Doch selbst wenn man weiß, daß die Feindseligkeit und Aggressivität der Patientin von ihrer Mutter auf die Schwester lediglich „übertragen“ wurde, so ist damit zwar geklärt, daß sie der Schwester gar nicht gelten, die Schwester wird sich aber durch dieses Wissen allein noch nicht richtig verhalten können. Denn zu diesem Wissen muß noch ein gewisses Maß an eigener Sicherheit hinzutreten. Man muß sich hier über Denken und Mutmaßungen anderer Patienten oder Mitarbeiter hinwegsetzen können, man muß es auch vertragen können, von bestimmten Patienten nicht geschätzt und anerkannt zu werden. Erst mit einer solchen Haltung ist man in der Lage, derart schwierigen Patienten mit der nötigen Ruhe und Gelassenheit zu begegnen.

Weitaus häufiger jedoch kommt es vor, daß Patienten positive Gefühlsregungen auf Ärzte, Schwestern oder Pfleger übertragen, vielleicht, weil sie diese mit ihrem Vater, mit ihrer Mutter oder einer anderen positiv erlebten Beziehungsperson identifizieren. Derlei Mechanismen spielen auch in der Psychotherapie unter dem Namen Übertragung (vgl. S. 158) eine bedeutsame Rolle. Die Übertragung erfolgt größtenteils auf unbewußtem Weg, es werden Gefühle, Bedürfnisse, Einstellungen, Haltungen oder Absichten übertragen, die sich vielfach bis in die frühe Kindheit zurückverfolgen lassen. Übertragungen sind oft Spiegelbilder früher intrafamiliärer Beziehungen, die mit intensiven Gefühlen (Liebe, Zuneigung, Haß, Eifersucht usw.) verbunden sind. So kann es sein, daß ein Patient einer Schwester so entgegentritt wie seiner eigenen Schwester oder seiner Mutter. Es ist auffällig, wie häufig Übertragungen bei einem Menschen immer wieder nach dem gleichen Schema als Wiederholung frühkindlicher Bindungen ablaufen, ohne daß er sich dessen bewußt wird.

Regression

Bereits im Zusammenhang mit den bisher beschriebenen Abwehrmechanismen war von einer Wiederholung frühkindlicher Beziehungen und Verhaltensweisen die Rede. Im Rahmen der Regression stehen diese im Mittelpunkt der Betrachtung. Auf regressive Verhaltensweisen werden wir noch oft zu sprechen kommen, weil gerade sie im Krankenhaus einen bedeutenden Raum einnehmen.

Viele therapeutische Maßnahmen begünstigen sogar ihr Auftreten. Ein Beispiel dafür ist die Bettruhe, deren Einhaltung vielfach auch von leichtkranken Patienten oder von Kranken, die nur zur Begutachtung aufgenommen sind, verlangt wird. Durch diese Maßnahme wird der Kranke in eine Situation gebracht, die in vieler Hinsicht der des Säuglings oder des Kleinkinds gleicht. Das gilt besonders für Schwerkranke: Sie müssen gefüttert und gewaschen werden, können sich vielfach nicht aus eigener Kraft bewegen und oft auch ihre Ausscheidungsfunktionen nicht willentlich regulieren. Eine solche Situation der Hilflosigkeit läßt auch wieder längst vergessene psychische Mechanismen wachwerden, die weitgehend verhaltensbestimmend werden. Regressionen treten vorwiegend in Belastungssituationen auf. Einzelheiten sind auf S. 240 näher beschrieben.

Psychologische Aufgaben im Rahmen der Diagnostik

Die diagnostischen, therapeutischen und erzieherischen Aufgaben von Schwestern und Pflegern haben alle auch eine psychologische Seite. Leider wird diesem Aspekt vielfach noch nicht der gebührende Platz eingeräumt. Doch hängen vom psychologisch richtigen Verhalten des Pflegepersonals häufig das Gelingen und der Erfolg diagnostischer und therapeutischer Maßnahmen ab.

Beobachtung

Eine psychologische Aufgabe ersten Ranges ist die Beobachtung der Patienten. Schwestern und Pfleger haben ja in der Regel viel intensivere Kontakte zu ihnen, sie sind längere Zeit mit ihnen zusammen als die Ärzte. Ihren Beobachtungen kommt vor allem deshalb eine so große Bedeutung bei, weil manche Krankheitssymptome unregelmäßig auftreten und vielfach nicht bei der Untersuchung durch den Arzt zu registrieren sind. Beim Mittagessen, während einer gemeinsamen Beschäftigung oder auf dem Weg ins Labor kann man oft Beobachtungen machen, die für die Diagnose entscheidend sein können.

So beobachtete eine Schwester bei einem 21jährigen Patienten, der wegen einer Magenerkrankung auf einer Inneren Abteilung stationär aufgenommen war, abends nach dem Einschlafen einen generalisierten epileptischen Anfall. Diese Diagnose war bis dahin unbekannt. Eine daraufhin angeordnete EEG-Untersuchung zeigte krampfstromverdächtige Abläufe. Es handelt sich hierbei natürlich um eine Gelegenheitsbeobachtung, Gelegenheiten dieser Art haben aber Schwestern und Pfleger weitaus häufiger als Ärzte.

Natürlich gehört zur Beobachtung eine gewisse Schulung, auf die auch bei der Schwesternausbildung heute immer mehr Wert gelegt wird. Ferner müssen Beobachtungen an Patienten unauffällig erfolgen, am besten nach dem Prinzip der sogenannten „teilnehmenden Beobachtung“, bei der der Beobachter sich mit dem Patienten beschäftigt, aber gleichzeitig sein Augenmerk auf ihn richtet.

Hilfe bei Eingriffen, Schmerz und Angst

Viele Patienten sind sehr beunruhigt, wenn diagnostische oder therapeutische Eingriffe bevorstehen. Sie haben Angst vor dem Eingriff als solchem, dessen Bedeutung sie nicht genügend durchschauen, vor den damit unter Umständen verbundenen Schmerzen oder vor einer unheilvollen Diagnose. Von derlei Gefühlsregungen bleiben auch Ärzte, Schwestern oder Pfleger nicht verschont, wenn sie krank werden. In dieser psychischen Ausnahmesituation sind Schwestern und Pfleger diejenigen, die dem Patienten am meisten helfen können. Dies kann dadurch geschehen, daß sie ihm Erklärungen über den Eingriff geben, um ihm wenigstens *den* Teil der Angst zu nehmen, der sich allein als Auswirkung einer unbekannten Situation erklären läßt. Erklärungen dieser Art sind eigentlich Aufgabe des Arztes. Doch selbst, wenn dies ausführlich geschehen ist, haben die Patienten meist noch eine Fülle von Fragen, mit denen sie sich manchmal nicht zum Arzt trauen und die sie deshalb häufiger den Schwestern oder Pflegern stellen. In solchen Situationen ist die Rolle von Schwestern und Pflegern als Vermittler zwischen Arzt und Patient von großer Bedeutung.

Am meisten beruhigt die Patienten jedoch, wenn es Schwestern und Pflegern gelingt, ihnen das Gefühl zu vermitteln, während eines schwierigen Eingriffes ganz für sie da zu sein. In emotionalen Belastungssituationen dieser Art werden in dem Patienten zahlreiche infantile Reaktionsweisen wachgerufen, die in den Bereich des regressiven Verhaltens gehören. Aufgabe von Schwestern und Pflegern ist es nun, diese als solche zu erkennen und in einer für den Patienten situationsgerechten Weise darauf zu reagieren. D.h., man sollte die Patienten in dieser Situation ruhig einmal regredieren lassen, wobei man in die Rolle der „überlegenen Mutter" oder des „Vaters" gerät, bei dem das „Kind" Schutz und Geborgenheit sucht. Schon daraus wird einsichtig, daß die Antwort an einen ängstlichen Patienten: „Schämen Sie sich, Sie benehmen sich ja wie ein kleines Kind", der psychologischen Situation in keiner Weise gerecht wird. Situationsgerecht handeln heißt hier, sich den Bedürfnissen des Patienten unterzuordnen und die von ihm vorgezeichnete Rolle vorübergehend anzunehmen, d.h., ihm ruhig „mütterlich" oder „väterlich" zu begegnen. Dabei muß man sich natürlich hüten, die Rolle in der anderen Richtung übermäßig zu strapazieren und den Patienten z.B. mit „Du" anzureden oder mit ihm so zu sprechen, wie man es mit einem kleinen Kind tut. Denn so sehr es auch zutreffend ist, daß der Patient in derlei angstbesetzten Situationen regrediert, so tut er dies doch nur in *Teil*aspekten seiner Persönlichkeit und nicht insgesamt. Natürlich sollte man auch beachten, daß man diese einer speziellen Situation angemessene Haltung gegenüber dem Patienten nicht auch in anderen Situationen (z.B. im Stationsalltag) aufrechterhält. Daraus wird ein generelles Problem der psychologischen Krankenführung ersichtlich: Sie muß immer der jeweiligen Situation und der Persönlichkeit des Patienten Rechnung tragen. Dies ist ihre Schwierigkeit, aber auch ihre Stärke.

Psychologische Aufgaben im Rahmen der Therapie

Bereits im letzten Abschnitt haben wir auf therapeutische Fragen übergeleitet. Wenn man versucht, durch sein Verhalten die Angst eines Kranken vor einem Eingriff abzumildern, so ist dies bereits eine therapeutische Maßnahme. Nun hat man in vielen Untersuchungen festgestellt, daß die Wirksamkeit vieler Behandlungsmaßnahmen auch von der *Person* der Behandelnden abhängig ist. Zu diesen Personen gehören neben den Ärzten auch Schwestern und Pfleger.

Physikalische und operative Therapie

Selbst bei Behandlungsmaßnahmen dieser Art spielt der Therapeut für das Wohlbefinden eine bedeutsame Rolle. Ihm wird vielfach eine magische Haltung entgegengebracht, die nicht selten auf seinen Mitarbeiter übertragen wird. Es kommen also auch im Zusammenhang mit Behandlungsmethoden, die sich ausschließlich auf den Körper richten, seelische Mechanismen mit ins Spiel, in die das Krankenpflegepersonal mit einbezogen wird. Unter ihnen spielen die bereits mehrfach angesprochenen tiefenpsychologischen Mechanismen (Übertragung, Identifikation, Projektion, Regression usw.) eine große Rolle.

Medikamentöse Therapie

An der Bedeutung psychischer Mechanismen im Rahmen einer medikamentösen Therapie kann kein Zweifel sein. Da Schwestern und Pfleger für die Durchführung dieser Behandlung verantwortlich sind, werden sie fast regelmäßig in diese Mechanismen mit einbezogen. Dabei erweist es sich als sehr wichtig, wie man dem Patienten die Notwendigkeit der Behandlung begründet und welche Erläuterungen man hinsichtlich der Wirksamkeit und des Einnahmemodus der Arznei macht. Solche Erläuterungen haben oft eine suggestive Wirkung. Bei Untersuchungen über die subjektiv empfundene Wirksamkeit von Plazebos (Leerpräparate ohne Wirksubstanz) zeigte sich, daß etwa 33% der Patienten eine Besserung ihrer Beschwerden registrierten. Sehr interessant ist auch, daß eine Plazebo-Wirkung nicht nur auf subjektiv empfundene Symptome festgestellt wurde, sondern daß sich auch Wirkungen auf objektive Symptome wie z.B. den Blutdruck feststellen ließen. Natürlich gilt dies vorwiegend für Beschwerden, die sich über eine Störung des vegetativen Nervensystems erklären lassen. Wie sehr derartige psychologische Faktoren bei der Behandlung mit Medikamenten mitspielen, kann man daraus ersehen, daß gefärbte und bittere Plazebo-Präparate wirksamer sind als farb- und geschmacklose. Dies hängt mit stereotypen Vorstellungen in der Bevölkerung im Hinblick auf ein Arzneimittel zusammen, in die vor allem der bittere Geschmack fest einbezogen ist.

Nicht selten werden Schwestern und Pfleger von Patienten gefragt, „wozu die Arznei gut sei". Schon aus dem bisher Geschilderten dürfte klar geworden sein, daß die Antwort auf solche Fragen nicht unwesentlich ist. Wenn man eine zutreffende Antwort nicht weiß, so sollte man den Patienten lieber auf den Arzt verweisen, bevor man ihn irgendwie abspeist. Die flüchtige Bemerkung „das ist für Ihre Nieren" kann einem

Patienten, der von einer Nierenschädigung nichts weiß, einen erheblichen Schrecken einjagen. Gefahren dieser Art entstehen vor allem dann, wenn das Pflegepersonal nicht weiß, was dem Patienten über seine Krankheit gesagt wurde. Diese Frage sollte unbedingt Gegenstand der Stationsbesprechung sein, damit es nicht zu unterschiedlichen Auskünften von Arzt, Schwester und Pfleger kommt. Diskrepanzen in dieser Hinsicht zeigen sich oft in Detailfragen der medikamentösen Therapie. Auch mit dem Einnahmemodus sind für den Patienten viele Fragen verbunden, die häufig an Schwestern und Pfleger gerichtet werden: „Soll ich die Tabletten vor dem Essen oder nach dem Essen nehmen, mit Flüssigkeit oder ohne, unzerkleinert oder zerkleinert usw." Derlei Fragen ergeben sich oft bei der Entlassung von Patienten, sie sollten an sich vom Arzt mit ihm besprochen werden. Erfahrungsgemäß bleiben aber nicht selten Unklarheiten bestehen, wegen derer sich die Patienten an Schwestern oder Pfleger wenden. Deshalb sollten diese mit den Richtlinien der medikamentösen Therapie vertraut sein, wozu auch Auskünfte an den Patienten gehören. Am zweckmäßigsten erweist sich eine sachliche Information, die sich eng an die Fragen des Kranken hält und die nicht zu ausführlich sein sollte, weil sie dann wieder Anlaß zu erneuten und vielfach sehr besorgten Fragen wird.

Psychotherapie und psychische Führung

Die Psychotherapie lag lange Zeit ausschließlich in der Hand der Ärzte. Sie ist es auch heute noch weitgehend, doch werden im Rahmen von Gruppenverfahren in zunehmendem Maße auch Schwestern und Pfleger mit einbezogen. Psychotherapeutische Maßnahmen im Krankenhaus können überhaupt nur dann optimal wirksam werden, wenn auch das Pflegepersonal entsprechend geschult ist und wenn im Zusammenwirken von Ärzten, Schwestern und Pflegern etwas entsteht, was man eine therapeutische Gemeinschaft nennen kann. Voraussetzung dafür ist allerdings, daß Schwestern und Pfleger über die Grundprinzipien psychotherapeutischer Verfahren unterrichtet sind. Dies läßt sich nicht ohne ausführliche Stationsbesprechungen, in denen der Umgang mit jedem einzelnen Patienten Gesprächsgegenstand wird, erreichen. Die wichtigsten tiefenpsychologischen Abwehrmechanismen, Arzt-Patient- und Schwester-(Pfleger-)Patient-Verhältnis müssen dabei am konkreten Einzelfall durchgesprochen werden. Erst wenn dies geschieht, können Schwestern und Pfleger im Rahmen einer psychischen Führung des Patienten psychotherapeutische Maßnahmen im Stationsalltag sinnvoll fortsetzen.

Zur psychischen Führung gehören eine Reihe von Detailfragen wie Umgang mit besonders ängstlichen Patienten, mit Kindern, mit alten Menschen, mit seelisch Kranken, Gespräche mit Angehörigen, Auskunft über Behandlungsverfahren, Verhalten bei Entstehen von Unstimmigkeiten usw. Diese Fragen lassen sich nicht in allgemeiner Form besprechen, wir werden in den folgenden Kapiteln, an jeweils geeigneten Stellen, ausführlich auf sie eingehen.

Häufige Fehler im Umgang mit Patienten

Wenn hier von Fehlern die Rede ist, so geht es weder um Vorwürfe noch um Schuld. Es geht vielmehr um Verhaltensweisen des Pflegepersonals, die sich auf das Befinden des Patienten und auf die Atmosphäre einer Krankenstation nachteilig auswirken können. Der eine oder andere „Fehler" dieser Art findet sich in jedem Krankenhaus. Ihre Zahl ist so groß, daß wir sie gar nicht vollständig aufzählen können. Doch sprechen wir einige an, in der Hoffnung, daß die Leser ein wenig zum Nachdenken angeregt werden. Denn wer Fehler erkennt, der hat schon den ersten Schritt zu ihrer Beseitigung unternommen.

Distanzlosigkeit und Distanz

Nicht selten findet man unter dem Pflegepersonal Verhaltensweisen im Umgang mit Patienten, die man nicht anders als distanzlos bezeichnen kann. Beispiele dafür sind zahlreich. So betrat ein Pfleger morgens das Krankenzimmer einer älteren Frau, klopfte ihr wohlwollend auf die Schulter und sagte: „Na, Oma, heute schauen wir aber schon ein wenig besser aus der Wäsche." Als die Patientin sich dagegen verwahrte, antwortete er: „Aber, Oma, warum regst du dich denn gleich so auf, Spaß muß doch sein." Derlei „humorvolle Einlagen" und das Anreden älterer Patienten mit „du" verraten wenig Einfühlungsvermögen in die psychische Situation eines kranken Menschen. Eine andere Form distanzlosen Verhaltens ist das Bestreben, Patienten ständig zu bevormunden.

Die Motive, die hinter solchen Verhaltensweisen stehen, sind sicher sehr verschiedenartig. Manchmal steckt durchaus auch guter Wille dahinter. Getroffen wird aber immer ein mehr oder weniger wehrloser Mensch, der im Krankenhaus dem Wohlwollen des Personals ausgeliefert ist.

Ebenso nachteilig für das Wohlbefinden des Kranken ist allerdings zu große Distanz. Wenn Ärzte, Schwestern, Pfleger, Laborantin usw. stumm ihre Pflicht erledigen und für den Patienten kein persönliches Wort finden, so entsteht in ihm ebenfalls das Gefühl der Hilflosigkeit und des Ausgeliefertseins an die Maschinerie der modernen Medizin.

Vernachlässigung und Überprotektion

Vernachlässigt fühlen sich Patienten, wenn in Betreuung und Pflege Pünktlichkeit und Gleichmaß fehlen. Da Kranke vielfach infolge ihrer

Angst zu Verallgemeinerungen neigen, kann sich ein dadurch hervorgerufenes Gefühl des Unbehagens auf alle Behandlungsmaßnahmen oder sogar auf das jeweilige Krankenhaus als Institution übertragen. Auf diesem Wege kommen nicht selten Gerüchte oder der sogenannte „Ruf" eines Krankenhauses zustande. Als Vernachlässigung oder als Desinteresse empfinden Patienten es auch, wenn Versprechen nicht eingehalten werden. Deshalb sollte man nur Dinge versprechen, die man auch wirklich einhalten kann oder zu deren Einhaltung man zumindest gewillt ist. Dabei kann es sich um relativ geringfügige Ereignisse handeln. Wenn z.B. eine Schwester einem Patienten verspricht, ihm abends eine Schlaftablette zu geben und dies dann vergißt, so wird der Kranke diese Vergeßlichkeit nicht selten als befremdend erleben und als Nachlässigkeit deuten. Denn aus seiner Sicht und aus der mit längerem Kranksein häufig verbundenen Egozentrizität ist er sehr an die eigene Person fixiert und erwartet von der Schwester, daß sie gerade *seinen* speziellen Bedürfnissen gerecht wird. Dabei kommt es oft zu einem Rivalisieren der Patienten untereinander, die genau beobachten, ob der Nachbar nicht vielleicht besser behandelt wird.

Manche Schwestern neigen eher zum Gegenteil der Vernachlässigung: Sie tun zuviel des Guten und treiben pflegerische Maßnahmen auf die Spitze. Dabei handelt es sich meist ihrem Wesen nach um besonders mütterliche Schwestern, die die Pflege vielfach mit missionarischem Eifer betreiben. Sie setzen ihren Ehrgeiz darein, alles für die Patienten zu tun, sind fast immer zur Stelle und wachen oft eifersüchtig über ihre Kranken, an die sie andere Schwestern nur ungern heranlassen. Hinter solchem Verhalten verbirgt sich oft eine Art Mutterinstinkt, der ein Betätigungsfeld im Rahmen einer eigenen Familie nicht gefunden hat.

Nichternstnehmen des Patienten

Diese Haltung des Pflegepersonals entwickelt sich leicht in Einrichtungen, die sich mit der Behandlung und Pflege von psychisch Kranken oder Gebrechlichen beschäftigen. Wer hier längere Zeit als Schwester oder Pfleger tätig ist, erlebt immer wieder, wie sehr die Patienten in jeder Hinsicht auf ihn angewiesen sind. Dies kann dazu führen, daß man leicht in die Rolle des Überlegeneren und Mächtigeren gerät, der sich Scherze mit den von ihm Abhängigen erlauben kann. Nicht selten wird derartiges Verhalten mit dem Hinweis entschuldigt, daß der Kranke „dies ohnehin ja nicht mehr merke". Aber gerade dies ist ein großer Irrtum. Selbst alte und psychisch erheblich abgebaute Patienten haben vielfach ein gutes Gespür dafür, ob eine Bemerkung ironisch gemeint ist, ob man sie hochnimmt und sich über sie lustig macht. Abgesehen davon ist ein derartiges Verhalten gegenüber Kranken weder humorvoll noch irgendeinem Patienten dienlich; es dient lediglich der Befriedigung persönlicher Eitelkeit.

Hektik und Nervosität

Hektischer Betrieb und Nervosität auf einer Krankenstation wirken sich zwangsläufig auch auf die Patienten aus. Kranke sind gegenüber derlei Auswirkungen vielfach sogar besonders sensibel. Sie bringen die Unruhe auf der Station leicht in Verbindung mit sich und ihrer Krankheit, entwickeln nicht selten Schuldgefühle und werden in ihren Wünschen und Intentionen ganz erheblich eingeschränkt, weil sie es schon gar nicht erst wagen, mit Anliegen an die überlasteten Schwestern und Pfleger heranzutreten. Nervosität und Unruhe stecken an, sie erleichtern weder die Arbeit, noch tragen sie zu ihrer Beschleunigung bei. Sie werden um so leichter verhaltensbestimmend, je bedeutsamer die soziale Position dessen ist, von dem sie ausgehen. Man kann nämlich häufig feststellen, daß es nur ein kleiner Personenkreis, nicht selten sogar eine einzige Person ist, die zum Ausgangspunkt für einen nervösen und leicht irritierbaren Stationsstil wird. Besonders störend wirkt sich dies auf Situationen aus, die ohnehin spannungsgeladen sind, wie z.B. auf die Atmosphäre in einem chirurgischen Operationssaal. Eine nervöse Operationsschwester oder ein ungeduldiger Operateur kann die Atmosphäre derart sensibilisieren, daß schon aus Angst eher Fehler gemacht werden als in einer ruhigen und ausgeglichenen Situation.

Beheben kann man derlei Mängel nur, wenn es zur gemeinsamen Reflexion über die Arbeitsatmosphäre kommt. Denn vielfach ist ein Verhalten, das Mitarbeiter und Patienten stark irritiert, den Betreffenden gar nicht genügend bewußt. Durch ein Gespräch über das eigene Verhalten kann man zu einem besseren Verständnis der Auswirkungen persönlicher Verhaltensweisen kommen und zugleich die ersten Schritte zu ihrer Veränderung unternehmen. Solche Gespräche scheitern aber häufig an der Zeit oder an der Angst vor Kritik und damit vor der Konfrontation mit gewissen Schattenseiten der eigenen Person.

Kind, Krankheit, Krankenhaus

Kind und Krankheit

Krankheiten im Kindesalter bringen, abgesehen von allen organischen Ursachen, immer auch eine Reihe psychologischer Probleme mit sich. Art, Schwere und Häufigkeit dieser Probleme hängen ganz wesentlich vom Lebensalter der Patienten ab. Neben alterstypischen körperlichen Dispositionen spielen hier vor allem die Entwicklungsgesetze und der jeweilige Reifestand des Kindes entscheidend mit. Sie prägen die psychische Reaktion des Kindes auf die Krankheit und lassen zugleich auch Fehlverarbeitungen und Abwehrhaltungen in gesetzmäßiger Weise sichtbar werden. Es ist also keineswegs gleichgültig, in welchem Alter ein Kind erkrankt, seine psychischen Reaktionen werden sich vielmehr je nach Alter in gesetzmäßiger Weise unterscheiden.

Erleben körperlicher Mängel und psychisches Verhalten

Nicht nur für Erwachsene, sondern auch für Kinder ist Krankheit verbunden mit dem Erlebnis des Andersseins, häufig auch mit dem Gefühl der Unterlegenheit oder Minderwertigkeit. In etwas abgemilderter Form finden wir solche Erlebnisse auch beim Vorhandensein körperlicher Mängel, die noch nicht als Krankheit aufgefaßt werden, aber bei vielen Kindern und Jugendlichen zu einer sehr tiefgreifenden Veränderung ihres Verhaltens führen. Die Art solcher Mängel kann sehr verschieden sein. Mißbildungen aller Art (z.B. Hasenscharten, Klumpfuß, Verkrümmungen der Wirbelsäule), Verunstaltungen durch Unfälle, Riesenwuchs oder Zwergwuchs, Hautausschläge, die längere Zeit bestehen, oder Adipositas sind die geläufigsten. Kinder, die sich von ihren Altersgenossen in der genannten Weise unterscheiden, werden häufig gehänselt, lächerlich gemacht oder nicht für voll genommen. Leider tragen nicht selten auch die Erwachsenen durch ihr Verhalten dazu bei, daß solche Kinder in eine Isolierungssituation geraten. Auf die seelischen Fehlentwicklungen, die aufgrund solcher körperlicher Mängel entstehen, haben E. Stern und Stutte mehrfach hingewiesen. Stutte spricht von einem Thersites-Komplex und versteht darunter alle psychischen Auffälligkeiten, die letztlich in der körperlichen Deformierung ihre Ursache haben. Einige Fallbeispiele mögen solche Mechanismen veranschaulichen.

Beispiel 1: Eine 13jährige, gut begabte Gymnasiastin, die von Geburt an einer fleckigen, über den ganzen Körper verteilten Hautveränderung litt und außerdem etwa 10 cm kleiner war als ihre gleichaltrigen Klassenkameradinnen, bereitete in der Schule und im Elternhaus erhebliche Erziehungsschwierigkeiten. Sie war aggressiv, unleidlich, ständig in Opposition, mürrisch und entwickelte darüber hinaus eine polyphäne Ticerkrankung, in deren Verlauf sich Blinzel-, Schnüffel- und Grunztics einstellten. Sie genierte sich, im Sommer ins Freibad zu gehen, und trug, wenn sie überhaupt baden ging, einen ganz hochgeschlossenen Badeanzug. Sie erlebte sich, obwohl sie in den schulischen Leistungen zur Klassenspitze gehörte, ständig als unterlegen.

Beispiel 2: Ein 17jähriges Mädchen, das von Geburt an eine Gaumenspalte hatte und dadurch einen erheblichen Sprachfehler, war sehr gehemmt, in sich gekehrt und kontaktarm. Sie litt sehr unter ihrer Kontaktarmut, empfand sich als Einzelgängerin und machte eines Tages ihrer inneren Spannung durch mehrfaches Brandlegen, unter anderem im eigenen Hause, Luft.

Beispiel 3: Einem 12jährigen, körperlich übermäßig akzelerierten Jungen machte es schwer zu schaffen, daß er immer für wesentlich älter und reifer gehalten wurde. Dies brachte mit sich, daß man von ihm auch stets mehr verlangte als von

Gleichaltrigen, so daß er sich in einer permanenten Überforderungssituation befand. Von den Eltern wurde der Junge mit sichtlichem Stolz in diese Rolle gedrängt. So berichtete der Vater, daß sein Sohn bereits den Traktor und den Mähdrescher fahren könne, daß er in der Lage sei, selbständig zu pflügen und zu eggen, ja daß er im Krankheitsfalle des Vaters den ganzen Hof führen könne. Als der Junge, der wegen eines psychotischen Zustandsbildes, das natürlich mit dieser Situation in keinem kausalen Zusammenhang stand, stationär aufgenommen wurde und nach dem Besuch der Eltern Heimwehreaktionen zeigte und weinte, versuchte ihn der Vater durch die Worte zu beruhigen: „Ein Mann weint doch nicht." Weinen und Heimweh waren also Reaktionen, die diesem Kind vom Vater nicht zugestanden wurden, sie waren im Rollenverständnis der Eltern „unerlaubtes Verhalten".

Änderung der kindlichen Lebenssituation durch Krankheit

Eine Krankheit versetzt ein Kind in eine neue Lebenssituation. Es erlebt am eigenen Körper und in seinem psychischen Verhalten Veränderungen, und es erlebt auch eine Veränderung im Verhalten seiner Umgebung, besonders der Eltern. Die Art und Weise, wie all dies vom Kind psychisch verarbeitet wird, ist wiederum weitgehend vom Lebensalter und vom Entwicklungsstand abhängig. Jüngeren Kindern z.B. (etwa bis zum fünften Lebensjahr) bleiben viele Verhaltensweisen der Eltern und auch viele Behandlungsmaßnahmen unverständlich. Sie erleben manche therapeutischen Maßnahmen, besonders wenn sie mit Schmerzen verbunden sind, als Strafe, sie sind enttäuscht von der Strenge der Eltern oder auch verwöhnt durch ihre übertriebene Zuwendung. Den wichtigsten Faktoren, die im Leben und Verhalten eines kranken Kindes von Bedeutung sind, wollen wir uns nun ausführlicher zuwenden.

Einschränkung des kindlichen Lebensraumes

Jede ernstere Erkrankung bringt eine Einengung des kindlichen Lebensraumes mit sich. Diese beginnt schon mit der Bettruhe, deren Einhaltung bei jüngeren Kindern zum Problem wird, besonders dann, wenn sie sich trotz objektiv feststellbarer Krankheitserscheinungen körperlich wohl fühlen. Schwerkranke und hochfiebernde Kinder werden in der Regel von sich aus still im Bett liegenbleiben. Solches Verhalten wird häufig auch als ein Hinweis auf eine ernstere Erkrankung angesehen. Andererseits sollte man Kinder nicht bei jedem geringfügigen Temperaturanstieg ins Bett stecken. Recht unglücklich und ungeschickt, wenngleich für die Eltern sehr bequem, ist der noch oft geübte Brauch, unartigen aber gesunden Kindern mit dem Bett zu drohen. Die Androhung „Wenn du jetzt nicht folgst, dann mußt du ins Bett" schafft für Kinder die feste Assoziation zwischen Ungezogenheit und Bettruhe als Strafe. Gehen die Eltern oft in dieser Weise „heilpädagogisch" vor, so entsteht beim Kind eine bedingte Reaktion, die sich im Krankheitsfalle sehr gravierend auswirken kann. Zu dem Leiden an körperlichen Krankheitserscheinungen und der oft auch vom Kind empfundenen psychischen Alterationen kommt noch die Bettruhe, die *dann* vom Kind als eine Bestrafung seiner Krankheit aufgefaßt werden muß.

Die mit der Bettruhe einhergehende *Bewegungseinschränkung* führt bei Kindern nicht selten zu einer vermehrten Reizbarkeit und motorischen Unruhe in Form von Schaukeln oder stereotypen Bewegungen oder zu aggressiven Impulsen. Auf diese Mechanismen hat Anna Freud hingewiesen und gezeigt, wie solche Kinder ihre seelischen Spannungen auch in Form von Schimpfen entladen können.

Mit der Bettruhe und der damit verbundenen Bewegungseinschränkung wird auch der Aktionsradius des Kindes empfindlich begrenzt. Es kann nicht so spielen wie sonst, insbesondere fallen die Spielkameraden weg usw. Da Kinder meist sehr ausgeprägte Wünsche und Aktionsbedürfnisse haben, fühlen sie sich bei längerer Bettruhe sehr rasch beiseite gedrängt und versuchen nicht selten, das Versäumte durch zahlreiche Sonderrollen wieder zu kompensieren. Wenn die Eltern zu nachgiebig und verwöhnend reagieren, kann es so weit kommen, daß solche Kinder ihre Umgebung regelrecht tyrannisieren. Diese Gefahr besteht besonders, wenn chronische Krankheiten vorliegen, bei denen es durch stete Wiederholung fehlerhafter Verhaltensweisen seitens der Umgebung zur Fixierung pathologischer Anspruchshaltungen des Patienten kommt, der sein Verhalten ja durch Nachgiebigkeit der Umgebung als „belohnt" erlebt.

Ein Beispiel: Eine durch eine im frühen Kindesalter durchgemachte Poliomyelitis querschnittsgelähmte Patientin, die von einer älteren Dame, die keine eigenen Kinder hatte, adoptiert wurde, tyrannisierte diese in unvorstellbarer Weise. Der ganze Tagesablauf der Pflegemutter war durch die Wünsche und Befehle des Mädchens beherrscht, dem sie sich durch eine überaus verwöhnende und nachgiebige Haltung vollständig ausgeliefert hatte. Die Situation war schließlich so extrem, daß die Pflegemutter, wenn sie das Haus verließ, das inzwischen 16 Jahre alte Mädchen um Erlaubnis bitten mußte.

Probleme der Nahrungszufuhr und der Arzneibehandlung

Ein von vielen Vorurteilen belastetes Kapitel ist die Ernährung kranker Kinder. In den Augen der Eltern und überhaupt bei Nichtärzten wird einer fehlerhaften Ernährung oft eine übertriebene Bedeutung bezüglich der Entstehung und Behandlung von Krankheiten beigemessen. Bei vielen Krankheiten spielen Ernährungsfragen sicherlich eine große Rolle. Charakteristisch ist aber, daß sie auch dort in einen kausalen Zusammenhang mit der Krankheit gebracht werden, wo dieser sicher nicht besteht.

Häufig neigen die Eltern dazu, kranke Kinder zu überfüttern oder sie zum Essen zu zwingen. Bei vielen Kinderkrankheiten gehört eine vorübergehende Appetitlosigkeit zum Symptombild. Die Reaktion mancher Eltern, ihr blasses, appetitloses Kind unter allen möglichen Vorwänden oder gar mit Gewalt zum Essen zu bringen, kann gerade das Gegenteil, nämlich die vollständige Nahrungsverweigerung, beim Kind auslösen.

Ein 10jähriger Junge, der häufig an Bronchitiden mit Fieberschüben litt und von seinen Eltern in der erwähnten Weise „behandelt" wurde, sagte, als er gefragt wurde, was denn das Schlimmste am Kranksein sei: „Da muß ich immer so viel essen, ich kann doch nicht." In solchen Fällen nützt nicht die häufig abgegebene Erklärung, daß die Eltern es ja nur gut mit dem Kind meinen; für ein Kind ist diese Versicherung keineswegs einleuchtend.

Auch die *Einschränkung* der Nahrung kann psychologische Probleme mit sich bringen. Sie wird in den seltensten Fällen von den Eltern vorgenommen, sondern in der Regel ärztlich angeordnet. Ist sie von kurzer Dauer, etwa bei Ernährungsstörungen, Magen-Darm-Verstimmungen usw., so hinterläßt sie keine nennenswerten Folgen. Wird sie länger fortgesetzt, so kann sie insbesondere von jüngeren Kindern als Liebesentzug empfunden werden. Dieses Problem stellt sich vor allem bei solchen Kindern, die z.B. wegen eines Diabetes mellitus oder einer schweren Allergie eine bestimmte Diät einhalten müssen. Da man Kindern bis zu einem Alter von sechs Jahren solche Erkrankungen und die daraus resultierenden therapeutischen Notwendigkeiten nicht plausibel machen kann, müssen sie zwangsläufig vielen Maßnahmen mit Unverständnis oder Unverstand begegnen. Durch solche diätetischen Einschränkungen sehen sich die Kinder oft von ihren Altersgenossen getrennt, was ihre oppositionellen Reaktionsweisen noch verstärkt oder auch zur Isolierung und Resignation führen kann.

Die Verabreichung von Arzneimitteln an Kinder bringt ähnliche Probleme mit sich. Auch hierbei kann man, insbesondere bei jüngeren Kindern, nicht mit der nötigen Einsicht rechnen, so daß die Eltern häufig verschiedene Kunstgriffe zu Hilfe nehmen. Am beliebtesten ist, den Kindern eine Belohnung für die Einnahme eines Arzneimittels anzubieten. Die in dieser Situation liegenden Möglichkeiten werden von Kindern oft recht rasch erfaßt und zu ihrem Vorteil kräftig ausgenützt. Man kann keine allgemeinen Richtlinien für die Verabfolgung von Arzneimitteln an Kinder geben. In jedem Falle sollte man versuchen, ihnen den Sinn dieser Maßnahme zu erklären, wobei diese Erklärungen natürlich auf die jeweilige Altersstufe zugeschnitten sein müssen. Wenn man mit Belohnungen arbeitet, was in vielen Fällen nicht zu vermeiden ist, sollte man konsequent bleiben und sich von den kleinen Patienten nicht erpressen lassen.

Wandlung der Umwelt

Auch seine Umgebung erlebt ein krankes Kind in veränderter Weise. Hierbei ist besonders auf das Verhalten der Eltern und anderer Beziehungspersonen hinzuweisen. Dieses ist am häufigsten durch Ängstlichkeit und Sorge gekennzeichnet. Natürlich bemühen sich die Eltern, ihre Ängste und Befürchtungen vor dem Kind zu verbergen. Dennoch bemerken die Kinder vielfach, daß in den Eltern oder Pflegepersonen „irgend etwas vorgegangen ist“. Dieses „irgend etwas“ bleibt meist unbestimmt und wirkt dadurch beunruhigend. Denn für das kranke Kind kommt zum Erlebnis der Veränderung am eigenen Körper das Erleben einer recht unscharfen, undefinierbaren und darum besonders beunruhigenden Wandlung des Verhaltens seiner Beziehungspersonen. Die Beunruhigung des Kindes führt auch bei ihm selbst zu Verhaltensauffälligkeiten, die wiederum das Verhalten der Beziehungspersonen wandeln, so daß sich ein verhängnisvoller Circulus vitiosus entwickelt, der nur schwer unterbrochen werden kann.

Das Verhalten der Erwachsenen gegenüber einem kranken Kind kann natürlich durch eine Reihe ganz verschiedener Momente determiniert sein. Ganz abgesehen davon, daß ein krankes Kind an den Pflegeinstinkt appelliert, lassen sich darüber hinaus aus dem jeweiligen Verhältnis der Erziehungsperson zum Kind typische Verhaltensweisen ableiten. Auf die wichtigsten von ihnen gehen wir auf S. 275 näher ein.

Häufige Verhaltensweisen kranker Kinder

Ein krankes Kind verhält sich anders, als wir es in gesunden Tagen von ihm gewohnt sind. Die Art und das Ausmaß seiner Verhaltensänderung sind abhängig von seiner Entwicklungsstufe, seiner Persönlichkeitsstruktur und der Beziehung zu seiner Umgebung (besonders der Mutter-Kind-Beziehung). Natürlich ist auch von Bedeutung, welche Erlebnisse der Erkrankung vorausgegangen sind (z.B. Krankheit der Mutter oder der Geschwister, Tod der Großmutter usw.), ferner ob es sich um die erste Erkrankung, ob es sich um akute oder chronische Krankheit handelt. Bei der Betrachtung aller Verhaltensweisen kranker Kinder muß man immer auch das Verhalten seiner Umgebung mit berücksichtigen. Handelt es sich um eine unerwartet auftretende akute Erkrankung, so überwiegt in der Haltung der Eltern Angst und Besorgnis, leidet das Kind an einer chronischen Krankheit, so schwankt die Einstellung vielfach zwischen Hoffnung, Mutlosigkeit und Resignation. Wie wir ausgeführt haben und weiter zeigen werden, wirken sich all diese Momente auf ein Kind aus. Geht man von der Betrachtung des kranken Kindes aus, so lassen sich eine Reihe von typischen Verhaltensweisen unterscheiden, auf die wir nun näher eingehen wollen.

Simulation und Dissimulation

Simulation als bewußte Vortäuschung von Krankheitssymptomen finden wir bei Kindern wie auch Erwachsenen, die „gelernt haben", aus ihrer Krankheit einen gewissen Nutzen zu ziehen. Wir finden diese „Flucht in die Krankheit" aber auch als unbewußten Mechanismus im Rahmen von Neurosen und bezeichnen den durch die Krankheit für den Patienten entstandenen Vorteil als Krankheitsgewinn. Das Erstreben eines solchen Krankheitsgewinnes ist gerade bei Kindern häufig und eindrücklich zu beobachten. Sie versuchen sich damit etwa die ihnen sonst fehlende Zuwendung, eine Sonderrolle gegenüber Geschwistern bzw. anderen Kindern, begehrte Spielsachen oder andere Vorteile einzuhandeln. Diese Vorteile können natürlich auch als ein Vermeiden unangenehmer Erfahrungen aufgefaßt werden, wie das folgende Beispiel zeigen möge.

Ein achtjähriges Mädchen klagte immer, wenn es etwas angestellt hatte oder anderen unangenehmen Situationen ausgesetzt war, über heftige Bauchschmerzen. Es erreichte dadurch, daß sich die Mutter und schließlich die ganze Familie verstärkt um es kümmerte. Auch die Schule „mußte" das Mädchen immer dann verlassen, wenn Klassenarbeiten oder ein neuer schwieriger Stoff bevorstand. Durch ihre Krankheit hatte das in der Schule und zu Hause unterlegene Mädchen eine Sonderrolle erreicht. Es wurde bedauert, umsorgt, die Eltern suchten mit ihm zahlreiche Ärzte auf, und es wurden verschiedene erfolglose Behandlungsversuche unternommen. Schließlich wurde das Kind in der Klinik aufgenommen. Es zeigte sich, daß das Mädchen in der Schule und Familie überfordert war. Eine Umschulung in eine Sonderschule, die dem Mädchen positive Erlebnisse brachte, führte zu einer wesentlichen Besserung der Symptomatik. Das Beispiel zeigt sehr deutlich eine Symptombildung auf dem Boden einer Überforderungssituation und den daraus resultierenden Krankheitsgewinn.

Die *Dissimulation* bringt kranken Kindern in ihrer eigenen Sicht auch Vorteile. Sie ist natürlich nur möglich, wenn eine leichtere und nicht allzu schmerzhafte Krankheit und Verletzung vorliegt. In solchen Fällen versuchen die Kinder z.B., ihre Teilnahme am Spiel, gemeinsame Unternehmungen mit den Eltern oder andere Begehrlichkeiten zu erlangen und noch vorhandene Krankheitszeichen zu verbergen.

Psychologische Behandlung. Simulierenden und dissimulierenden Kindern begegnet man nicht dadurch, daß man sie „entlarvt". Man sollte als erstes versuchen, herauszubekommen, warum ein Kind dies tut, und die jeweilige Ursache individuell angehen. Dieses „Herausbekommen" gelingt keineswegs immer durch Befragen des Kindes. Denn die Ursache seines Verhaltens ist dem Kind in vielen Fällen gar nicht bewußt und mangels differenzierter Introspektionsmöglichkeiten auch nicht erkennbar. Deshalb ist man häufig darauf angewiesen, auf indirektem Weg an den zugrundeliegenden Mechanismus heranzukommen. Dabei haben sich projektive Verfahren, insbesondere der Szeno-Test, sehr bewährt. Durch solche Methoden kann man auf eine dem Kind angemessene, spielerische Weise Einblick in seine Reaktionsweise bekommen und sein Fehlverhalten auch gleich therapeutisch angehen.

Hypochondrisches Verhalten

Es ist gekennzeichnet durch eine ängstliche Selbstbeobachtung und eine übertriebene Fehlbewertung kleinster körperlicher oder seelischer Abweichungen im Sinne des Krankhaften. Bei jüngeren Kindern, denen eine differenzierte Introspektion noch nicht möglich ist, konzentriert sich die hypochondrische Selbstbeobachtung vorwiegend auf das Körperliche und wird auch nicht ohne weiteres mit dem Begriff Krankheit in Verbindung gebracht. Zur Zeit der Pubertät und später treten seelische Abläufe stärker in den Vordergrund.

Hypochondrisches Verhalten im Kindes- und Jugendalter kann ganz verschiedene Bedeutung haben. Es kann sich um ein harmloses und entwicklungspsychologisch normales Durchgangsstadium handeln, es kann aber auch im Rahmen einer kindlichen Depression oder als Vorstadium eines schizophrenen Prozesses auftreten. Hypochondrische Neigungen können für Kinder und ihre Eltern sehr quälend und besorgniserregend sein, sie können das ganze Denken eines Kindes beherrschen, unter Umständen auch zwanghaften Charakter annehmen.

Beispiel 1: Ein elfjähriger Junge begann im Abschluß an eine Grippeerkrankung, sich übermäßig stark zu beobachten. Er fühlte ständig seinen Puls, atmete alle zehn Minuten forciert durch, um zu prüfen, ob er Schmerzen habe, betrachtete im Spiegel seine Augen und schneuzte sich häufig, obwohl sein Schnupfen längst abgeklungen war. Die Beobachtung des eigenen Körpers war mit starker Angst verbunden. Er befürchtete, sein Herz könne stehenbleiben, er bekomme keine Luft mehr und müsse dann sterben. Nach einigen Wochen hatte der Patient seine hypochondrische Phase so weit überwunden, daß er und seine Eltern nicht mehr beunruhigt waren.

Das Beispiel zeigt, wie eine körperliche Erkrankung, die mit einer vom Patienten erlebten Veränderung von Körperfunktionen einherging, hypochondrisch-ängstlich verarbeitet wird und zu einer sehr tiefgreifenden Veränderung im Stadium der Rekonvaleszenz führte.

Beispiel 2: Ein etwa zehnjähriger Junge wurde in einem Zustand panischer Angst stationär aufgenommen. Er hatte sich ebenfalls in hypochondrischer Weise übermäßig stark beobachtet und hatte erhebliche Stimmungsschwankungen. Es handelte sich, wie eine längere Beobachtung und Behandlung zeigte, um eine auf dieser Altersstufe sehr seltene endogene Depression.

Psychologische Behandlung. Hypochondrisches Verhalten ist oft sehr schwer zu beeinflussen. Die Prognose einer Behandlung mit psychologischen Mitteln ist abhängig von der zugrundeliegenden Ursache. Handelt es sich um eine endogene Psychose, so kann man sich von psychologischen und psychotherapeutischen Maßnahmen nur wenig erhoffen. Liegt dagegen eine neurotische Fehlverarbeitung vor, so ist die Prognose günstig. In jedem Fall sollte man vermeiden, hypochondrische Befürchtungen von Kindern als dumm und unsinnig abzutun. Selbst wenn das bloße Zureden nichts nützt, so entsteht bei vielen Patienten schon durch die Möglichkeit der Äußerung ihrer Befürchtungen eine gewisse Entlastung und Erleichterung. In vielen Fällen gelingt es durch Ablenkung des Patienten, seine hypochondrischen Befürchtungen günstig zu beeinflussen; ein anderer Weg ist, ihn durch Überprüfen seiner Beschwerden zu beruhigen, was allerdings nur in leichteren Fällen zum Erfolg führt. Auch bei hypochondrischen Gedanken sollte man stets versuchen, auslösende Erlebnisse aufzudecken und diese mit dem Kind in spielerischer Weise oder im Gespräch aufzuarbeiten. In hartnäckigen Fällen, besonders im Rahmen von Psychosen, kommt man nicht ohne eine medikamentöse Behandlung aus.

Regressives Verhalten

Auf die Bedeutung regressiver Verhaltensweisen sind wir bereits eingegangen (vgl. S. 240). Wir haben Regression definiert als ein Wiederauftreten von Verhaltensweisen, die in der individuellen Entwicklung einmal durchlaufen wurden, aber auf der jeweiligen Altersstufe des Betreffenden längst als überwunden gelten können. Regressives Verhalten tritt gehäuft in Belastungssituationen auf; jede Krankheit kann man als eine solche ansehen. Im regressiven Verhalten liegt für den Patienten ebenfalls ein Krankheitsgewinn. Darüber hinaus kommt in jeder Regression auch eine Flucht vor Anforderungen und Verantwortung zum Ausdruck, denn wer sich um einige Altersstufen jünger und damit unreifer benimmt, will auch so behandelt werden; man kann ihn nicht voll zur Verantwortung ziehen.

Betrachtet man regressives Verhalten im Rahmen von Krankheiten, so muß man berücksichtigen, daß unser Verhalten gegenüber Kranken und viele Behandlungsmaßnahmen das Auftreten solcher Regressionen begünstigen. Allein die Bettruhe, die vielfach auch bei harmlosen Erkrankungen, bei denen sie gar nicht angezeigt wäre, angeordnet wird, ist auch für Erwachsene – und nicht nur für Kinder – eine Art Aufforderung zur Regression. Im Krankenhaus ist die Anordnung von Bettruhe auch bei leicht Erkrankten oder bei Gutachtenpatienten überdies eine sehr bequeme Maßnahme, denn wer im Bett liegt, stört nicht länger, man muß sich nicht mit ihm befassen. Aber auch unser sonstiges, durch Fürsorge, Hingabe oder Aufopferung gekennzeichnetes Verhalten gegenüber Kranken begünstigt regressives Verhalten. Sein Auftreten darf auch keineswegs immer als negativ betrachtet werden. Für manche Patienten kann es eine positive Erfahrung bedeuten, wenn sie einmal regredieren dürfen, ohne dafür durch Mißachtung, Ärgerlichkeit oder Unverständnis bestraft zu werden. Bei manchen Verhaltensstörungen von Kindern und Jugendlichen läßt man es aus therapeutischen Gründen sogar bewußt zu Regressionen kommen. In vielen Fällen aber darf man regressiven Verhaltensweisen nicht zu großen Raum zugestehen, weil sonst die Umgebung unter Umständen in eine vollständige Abhängigkeit vom Kranken gerät und der Patient schließlich bestimmt, was für ihn gut ist.

Aggressives Verhalten

Immer wieder begegnet man im Krankenhaus auch aggressivem Verhalten von Kindern. Sie sperren sich gegen jeglichen Kontakt, gegen die Behandlungsmaßnahmen und begegnen sowohl dem Pflegepersonal als auch ihren kleinen Mitpatienten ausgesprochen feindselig. In solchem Verhalten drückt sich vielfach das Frustrationserlebnis der Trennung von den Eltern aus, wobei die feindselige Haltung nicht selten den Eltern gilt – die das Kind aus seiner Sicht ja verlassen haben –, auf dem Weg der Projektion aber auf das Pflegepersonal übertragen wird. Andererseits können Schwestern und Pfleger auch als diejenigen erlebt werden, die den Eltern das Kind „weggenommen“ und im Krankenhaus „zurückgehalten“ haben.

Natürlich findet man aggressive Reaktionsweisen auch im Rahmen von frühkindlichen Hirnschädigungen und bei anderen zerebralen oder psychischen Erkrankungen. Hirngeschädigte Kinder sind sehr leicht reizbar und reagieren nicht selten auch auf geringe Reize mit überschießenden Unruhe- und Erregungszuständen, die in manchen Fällen nur mit medikamentöser Hilfe zu unterbrechen sind.

Beispiel: Ein 12jähriger Junge, der wegen verschiedener Verhaltensstörungen (unmotivierte Erregungszustände, Aggressivität) stationär aufgenommen wurde, geriet nach einem Fußballspiel, als er sich ungerechtfertigt für das Verlieren seiner Mannschaft angeschuldigt sah, in einen Zustand blinder Wut und Erregung. Er schlug um sich, biß, kratzte und trat jeden, der in die Nähe kam. Der Erregungszustand konnte erst durch eine Injektion eines Neuroleptikums beendet werden.

Aber auch aus reaktiven Anlässen (z.B. bei Beeinträchtigung des Selbstwertgefühls) kann aggressives Verhalten auftreten. Schließlich kann es auch Ausdruck einer panischen Angst- und Heimwehreaktion sein, wie der Fall eines zehnjährigen depressiven Jungen zeigt, der in einem raptusartigen Erregungszustand mit Stühlen auf das Personal losging und sich anschließend im Aufenthaltsraum der Station hinter Tischen, Stühlen und anderem Mobiliar verbarrikadierte.

Diese wenigen Erläuterungen sollten darauf hinweisen, daß aggressive Reaktionen nur in den seltensten Fällen Ausdruck von Boshaftigkeit und Böswilligkeit sind. Sie haben in der Regel tieferliegende Ursachen, die es zu erkennen gilt, wenn man ihnen gerecht werden will.

Kind und Krankenhaus

Muß ein Kind in einem Krankenhaus aufgenommen werden, so sind – ein wenig vereinfacht – drei Faktoren zu unterscheiden, die sein Verhalten tiefgreifend beeinflussen:

- die Trennung von den Eltern, besonders von der Mutter,
- die Konfrontation mit einem neuen, unbekannten Milieu und
- die traumatisierenden Situationen im Krankenhaus.

Trennung von den Eltern

Die Auswirkung der Trennung eines Kindes von seinen Eltern, besonders von seiner Mutter, ist unter anderem auch abhängig vom Alter, in dem diese Trennung erfolgt. Während innerhalb des ersten Lebensjahres eine Trennung von der Mutter im allgemeinen ohne schwerwiegende Folgen bleibt, sofern eine Pflegeperson an ihre Stelle tritt, bedeutet sie im Alter von ein bis fünf Jahren einen schweren Eingriff in die Lebenssituation des Kindes. Man spricht von einem Trennungstrauma des Kleinkindes. Ist diese Trennung von kurzer Dauer, so kann sie meist wieder kompensiert werden, hält sie hingegen längere Zeit an, so können dauerhafte seelische Schäden zurückbleiben. Die resultierenden seelischen Störungen solcher Kinder laufen nach den überzeugenden Darlegungen von Bowlby und Robertson in charakteristischen Stadien ab:

1. Proteststadium. In dieser ersten Phase beherrscht die Verzweiflung des Kindes die Situation. Es fühlt sich aus der vertrauten Umgebung herausgenommen und verlassen, ohne sich dagegen wehren zu können. Die Kinder schreien oft über Stunden und Tage und sind kaum zu beruhigen.
2. Stadium der depressiven Verstimmung. Diese Phase, die sich nach mehreren Tagen bis Wochen anschließt, ist gekennzeichnet durch eine traurige Stimmung des Kindes, das allen Kontaktversuchen abwehrend und mißtrauisch begegnet. Das verzweifelte Schreien ist einem zunehmendem Rückzug von der Umwelt gewichen, die Kinder sind in sich gekehrt und auffallend still.
3. Stadium der Anpassung. Schließlich passen sich die Kinder äußerlich der Situation an, sie sind folgsam, und ihre Schwierigkeiten werden nach außen nicht ohne weiteres sichtbar. Sie sind gegenüber Kontaktaufnahmen seitens der Schwestern und Ärzte nicht mehr ablehnend, vielfach sogar aufgeschlossen. Der Mutter gegenüber verhalten sie sich häufig gleichgültig und ohne emotionale Resonanz. Hinter diesem äußerlich angepaßten Verhalten steht jedoch die nicht überwundene Enttäuschung, das Erlebnis des Verlassenseins als eine erste tiefe menschliche Krise.

Neben diesen drei Stadien, deren Auswirkungen durch eine rechtzeitige Rückführung des Kindes in die Familie überwunden werden können, beobachtet man bei länger anhaltender Trennung eine Reihe ernster Spätfolgen, die sich in Form von verschiedenen Verhaltensstörungen (Pavor nocturnus, Enuresis, Enkopresis, Angstzustände usw.) äußern können (vgl. Hospitalismus, S. 270).

Konfrontation mit dem Krankenhausmilieu

Das Milieu eines Krankenhauses ist für ein Kind eine fremde und absolut nicht kindgemäße Umgebung. Es ist verständlich, daß ein Kind einer solchen Umgebung mit Angst, Mißtrauen und Abneigung begegnet; dies um so mehr, wenn man bedenkt, daß es mit einer solchen fremden Umgebung zum ersten Mal im Leben ohne Hilfe vertrauter Personen (Eltern) fertig werden muß. Hinzu kommt, daß eine Krankenhauseinweisung vielfach völlig überraschend und ohne die Möglichkeit einer Vorbereitung notwendig wird und daß, besonders bei akuten Krankheiten, kaum Zeit zum Einleben in die neue ungewohnte Atmosphäre bleibt. Dieser Umgebungswechsel wird für Kinder in der Altersstufe zwischen ein bis vier Jahren zum Problem. In diesem Alter kann sogar ein Wohnungswechsel zum schmerzlichen Erlebnis werden, obwohl in diesem Falle der Kontakt mit der Familie erhalten bleibt.

Im Krankenhaus ist für das Kind zunächst alles fremd. Es kommt in ein peinlich sauber gehaltenes Zimmer mit mehreren Betten und mit anderen Kindern, die manchmal dem Neuankömmling recht unfreundlich begegnen. Sogleich wird es in den strengen Klinikrhythmus eingeordnet. Es wird von einem ihm fremden Arzt untersucht, Behandlungsmaßnahmen oder Eingriffe werden angeordnet und möglichst rasch durchgeführt. All dies ist dem Kind unbekannt, es muß mit Angst reagieren und sich bedroht fühlen.

Natürlich bemühen sich Schwestern, Ärzte und – soweit vorhanden – Heilpädagoginnen und Kindergärtnerinnen, dem Kind seine Angst und sein Mißtrauen zu nehmen. In dem zuweilen hektischen Krankenhausbetrieb ist es aber schon aus Gründen der meist anzutreffenden personellen Unterbesetzung nur unzureichend möglich. Dennoch sollten sich Schwestern, Pfleger und Ärzte darüber klar werden, daß jedes im Krankenhaus aufgenommene Kind besondere Probleme bietet und daß diese nur durch intensives Eingehen auf seine Nöte behoben werden können. Dazu ist notwendig, daß Schwestern und Ärzte die Rolle der Eltern teilweise übernehmen. Dies gilt besonders für die Schwester, die ja im Krankenhaus vieles tun muß, was sonst Aufgabe der Mutter ist. Am besten lassen sich für das Kind kritische Situationen dadurch überwinden, daß eine enge Zusammenarbeit zwischen Mutter und betreuender Schwester gepflegt wird. Viel dazu beitragen können z.B. tägliche Besuche der Mutter, was in vielen Krankenhäusern allerdings nicht gern gesehen wird. Diese Maßnahme verhindert aber eine bei langen Krankenhausaufenthalten entstehende Entfremdung des Kindes, die später nur schwer überwunden werden kann. Beachtet werden muß auch, daß man dem Kind keine unüberlegten Versprechungen hinsichtlich geplanter Besuche macht, die man nicht einhält. In manchen Ländern (England und USA, seit einigen Jahren auch in der Bundesrepublik Deutschland) hat man mit der nahezu uneingeschränkten Besuchszeit der Mutter sehr gute Erfahrungen gemacht. Diese stellt natürlich eine zusätzliche Belastung für das Krankenhauspersonal dar. Die anfangs gehegte Befürchtung, daß dadurch Infekte stärker verbreitet würden, hat sich jedoch nicht bestätigt. Hingegen kam es zu einer erfreulichen Verringerung des Hospitalismus.

Noch weiter geht das sogenannte „Rooming-in-Verfahren", bei dem die Mutter ihr Kind ins Krankenhaus begleitet und auch mit ihm zusammen schläft. In Japan und Indonesien hat dieses Verfahren eine sehr lange Tradition. Es vermeidet wohl am besten den Hospitalismus und erleichtert dem Kind den Krankenhausaufenthalt ganz erheblich. Darüber hinaus hat man festgestellt, daß dieser Modus sich auch auf den Heilungsverlauf günstig auswirkt. Brain und Maclay konnten nachweisen, daß die Komplikationen und psychische Spätschäden nach Tonsillektomie bei den nach dem Rooming-in-Verfahren aufgenommenen Kindern seltener anzutreffen waren. Natürlich wirft das Rooming-in auch eine Reihe von Problemen auf. Für die *Familie* fällt die Mutter aus, so daß es zu einer Vernachlässigung der anderen Kinder kommen kann, für das *Krankenhaus* entsteht eine große Unruhe und manchmal eine erhebliche Störung des klinischen Betriebes durch unvernünftige, uneinsichtige und in ihrem Verhalten zum Kind gestörte Mütter.

Aus diesem Grunde wurde das Rooming-in-Verfahren in vielen Krankenhäusern auch nicht eingeführt. Ein enger Kontakt zum Elternhaus sollte aber dennoch gepflegt werden, besonders bei Kindern bis zum sechsten Lebensjahr, bei denen eine Krankenhauseinweisung erfahrungsgemäß viel gravierender ist als bei älteren Kindern.

Besteht kein akuter Anlaß für eine Krankenhauseinweisung, weiß man also geraume Zeit vorher, daß eine Krankenhausaufnahme notwendig wird, so sollte man das Kind auf den Krankenhausaufenthalt gründlich vorbereiten. Dabei sollte man nach Anna Freud dem Kind klarzumachen versuchen,

- daß es nicht zur Strafe ins Krankenhaus kommt,
- daß man es auch weiterhin lieb behalten wird und
- daß es ihm nach dem Krankenhausaufenthalt besser gehen wird.

Im Krankenhaus selbst wäre es sehr wünschenswert, wenn das Kind von einer Heilpädagogin betreut würde, eine Forderung, die an vielen Kliniken leider noch nicht realisiert ist.

Als recht brauchbare Hilfe zur Vorbereitung eines Kindes auf den Krankenhausaufenthalt kann das Buch von G. u. R. Biermann „Gabi geht ins Krankenhaus“ empfohlen werden.

Traumatisierende Situationen im Krankenhaus

Neben den bisher besprochenen Auswirkungen bringt ein Krankenhausaufenthalt noch andere Belastungen mit sich, die mit der Behandlung eng zusammenhängen. Zu ihnen gehören Eingriffe aller Art und die häufig damit verbundenen Schmerzen.

Eingriffe

Unter Eingriffen verstehen wir alle Behandlungsmaßnahmen, die die Integrität des Körpers in irgendeiner Weise „verletzen“, also im allgemeinen Spritzen und Operationen.

Es ist verständlich, daß sich viele Kinder – und nicht nur sie – vor diesen Maßnahmen fürchten. Die Furcht richtet sich in erster Linie auf die Beschädigung des eigenen Körpers, das Kind hat Angst, verstümmelt oder entstellt zu werden. Ängste und Befürchtungen sind um so schlimmer, wenn etwa zu Hause von Spritzen als „Strafe“ gesprochen wurde. Auch die häufig gedankenlos Kindern gegenüber gebrauchte Redensart vom „Abschneiden der Ohren“ geht in diese Richtung. Schließlich werden Operationen von Kindern auch häufig mit Strafe oder Todeswünschen in Verbindung gebracht.

So gebrauchte ein fünfjähriger Junge, bei dem eine erhebliche Geschwisterrivalität zu seinem knapp zweijährigen Schwesterchen bestand, oft die Redewendung: „Buschi muß ins Krankenhaus und wird operiert, dann kommt sie nicht mehr nach Hause.“ Auf das Operieren kam der Junge, weil sein Schwesterchen an einer Speiseröhrenverengung litt und die Eltern öfters vom Operieren gesprochen hatten.

Das Beispiel zeigt, wie der Junge mit der Operation Todeswünsche gegenüber seiner jüngeren Schwester in Zusammenhang bringt. Das Vorhandensein von Todeswünschen beweist die Tatsache, daß er seine kleine Schwester einmal mit einer Bettdecke zu ersticken versuchte.

Operative Eingriffe werden von Kindern nicht selten mit Bestrafung in Verbindung gebracht. Das Gefühl, bestraft worden zu sein, wird um so schwerwiegender für ein Kind, wenn das Trauma der Trennung von den Eltern nicht abgefangen wird. In diesem Falle verstärken sich Trennungstrauma und Operationstrauma und bringen das Kind unter Umständen in eine schwere Krise, die durch massive Angst und eine doppelte, unverdiente Bestrafung gekennzeichnet ist.

Um so notwendiger erscheint neben den bereits erwähnten Maßnahmen zur Abmilderung der Trennung von den Eltern eine ausführliche

Vorbereitung auf die bevorstehende Operation. Dabei sollten in Anlehnung an Biermann folgende Prinzipien beachtet werden:

- Auswahl eines günstigen Operationszeitpunktes. Natürlich ist dies nur bei nicht akuten Eingriffen möglich. Man sollte dabei auch der jeweiligen biographischen Situation Rechnung tragen und nicht ein Kind etwa dann operieren, wenn gerade das Schwesterchen krank oder der Großvater gestorben ist.
- Psychologische Vorbereitung auf die Operation. Diese besteht zunächst darin, daß man dem Kind den äußeren Ablauf (Narkose, Operation) erklärt. Eine Hilfe kann für jüngere Kinder das Arztspielen mit dem Szenotest unter heilpädagogischer Anleitung sein.
- Aussprache, Beantwortung von Fragen und Gelegenheit zur Affektabfuhr nach dem Eingriff. Viele Kinder haben das Bedürfnis, nach einer Operation ihre aufgestaute Spannung affektiv abzureagieren. Außerdem stecken sie immer noch häufig voller Ängste und haben eine Reihe von Fragen. Auf diese sollte man in sachlicher Form eingehen und dem Kind vor allem Mut machen. Die affektiven Komponenten lassen sich zum Teil durch Spiel am Bett des Kindes, etwa mit dem Szenotest, abfangen.

Schmerzen

Schmerzen sind immer gleichzeitig mit dem Erlebnis einer Beschädigung oder zumindest Beeinträchtigung des Körpers verbunden. Gerade letzteres ist für Kinder oft bedeutsamer als der Schmerz selbst. Die Angst davor ist um so intensiver, je unbekannter die Situation ist; sie ist darüber hinaus auch altersabhängig. Da es im Krankenhaus gerade für ein Kind viele unbekannte Situationen gibt, ist die Angst vor Schmerzen fast bei allen Kindern in stärkerem oder geringerem Ausmaß zu finden. Wie rasch die Angst mitunter abgebaut werden kann, erlebt man immer wieder bei manchen chronisch kranken Kindern, die, nachdem sie schmerzverursachende Eingriffe einmal oder mehrfach kennengelernt haben, diese ohne nennenswerte Angst und unter Tolerierung der Schmerzen geduldig ertragen. Andererseits kann es aber im Rahmen chronischer Krankheiten auch zur Sensibilisierung gegenüber schmerzverursachenden Erlebnissen kommen. Zu welcher von beiden Reaktionen es bei einem Kind kommt, hängt einmal von primärpersönlichen Merkmalen, zum anderen aber auch ganz entscheidend von der Art und Weise ab, wie man derartige Eingriffe technisch *und* psychologisch für das Kind gestaltet. Dabei hat es sich als zweckmäßig erwiesen, Kindern, sofern sie nicht zu jung sind, Eingriffe und die damit verbundenen Schmerzen in einer ihrem Alter gemäßen Sprache zu erklären. Damit erreicht man nicht zuletzt, daß sich das Kind von schrecklichen Erwartungen und Phantasien im Zusammenhang mit den Eingriffen entfernt. Man verhindert dadurch ferner die Assoziation zwischen Schmerz und Strafe, die besonders bei jüngeren Kindern fast regelmäßig entsteht und die durch das Fehlen eines „Schuldbewußtseins“ nur noch belastender wird.

Anna Freud hat auf die Bedeutung unbewußter Phantasien für das Erlebnis des Schmerzes beim Kind hingewiesen. Sie vertritt die Ansicht, daß die Tendenz solcher Phantasien weitgehend darüber entscheidet, in welchem Ausmaß ein Kind schmerzempfindlich ist.

Im Krankenhaus beobachtet man immer wieder Phantasien dieser Art. Sie werden nicht selten von den Kindern systematisch eingesetzt, um sich gegenseitig Angst zu machen. Wir konnten mehrfach beobachten, wie Kinder, die bereits einen längeren Krankenhausaufenthalt hinter sich hatten, Neuankömmlingen auch harmlose Untersuchungsmethoden (z.B. das EEG) in grausamster und furchterregender Manier erzählten. So berichtete ein 12jähriger Junge einem etwa gleichaltrigen Neuankömmling, daß beim EEG Nadeln durch den Schädel ins Gehirn gesteckt würden, durch die dann Strom geleitet werde, was sehr weh tue.

Hospitalismus

Unter Hospitalismus verstehen wir eine schwerwiegende Entwicklungsstörung in den ersten Lebensjahren, die sich in einem allgemeinen Entwicklungsrückstand äußert und vorwiegend bei Heimkindern sowie bei längere Zeit in Krankenhäusern untergebrachten Kindern auftritt. Betroffen ist die gesamte Entwicklung, d.h., die Kinder sind motorisch, intellektuell und emotionell zurückgeblieben. Parallel zu dieser Retardierung entsteht eine tiefgreifende Veränderung ihrer Persönlichkeit, die bei längerer Einwirkung der zugrundeliegenden Noxen nicht mehr reversibel ist.

Hospitalisierte Kinder wirken teilnahmslos und passiv, sind im Kontakt zu anderen Kindern und zu Erwachsenen gestört und neigen zu stereotypen Bewegungen wie Schaukeln, Jaktationen mit dem Kopf oder dem Oberkörper oder bizarren Bewegungen der Arme und Beine. Ins Auge springen ferner der Mangel an Initiative und Impulsivität, ihre Scheu oder Abwehr vor allen Kontakten sowie ihre Unfähigkeit, Gefühle und Emotionen auszudrücken. R. Spitz und J. Bowlby haben sich mit hospitalisierten Kindern ausführlich befaßt und sie sehr treffend beschrieben.

Ursache. Als Ursache für den Hospitalismus wird vor allem eine frühzeitige Trennung von der Mutter angesehen. Ältere Säuglinge und Kleinkinder, deren Kontakt zur Mutter plötzlich abgeschnitten wird, geraten nach R. Spitz in einen Zustand der Trauer und Depression (sogenannte anaklitische Depression). Die Störung durchläuft bestimmte Phasen und endet schließlich im Zustand der tiefen Verzweiflung und Absonderung oder in einer äußerlichen Anpassung, hinter der sich Unsicherheit, Trauer und das Gefühl der Vereinsamung und Heimatlosigkeit verbirgt. Mit dieser äußeren Anpassung ist zugleich ein Entwicklungsstillstand verbunden. In den letzten Jahren wurde die Frage diskutiert, ob für diesen massiven Entwicklungsrückstand das Fehlen der mütterlichen Liebe und Zuwendung oder aber ein mit dem Entzug mütterlicher Fürsorge einhergehender Mangel an Sinnesreizen (z.B. durch Berühren, Streicheln usw.) verantwortlich zu machen ist. Untersuchungen an Tieren haben ergeben, daß ein Entzug von solchen Sinnesreizen allein ausreicht, um eine schwere Retardierung entstehen zu lassen. Inwieweit solche Beobachtungen auch auf den Menschen zutreffen, ist bislang nicht geklärt.

Untersuchungen an Heimkindern zeigen, daß auch Organisationsformen und Pflegemethoden die Entstehung des Hospitalismus begünstigen. Allgemein wird man sagen können, daß das Ausmaß der Frustration im frühen Kindesalter für die Entwicklung dieser Störung verantwortlich zu machen ist. Meierhofer u. Keller kommen in einer solchen Untersuchung zu dem Schluß, „daß fortgesetzte Frustrationen grundlegender Bedürfnisse im ersten Lebensjahr zu somatischen und psychischen Störungen und Beeinträchtigung der gesamten Entwicklung führen“. In einer Nachuntersuchung hospitalisierter Kinder im zweiten Lebensjahr stellen die Autoren vier Verhaltenstypen hospitalisierter Kinder heraus:

1. Kinder, die aktiv Kontakt suchen, fröhlich und umtriebig, aber nicht in der Lage sind, tiefere und stabilere Bindungen zu entwickeln.
2. Kinder, die im Proteststadium verharren. Bei ihnen ist der Vorgang der Hospitalisierung nicht bis zu Ende (Absonderung oder äußere Anpassung) abgelaufen.
3. Kinder mit ängstlich-abwehrendem Verhalten, hinter dem sich ein verstärktes Liebebedürfnis verbirgt, und
4. passive und teilnahmslose Kinder, denen Umweltkontakte gleichgültig sind und die ihre Gefühle und Bedürfnisse aus Resignation gar nicht mehr äußern.

Solche Haltungen können sich bei Kindern fixieren und zu nicht mehr oder nur sehr schwer reversiblen Persönlichkeitseigenschaften werden.

Behandlung des Hospitalismus. Die Behandlung des Hospitalismus läuft im Prinzip darauf hinaus, die schädigenden Einflüsse zu beseitigen. D.h., man sollte versuchen, die Kinder in eine geordnete Familie zu bringen, in der die Zuwendung durch eine Person, die an die Stelle der Mutter tritt, möglich ist. Die Prognose ist um so günstiger, je früher eine solche positive Milieugestaltung erfolgt.

Bei sehr schwer hospitalisierten Kindern kann man, auch wenn diese schon älter sind, so vorgehen, daß man die Kinder auf frühere Entwicklungsstufen regredieren läßt. Dies kann so weit gehen, daß man sie füttert, an- und auskleidet usw. Auf diese Weise gelingt es manchmal, in früher Kindheit erlittene Frustrationen wieder auszugleichen und die Kinder ihren Entwicklungsrückstand ganz oder teilweise aufholen zu lassen.

Die kindliche Angst und ihre Bekämpfung

Wir haben bereits darauf hingewiesen, daß sehr viele Situationen im Krankenhaus für Kinder mit Angst besetzt sind. Aber nicht nur im Krankenhaus, auch sonst spielt im Leben des Kindes Angst eine große Rolle. Es kann kein Zweifel darüber bestehen, daß die Angst für Tier und Mensch eine Schutzfunktion hat. Sie gehört, wie auch andere instinktmäßige Reaktionsweisen, zum Verhaltensinventar des Menschen und tritt immer dann auf, wenn wir in lebenswichtigen Bedürfnissen eingeengt oder bedroht sind. Einengung und Bedrohung findet nahezu jeder Patient im Krankenhaus, er fühlt sich beunruhigt, er hat Angst.

Wie alle psychischen Phänomene, so unterliegt auch die Angst im Laufe der kindlichen Entwicklung einem Wandel. Sie wechselt ebenso wie die möglichen Gefahren, d.h. die Angstobjekte wechseln. Es gibt alterstypische Angstformen. So stehen bis zum 23. Lebensmonat Schreckhaftigkeit, Angst vor akustischen und optischen Sinneseindrücken sowie vor fremden Gegenständen und Situationen im Vordergrund, während um das sechste Lebensjahr die Angst vor imaginären Lebewesen, vor Dunkelheit, Träumen, Tod, vor Feuer und vor körperlichem Leid im Mittelpunkt steht. Nicht zuletzt läßt sich daraus auch erklären, weshalb für ein Kind bis zum sechsten Lebensjahr ein Krankenhausaufenthalt auch so schwerwiegende seelische Folgen haben kann. Die Angst vor körperlichem Leid und vor dem Tod ist bei Kindern dieser Altersstufe ohnehin sehr häufig, im Krankenhaus werden sie mit Leid und Tod wie kaum anderswo konfrontiert. Aufgrund solcher Erfahrung sollte man Kinder dieser Altersstufe nur, wenn es unbedingt notwendig ist, in ein Krankenhaus einweisen und, wenn möglich, ambulante Behandlungsformen vorziehen. Die Angst vor Tieren erreicht im zweiten bis vierten Lebensjahr ihren Höhepunkt und nimmt mit zunehmendem Älterwerden ab, kann aber in manchen Fällen bis ins Erwachsenenalter erhalten bleiben. Zulliger hat sich mit den verschiedenen Angstformen gesunder und neurotischer Kinder aus mehr tiefenpsychologischer Sicht befaßt. Er hat die häufigsten Kinderängste vom zweiten bis 18. Lebensjahr zusammengestellt und fand, daß die Angst vor Tieren in 96% an erster Stelle steht, gefolgt von der Kastrationsangst (95%), der Angst vor Gespenstern, Geistern und Einbrechern (91%), vor Autorität (82%) und vor Angsttraum (81%).

Versucht man, die Angst der Kinder nicht nach dem Objekt, sondern nach ihrer Intensität zu erfassen, so erhält man, wie eine Untersuchung von McFarlane zeigte, zwei Altersgipfel, einen um das dritte und einen um das 11. Lebensjahr.

Außer vom Alter hängt die Intensität der Angst eines Kindes natürlich von seiner sozialen Umgebung, von seinem bisherigen Verhalten und von seinem Gesundheitszustand ab. Kinder, die in einer ängstlichen Umgebung aufwachsen, neigen leichter zur Entwicklung von schweren Angstzuständen als solche, die in einem weniger angstbesetzten Milieu leben.

Systematik der Angsterlebnisse

Versucht man, Angsterlebnisse nach ihrem Inhalt bzw. Objekt zu ordnen, so kann man Real- oder Objektangst, intrapsychische Angst und leibgebundene Angst unterscheiden.

Die Real- oder Objektangst wird als Beeinträchtigung von außen erlebt. Sie bezieht sich z.B. auf Geräusche, Lärm, Dunkelheit, Tiere usw. Real- oder Objektangst finden wir vorwiegend bei jüngeren Kindern, sie überwiegt in ausgesprochener Weise bis zum Ende des zweiten Lebensjahres.

Unter intrapsychischer Angst verstehen wir Angsterlebnisse, deren Entstehungsort „innen", d.h. in den psychischen Abläufen selbst liegt. Tiefenpsychologisch ausgedrückt erscheint sie vorwiegend als Gewissensangst. Intrapsychische Angst finden wir vorwiegend bei älteren Kindern, sie ist stark abhängig vom Erziehungsstil der Familie und äußert sich vielfach in Form von Gewissensbissen oder von Schuldbekenntnissen.

Als leibgebundene Angst betrachten wir Angsterlebnisse, deren Auswirkung als körperliche Bedrohung empfunden wird. Sie ist an den Körper bzw. an Körperteile gebunden, findet sich bei vielen Kindern als wieder reversible Durchgangserscheinung, man kann sie aber auch im Rahmen von kindlichen Psychosen gehäuft finden.

Inhalte und Objekte kindlicher Ängste verändern sich also im Laufe der Entwicklung. Während bei jüngeren die Real- oder Objektangst im Vordergrund steht, dominiert bei älteren Kindern die intrapsychische oder die Gewissensangst. Die Kenntnis solcher Gesetzmäßigkeiten erleichtert das Verständnis kindlicher Angstzustände.

Formen der Angstabwehr

Natürlich versuchen Kinder ebenso wie Erwachsene, mit ihren Ängsten irgendwie fertig zu werden, wobei sie eine Reihe von Abwehrmechanismen entwickeln, die wir in motorische, gedankliche und verbale Angstabwehrtechniken einteilen können.

Daß Bewegung Angst reduzieren kann, ist für uns alle eine alltägliche Erfahrung. Wenn wir aufgeregt oder ängstlich sind, so versuchen wir, unsere innere Unruhe durch Hin- und Hergehen abzufangen oder abzumildern. Bei Kindern finden wir diesen Mechanismus noch wesentlich stärker ausgeprägt. Vielfach verbirgt sich hinter einer auffälligen motorischen Unruhe von Kindern eine massive Angst. Gedankliche Angstabwehr zeigt sich häufig in Form von Phantasien und magischen Vorstellungen, die zum Teil aus religiösen Bereichen stammen und von manchen Kindern ganz bewußt gegen Angsterlebnisse eingesetzt werden. So findet man häufig Beten als einen recht wirksamen Angstabwehrmechanismus.

Schließlich kommen auch sprachliche Praktiken als Möglichkeit der Angstbekämpfung in Betracht. Zu erwähnen wären hier magische Sprüche, zeremonielle Handlungsabläufe oder auch das Bedürfnis, plötzlich zu singen.

So begann ein fünfjähriger Junge, wenn man ihn allein ließ, fast regelmäßig zu singen und gleichzeitig mit dem Körper zu schaukeln. Auf diese Weise wiegte er sich selbst in den Schlaf und konnte mit seiner Dunkelangst fertig werden.

Behandlung kindlicher Ängste

Bei kranken Kindern findet man alle drei oben angeführten Angstformen in den verschiedensten Kombinationen. Real- oder Objektangst bezieht sich naturgemäß auf alle Manipulationen, die ein Kind im Krankenhaus erwarten. Da diese ja auf den Körper gerichtet sind, zeigt sich diese Angst in vielen Fällen gleichzeitig als Angst vor Körperveränderungen. Auch die „Kastrationsangst" muß man in diesen Zusammenhang einordnen. Intrapsychische Angst als Gewissensangst entsteht vorwiegend dann, wenn Krankheit oder Behandlungsmaßnahmen vom Kind als Strafe angesehen werden, was nicht selten der Fall ist.

Solchen Angsterlebnissen begegnet man am besten durch Vertrauen und sachliche Aufklärung. Wir haben bei vielen Kindern die Erfahrung gemacht, daß sich die Angst vor Eingriffen erheblich reduzieren läßt, wenn man Kindern, sofern sie schon in der Lage sind, die erläuterten Vorgänge rein formal zu begreifen, den Hergang sachlich beschreibt. Das Vertrauen des Kindes gewinnt man am ehesten durch Zuneigung und Verläßlichkeit. Nicht eingehaltene Versprechungen sind für viele Kinder stärker frustrierend als Strafen. Eine weitere recht wirksame Methode zur Bekämpfung von Angstzuständen ist eine spielerische oder szenische Verarbeitung von Angstobjekten im Rahmen einer heilpädagogischen Therapie. So kann man den Kindern die Angst vor Spritzen am besten dadurch nehmen, daß man sie mit Plastikspritzen spielen läßt und die Technik des Spritzens sowie seinen Sinn im Spiel mit einbezieht. Auch das Mitgeben vertrauter Spielsachen oder Tiere ins Krankenhaus kann zu einer Angstminderung führen. Insgesamt sollte man versuchen, jedes kranke Kind von einer passiven in eine aktive Rolle zu bringen, wozu wiederum das Spiel eine Reihe von günstigen Ansatzpunkten bietet. Darüber hinaus haben sich eine ganze Reihe von verhaltenstherapeutischen Methoden zur Behandlung kindlicher Ängste bewährt. Schließlich bietet sich noch die medikamentöse Therapie mit Tranquilizern an.

Umgang mit den Eltern und Einstellung der Eltern zur Krankheit des Kindes

Die bisherigen Ausführungen dürften bereits gezeigt haben, wie wichtig eine enge Zusammenarbeit zwischen Arzt bzw. Schwester und den Eltern ist. Diese Zusammenarbeit ist von verschiedenen Faktoren abhängig. Allererste Voraussetzung von beiden Seiten ist die Bereitschaft zur Zusammenarbeit. Diese ist natürlich nur dann vorhanden, wenn man davon überzeugt ist, daß die enge Zusammenarbeit zwischen Krankenhaus und Eltern von Einfluß auf die Situation des Kindes und den Krankheitsverlauf ist. Fehlt diese Einsicht, so entstehen oft erhebliche Probleme, die meist auf dem Rücken des Kindes ausgetragen werden. Leider sind die Ursachen solcher Schwierigkeiten in manchen Fällen auch auf seiten des Krankenhauspersonals zu suchen.

Ein wesentlicher Faktor von seiten der Eltern ist deren Verhältnis zum Kind sowie ihre Einstellung zur Krankheit des Kindes. Man trifft in diesem Bereich recht häufig fehlerhafte oder gar pathologische Verhaltensweisen der Eltern, die die Zusammenarbeit mit dem Krankenhaus ungemein erschweren. Hinter solchem Verhalten, auf das wir im folgenden kurz eingehen wollen, verbirgt sich häufig eine Krise der ganzen Familie. Oft wird eine solche von den Eltern noch kompensiert, und die Krankheit des Kindes fördert sie erst zutage. Im Falle derart pathogener Familienkonstellationen, die nicht selten zu neurotischen Fehlentwicklungen der Kinder führen, behandelt man am zweckmäßigsten die ganze Familie (Familientherapie).

Im einzelnen läßt sich eine Reihe unterschiedlicher pathogener Haltungen von Eltern gegenüber der Krankheit ihres Kindes unterscheiden:

Unterbewertung bzw. Verleugnung der Krankheit

Die Eltern haben die Tendenz, der Krankheit ihres Kindes einen zu geringen Stellenwert in ihrem Denken und Handeln einzuräumen. Hinter solchem Verhalten steht oft die Ansicht, daß eine Krankheit durch

Energie und Willenskraft verhindert oder behoben werden kann. Anna Freud spricht vom Typus der „asketischen Eltern“, deren Haltung sich durch den Ausspruch charakterisieren läßt: „Das Kind soll sich nicht so anstellen.“ Sie verlangen von den Kindern Beherrschung und Disziplin, auch wenn es Schmerzen ertragen muß. Aus der Sicht des Kindes, besonders des jüngeren, muß ein solches Verhalten als Mangel an Zuneigung und Liebe empfunden werden, was zu einer tiefen Vertrauenskrise zwischen Eltern und Kind führen kann. Die Unterbewertung einer Krankheit des Kindes durch die Eltern kann bis zur völligen Verleugnung des Krankseins führen. Dabei ergeben sich oft charakteristische Unterschiede, je nachdem um welche Erkrankung es sich handelt. So werden besonders psychische Krankheiten leicht verleugnet oder regelrecht verdrängt. Dies hängt damit zusammen, daß solche Krankheiten immer noch in weiten Kreisen der Bevölkerung mit dem Makel einer Schande behaftet sind und deshalb nach Möglichkeit vertuscht werden. So wurde der Verfasser im Laufe seiner Tätigkeit an einer jugendpsychiatrischen Klinik des öfteren von Eltern gebeten, doch keinen Brief mit Klinikstempel an sie zu schreiben, weil sie Angst davor hatten, die Nachbarschaft könnte erfahren, daß das Kind in einer psychiatrischen Klinik ist. Andererseits spielt bei der Verleugnung psychischer Störungen auch die Tatsache eine Rolle, daß sich deren Symptome vorwiegend im Verhalten äußern und nicht so faßbar sind wie die körperlichen Erkrankungen. Schließlich werden psychische Erkrankungen aber auch noch in weiten Bevölkerungskreisen mit Schuld und Strafe in Verbindung gebracht.

Daß selbst Ärzte gelegentlich solch eine Haltung der Unterbewertung und Verleugnung einer Krankheit gegenüber vertreten können, möge das folgende Beispiel zeigen: Ein 14jähriger Arztsohn erkrankte an einer endogenen Depression. Zustände tiefster Depression mit trauriger Verstimmung, Schlafstörungen und Hemmungen bis zum depressiven Stupor wechselten mit Phasen gesteigerten Antriebs. Obwohl den Eltern, die Ärzte waren, dieses Krankheitsbild genau erläutert wurde und darauf hingewiesen wurde, daß es sich hier nicht um ein reaktives Geschehen handele und daß der Junge nicht aus eigenem Antrieb in der Lage sei, diesen Zustand zu überwinden, versuchten sie immer wieder, ihn durch Aufmunterungsparolen und durch Appellieren an seine starke religiöse Einstellung zu aktivieren. Die Folge war, daß der Patient in seinen schweren Schuldgefühlen und Selbstvorwürfen nahezu unterging. Erst die medikamentöse Behandlung führte zu einer Anhebung der Stimmungslage, wobei gleichzeitig auch seine Probleme verschwanden.

Sehr verwandt mit dem Mechanismus der Verleugnung ist das Nichtwahrhabenwollen von Krankheiten. Auch in diesen Fällen ist der elterliche Stolz und die Angst von der „Schande“ sowie das Gefühl, irgendwie versagt zu haben, für diese Haltung verantwortlich zu machen. Man findet Einstellungen dieser Art häufig bei Eltern schwachsinniger Kinder. Dabei kann man nicht selten erleben, wie ein intellektuell minderbegabtes Kind etwa dazu gezwungen wird, die höhere Schule zu besuchen, deren Anforderungen es in keiner Weise gewachsen ist.

Überbewertung der Krankheit

Überbewertung von Krankheitsbildern findet man häufig bei sehr ängstlichen Eltern. Es gibt Untersuchungen darüber, die sich mit der intrafamiliären Auswirkung der Angst befassen. Dabei zeigt es sich, daß innerhalb „ängstlicher Familien“ die Korrelation zwischen Furchtzuständen bei Geschwistern bis zu 0,7 beträgt, zwischen Kindern und ihren Müttern 0,66. Es bestehen also deutliche Wechselwirkungen hinsichtlich des Angstverhaltens zwischen Eltern und ihren Kindern. Derart ängstliche Eltern beobachten ihr krankes Kind häufig in minutiöser Weise, sie achten auf das kleinste Symptom und holen häufig beim geringsten Anlaß den Arzt. Vertritt dieser eine abwartende und zögernde Haltung oder versucht er, die Eltern zu beschwichtigen, so meinen die Eltern häufig, man nehme die Krankheit nicht ernst genug, und suchen mit dem Kind einen anderen Arzt auf. In diesem Zusammenhang zu erwähnen sind auch Eltern, die in der beständigen Angst leben, ihr Kind könne sich bei seinen Spielkameraden anstecken, und die ihre Kinder deshalb von denen der Nachbarschaft ängstlich fernhalten. Häufig dürfen solche Kinder auch nicht den Kindergarten besuchen. Sie sind also in mancher Hinsicht eingeengt und nehmen vielfach dadurch eine Entwicklung als „Mutterkindchen“ oder Sonderling.

Schuldgefühle gegenüber dem Kind

Relativ häufig findet man bei Eltern Schuldgefühle gegenüber ihrem Kind. Diese können zu verschiedenen psychischen Mechanismen Anlaß geben. Entweder die Eltern richten ihre Schuldgefühle und daraus resultierende Vorwürfe an sich selbst, oder aber sie versuchen ihre „Schuld“ durch übermäßige, aber vielfach nicht ganz echte Zuwendung dem Kind gegenüber wieder gutzumachen (sogenannte Overprotection-Situation). Beide Haltungen können natürlich auch kombiniert auftreten.

Selbstvorwürfe machen sich häufig Eltern, deren Kinder an einer erblichen oder im weiteren Sinne familiären Erkrankung leiden. Sie fühlen sich mitschuldig am Schicksal und am Leiden ihres Kindes und fragen sich, warum sie dies nicht vermieden haben.

So machte sich die Mutter eines schizophrenen Jungen Jahrzehnte hindurch die schwersten Vorwürfe, weil sie trotz einer familiären Belastung mit dieser Krankheit geheiratet und Kinder in die Welt gesetzt hatte. Ihre Schuldgefühle und ihre Angst, daß diese Erkrankung auch in der nächsten Generation auftreten könne, veranlaßten sie, ihren anderen Kindern das Versprechen abzunehmen, auf eigene Kinder zu verzichten.

In vielen Fällen führen Schuldgefühle, wie bereits angedeutet, zu einer Overprotection-Situation. Diese findet man vielfach auch dann, wenn die Eltern unbewußte Haßgefühle oder gar Todeswünsche gegenüber dem Kind haben, die sie sich nicht eingestehen und auf diese Weise zu kompensieren versuchen. Wir fanden eine solche Haltung nicht selten bei Eltern, deren Kind an schweren Mißbildungen litt, oder auch bei solchen todkranker Kinder, die dem sich quälenden Kind einen raschen Tod wünschten. Werbenjak und Strotzka fanden ein solches Verhalten bei Müttern epileptischer Kinder.

Enttäuschung, weil das Kind gesund ist

In selteneren Fällen erlebt man als Arzt, Schwester oder Pfleger, daß Eltern enttäuscht sind, wenn man ihnen eröffnet, daß ihr Kind gesund ist. Bei einer solchen Haltung liegt meist eine sehr tiefgreifende Störung der Eltern-Kind-Beziehung vor. In den meisten dieser Fälle erwarten die Eltern von der Krankheit des Kindes eine Art Alibi oder Entschuldigung für ihr Versagen. Wenn sich in solchen Fällen das richtige Etikett in Form einer Diagnose finden läßt, kann man unerwünschtes Verhalten oder solches, dessen sich die Eltern schämen, getrost der Krankheit zuschreiben. Dadurch entlastet man sein Gewissen, man fühlt sich nicht schuldig an der Störung des Kindes. Ein sehr drastisches Beispiel möge dies veranschaulichen.

Ein 15jähriger Oberschüler wurde mit der Verdachtsdiagnose „Geisteskrankheit" von den Eltern in die Klinik gebracht. Der Vater berichetete, daß der Junge gänzlich uneinfühlbare Reaktionen zeige, mehrfach von zu Hause weggelaufen sei, einmal sogar in die DDR, sich ungehörig verhalte und sich in weltanschaulich abstruse Vorstellungen hineinsteigere. Der Vater war der festen Ansicht, daß mit dem Jungen etwas „in geistiger Hinsicht nicht stimme". Als wir nach gründlicher Untersuchung zu dem Schluß kamen, daß eine Geisteskrankheit oder eine Hirnschädigung mit Sicherheit auszuschließen war und dies dem Vater mitteilten, geriet dieser in einen ausgesprochenen Erregungszustand, sprach von Familienschande und war fest entschlossen, den sehr begabten Jungen von der Schule zu nehmen. Als Kern des Konfliktes stellte sich heraus, daß der sehr auf seinen Ruf bedachte Vater sich durch das Verhalten seines Sohnes von seiner Umgebung brüskiert sah und zu der festen Überzeugung kam, sein Sohn müsse krank sein. Durch eine Krankheit wäre das Verhalten des Jungen zu entschuldigen gewesen. Gleichzeitig hätte die Krankheit aber auch dazu gedient, den Vater von der Verantwortung zu exkulpieren. Die Reaktion des Vaters läßt sich als Enttäuschung über die Gesundheit seines Sohnes deuten.

Psychisch Kranke

Psychische Störungen und Erkrankungen

Systematik psychischer Störungen und Erkrankungen

Wir können hier nicht im einzelnen auf die Vielfalt seelischer Störungen und Erkrankungen eingehen. Ihre Darstellung gehört auch nicht in ein Psychologiebuch. Doch sind wir bestrebt, im folgenden in knapper Form auf einige häufige seelische Störungen und ihre psychologischen Probleme hinzuweisen. Seelische Störungen und Erkrankungen sind nämlich keineswegs selten. Nach einer Erhebung in England sind rund 40% der Krankenhausbetten durch psychisch Kranke belegt, 40% aller vorzeitigen Entlassungen aus der englischen Armee erfolgen aufgrund seelischer Erkrankungen und 25 bis 30% aller ausgefallenen Arbeitstage sind auf seelische Störungen zurückzuführen. Insgesamt 30% aller Menschen zeigen psychische Schwierigkeiten, davon bis zu 15% solche schwerwiegender Art. Aus diesen Zahlen geht hervor, daß seelische Störungen und Erkrankungen ein ernstes Problem für unsere Gesellschaft sind, wobei man gleichzeitig feststellen muß, daß ihnen bislang im Vergleich zu anderen Erkrankungen zu wenig Augenmerk geschenkt wurde.

Zu den seelischen Störungen und Erkrankungen rechnen wir:

Konfliktreaktionen. Bei ihnen handelt es sich um „quantitative Ausweitungen normaler psychischer Erlebnisreaktionen bei stärkerer Belastung oder verminderter Belastbarkeit“ (Bräutigam). Für sie ist kennzeichnend, daß sie in Belastungssituationen auftreten und daß ihre Symptome nach Wegfall der Belastung ebenfalls wieder verschwinden.

Neurotische Entwicklungen. Unter Neurosen verstehen wir Krankheiten, die auf eine fehlerhafte Erlebnisverarbeitung zurückzuführen sind. Zur Neurose gehört das Vorliegen eines internalisierten Konfliktes. Es handelt sich dabei meist um Konfliktsituationen, die für den Patienten nicht ohne weiteres durchschaubar sind, da sie unbewußt ablaufen. Es gibt auch einige Persönlichkeitszüge, die zur Neurose disponieren können, auf die wir hier allerdings nicht weiter eingehen können. Man unterscheidet unter den Neurosen *Psychoneurosen* und *Organneurosen.* Erstere entstehen durch chronisch einwirkende Erlebnisse, die häufig in der Vergangenheit liegen, und führen zu *psychischen Symptomen.* Bekannte Psychoneurosen sind die Phobien, die Zwangsneurosen, die depressiven Neurosen und ein Teil der Charakterneurosen (Kernneurosen).

Organneurosen manifestieren sich im Gegensatz zu den Psychoneurosen im körperlichen Bereich. Sie verursachen Symptome, die an ein Organ oder an ein Organsystem gebunden sind. Bekannte Organneurosen sind z.B. die Herzneurose oder die Magenneurose. Bei den Symptomen handelt es sich immer um sogenannte funktionelle Beschwerden, bei denen sich keine organischen Ausfälle nachweisen lassen.

Abnorme Persönlichkeiten (Psychopathien). Unter Psychopathien verstehen wir angeborene, anlagebedingte Charakteranomalien ohne krankhafte (organische) Erscheinungen von seiten des Nervensystems. Die Intelligenz ist meist völlig intakt. Psychopathien sind keine Krankheiten, sondern Normvarianten. Psychopathien disponieren vielfach auch zur Entwicklung von Mißbrauch und Sucht.

Körperlich begründbare Psychosen. Bei ihnen handelt es sich um Erkrankungen, die mit ähnlichen Symptomen einhergehen wie die endogenen Psychosen, aber auf eine nachweisbare körperliche Ursache (z.B. Infektion, Schädeltrauma) zurückzuführen sind. Synonyme Bezeichnungen sind: exogene Psychosen, symptomatische Psychosen oder organische Psychosen.

Endogene Psychosen. Der Ausdruck „endogene Psychosen" ist eine Sammelbezeichnung für einige psychiatrische Krankheiten (Manie, endogene Depression, Schizophrenie), denen sich eine körperliche Ursache nicht zuordnen läßt. Endogene Psychosen lassen sich aber auch nicht psychogen, d.h. durch traumatische Erlebnisse oder Konflikte erklären, sie überfallen vielmehr den Patienten schicksalhaft. Neben einer Reihe von psychischen Symptomen zeigen Patienten mit endogenen Psychosen vor allem erhebliche Störungen im Sozialkontakt. Zu den endogenen Psychosen rechnet man die Zyklothymie und die Schizophrenie.

Epilepsie. Bei der Epilepsie handelt es sich um eine organische Hirnerkrankung, bei der es immer wieder zu anfallsartigen Zuständen mit Bewußtseinsverlust und motorischen Erscheinungen („Krämpfen") kommt. Man unterscheidet heute zahlreiche, im einzelnen recht unterschiedliche Anfallsarten, weshalb man nicht mehr von der Epilepsie, sondern von „den" Epilepsien spricht. Im Rahmen der Epilepsie kann es auch zu den verschiedensten psychischen Störungen (Dämmerzustände, sogenannte epileptische Wesensänderung, Demenz) kommen.

Die hier ganz gedrängt wiedergegebene und keineswegs vollständige Übersicht entspricht dem Konzept der klassischen Psychiatrie. In jüngster Zeit sind Zweifel daran aufgetaucht, ob sich manche Krankheitskategorien, z.B. auch die endogenen Psychosen, noch in dieser Form aufrechterhalten lassen.

Bedingungen seelischer Störungen und Erkrankungen

Die Geschichte der Psychiatrie lehrt, daß seelische Erkrankungen je nach Weltanschauungen, Stand der Wissenschaften und deren Theorienbildung zu verschiedenen Zeitpunkten recht unterschiedlich betrachtet wurden. Auch in unserer Zeit vollzieht sich ein gewisser Wandel. Das beste Beispiel dafür ist die Betrachtungsweise der endogenen Psychosen. Während vor 30 Jahren die biologischen Faktoren in Gestalt der Konstitution im Vordergrund standen und mit der Entwicklung der Tiefenpsychologie die Konzepte Freuds und seiner Anhänger immer mehr ins Gespräch kamen, zeigt sich heute ein starker Trend, die endogenen Psychosen als Resultanten sozialer Faktoren zu betrachten. Soziologische und soziale Kategorien finden auch immer mehr Eingang in die verschiedenen Behandlungsmaßnahmen. Unter dem Einfluß solcher Vorstellungen hat sich als neue Disziplin die Sozialpsychiatrie entwikkelt, die es als ihre Aufgabe ansieht, verschiedene Disziplinen in der Erforschung psychischer Störungen und Erkrankungen sowie in deren Therapie zu koordinieren. Im folgenden wollen wir kurz auf die Bedingungen psychischer Störungen und Erkrankungen eingehen, wobei wir das Schwergewicht auf die sozialen Faktoren legen.

Biologische Faktoren

Biologische Faktoren sind für seelische Störungen und Erkrankungen verantwortlich zu machen, die sich unmittelbar aus körperlichen Veränderungen ableiten. Ein gutes Beispiel sind hier die körperlich begründbaren Psychosen. Bei ihnen kommt es nach Störung des biologischen Gleichgewichts zu recht verschiedenartigen psychopathologischen Phänomenen. Doch zeigen nicht alle Menschen bei Einwirkung des gleichen Ereignisses (z.B. Kopfverletzung, Vergiftung) die gleichen psychopathologischen Erscheinungen. Vielmehr muß angenommen werden, daß eine der jeweiligen Persönlichkeit innewohnende Bereitschaft vorliegt, die zu einer ganz bestimmten Reaktionsweise disponiert. Im Fall der körperlich begründbaren Psychosen sprach Bonhoeffer vom sogenannten „akuten exogenen Reaktionstyp", den er denjenigen Patienten zuordnete, die auf ganz unterschiedliche äußere Einwirkungen (z.B. auf hohes Fieber, Hirnverletzung, Vergiftung) mit entsprechenden psychopathologischen Auffälligkeiten reagieren. Die biologische Verankerung dieser Reaktionsbereitschaft wird meist der Konstitution zugeschrieben. Unter Konstitution verstehen wir die Gesamtheit aller körperlichen und seelischen Anlagen. Die Konstitution umfaßt also mehr als nur den Körperbau, da man ja nie weiß, ob im jeweiligen Körperbau bereits alle Anlagen zur Entwicklung gekommen sind. Der Begriff Konstitution enthält vielmehr auch die Reaktionsbereitschaften, wozu wir auch die Neigung zu gewissen Krankheiten und zu bestimmten Verhaltensweisen zählen müssen. Sehr bekannt geworden sind die Konstitutionstypen Ernst Kretschmers. Er fand bestimmte, voneinander abgrenzbare Körperbautypen, die jeweils auch charakteristische psychische Verhaltensweisen und eine Disposition zu bestimmten psychiatrischen Krankheiten zeigen können, nämlich den leptosomen, den pyknischen, den athletischen und den dysplastischen Körperbautyp. Für alle Konstitutionstypen sind nach der Lehre Kretschmers drei Merkmalskomplexe kennzeichnend: ein bestimmter Körperbau, bestimmte psychische Eigenschaften (Temperamentseigenschaften) und eine Neigung zu gewissen Krankheiten (Krankheitsdisposition).

Nach der Lehre Kretschmers ist dem leptosomen Körperbautyp eher die Schizophrenie, dem pyknischen hingegen die manisch-depressive Psychose und dem athletischen Typus die Epilepsie zuzuordnen. Neuere Untersuchungen zeigen, daß solche Zuordnungen keineswegs in strenger Weise gegeben sind. Den Gesichtspunkt der Konstitution hat man sicherlich lange Zeit überbewertet.

Weitere biologische Forschungsrichtungen, die die Ursachen seelischer Störungen und Erkrankungen aufzudecken versuchen, sind die Neuroanatomie, die Biochemie und die Humangenetik. Vor allem von der Biochemie erhofft man sich die Lösung des Rätsels der Geisteskrankheiten. Diese Forschungsrichtungen haben auch schon zahlreiche Erfolge gebracht, etwa die heute bereits allgemein bekannte Tatsache, daß bestimmte Schwachsinnsformen durch Fermentdefekte hervorgerufen werden und daß auch im Rahmen von Psychosen veränderte Stoffwechselvorgänge im Gehirn ablaufen.

Es gibt noch zahlreiche andere Forschungsrichtungen, wie z.B. die klinische Neurophysiologie, die den biologischen Bedingungen von psychischen Krankheiten auf die Spur zu kommen versuchen und auch entsprechende Erfolge zu verzeichnen haben. Auf diese Richtungen können wir hier allerdings nicht weiter eingehen.

Psychologische Faktoren

Zwei psychologische Forschungsrichtungen haben in den letzten 20 Jahren einen bedeutsamen Beitrag zum Verständnis seelischer Störungen und Erkrankungen geleistet: Die Tiefenpsychologie und die Verhaltenspsychologie, die sich auf die Lerntheorien stützt.

Von den beiden Richtungen der Psychologie war mehrfach die Rede. Wir verweisen auf die entsprechenden Kapitel dieses Buches (S. 143 und 44). Tiefenpsychologische und lerntheoretische Vorstellungen zur Entstehung von seelischen Erkrankungen stehen einander nicht selten gegensätzlich gegenüber. Bei eingehenderer Betrachtung läßt sich aber zeigen, daß diese Gegensätze nicht so scharf sind, wie sie gelegentlich dargestellt werden. Es gibt nämlich zahlreiche Berührungspunkte. Einer von vielen könnte z.B. im Phänomen der Generalisation liegen, als deren Sonderformen sich auch manche tiefenpsychologischen Abwehrmechanismen (z.B. die Projektion oder die Übertragung) auffassen ließen. Beide Richtungen haben umfangreiche Theorienbildungen und

Modelle zur Erklärung psychischer Störungen und deren Behandlung entwickelt, auf die wir an verschiedenen Stellen des Buches bereits eingegangen sind. Versucht man, die Kontroverse zwischen Tiefenpsychologie und Verhaltenspsychologie auf die wichtigsten Gesichtspunkte zu begrenzen, so ergeben sich im wesentlichen die folgenden fünf Aspekte, zu denen von den beiden Richtungen unterschiedliche Stellungnahmen vertreten werden:

- Therapeut-Patient-Beziehung,
- Effektivität der Behandlung,
- Behandlungsdauer,
- Problem des Symptomwandels,
- Therapieziel.

Trotz mancher Gegensätze und Meinungsverschiedenheiten ergänzen sich jedoch beide Richtungen bei vielen Behandlungsmaßnahmen gut, beide haben auch ihre Erfolge und damit ihre Berechtigung.

Neben der Tiefenpsychologie und der von den Lerntheorien ausgehenden Verhaltenspsychologie haben noch die Feldtheorie, die auf K. Lewin zurückgeht, und die anthropologische Richtung zum Verständnis psychopathologischer Erscheinungen Bedeutendes beigetragen.

Die *Feldtheorie* versucht, psychische Störungen aus einer Vielzahl von Bedingungen, die den Lebensraum, also das „Feld" konstituieren, zu erklären. Ihr Vorteil liegt in der Möglichkeit, sozialpsychologische Gesichtspunkte in die Betrachtung mit einzubeziehen.

Die *anthropologisch* orientierte Richtung versucht, Krankheitserscheinungen und Konflikte aus der individuellen oder der Familienbiographie zu verstehen. Im Rahmen dieser Richtung spielt vor allem der Aspekt der Ganzheit und der der Entwicklung eine bedeutsame Rolle. Zahlreiche Anregungen erhält die psychologische Betrachtungsweise seelischer Störungen und Erkrankungen durch die moderne *Verhaltensforschung*. Durch das Studium tierischer Verhaltensweisen, individueller und kollektiver Art, gewann man auch zahlreiche Einblicke in menschliche Verhaltensweisen. Psychopathologische Erscheinungen lassen sich unter Einbeziehung von Erkenntnissen aus der Verhaltensforschung als Regressionserscheinungen durch verschiedene unspezifische Beeinträchtigungen begreifen. Wir sind an verschiedenen Stellen des Buches auf derlei Erklärungsversuche ausführlich eingegangen.

Soziale Faktoren

Wie bereits erwähnt, richtet man heute im Zusammenhang mit seelischen Störungen und Erkrankungen das Augenmerk immer mehr auf die soziale Umwelt. Es ist einleuchtend, daß eine solche Vorgehensweise auch den Blick für soziale Sachverhalte und ihre Beziehungen zu seelischen Krankheiten schärft. Die Erkenntnisse finden ihren Niederschlag in der Einbeziehung soziologischer und sozialer Gesichtspunkte bei der Entstehung seelischer Erkrankungen und im Rahmen der Therapie.

Kultur und seelische Erkrankung. In den letzten Jahren hat sich das Interesse der Psychiatrie auch der Bedeutung kultureller Bedingungen für die Entstehung und Symptomatologie psychischer Erkrankungen zugewandt. Als Ausdruck dieses Interesse bildete sich die sogenannte transkulturelle Psychiatrie heraus, die vergleichende Untersuchungen in verschiedenen Kulturkreisen anstellt. Diese Richtung ist allerdings nicht neu. Bereits im Jahre 1904 erschien eine Arbeit des deutschen Psychiaters Emil Kraepelin, der auf einer Weltreise beobachtete, daß in anderen Kulturkreisen, z.B. in Java, psychische Störungen (etwa der Amoklauf) auftraten, die bei uns unbekannt waren. Kraepelin schrieb damals: „Wie uns die Kenntnis der psychischen Krankheitserscheinungen tiefe Einblicke in das Getriebe unseres Seelenlebens eröffnet hat, werden wir daher auch hoffen können, daß die psychiatrische Kennzeichnung eines Volkes unser Verständnis seiner gesamten psychischen Eigenart zu fördern vermag."

Untersuchungen in verschiedenen Kulturkreisen haben gezeigt, daß es in verschiedenen Kulturen unterschiedliche „Daseinstechniken" gibt, um mit seelischen Belastungssituationen fertig zu werden. Auch im Ausmaß von Aggression, Frustration, Schuld und Angst zeigen sich kulturspezifische Unterschiede. Voraussetzungen für systematische transkulturelle Untersuchungen sind jedoch standardisierte Diagnosen. Erst dann kann man eine gesicherte Aussage über kulturspezifische Unterschiede machen. Durch die nunmehr vorliegenden modernen Klassifikationsschemata für psychiatrische Erkrankungen (ICD und DSM III) sind derartige Untersuchungen jetzt möglich und zum Teil auch schon ausgeführt worden. Dabei haben sich für schwerwiegende psychiatrische Erkrankungen wie Schizophrenien und endogene Depressionen kaum Unterschiede gezeigt.

Soziale Schicht und psychische Erkrankung. Zahlreiche sozialpsychiatrische Untersuchungen auf der ganzen Welt haben gezeigt, daß bestimmte psychische Erkrankungen (z.B. die Schizophrenien und die Alterspsychosen) in den unteren sozialen Klassen gehäuft auftreten. Dieses Faktum kann man auf verschiedene Weise interpretieren: Entweder ist der soziale Abstieg eine Folge der Krankheit, oder die Krankheit entwickelt sich auf dem Boden der ungünstigen sozialen Bedingungen niedriger Schichten. Vieles spricht für die erstere Erklärungsmöglichkeit.

Weiterhin ist interessant, daß die Angehörigen niedriger sozialer Schichten mit größerer Wahrscheinlichkeit von Hirnverletzungen betroffen werden als solche aus höheren Schichten. Man macht dafür unterschiedliche Erziehungsstile verantwortlich. Die Erziehung in den niedrigeren Schichten wird im allgemeinen als unnachsichtiger angesehen, die zärtliche Zuwendung von seiten der Eltern ist geringer, es treten insgesamt mehr Konflikte auf, der Streß in ökonomischer Hinsicht ist erheblich usw. Als Folge dieser Einflüsse entwickeln die Angehörigen niedriger sozialer Schichten eine geringere Frustrationstoleranz, ein schwaches Über-Ich, starke Minderwertigkeitsgefühle und Tendenzen zum Ausagieren von Feindseligkeiten (Strotzka).

Wie Redlich u. Hollingshead gezeigt haben, besteht auch eine Beziehung zwischen Sozialstatus und Art der Therapie. Die beiden Autoren konnten zeigen, daß Patienten aus den obersten sozialen Schichten weitaus häufiger psychotherapeutisch behandelt wurden als solche aus niederen Schichten. Auch dieser Befund läßt eine zweifache Deutung zu. Entweder werden die Angehörigen niederer sozialer Schichten weniger psychotherapeutisch behandelt, weil sie diese Behandlung nicht bezahlen können oder aber weil sie nicht genügend Introspektionsmöglichkeiten haben, was für eine psychoanalytische Therapie Voraussetzung ist. Strotzka meint, daß der Status des Psychotherapeuten auch von entscheidender Bedeutung ist. Dieser gehört meist den mittleren sozialen Schichten an und „trifft in der Kommunikation mit Patienten aus unteren Klassen sowohl auf Schwierigkeiten als auch auf eine gewisse Abneigung“.

Aufgabe einer modernen Sozialpsychiatrie ist aber, auch den niedrigeren sozialen Schichten entsprechende Behandlungsmöglichkeiten zugänglich zu machen.

Familie und psychische Erkrankung. Mit der Einsicht, daß eine Krankheit nicht nur den Patienten selbst, sondern auch seine Umgebung in vielfältiger Weise in Mitleidenschaft zieht, wandte man seine Aufmerksamkeit in zunehmendem Maß der nächsten Umgebung des Patienten, seiner Familie, zu. Gerade bei psychischen Krankheiten wird die Familie des Betreffenden sehr stark tangiert. Viele psychische Störungen und Erkrankungen haben ihre Ursache in Konflikten innerhalb der Familie, und eine Heilung scheint nur dann aussichtsreich, wenn nicht der Patient isoliert betrachtet und behandelt wird, sondern seine Familie in die Behandlung mit einbezogen wird. Dies ist besonders wichtig, wenn ein Kind psychisch erkrankt. Die Behandlung kann dann in einer kinder- und jugendpsychiatrischen Klinik, Poliklinik oder einer Erziehungsberatungsstelle erfolgen. Dabei wird das Kind, z.B. im Rahmen einer Einzeltherapie, behandelt, gleichzeitig wird aber mit den Eltern Kontakt aufgenommen; in schwierigen Fällen werden sie ebenfalls behandelt oder wenigstens beraten, wie sie am besten mit ihrem Kind umgehen und dessen Störungen psychisch verarbeiten können. Dabei macht man sich die Erkenntnisse der Gruppendynamik zunutze und verbindet sie mit tiefenpsychologischen Gesichtspunkten. Während die Psychoanalyse sich in ihrem Anfangsstadium lediglich den Konflikten des einzelnen zuwandte und der therapeutische Prozeß darin bestand, den einzelnen Patienten so weit umzustrukturieren, daß er mit den Problemen und Anforderungen seiner Gruppe (z.B. Familie, Arbeitsgruppe usw.) zurechtkam, versucht sie nun, ihren Aktionsradius dadurch zu vergrößern, daß sie die jeweilige Gruppe (z.B. die Familie) zum Patienten macht und dementsprechend auch behandelt. Die psychische Störung des einzelnen wird dann nicht mehr isoliert betrachtet, sondern aus dem Verhalten der Gruppe als Ganzes verstanden. Der therapeutische Prozeß befaßt sich nicht mehr mit den Anpassungsschwierigkeiten des einzelnen, sondern mit der Umstrukturierung der Gruppe. Diese muß sich mit der Krankheit eines Familienmitgliedes auseinandersetzen und zugleich Kräfte zu seiner Heilung mobilisieren.

Ein anderes ernstes Problem für eine Familie tritt dann auf, wenn ein Familienmitglied in ein psychiatrisches Krankenhaus eingewiesen werden muß. Man kann davon ausgehen, daß sich die Familie des Patienten vor seiner Einweisung in einer extremen Situation befand. Dies hängt einmal damit zusammen, daß gegenüber dem psychiatrischen Krankenhaus eine Reihe von Vorurteilen in der Bevölkerung verbreitet sind und deshalb eine stationäre Aufnahme nur, wenn sie unbedingt notwendig ist, in die Wege geleitet wird, zum anderen stellen die psychischen Erscheinungen eines hospitalisierungsbedürftigen psychisch Kranken seine Familie vor Aufgaben, denen sie nicht gewachsen ist. Auch in solchen Fällen sollte eine ausführliche Beratung stattfinden, die zunächst das Ziel verfolgen muß, den Angehörigen die Natur der Störung klarzumachen; darüber hinaus sollte sie sich auch stets mit den sozialen Auswirkungen einer psychischen Erkrankung befassen. Die Familie des Betreffenden müßte gemeinsam mit dem Patienten, nachdem er entlassen ist, über längere Zeit im Rahmen einer „community care" betreut werden.

Institution und psychische Krankheit. Mit dem psychisch Kranken befassen sich zahlreiche Institutionen: Krankenhäuser, Anstalten, Altersheime, Beratungsstellen, Ambulanzen. In all diesen Einrichtungen wird der Patient oder der Ratsuchende entsprechend den Vorstellungen, die innerhalb der Institution herrschen, aufgenommen oder behandelt. Untersuchungen zur Struktur solcher Einrichtungen sowie Experimente mit neuen Institutionen haben gezeigt, daß z.B. der klassische Stil des großen psychiatrischen Krankenhauses modernen Anforderungen nicht mehr gerecht wird. Manche Verhaltensweisen langjährig hospitalisierter Patienten können auch als Anstaltsartefakte betrachtet werden. Im allgemeinen besteht heute die Tendenz, kleinere Einheiten zu schaffen und psychiatrische Abteilungen auch allgemeinen Krankenhäusern anzuschließen. Letzteres halten wir für sehr sinnvoll, weil damit erreicht werden könnte, daß psychisch Kranke weniger diskriminiert werden. Auch die Einrichtung von Tages- und Nachtkliniken ist erstrebenswert, sie haben sich bereits bestens bewährt. Durch diese Maßnahme ließe sich erreichen, daß nur ein kleiner Teil der psychisch Kranken überhaupt stationär untergebracht werden muß. Durch entsprechende Nachsorgeeinrichtungen würde eine stufenweise Wiedereingliederung psychisch Kranker in Familie und Beruf möglich.

Vorurteile gegenüber psychisch Kranken und gegenüber dem psychiatrischen Krankenhaus

Vorurteile sind emotional gesättigte Einstellungen, die in bestimmten sozialen Gruppen oder auch in der sogenannten Öffentlichkeit vorhanden sind. Ihr Kennzeichen ist, daß sie nicht oder nur in unzureichendem Maße auf Sachkenntnis beruhen, daß sie übermäßig vereinfachen und daß sie stark von Emotionen und Affekten geprägt werden. Vorurteile sind für die Betroffenen sehr belastend. Personen oder Gruppen, wie z.B. den psychisch Kranken, denen Gefährlichkeit, Reizbarkeit oder Aggressivität zugeschrieben wird, gelingt es nur sehr schwer, sich von diesen Klischeevorstellungen zu befreien. Von der Einstellung der Gesellschaft gegenüber solchen Gruppen hängt aber weitgehend ab, ob diese integriert und akzeptiert werden oder ob sie ganz oder in gewissen Teilbereichen des gesellschaftlichen Lebens ausgeschlossen oder an den Rand gestellt werden.

Jeder, der in einem psychiatrischen Krankenhaus arbeitet, weiß, daß psychisch Kranken zahlreiche negative Eigenschaften zugeschrieben werden. Sehr häufig findet man bei den Angehörigen eines Patienten, der in einem solchen Krankenhaus stationär aufgenommen werden muß, das Argument: „Unser Sohn ist doch nicht verrückt." Wenn man solche Äußerungen z.B. von den Angehörigen eines Patienten, der an einer Zwangsneurose leidet, hört, so kann man mühelos daraus ableiten, daß sie zwischen verschiedenen psychischen Erkrankungen nicht trennen können und ein relativ einheitliches Stereotyp hinsichtlich des psychisch Kranken vertreten. Es ist meist identisch mit den stereotypen Vorstellungen gegenüber Geisteskranken. Diese werden von weiten Bevölkerungskreisen, wie eine Untersuchung von Jaeckel u. Wieser zeigte, als unvernünftig, unberechenbar, unzuverlässig, gefährlich und aggressiv angesehen. In einer ähnlichen Untersuchung zum Stereotyp gegenüber Epileptikern konnten wir zeigen, daß diese im allgemeinen als pedantisch, jähzornig, ängstlich, mißtrauisch, sensibel, egoistisch, aggressiv, traurig und launisch angesehen werden. Obwohl der größte Teil der Befragten noch nie mit Epileptikern zu tun hatte, waren doch relativ umschriebene Stereotypien vorhanden, die einen deutlich negativen Akzent aufwiesen.

Ähnliche Vorstellungen und großes Mißtrauen werden auch dem psychiatrischen Krankenhaus entgegengebracht. Dafür lassen sich viele Beispiele anführen. So bat uns die Mutter eines Jungen, der wegen einer Tic-Erkrankung stationär behandelt wurde, doch keine Briefe mit dem Absender Psychiatrische Klinik an sie zu schreiben. Sie schlug vor, wir möchten doch als Absender die weniger belastende Bezeichnung Kinderklinik wählen. Die Mutter einer anderen Patientin, die sich wegen einer Schizophrenie in unserer stationären Behandlung befand, wollte eine Bescheinigung über die Krankheit ihrer Tochter für die Krankenkasse haben. Sie bat uns ausdrücklich darum, die Bescheinigung nicht nach Hause zu schicken, sondern sie bis zum nächsten Besuch aufzuheben, sie würde sie dann mitnehmen. Diese Äußerungen zeigen, wie eine psychiatrische Klinik von negativen Vorstellungen belastet ist. Andere Angehörige von Patienten versuchten, den Aufenthaltsort dieser geheimzuhalten, „damit nicht im Dorf ein Gerede entstehe". Vor kurzem suchte uns eine ehemalige Patientin auf, der die Eltern strikt verboten hatten, im Rahmen eines Besuches in Marburg zu uns zu kommen. Derlei Beispiele, die sich endlos fortsetzen ließen, zeigen, mit welchem Argwohn und mit welchen überkommenen Vorstellungen eine psychiatrische Klinik heute noch belegt ist. Sie zeigen, daß in der öffentlichen Meinung beispielsweise zwischen einem Herzkranken und einem Neurotiker ein großer Unterschied gemacht wird.

Es gehört zu den größten Aufgaben der Psychiatrie im allgemeinen und der Sozialpsychiatrie im besonderen, solche Vorurteile, wo immer man sie antrifft, zu beseitigen.

Besondere Probleme im Umgang mit psychisch Kranken

Gegenüber anderen Patienten sind beim Umgang mit psychisch Kranken eine Reihe von Sonderproblemen zu beachten. Wir können sie hier nicht erschöpfend darstellen, wollen aber die wichtigsten Gesichtspunkte aufzeigen. Zunächst ist zu bedenken, daß die Umgebung und das Milieu beim psychisch Kranken eine weitaus größere Rolle spielen als bei Patienten mit organischen Erkrankungen. Deshalb sollte auch die Familie solcher Patienten ausführlicher beraten und gegebenenfalls in die Behandlung einbezogen werden. Ferner fehlt bei psychisch Kranken vielfach die Krankheitseinsicht, was unter Umständen zur Zwangseinweisung in eine Nervenklinik führen kann. Schließlich können bei psychisch Kranken eine Reihe von unangepaßten Verhaltensweisen auftreten, die zum Teil unverständlich bzw. nicht einfühlbar sind.

Stationäre Aufnahme und Entlassung

Wenn jemand mit einer seelischen Erkrankung in einer Nervenklinik stationär aufgenommen wird, so hat er in der Regel bereits einen längeren Krankheitsverlauf hinter sich, der für ihn und seine Familie häufig eine schwere Krise heraufbeschworen hat. Er kann z.B. eine Folge von Symptomen aufweisen, wie Halluzinationen oder Wahnideen, die seiner Familie fremd, nicht einfühlbar oder bedrohlich erscheinen, er hat sich unter Umständen anderen oder Familienmitgliedern gegenüber „unverschämt", „beleidigend", „schamlos" oder „gefährlich" benommen. So kommt es, daß er mit Mißtrauen oder Argwohn betrachtet wurde, daß er bei einzelnen Familienmitgliedern Schuldgefühle hervorgerufen hat oder daß sich seine Familie für ihn schämt, weil er andere immer wieder „belästigt". Wenn nun schließlich die stationäre Aufnahme unumgänglich erscheint, sollte man sich aus den genannten Gründen des Patienten und seiner Familie in gleicher Weise annehmen. Eine enge Zusammenarbeit mit der Familie erweist sich darüber hinaus aus folgenden Gründen als überaus sinnvoll:

- Man kann in vielen Fällen nur durch sie Verläßliches über die Vorgeschichte erfahren (Fremdanamnese). Bei Kindern ist man ohnehin auf die Aussagen der Eltern angewiesen.
- Man kann durch eine ausführliche Aufklärung der Angehörigen Vorurteile abbauen helfen. Für den Patienten bedeutet dies zugleich, daß ihm seine Familie verständnisvoller gegenübertritt.
- Man erleichtert dadurch die Resozialisierung und die Wiedereingliederung des Patienten in Familie und Beruf.

Die angestrebte Resozialisierung läßt sich auch noch dadurch begünstigen, daß man mit dem Arbeitgeber in Verbindung tritt, was natürlich nur mit Einverständnis des Patienten und seiner Angehörigen geschehen kann.

Den Patienten selbst sollte man bei der Aufnahme, auch wenn er nicht voll zurechnungsfähig erscheint, so behandeln wie auch andere Kranke: zuvorkommend, höflich und ohne über ihn zu lächeln. Man sollte ihn, sofern er darauf ansprechbar ist, über die Station, auf der er sich befindet, informieren, ihn mit den anderen Patienten bekanntmachen, ihn über Tagesablauf und Gewohnheiten der Station genau unterrichten. Auch die Art der Behandlung sollte man ihm erläutern. Diese sollte vom Tag der Aufnahme bereits darauf abzielen, ihn möglichst bald in seine gewohnte Umgebung zu entlassen. Aus diesem Grund ist darauf zu achten, daß er den Kontakt zur Außenwelt nicht verliert, womit das „leidige Problem" des Besuches angeschnitten sei. In aller Regel ist der Patient ja deshalb in einem psychiatrischen Krankenhaus, weil er nicht mehr in der Lage war, sich seiner gewohnten Umgebung anzupassen. Ziel der Behandlung ist aber, ihn möglichst rasch so weit zu bringen, daß er dies wieder kann. Wenn man nun andererseits die Kontakte zu seiner Umgebung sehr einengt, so erschwert man dadurch den Prozeß der Wiederanpassung an eine nunmehr für den Patienten fremd gewordene Umwelt. Bei einem Vorgehen in der hier vorgeschlagenen Weise versucht man, zweierlei zu erreichen: Einmal sollen während des Behandlungsprozesses die Möglichkeiten des Patienten zur Anpassung aktiviert bzw. wiederhergestellt werden, zum anderen sollen alle, die mit dem Patienten zu tun haben, dahingehend beeinflußt werden, daß sie ihrerseits zu einer individuellen verständnisvollen Haltung ihm gegenüber finden. Nähere Ausführungen darüber finden sich im Abschnitt über Psychotherapie (S. 180).

Das bisher Besprochene ist auch im Hinblick auf die Entlassung zu bedenken. Diese sollte langfristig vorbereitet werden und gegebenenfalls (bei sehr langwierigen und gravierenden Erkrankungen) in einzelnen Schritten erfolgen. Damit ist gemeint, daß der Patient auch nach seiner Entlassung keineswegs sich selbst überlassen bleiben darf. Alle, die mit ihm in Familie und Arbeitsstätte näheren Kontakt haben, müssen wissen, wie sie ihn zu behandeln haben. Vielfach erweist es sich als zweckmäßig, daß der Patient zunächst noch in der Klinik schläft, aber bereits tagsüber seiner gewohnten Tätigkeit nachgeht. Dadurch ist die Gewähr gegeben, daß die Weiterbehandlung (z.B. morgendliche und abendliche Medikation) ordnungsgemäß durchgeführt wird und daß der Patient noch das Gefühl hat, Rückenstärkung und Schutz von seiten des Krankenhauses zu erhalten. Leider fehlt es in Deutschland noch sehr an geeigneten Nachsorgeeinrichtungen wie Tages- und Nacht-Kliniken und an nachgehender Fürsorge.

Krankheitseinsicht

Es liegt in der Natur vieler psychischer Erkrankungen, daß der Patient nicht in der Lage ist, kritisch zu sich und seinen Krankheitserscheinungen Stellung zu nehmen. Es fehlt also vielfach die Krankheitseinsicht, eine Tatsache, die in der Regel mit einer absoluten Fehleinschätzung der Realität einhergeht. Fehlen von Krankheitseinsicht finden wir bei ganz verschiedenen Erkrankungen, am häufigsten bei den endogenen Psychosen und bei den Suchterkrankungen. So wehrte sich ein 45jähriger, an einer Schizophrenie erkrankter Patient mit Händen und Füßen dagegen, in ein psychiatrisches Krankenhaus eingewiesen zu werden, obwohl er an massiven Halluzinationen litt und ein ausgeprägtes Wahnsystem mit zahlreichen Beeinträchtigungserlebnissen entwickelt hatte. Da er sich angegriffen fühlte und auch immer wieder gedroht hatte, „mit seinen Verfolgern abzurechnen“, bestand Gefahr für die Umgebung, und der Patient mußte im Rahmen einer Zwangseinweisung stationär aufgenommen werden. In allen Fällen, in denen eine solche Gefährdung der Umgebung oder der eigenen Person vorliegt, läßt sich eine solche Zwangseinweisung nicht vermeiden. Nicht alle Fälle sind jedoch so eindeutig wie der geschilderte. Vielfach lassen sich nicht ohne weiteres psychotische Inhalte nachweisen, und dennoch gefährdet der Kranke seine Umgebung.

Bei Fehlen von Krankheitseinsicht gelingt es in der Regel nicht, die Patienten durch ausführliche Erklärungen zur Einsicht zu bringen. In den meisten Fällen stellt sich diese erst mit Fortschreiten der Behandlung ein. Wichtig ist allerdings, daß man den nächsten Angehörigen den Zustand des Patienten klarmacht, insbesondere dann, wenn auch sie der Meinung sind, er sei nicht krank. Ein wenig anders, aber nicht weniger problematisch ist die Situation dann, wenn der Patient sich krank fühlt und sehr an seiner Krankheit leidet, aber die Angehörigen keinerlei Verständnis dafür haben. Dazu sei ein Beispiel angeführt.

Ein 20jähriger Patient war an einer endogenen Depression erkrankt, von der bereits drei rein depressive Phasen abgelaufen waren. Als der Patient nun mit der vierten Phase stationär aufgenommen wurde, beklagte er sich sehr, daß sein Vater keinerlei Verständnis für seine Krankheit habe. Er sagte zu ihm immer: „Du mußt dich zusammennehmen, du mußt dir diese dummen Gedanken aus dem Kopf schlagen, es gehört eben ein starker Wille dazu, wenn man gesund werden möchte."

In diesem Fall war es für das Wohlbefinden und den Behandlungsfortschritt des Patienten von ausschlaggebender Bedeutung, daß dem Vater das Wesen der Erkrankung klargemacht wurde, was nach mehreren Versuchen schließlich auch gelang.

Unangepaßte Verhaltensweisen

Sucht man nach einem Ausdruck, der das Wesen psychischer Erkrankungen knapp, aber dennoch zutreffend charakterisiert, so scheinen am ehesten die Bezeichnungen Fehlanpassung oder Anpassungsstörung solchen Anforderungen zu genügen. Denn die seelische Krankheit wird in erster Linie dadurch sichtbar, daß die Patienten in ihrer gewohnten Umgebung durch Verhaltensweisen auffallen, die von der Norm und der allgemeinen Erwartung abweichen. Wenn wir hier von Verhaltensweisen sprechen, so tun wir dies in der allgemeinsten Form und beziehen auch das „sprachliche Verhalten" mit ein. Nun sind für jede Krankheit oder Krankheitsgruppe jeweils spezifische unangepaßte Verhaltensweisen kennzeichnend, deren detaillierte Besprechung in das Fachgebiet der Psychiatrie gehört und hier fehl am Platze wäre. Es lassen sich jedoch einige Verhaltensweisen allgemeiner Art herausstellen, die den Kranken für seine Umgebung auffällig werden lassen. Von ihnen soll nun die Rede sein, wobei ihre vielfältigen Ursachen außer acht bleiben.

Motorische Unruhe und Aggression

Aggressionen gehören zum psychischen Grundinventar des Menschen. Als Krankheitssymptom können sie nur dann angesehen werden, wenn sie in ihrer Intensität zu heftig sind und wenn sie der jeweiligen Situation nicht angemessen erscheinen. Aggressionen entladen sich vielfach in motorischer Unruhe, doch muß dies nicht zwangsläufig so sein, es gibt auch die Möglichkeit, aggressive Impulse verbal abzureagieren. Seelische Erkrankungen gehen bei weitem nicht so oft mit Aggressionen und motorischer Unruhe einher, wie dies von weiten Bevölkerungskreisen angenommen wird. Die Gleichsetzung von Unruhe, Aggression und Gemeingefährlichkeit mit Geisteskrankheit ist geradezu der Kernbestandteil des Vorurteils gegenüber psychisch Kranken. Dennoch gibt es natürlich Patienten, die durch Aggressionen und motorische Unruhe auffallen. Hinter diesen verbirgt sich aber in der Regel nicht das Motiv, anderen etwas anzutun, sondern weitaus häufiger Angst, Frustrationen und das Gefühl der Beeinträchtigung. Für viele dieser Patienten ist ihre Unruhe selbst sehr qualvoll, sie haben aber nicht die Möglichkeit, etwas dagegen zu tun.

Bei unruhigen und erregten Patienten sollte das Pflegepersonal sich stets folgendes vor Augen halten:

1. Aggressives Verhalten richtet sich in der Regel *nicht* gegen das Pflegepersonal, auch wenn zunächst dieser Eindruck entsteht.
2. Aggressives Verhalten ist meist ein Symptom der Krankheit. Man kann den Patienten dafür nicht ohne weiteres zur Rechenschaft ziehen.

Zu 1.: Um zu verstehen, wie es zu aggressiven Impulsen im Rahmen psychischer Erkrankungen kommt, müssen wir uns an einige Ausführungen in den Abschnitten über Entwicklungspsychologie (S. 93) und Tiefenpsychologie (S. 143) erinnern. Kinder drücken zunächst ihre Aggressionen offen aus. Erst im Laufe der Entwicklung lernen sie, ihre Aggressionen zu zügeln und in einer gesellschaftlich akzeptablen Form, z.B. sprachlich, auszudrücken. Schließlich entwickeln sie verschiedene Techniken, um Aggressionen zu verbergen. Die ersten Objekte kindlicher Aggressionen sind in der Familie zu suchen, sie richten sich vielfach gegen Vater, Mutter oder gegen die Geschwister. Später werden sie häufig auf andere Personen *übertragen.*

Bei vielen psychisch Kranken kommt es nun durch die Belastung der Krankheit zu einer Regression auf frühere Verhaltensweisen. D.h., viele Patienten neigen einerseits dazu, ihre Aggressionen so auszudrücken wie Kinder, also unkontrolliert und offen, andererseits sind aber auch die Objekte dieser Aggressionen vielfach die gleichen wie in der Kinderzeit. Da nun Ärzte, Schwestern oder Pfleger am häufigsten mit den Eltern identifiziert werden, müssen sich auch die Aggressionen auf sie richten, besser gesagt, sie werden auf sie übertragen. Wer diesen Mechanismus kennt, der wird feindselige Haltungen seitens des Patienten nicht als persönlichen Angriff auffassen, sondern verstehen, daß er mehr oder weniger zufällig zur Zielscheibe wird.

Zu 2.: Regression und Übertragung lassen uns auch verstehen, warum man viele psychisch Kranke nicht für ihre Aggressionen zur Verantwortung ziehen kann. Zur Regression gehört ja ein „Rückgriff" auf kindliche, oft sogar frühkindliche Verhaltensweisen. Ebenso wie wir ein Kind, wenn es sich Erwachsenen gegenüber feindselig benimmt, nicht voll zur Verantwortung ziehen können, können wir dies auch bei vielen psychisch Kranken nicht tun. Dabei muß man aber unbedingt vermeiden, daß man den Patienten auch in anderer Hinsicht wie ein Kind behandelt. Obwohl nämlich regresive Momente im Krankheitsgeschehen eine erhebliche Rolle spielen, betreffen sie doch *nie* das gesamte Verhaltensinventar. Regressionen beziehen sich also immer nur auf einen *Teilbereich* der Persönlichkeit, was man bei der Behandlung der Patienten stets berücksichtigen sollte.

Obwohl diese beiden Gesichtspunkte vielen Schwestern, Ärzten und Pflegern klar sind, fassen sie dennoch zuweilen aggressives Verhalten als persönlichen Angriff auf. Dies liegt daran, daß eine rein rationale Einsicht in solche Mechanismen vielfach nicht genügt, sondern daß man auch auf andere Weise gelernt haben muß, mit ihnen umzugehen. In diesem Zusammenhang ist auch das Klima der Station von großer Bedeutung. Kommt es unter dem Personal zu versteckten Feindseligkeiten, die mit aufgestauten Aggressionen einhergehen, so wirkt sich dies zwangsläufig auch auf die Patienten aus. Deshalb sollten Meinungsverschiedenheiten innerhalb des Personals durch freimütige Aussprachen bereinigt werden. Man sollte auch über seine Reaktionsweisen gegenüber bestimmten Patienten sprechen können und auch sachliche Kritik ertragen lernen. Solche Gespräche fördern neben einem besseren Verständnis des Patienten auch die Einsicht in die eigenen Reaktionen. Auf das Verhältnis zu den Patienten wirken sie sich mit Sicherheit positiv aus. Untersuchungen haben nämlich gezeigt, daß Unruhe und Erregungszustände dann am häufigsten sind, wenn innerhalb des Pflegepersonals Uneinigkeit oder gar versteckte Feindseligkeit herrscht. Derlei „Stimmungen" übertragen sich nämlich leicht auf die Patienten, die in Unsicherheit und Angst geraten, was sich in aggressivem Verhalten manifestieren kann.

Schwierig wird die Beherrschung von Unruhe und Erregungszuständen, wenn es sich um manische Patienten handelt oder um solche, innerhalb deren Krankheit der Wahn vordergründig ist. In diesen Fällen kommt man in der Regel nicht ohne Medikamente aus. Dennoch ist es von entscheidender Bedeutung, wie man solchen Patienten begegnet. Vor allem wahnhafte Patienten sehen ihre Umgebung häufig feindselig an. Sie sind der Ansicht, daß alles gegen sie eingestellt ist, fühlen sich unter Umständen verfolgt und von allen möglichen Mächten beeinträchtigt. Da die Patienten vielfach mißtrauisch sind, ist der Zugang zu ihnen nicht leicht. Man sollte jedoch auf alle Fälle versuchen, Kontakt zu ihnen zu gewinnen, ihre Befürchtungen ohne Widerspruch und Lächeln anhören, um ihnen das Gefühl zu vermitteln, daß man mit ihnen gegen die feindselige Welt ankämpfen möchte. Ein Großteil der Feindseligkeiten gegenüber dem Personal bei Patienten, die an einem Wahn leiden, rührt nämlich daher, daß dieses immer wieder versucht, ihnen ihre Wahnideen auszureden. Aus der Sicht des Patienten müssen solche Bemühungen feindselig erscheinen. Wenn ein Arzt, eine Schwester oder ein Pfleger jedoch in das Wahnsystem eines Patienten bereits mit einbezogen ist, so erweist sich der Versuch, sich auf seine Seite zu stellen, meist als nicht realisierbar.

Kommt es zu massiven Erregungszuständen, im Rahmen derer der Kranke auf das Personal oder seine Mitpatienten losgeht, so ist die Situation häufig nur dadurch zu retten, daß man den Patienten isoliert und durch Medikamente beruhigt. Diese Maßnahmen sollten allerdings nicht zu spät ergriffen werden. Ist es nämlich einmal so weit gekommen, daß der Kranke das Mobiliar demoliert, Fensterscheiben einschlägt und sich und anderen Verletzungen beigebracht hat, so ist auch für die weitere Behandlung ein großes Hindernis eingetreten: Die ganze Angelegenheit ist so wichtig geworden, hat soviel Staub aufgewirbelt und so viele Folgen gehabt, daß man sie nicht mehr stillschweigend übergehen kann. Für den Patienten und seine Mitpatienten ist eine äußerst belastende Situation entstanden, die die Weiterbehandlung erheblich erschwert.

Im einzelnen sollte man bei erregten Patienten folgendes beachten:

- Man sollte verhindern, daß der Patient sich und andere verletzt.
- Man soll zu verhindern versuchen, daß sich sein Erregungszustand steigert, und ihn deshalb sobald wie möglich unterbrechen.
- Wenn der Kranke sich schließlich wieder beruhigt hat, sollte man ihm sein Verhalten nicht vorwerfen, sondern es nach Möglichkeit übergehen.

Durch die modernen Psychopharmaka und die sozialtherapeutischen Maßnahmen (Arbeitstherapie, Beschäftigungstherapie) hat sich das Bild der psychiatrischen Kliniken grundlegend geändert. Heftige Erregungs- und Unruhezustände sind seltener geworden. Dennoch kommt man in manchen Fällen ohne Isolierung der Patienten in Einzelzellen nicht aus. Eine solche Maßnahme sollte aber stets die Ultima ratio sein.

Antriebsarmut und Depression

Die Erlebnisse der Antriebsarmut und einer niedergedrückten Stimmung sind uns allen geläufig. Nahezu jeder Mensch macht im Laufe seines Lebens solche „Tiefpunkte" durch. Auch hier können wir aber erst dann von einer Krankheit sprechen, wenn diese Erscheinungen lange anhalten, sehr intensiv sind oder sich häufig und ohne adäquaten Anlaß wiederholen.

Antriebsarmut und depressive Verstimmungen können als Begleiterscheinungen einer Reihe ganz verschiedenartiger Krankheiten vorkommen. So etwa nach körperlichen oder psychischen Erschöpfungszuständen, nach organischen Hirnschädigungen, im Rahmen degenerativer Erkrankungen des Zentralnervensystems, bei Schwachsinn oder neurotischen Konfliktsituationen. Sie können aber auch im Krankheitsprozeß ganz zentral stehen und gleichsam den Kern einer seelischen Krankheit bilden, wie dies bei der endogenen Depression der Fall ist.

Wer an Antriebsarmut und depressiven Verstimmungszuständen stärkeren Ausmaßes leidet, kann seinen Aufgaben in Familie und Beruf in der Regel nicht mehr nachkommen, er bedarf der ambulanten oder stationären Behandlung.

Auch im Umgang mit solchen Patienten muß man sich darüber klar sein, daß es sich zwar oft um trübsinnige, gleichgültige, traurige, mißmutige oder nörglerische Kranke handelt, daß diese Eigenschaften aber nicht Ausdruck einer entsprechenden charakterlichen Haltung, sondern Kennzeichen eines Krankheitsgeschehens sind, für das der Patient nicht verantwortlich zu machen ist. Das Zustandsbild einer schweren Depression ist für Schwestern und Pfleger stets sehr eindrucksvoll und appelliert zugleich an ihre Hilfsbereitschaft. Aber bei kaum einem Krankheitsbild ist es schwieriger, Hilfestellung zu leisten. Denn Depressive beantworten Hilfe und menschliche Zuwendung vielfach mit Gleichgültigkeit, oder sie zeigen überhaupt keine Reaktion – besser gesagt, sie können sie nicht zeigen. Denn sie sind oft unfähig, Emotionen zu äußern, und ihre Gedanken kreisen um Sterben und Tod. Die Umwelt solcher Patienten hat sich verändert: Sie ist uninteressant, bedeutungslos, kalt und eintönig geworden. Gleichzeitig damit hat sich auch der Patient vielfältig verändert. Seine Stimmung ist traurig, oft in solchem Ausmaß, daß er nicht einmal mehr weinen kann, sein Denken und seine Bewegungen sind verlangsamt, schwerfällig, und zu irgendwelchen Handlungen kann er sich gar nicht aufraffen. Es ist sehr schwierig, solchen Patienten, die kaum emotionale Resonanz zeigen, mit Zuwendung und menschlicher Wärme zu begegnen. Denn Kommunikationsprozesse lassen sich nur aufrechterhalten, wenn eine Rückmeldung erfolgt. Das Ausbleiben einer solchen ist natürlich für alle, die mit dem Patienten zu tun haben, frustrierend. Sie sind leicht geneigt, sich lieber mit anderen

Kranken zu beschäftigen, „mit denen man wenigstens reden kann". Doch brauchen Depressive gerade in dem Krankheitsstadium, in dem sie zu einer Kommunikation unfähig sind, ein hohes Maß an Zuwendung. Gespräche mit ihnen in der Rekonvaleszenzphase zeigen, daß sie im Stadium der tiefsten Depression Interesse, Zuwendung und Anteilnahme als sehr wohltuend empfunden haben, obschon sie nicht in der Lage waren, irgend etwas von sich aus in dieser Richtung zu tun. Dieser Sachverhalt muß Schwestern, Pflegern und Ärzten bewußt sein; nur dadurch sind sie in der Lage, die hier notwendigen einseitigen Kommunikationsprozesse durchzuhalten.

Ein weiteres Problem, das sich bei der psychologischen Betreuung depressiver Patienten stellt, ist deren *Suizidgefährdung*. Schwestern und Pfleger sind oft die ersten, die Suizidgedanken oder Vorbereitungen zu einem Suizidversuch beobachten. Suizidversuche müssen stets ernstgenommen werden. Auch wenn es immer wieder Patienten gibt, die es nicht ernst damit meinen, darf man sie nicht unbeachtet lassen, auch nicht darüber lächeln oder gar den Patienten mit Mißachtung strafen. Denn Suizidhandlungen sind Akte der Verzweiflung und zugleich Hilferufe von Menschen, die ihre Situation als auswegslos empfinden. Stets ist das Gefühl des Alleingelassenseins, der Einsamkeit und der Isolation damit verbunden. Deshalb sind gerade in diesem Stadium intensive Bemühungen, Eingehen auf den Patienten und der Einsatz aller zur Verfügung stehenden Mittel notwendig und zugleich auch am besten geeignet, ihn davon zu überzeugen, daß er *nicht* allein und isoliert ist und daß man gewillt ist, sich für ihn einzusetzen.

Suizidversuche treten aus sehr unterschiedlichen Gründen auf. Am häufigsten kommen sie bei depressiven Syndromen verschiedenster Genese, neurotische Störungen, Angst- und Panikreaktionen, seltener im Rahmen psychotischer Zustandsbilder vor. Sie treten in der Regel nicht plötzlich, sondern nach einer längeren Vorgeschichte auf. Die Veränderungen im Vorfeld von Suiziden und Suizidversuchen hat Ringel unter dem Begriff des *präsuizidalen Syndroms* zusammengefaßt.

Dieses ist gekennzeichnet durch:

- eine Einengung in allen Lebensbereichen (situative Einengung, Einengung der zwischenmenschlichen Beziehungen, Einengung der Wertwelt),
- Aggressionshemmung, wobei die Aggressionen gegen die eigene Person gerichtet werden, und
- Suizidphantasien bzw. Todeswünsche.

Pöldinger hat versucht, drei Stadien auf dem Wege zum Suizid herauszuarbeiten: das Stadium der *Erwägung*, das der *Ambivalenz* und das des *Entschlusses*. Im Stadium der Erwägung spielen suggestive Momente, wie Einflüsse der Umgebung, eine wichtige Rolle; im Stadium der Ambivalenz kommt es zu Suizidankündigungen, während im Stadium des Entschlusses direkte Suizidankündigungen seltener werden, gleichzeitig aber die Wahrscheinlichkeit ihrer Ausführung steigt. Von ärztlicher und psychologischer Seite wurden Testinstrumente zur Abschätzung der suizidalen Tendenz entwickelt. Auch im Verlauf einer medikamentösen Behandlung wechselt das Suizidrisiko zum Teil erheblich. Wenn ein Patient mit einer schweren Depression, die zunächst durch das Darniederliegen des Antriebs Suizidhandlungen nicht aufkommen läßt, wieder eine Stärkung seines Antriebes bemerkt, jedoch noch nicht eine wesentliche Veränderung seiner Stimmungslage, so ist die Gefahr des Suizidversuches besonders groß. Dies müssen Schwestern und Pfleger wissen, denn in dieser Situation muß man in besonderem Maße für den Patienten da sein.

Nach einem mißglückten Suizidversuch kann sich eine neue Situation ergeben, die ebenfalls Aufmerksamkeit erfordert und vielfach dadurch charakterisiert ist,

- daß Schwestern oder Pfleger unter Umständen geneigt sind, den Suizidversuch als Eingriff in ihren Verantwortungsbereich zu empfinden und ihn dem Patienten persönlich übelnehmen und
- daß der Patient seine Handlung als schwere Schuld empfindet und auf diese Weise in seinen Versündigungsideen noch bestärkt wird.

Diese Situation kann man aber vermeiden, wenn man dem Patienten nach wie vor freundlich, mit Zuwendung und ohne Groll begegnet, mit ihm ruhig über seinen Suizidversuch spricht, aber jegliche Moralisierung vermeidet.

Im Rahmen der *Suizidprophylaxe* sollte man ferner folgende Prinzipien beachten:

- Der Patient darf nie unbeobachtet sein. Die beste und zugleich zwangloseste Beobachtung ist im Rahmen einer Beschäftigungstherapie möglich. Dadurch ist gewährleistet, daß der Patient die Beobachtung nicht als unangenehm oder störend empfindet.
- Er darf keine zum Suizid geeigneten Gegenstände besitzen.
- Die Station muß übersichtlich sein und so umgestaltet werden, daß die beiden ersten Bedingungen erfüllt sind.

Das Personal einer Station mit Suizidgefährdeten muß als Team so aufeinander abgestimmt sein, daß es sich über die wichtigsten Prinzipien der Suizidprophylaxe einig ist und daß keine Informationslücken entstehen.

Die Gefahr der letzteren ist besonders dann gegeben, wenn eine neue Schwester oder ein neuer Pfleger in das Team aufgenommen wird. Neue

Mitarbeiter müssen genauestens informiert werden und sollten erst, nachdem sie eingearbeitet sind, alleinverantwortlich Dienst machen.

Wir haben uns bisher vorwiegend mit Patienten befaßt, bei denen depressive Verstimmungen und ihre Folgen im Vordergrund standen. Im psychiatrischen Krankenhaus gibt es aber noch zahlreiche andere Patienten, deren Antriebsarmut nicht auf einer Depression beruht, sondern durch andere Ursachen (z.B. Hirnschädigung, Schwachsinn, neurotische Entwicklung usw.) bedingt ist. Bei diesen Patienten nimmt die Suizidgefährdung meist nicht den Raum ein wie bei depressiven Zustandsbildern. Im Vordergrund steht vielmehr eine schwere allgemeine Antriebsschwäche, der man durch eine entsprechende Aktivierung begegnen muß. Diese erfolgt am besten im Rahmen einer Beschäftigungstherapie, wobei sich der Einbau lerntheoretischer Gesichtspunkte (z.B. Belohnung jeglicher Spontanaktivität) empfiehlt. Auf weitere Einzelheiten können wir hier nicht eingehen, es sei auf die Ausführungen im Abschnitt Psychotherapie (S. 180) hingewiesen.

Verständigungsschwierigkeiten (Kommunikationsstörungen)

Verständigungsschwierigkeiten mit psychisch Kranken können sprachabhängig oder sprachunabhängig sein.

Sprachunabhängige Kommunikationsstörungen haben wir bei depressiven Patienten kennengelernt. Wir haben gesehen, daß bei ihnen die Kommunikation durch eine fehlende Rückkoppelung (meist fehlende emotionale Resonanz) gekennzeichnet war und daß dann der Kommunikationsprozeß einseitig durch das Pflegepersonal aufrechterhalten werden mußte. Nun gibt es aber zahlreiche psychisch Kranke, bei denen zwar eine Rückmeldung erfolgt, jedoch entspricht diese nicht den Erwartungen des Pflegepersonals. Dadurch entsteht bei Schwestern und Pflegern zwangsläufig ein Gefühl der Unsicherheit. Denn immer, wenn wir Kontakt zu jemand aufnehmen, haben wir zugleich eine Vorstellung und eine *Erwartung* seiner Reaktion. Diese Erwartung bezieht sich natürlich nicht auf eine einzige Verhaltensweise, aber doch auf einige wenige, die wir als adäquate Antwort akzeptieren. So werden wir es ohne weiteres als angemessen empfinden, wenn jemand, den wir grüßen, uns dadurch dankt, daß er den Hut zieht, mit dem Kopf nickt, uns zulächelt oder zuwinkt, auch wenn er nicht verbal den Gruß erwidert. Eine ganz ungewöhnliche Reaktion wäre für uns aber, wenn er uns statt dessen mit Steinen bewürfe, uns beleidigte oder hinter dem nächsten Baum seine Notdurft verrichtete. Im Falle einer solchen Reaktion, die uns unerwartet und zugleich unverständlich erschiene, wären wir zunächst perplex, sprachlos, unsicher und wüßten nicht, wie wir uns in diesem Augenblick verhalten sollten. In einer ähnlichen Situation befindet man sich auch häufig gegenüber manchen psychisch Kranken, die uneinfühlbare oder unverständliche Reaktionen zeigen. Zu dieser Gruppe von Kranken gehören vor allem schizophrene Patienten, abnorme Persönlichkeiten und manche Neurotiker. Bei ihnen gehört eine Störung der sozialen Bezüge gleichsam zum Wesen der Erkrankung, und unverständliche Verhaltensweisen, die oft unter dem Einfluß wahnhafter Vorstellungen ablaufen, sind hier obligate Krankheitssymptome.

Beim Umgang mit solchen Patienten sollte man beachten, daß man nicht aus Unsicherheit, die unerwartete Verhaltensweisen zwangsläufig mitbringen, in kompensatorischer Absicht besonders hart und unnachgiebig auftritt und dadurch die Patienten zum Widerstand reizt. Auch auf unerwartetes Verhalten sollte man eingehen, den Patienten aber nicht zur Verantwortung ziehen oder mit logischen Argumenten zu belehren versuchen. Günstig ist, wenn man auf emotionaler Ebene Kontakt zu ihm findet, was sich manchmal erreichen läßt, wenn man sich auf seine verworrenen Gedanken oder sein Wahnsystem einläßt. Ein anderer Weg ist die möglichst intensive Beschäftigung des Kranken, die ihn so weit ablenken kann, daß er sich zumindest während seines Tätigseins anpaßt.

Sprachabhängige Verständigungsschwierigkeiten ergeben sich einmal bei Patienten, deren Sprechwerkzeuge durch den Krankheitsprozeß direkt oder indirekt mit ergriffen werden (Aphasien, schwere Hirnschädigungen, Sprachabbau), bei extrem Schwachsinnigen oder bei Kranken, die so sehr in wahnhaften Vorstellungen befangen sind, daß eine Kommunikation schon aus Gründen ihrer ungewöhnlichen und von Wortneubildungen durchsetzten Ausdrucksweise nicht möglich ist. Zu diesen Patienten, besonders zu den zuerst genannten, sollte man versuchen, auf außersprachlichem Wege Kontakt zu bekommen, etwa im Rahmen pflegerischer oder therapeutischer Maßnahmen oder während der Anleitung zu manuellen Tätigkeiten. Viele Kranke, die sich zwar sprachlich nicht oder nicht mehr verständlich machen können, verstehen Gesprochenes, so daß hier die Möglichkeit einer Kommunikation, unter Umständen auch mit Rückkoppelung durch Ausdrucksbewegungen von seiten des Patienten, gegeben ist. Insgesamt sollte man nichts unversucht lassen, um mit dem Patienten in eine Kommunikation zu kommen, wie eingeschränkt sie auch immer sein mag. Dies ist eine der wichtigsten therapeutischen Aufgaben, die neben der Förderung des subjektiven Wohlbefindens des Patienten seine soziale Integration zum Ziel hat.

Therapeutische Fragen

Ebenso vielschichtig wie die Erscheinungsformen und Symptome psychischer Erkrankungen sind auch ihre Behandlungsmethoden. Versucht man, eine grobe Einteilung nach den Schwerpunkten der therapeutischen Aktivität vorzunehmen, so kann man somatische Behandlungsmethoden von psychotherapeutischen und sozialtherapeutischen trennen. Die Anwendungsgebiete dieser Behandlungsmethoden sind jeweils unterschiedlich, vielfach überschneiden sie sich aber auch. Heute neigt man immer mehr dazu, bei vielen psychisch Kranken alle drei Methoden mit jeweils unterschiedlichem Schwerpunkt anzuwenden.

Somatische Therapie

Sie geht von der Vorstellung aus, daß der psychischen Erkrankung körperliche Bedingungen zugrunde liegen, die dementsprechend durch somatische Behandlungsmethoden beeinflußt werden müssen. Das Indikationsgebiet dieser Behandlungsverfahren sind vor allem die körperlich begründbaren Psychosen, verschiedene andere organische Erkrankungen mit psychischen Begleiterscheinungen sowie die endogenen Psychosen. Die wichtigsten somatischen Behandlungsmethoden sind die medikamentöse Behandlung und die großen psychiatrischen Kuren (Elektroschock- und Insulinbehandlung).

Die medikamentöse Behandlung erfolgt mit neuroleptischen (dämpfenden), thymoleptischen (die Stimmung beeinflussenden) Medikamenten und mit Tranquilizern (Angst und Spannung lösende Mittel).

Psychotherapie

Psychotherapeutische Behandlungsmethoden werden vorwiegend bei Erkrankungen angewandt, die psychogenen (erlebnisreaktiven) Ursprungs sind. Hierzu gehören vor allem Konfliktreaktionen und neurotische Entwicklungen. Auch psychische Begleiterscheinungen körperlicher Erkrankungen können mit psychotherapeutischen Verfahren angegangen werden. Einzelheiten über die psychotherapeutischen Behandlungsmethoden sind auf S. 180ff. dargestellt.

Soziale Therapie

Die Sozialtherapie umfaßt Verfahren, die in Gruppen praktiziert werden und die Einordnung des Patienten in die Gemeinschaft zum Ziel haben. Wir unterscheiden die Arbeitstherapie, die Beschäftigungstherapie, die Milieutherapie und die Gruppentherapie (s.S. 197). Sozialtherapeutische Behandlungsmethoden erobern sich immer weitere Anwendungsgebiete. In den letzten Jahren hat man erkannt, wie sehr die soziale Umgebung psychische Erkrankungen beeinflußt. Diese gehen ja meist mit einer gestörten Beziehung zur Umgebung einher. Es ist deshalb einleuchtend, daß man im Rahmen der Bemühung um die Rehabilitation und soziale Integration von psychisch Kranken von Gruppenverfahren immer häufiger Gebrauch macht, denn eine Störung des Sozialverhaltens ist meist gleichbedeutend mit einer mangelhaften Anpassung an eine Gruppe. Auf die Bedeutung sozialtherapeutischer Behandlungsmethoden haben wir mehrfach hingewiesen.

Prävention (Vorbeugung)

Die Bemühungen um präventive Maßnahmen im Hinblick auf psychische Erkrankungen haben sich, ausgehend von der amerikanischen psychohygienischen Bewegung, die an die Namen C.W. Beers und A. Meyer gebunden ist, auch in Europa immer mehr verbreitet. Das Programm, das Beers und Meyer im Jahre 1908 aufstellten, ist noch heute überraschend aktuell. Es enthält unter anderem folgende Gesichtspunkte: „Sorge für die Erhaltung der geistigen Gesundheit, Verhütung der Geistes- und Nervenkrankheiten und der Defektzustände, Vervollkommnung und Behandlung und Pflege der Geisteskranken, Überwachung der Schwachsinnigen und Epileptiker und ihre Einschaltung ins Berufsleben, Bereitstellung und Verbreitung zuverlässiger Aufklärung über alle einschlägigen Fragen, besonders über die Bedeutung der psychischen Anomalien für die Probleme der Erziehung, des Wirtschaftslebens, der Kriminalität und überhaupt der menschlichen Verhaltensweisen. Diese Aufgaben sollen erfüllt werden durch Förderung der sozialen Fürsorge, Mitwirkung bei der Einrichtung psychohygienischer Beratungsstellen, Ausbildung von Pflege- und Fürsorgepersonal, Zusammenwirken mit allen in Betracht kommenden öffentlichen und privaten Wohlfahrtseinrichtungen." Die Verwirklichung dieses Programms, das ein Anliegen sozialpsychiatrischer Bemühungen ist, erfordert natürlich eine entsprechende personelle und institutionelle Ausstattung. In den USA haben sich sogenannte Mental-Health-Kliniken bewährt, deren Personal aus Psychiatern, Psychologen und Fürsorgern besteht, die als Arbeitsteam jeden einzelnen Patienten beraten und behandeln. Man schätzt, daß für jeweils 100000 Einwohner eine solche Mental-Health-Klinik notwendig wäre, was bisher noch nirgendwo realisiert ist. Spezielle Beratungsstellen dieser Art sollten auch für Jugendliche eingerichtet werden, deren Beratung dort anonym und kostenfrei erfolgen sollte. Die genannten Einrichtungen erfüllen neben ihrer präventiven Funktion auch Aufgaben, die früher in die Zuständigkeit der Seelsorge fielen. Auch diese sind psychohygienisch außerordentlich wichtig, denn nicht wenige Menschen werden krank, weil sie in dem, was sie tun, oder am Leben überhaupt keinen Sinn mehr zu finden vermögen. Der Wiener Psychotherapeut Frankl führt einen großen Teil der Neurosen auf eine gestörte Sinnfindung der genannten Art zurück. Er spricht in diesem Falle von „noogenen Neurosen".

In enger Relation zu präventiven Maßnahmen müssen auch die bei psychisch Kranken außerordentlich wichtigen Nachsorge- und Rehabilitationseinrichtungen betrachtet werden (z.B. nachgehende Fürsorge, Tages- und Nachtkliniken, Altenclubs, therapeutische Gruppen usw.). Sie erfüllen insofern präventive Aufgaben, als sie eine rasche Wiederaufnahme des Patienten in die Klinik verhindern können. Wenn genügend gute Nachsorgeeinrichtungen vorhanden wären, ließen sich rund ein Drittel der Wiederaufnahmen in psychiatrische Krankenhäuser vermeiden.

Neben den bisher geschilderten Möglichkeiten sollten präventive Maßnahmen noch auf folgenden Wegen erfolgen.

Prävention durch Aufklärung

In dem Abschnitt über Vorurteile gegenüber psychisch Kranken und dem psychiatrischen Krankenhaus haben wir darauf hingewiesen, daß in weiten Bevölkerungskreisen auch sehr unzutreffende, abwegige und negative Vorstellungen gegenüber psychischen Krankheiten herrschen. Vorurteile dieser Art existieren seit langer Zeit und lassen sich auch nicht von heute auf morgen abschaffen. Aber man muß etwas gegen sie tun. Diesem Ziel muß eine sachliche Aufklärung dienen. Sie soll in erster Linie mehr Wissen über psychische Erkrankungen verbreiten, denn es hat sich gezeigt, daß Vorurteile dort den besten Nährboden finden, wo das Wissen am geringsten ist. Ziel der Aufklärung ist ferner anzustreben, daß psychische Krankheiten wertneutral betrachtet werden, ebenso wie z.B. innere oder chirurgische Erkrankungen. Schließlich muß sie sich auch gegen die Barriere des Mißtrauens gegenüber dem psychiatrischen Krankenhaus wenden. Eine breite Aufklärung ist natürlich nur dann möglich, wenn entsprechende Mittel und Organisationen zur Verfügung stehen. An diesen mangelt es aber erheblich, was nicht zuletzt damit zusammenhängt, daß Gelder für diesen Zweck keine sichtbare Investition sind und ihre Auswirkungen erst nach Jahren spürbar werden. Ein gutes Beispiel für die Wirksamkeit der Prävention durch Aufklärung ist der positive Wandel der Einstellung zu Anfallskranken, der in den USA durch mehrere Untersuchungen objektiviert wurde.

Administrative Prävention

Sie befaßt sich „mit der Veränderung von Planungen, Vorschriften und Gesetzen aller Art, soweit sie einen schädigenden Einfluß auf die psychische Gesundheit der betroffenen Gruppen haben“ (Strotzka). Auf diesem Gebiet haben sich die Sozialpsychiater G. Lindemann und G.Caplan aus Boston sehr verdient gemacht. In den Bereich der administrativen Prävention zu rechnen ist auch die Mitwirkung von Psychiatern, Psychologen, Fürsorgern und Sozialarbeitern bei der Einführung neuer gesetzlicher Bestimmungen, die sich erfreulicherweise auch in der Bundesrepublik Deutschland langsam durchzusetzen beginnt.

Prävention im Einzelfall und bei Risikogruppen

Hierbei geht es um die ganz individuelle Betreuung von gefährdeten Personen. Sie kann als Einzelfallhilfe oder im Rahmen einer Gruppenarbeit erfolgen. Dabei ist die Zusammenarbeit mit der Familie und den Angehörigen des Betroffenen außerordentlich wichtig. Einzelne Familienmitglieder können als Schlüsselpersonen Einfluß auf den Gefährdeten ausüben. Entscheidend ist, daß gefährdete und zu psychischen Erkrankungen disponierte Menschen auch dann im Rahmen gelegentlicher Besuche weiterbetreut werden, wenn sie gesund und unauffällig sind. Sie bekommen dadurch das Gefühl, einen Rückhalt zu haben, der ihnen Sicherheit verschafft. Andererseits ist damit gewährleistet, daß persönliche Schwierigkeiten oder die Anbahnung einer psychischen Erkrankung rechtzeitig erkannt und nach Möglichkeit ohne stationäre Behandlung behoben werden können. Im Hinblick darauf ist wesentlich, den *richtigen Zeitpunkt* für präventive Maßnahmen auszuwählen. Nach Caplan liegt dieser in bestimmten Krisensituationen (z.B. Krankheit oder Tod eines Familienangehörigen, wirtschaftliche Krisensituationen, Zerrüttung der Familie durch Trunksucht), in denen die Motivation des einzelnen zur Behebung einer als unglücklich empfundenen Situation am größten ist. Institutionen wie die Mental Health Clinic, Beratungsstellen anderer Art, Familienfürsorge, nachgehende Fürsorge usw. können hier sehr fruchtbar wirksam werden. Die Einrichtung solcher Institutionen muß nachdrücklich gefordert werden.

Von großer Wirksamkeit könnte die frühzeitige Betreuung von Risikogruppen sein, bei denen die Wahrscheinlichkeit für das Auftreten bestimmter Erkrankungen erhöht ist. Im Bereich der Kinder- und Jugendpsychiatrie sind dies: Kinder mit Vorschädigungen und Hirnfunktionsstörungen, Kinder mit Teilleistungsschwächen, vernachlässigte Kinder, Kinder psychisch kranker Eltern und Kinder in Institutionen.

Der alte Mensch im Krankenhaus und Altersheim

Die Situation des alten Menschen

Aufgrund der Fortschritte der Medizin und der Verbesserung der sozialen und hygienischen Bedingungen ist seit einigen Jahrzehnten in den meisten, vor allem den entwickelten Ländern, ein *Anstieg der durchschnittlichen Lebenserwartung* zu beobachten. In Deutschland nahm sie zwischen 1890 und 1990 um mehr als 35 Jahre zu und betrug 1990 für Frauen etwa 78, für Manner etwa 72 Jahre (jeweils etwas weniger in den neuen Bundesländern). Sie wird sich voraussichtlich weiter erhöhen und der biologisch vorgegebenen Grenze von etwa 110 Jahren annähern.

Die höhere Lebenserwartung führt zu einer *Zunahme der Zahl alter Menschen* und zusammen mit der niedrigen Geburtenrate in Deutschland zu einer Zunahme ihres relativen Anteils an der Bevölkerung. Der Anteil der über 65jährigen (darunter vor allem der über 75jährigen) nimmt überproportional zu und wird voraussichtlich weiter zunehmen. Man rechnet mit einem Anstieg von derzeit etwa 15% auf etwa 28% bis zum Jahr 2040 und entsprechend mit einer Änderung der „Bevölkerungspyramide" des Jahres 1910 zu einem „Pilz".

Aus dieser Entwicklung ergeben sich eine Reihe von Problemen, wie vermehrte Ausgaben für Renten, notwendiger Ausbau des Gesundheits- und Beratungswesens, vermehrter Bedarf an Altersheimen usw.

Will man die Probleme, Nöte und Sorgen alter Menschen verstehen, so muß man den sozialen Hintergrund mit berücksichtigen. Die psychische Situation gerade des alten Menschen hängt außer von individuellen Momenten, auf die wir noch zu sprechen kommen, auch davon ab, ob er sich noch betätigen kann oder sich überflüssig fühlt, ob er mit seiner Rente auskommt, ob er eine annehmbare Wohnung hat oder ein kleines und schlechtbeheiztes möbliertes Zimmer. Deshalb soll auf einige Aspekte der sozialen Situation alter Menschen eingegangen werden.

Gesundheitszustand und Inanspruchnahme von Gesundheitsleistungen

Viele auch in früheren Lebensabschnitten auftretende Erkrankungen sind im höheren Lebensalter durch biologische Faktoren des Altersprozesses mit geprägt, während psychosoziale Faktoren in ihrer Bedeutung zurücktreten.

Generell nimmt im höheren Alter die *Zahl der Krankheiten und Beeinträchtigungen* zu. Dabei besteht eine Neigung zur Multimorbidität und zur Chronizität.

Die Zahl der Erkrankungen, an denen eine Person gleichzeitig leidet, nimmt mit dem Alter deutlich zu (*Multimorbidität*). So weisen etwa 9% der 60- bis 65jährigen, aber bereits über 30% der 80jährigen mehr als 6 körperliche Beeinträchtigungen auf.

Krankheiten verlaufen im Alter *häufiger chronisch* und gehen aus in unvollständige Heilung oder bleibende Behinderung. Wegen verminderter Abwehr- oder Anpassungsfunktionen des Organismus sind medizinische Begleitprobleme häufiger. Fast 50% der Schwerbehinderten sind über 65 Jahre alt. Die größere Zahl chronischer Erkrankungen bei älteren Menschen ist zum Teil auch eine Folge der höheren Lebenserwartung von chronisch Kranken. Die Erfolge der Medizin in der Bekämpfung akuter und tödlicher Erkrankungen haben die Lebenszeit chronisch kranker alter Menschen verlängert. Es muß also weiterhin mit einer überproportionalen Zunahme der Häufigkeit vieler chronischer Krankheiten gerechnet werden.

Die *häufigsten körperlichen Krankheiten im Alter* sind Herz-Kreislauf-Erkrankungen, Stoffwechselerkrankungen, Erkrankungen der Atmungsorgane, Krankheiten des Skeletts, der Muskeln und des Bindegewebes, maligne Neubildungen und Hirnabbauprozesse. Die meisten dieser Krankheiten haben in der Regel Pflegebedürftigkeit zur Folge.

Im Laufe der letzten Jahrzehnte ist ein *Wandel des Krankheitsspektrums* zu beobachten. Mit der erfolgreichen Bekämpfung vor allem der Infektionskrankheiten und der damit erhöhten Lebenserwartung treten Alterserkrankungen bzw. Todesursachen in den Mittelpunkt, die vorher nicht zum Tragen kamen, weil die Menschen das entsprechende Alter nicht erreichten. Dies betrifft die Herz-Kreislauf-Erkrankungen (rund die Hälfte der Todesfälle) und die Neubildungen (rund 20% der Todesfälle). Je älter die Menschen im Durchschnitt werden, desto mehr sterben an einer degenerativen Krankheit, weil vorher andere Todesursachen zurückgedrängt wurden. Ein anderes Beispiel ist die heute sehr häufige senile Demenz, die vor Jahrzehnten noch weitaus seltener war.

Viele *psychische Erkrankungen* im höheren Lebensalter gehen auf das Zusammenwirken mehrerer Faktoren zurück, z.B. eine genetische Disposition, Persönlichkeitsfaktoren, Lebensstile, chronische körperliche Erkrankungen, die Lebenssituation (z.B. Vereinsamung) und belastende Lebensereignisse. Etwa 25–30% der über 65jährigen dürften an psychischen Störungen verschiedenen Schweregrades leiden. 6–8% der über 65jährigen weisen schwerere, meist stationär zu behandelnde psychische Erkrankungen auf. Die Prävalenz psychischer Störungen bei den über 65jährigen nimmt mit dem Lebensalter zu, was vor allem auf den Anstieg psychoorganischer Syndrome (Demenzen) zurückgeht (etwa 5% bei den 65–69jährigen, über 30% bei den über 90jährigen).

Gesundheitswesen

Angesichts der großen Häufigkeit von Krankheiten und Krankenhausaufenthalten im Alter wird das Gesundheitswesen stärker beansprucht. Im allgemeinen *nehmen die höheren Altersgruppen klinische Einrichtungen relativ häufig in Anspruch.* So betrug 1983 der Anteil über 60jähriger an der Krankenhauspflege in der Bundesrepublik 45%, während ihr Anteil an der Gesamtbevölkerung knapp unter 20% lag.

Auch *psychiatrische Einrichtungen* sind von den höheren Altersgruppen überproportional in Anspruch genommen worden. Hierbei besteht seit einiger Zeit ein neuer Trend, wonach die Unterbringung und Versorgung psychisch Alterskranker zu einem großen und zunehmenden Teil an Einrichtungen der geschlossenen Altenhilfe übertragen wurde. Dadurch sanken die Bestandsraten, während die Aufnahmen bzw. Behandlungsepisoden von 65jährigen und älteren Patienten weiter anstiegen. Nach einer starken Zunahme der Übergänge in Heime liegt die Verlegungsquote seit 1975 auf dem neuen Niveau von etwa 25%.

Geschlecht, Familienstand und Einkommenssituation

Gegenwärtig besteht (auch kriegsbedingt) bei den über 60jährigen ein deutlicher *Frauenüberschuß*. Mit zunehmendem Lebensalter sind im Verhältnis zur jeweiligen Altersgruppe deutlich mehr Frauen als Männer verwitwet, entsprechend nimmt der Anteil der Verheirateten bei den älteren Frauen rascher ab als bei den gleichaltrigen Männern. Da die Ehefrauen zudem im Durchschnitt jünger sind, finden Männer in der Regel leichter Betreuung und Fürsorge als die gleichaltrigen Frauen. Mehrere Untersuchungen zeigen, daß alleinstehende ältere Frauen am meisten der sozialen Hilfe bedürfen.

Die *Einkommensverhältnisse* alter Menschen sind sehr unterschiedlich (Einkommen aus Erwerbstätigkeit, Rente, Pension, Vermögen oder Sozialhilfe). Nur ein geringer Teil der über 65jährigen ist noch erwerbstätig (1991 unter 5%), darunter ist der Anteil der selbständig Tätigen und der mithelfenden Familienangehörigen größer als im Bevölkerungsdurchschnitt. Finanziell weitaus am schlechtesten gestellt sind die alleinstehenden Frauen. Die meisten sind Witwen und leben von der Rente des verstorbenen Mannes, ohne auf ein Einkommen aus eigener früherer Berufstätigkeit zurückgreifen zu können. Witwen von Arbeitern erhalten bei weitem am wenigsten, besser gestellt sind die Witwen von Beamten und Angestellten. Insbesondere in den neuen Bundesländern lebt ein Teil der Rentner unterhalb der Armutsgrenze. Bei älteren Menschen liegt der Anteil der Sozialhilfeempfänger deutlich höher als bei Jüngeren, dies betrifft vorwiegend Frauen und darunter vor allem die über 75jährigen.

Wohnsituation

Da der Gesundheitzustand sich mit dem Alter verschlechtert und zugleich der Anteil der Alleinlebenden in hohem Alter zunimmt, entsteht *im Bereich der Pflegebedürftigkeit ein wachsender Bedarf*. Hilfebedarf besteht bei älteren Menschen vor allem wegen Orientierungsstörungen, Inkontinenz, Sehstörung, Schwindelgefühl und Beschwerden im Bereich der Extremitäten. Schätzungen gehen von über 1 Mio. Schwerpflegebedürftiger aus, von denen etwa 1/3 in Heimen versorgt wird. Das bedeutet aber auch, daß 2/3 der Schwerpflegebedürftigen von Angehörigen zu Hause betreut werden, die die seelischen und finanziellen Belastungen allein tragen. Es steigt nicht nur die Zahl der Pflegebedürftigen, zunehmend wird auch der Anteil der Pflege zurückgehen, der bisher in den Familien geleistet wurde bzw. werden konnte. Dies u.a. deshalb, weil mit zunehmendem Alter keine nahen Angehörigen im Haushalt leben. Dies betrifft besonders die älteren Frauen.

Bei den Heimen unterscheidet man Altenwohnheime, Altenheime und Altenpflegeheime. Die am häufigsten gebrauchte Bezeichnung Altersheim bezieht sich vorwiegend auf die beiden zuletzt genannten.

Als *Altenwohnheim* bezeichnet man eine räumliche und z.T. auch organisatorische Zusammenfassung von Kleinwohnungen, die von alten Leuten bewohnt werden. Sie sind dort ziemlich selbständig, genießen aber z.T. die Annehmlichkeiten eines Heimes wie z.B. regelmäßige Mahlzeiten, die sie allerdings auch in ihrem Zimmer einnehmen können. In Altenwohnheimen sind die Bewohner relativ frei, es handelt sich auch vorwiegend um solche Menschen, die noch aktiv und rüstig sind und hier einen festen Halt sowie Gesprächspartner finden, ohne ganz auf sich gestellt zu sein.

Altenheime hingegen werden ausgesprochen und in vollem Umfang heimmäßig betreut. Es sind in diesen Einrichtungen auch meist Bewohner untergebracht, die den Schwierigkeiten des Lebens physisch und psychisch nicht mehr gewachsen sind. Auch hier überwiegen die Frauen.

Altenpflegeheime sind entweder eigene Einrichtungen oder sie sind als Pflegeabteilungen Altenheimen angeschlossen. In ihnen sind alte Menschen aufgenommen, die aufgrund körperlicher oder geistiger Gebrechen einer pflegerischen Hilfe bedürfen. Der Grad der Pflegebedürftigkeit kann unterschiedlich sein. In der Regel werden aber auf solche Abteilungen Menschen aufgenommen, die nicht mehr in der Lage sind, sich zu waschen, selbständig zu essen oder ihre Ausscheidungsfunktionen zu regulieren. Natürlich sind unter ihnen meist Kranke. Auf die psychologischen Probleme, die sich auf solchen Abteilungen ergeben, werden wir noch zurückkommen. Man schätzt, daß jeder zehnte Bewohner eines Altenheimes ein Pflegefall ist.

Körperliche und seelische Veränderungen im Alter

Mit zunehmendem Lebensalter kommt es zu einer Reihe körperlicher Abnützungserscheinungen und seelischer Veränderungen. Beides, körperliches und psychisches Geschehen, steht wie auf allen Altersstufen so auch hier in intensiver Wechselwirkung und ist kaum zu trennen. Lediglich aus Gründen der Systematik wollen wir eine solche Trennung dennoch vornehmen.

Körperliche Veränderungen im Alter

Psychische Erscheinungen sind stets an körperliche Vorgänge gebunden. Die körperlichen Veränderungen im Alter sind zahlreich und vielfältig. Wir können sie hier nicht ausführlich darstellen, sondern nur insoweit auf sie eingehen, als sie zum Verständnis der psychischen Veränderungen und der Erlebnisweise des Alterns notwendig sind.

Sehr auffällig unter den körperlichen Veränderungen sind die Beeinträchtigungen im Bereich der *Sinnesorgane*. Die Brechkraft der Linse läßt nach, der alte Mensch wird weitsichtig und muß den Mangel durch eine Brille ausgleichen. Auch das Gehör wird vielfach beeinträchtigt, höhere Tonfrequenzen werden nicht mehr richtig wahrgenommen oder die Schalleitung ist infolge einer Otosklerose verzögert, so daß ein Hörapparat getragen werden muß. Auch Geruchs- und Geschmackssinn lassen nach. Natürlich haben solche körperlichen Wandlungen auch psychische Veränderungen zur Folge. Die genannten Mängel können auf verschiedene Weise verarbeitet werden: Der eine reagiert gleichgültig und faßt die Leistungseinbuße als gesetzmäßig und schicksalhaft auf, der andere sträubt sich dagegen und möchte seine nunmehr geringere Leistung nicht akzeptieren. Ein Dritter verleugnet oder verbirgt sie unter Umständen, so gut ihm dies möglich ist. Vielfach entspringt aus solchen Haltungen das Gefühl, kein vollwertiger Mensch mehr zu sein und, wenn andere körperliche Mängel sich hinzugesellen, eine Last für andere zu bedeuten.

Herz und Kreislauforgane. Herz und Kreislaufsystem werden mit zunehmendem Alter sehr stark beeinträchtigt. Man hat einmal gesagt, der Mensch sei so alt wie seine Gefäße. Hinter diesem Zitat steht die Tatsache, daß die Blutgefäße ja für die Versorgung und Ernährung sämtlicher Organe von ausschlaggebender Bedeutung sind. Sind sie infolge einer Arteriosklerose verengt und nicht mehr voll leistungsfähig, so kann es zur Degeneration oder Atrophie dieser Organe kommen. Gleichzeitig steigt infolge des Elastizitätsschwundes und der Gefäßverengung die Herzarbeit, so daß es zu einer Hypertrophie des Herzens kommt und zu einer verminderten Herzarbeit, die sich unter Umständen in einem erhöhten Blutdruck äußert.

Bewegungsapparat und Muskulatur. Am Bewegungsapparat und an der Muskulatur zeigen sich die Altersveränderungen in Form vielfältiger Abnutzungserscheinungen. Es kommt zu degenerativen Prozessen im Bereich der Gelenke, besonders solcher, die viel beansprucht wurden. Es kommt häufig zu Arthrosen, der Kalkgehalt der Knochen läßt nach, so daß sie porös und leicht brüchig werden, was Frakturen zur Folge haben kann, die dann auch nur sehr schwer heilen. Die Muskulatur wird zunehmend atrophisch. Dies bringt eine geringere körperliche Leistungsfähigkeit und eine stärkere Ermüdbarkeit mit sich. Insgesamt werden die Bewegungen des alten Menschen durch all diese Vorgänge verlangsamt, schwerfällig und unbeholfen. Sie werden vielfach ungeschickt, hölzern und unsicher.

Urogenitaltrakt. Bei Männern kommt es durch die Prostatahypertrophie häufig zu Miktionsbeschwerden oder gar zur Harnverhaltung, bei Frauen entsteht nicht selten eine Inkontinenz. Auch diese Störungen bringen natürlich psychische Probleme mit sich.

Ähnliche degenerative Veränderungen und Funktionsminderungen spielen sich noch in verschiedenen anderen Organen und Systemen ab. Wir wollen hier nicht näher auf sie eingehen und verweisen auf die vorzügliche Darstellung in dem von Schettler herausgegebenen Taschenbuch über Alterskrankheiten in derselben Reihe.

Hervorgehoben werden sollen noch die altersbedingten Veränderungen des *Zentralnervensystems*, weil das ZNS die engsten Beziehungen zu den psychischen Phänomenen hat. Hier wären in erster Linie degenerative Veränderungen und die zunehmende Arteriosklerose der Hirngefäße zu nennen. Sie haben zur Folge, daß eine Reihe von organischen Ausfällen (z.B. Blutungen, Lähmungen, Anfälle usw.) entstehen, die für den Patienten einmal eine sehr schwere körperliche Beeinträchtigung bedeuten, deren seelische Verarbeitung zum anderen aber auch gravierende psychische Störungen mit sich bringt. Darauf kommen wir noch näher zu sprechen.

Diese wenigen Andeutungen über körperliche Veränderungen im Alter beanspruchen keinerlei Vollständigkeit, sie sollen lediglich dazu dienen, den engen Zusammenhang zwischen körperlichen und seelischen Veränderungen verständlich zu machen. Wie bedeutsam gerade körperliche Veränderungen für das Erlebnis des Altwerdens sind, beweist eine Umfrage von Giese, der auf die Frage nach Auslösern für das Erlebnis des Altwerdens fast ausschließlich körperliche Veränderungen genannt bekam.

Seelische Veränderungen im Alter

Lange Zeit hat man den Vorgang des Alterns nur unter medizinischen Gesichtspunkten, d.h. vorwiegend unter dem Aspekt der Alterung der Organe betrachtet. Psychische Vorgänge und deren Störungen hat man weitgehend parallel zur Organalterung angesehen. Die moderne Psychologie, die sich viel mit den Alterungsvorgängen befaßt hat, konnte jedoch zeigen, daß körperliche und psychische Vorgänge keineswegs einfach parallel ablaufen, sondern daß hier eine große Zahl von Determinanten mitwirken, die den Veränderungen im Alter jeweils ihren besonderen Akzent geben. Die Psychologie unterscheidet sich bereits in der Betrachtungsweise der Alterungsvorgänge von der herkömmlichen medizinischen Sicht. Man spricht hier nicht von Abbau, Degeneration oder Störungen, sondern von Entwicklung im höheren Lebensalter (vgl. Entwicklungsbegriff von Thomae, S. 94). Mit dem Studium der seelischen Vorgänge im Alter haben sich in Deutschland besonders Thomae und seine Mitarbeiter (Lehr, Matthey) beschäftigt, auf deren Ergebnisse und zusammenfassende Darstellungen wir uns auch hier stützen. Bei den Ausführungen in diesem Abschnitt wollen wir eine Einteilung aus dem ersten Abschnitt dieses Buches zugrunde legen. Wir wollen die seelischen Veränderungen einteilen in solche, die das Leistungsverhalten, und solche, die die Persönlichkeitsstruktur betreffen. In einem dritten Abschnitt soll auch noch vom Erleben des Alterns die Rede sein.

Veränderungen des Leistungsverhaltens

Auch bei den Veränderungen des Leistungsverhaltens können wir nur einige wichtige Funktionen herausgreifen und nicht den ganzen Bereich dieses interessanten Gebietes ansprechen.

Veränderung im intellektuellen Bereich. Zahlreiche Untersuchungen über die Abhängigkeit von Intelligenz und Lebensalter zeigen, daß die mit Tests gemessene Intelligenz bereits im dritten Lebensjahrzehnt abnimmt (vgl. Abb. **15**, S. 72). Dieser Sachverhalt und die auf S. 72 gezeigte Abbildung sind so populär geworden, daß sie, wie U. Lehr ausführt, nicht unschuldig sind am sogenannten „Defizit"-Modell des Alterns. Allzu schnell hat man nämlich unter Einbeziehung von Ergebnissen der medizinischen Alternsforschung den Schluß gezogen, daß Altern eben generell zu einer körperlichen und seelischen Funktionsminderung führt und daß diese, wie die Intelligenzuntersuchungen zeigen, sogar sehr früh einsetze. Diese Ansicht läßt sich jedoch in Anbetracht moderner Ergebnisse der Psychologie nicht mehr aufrechterhalten, sondern muß stark modifiziert werden, wobei nach Lehr die folgenden Gesichtspunkte entscheidend sind.

- Man muß innerhalb der Intelligenz zwischen *altersbeständigen* und *altersunbeständigen* Funktionsbereichen unterscheiden. Von einem Altersabbau der Intelligenz schlechthin kann man also nicht sprechen. Es hat sich vielmehr gezeigt, daß innerhalb der intellektuellen Funktionen lediglich die sprachunabhängigen (z.B. Kombinationsfähigkeit, Umstellungsfähigkeit) eine Einbuße erfahren, während die sprachlichen weitgehend stabil bleiben.
- Bei der klassischen Intelligenzmessung spielt der *Zeitfaktor* eine ganz entscheidende Rolle. Vergleichende Untersuchungen zwischen älteren und jüngeren Probanden haben jedoch gezeigt, daß die entsprechenden Aufgaben *ohne* Zeitdruck von beiden Gruppen *gleich* gut gelöst werden.

- Auch die Begabung beeinflußt den Intelligenzabbau. Personen mit einer höheren *Ausgangsintelligenz* zeigten einen später einsetzenden und geringeren Intelligenzabbau.
- Die *Art der Berufstätigkeit* ist von modifizierendem Einfluß auf den Intelligenzabbau. Personen, deren berufliche Tätigkeiten höhere Anforderungen an die Intelligenz stellten, zeigten einen geringeren Abbau als solche, bei denen höhere intellektuelle Fähigkeiten beruflich weniger relevant waren. Innerhalb spezieller beruflich trainierter Bereiche war sogar eine Leistungssteigerung festzustellen.
- Schließlich erwies sich eine *stimulierende Umgebung* als sehr bedeutsam. Dies ist sowohl für die Entwicklung in der frühesten Kindheit wichtig, aber auch im Erwachsenenalter wirksam. Letzteres beweisen Untersuchungen von Weinstock u. Bennett, die zeigen konnten, daß ältere Menschen, die in eine anregende und aktivierende Umgebung kamen im Vergleich zu einer Kontrollgruppe mit gleichem intellektuellen Ausgangsniveau, aber ungünstigeren sozialen Bedingungen, nach einem Jahr eine konstante Intelligenzleistung aufwiesen, während die Probanden der Kontrollgruppe abgefallen waren.
- *Bedeutung des Gesundheitszustandes.* Bereits bei den Ausführungen über die körperlichen Veränderungen haben wir auf die möglichen psychischen Folgezustände hingewiesen. Sie zeigen sich nicht nur im Bereich der noch zu betrachtenden Persönlichkeitsveränderungen, sondern auch im Leistungsbereich. Dies ist eine bekannte Tatsache, die Friedrich der Große in die Worte kleidete: „Wenn ich von meinen Leiden befallen bin, verrichten meine geistigen Fähigkeiten nicht mehr ihren Dienst mit der Leichtigkeit, die ich wünsche."

Empirische Untersuchungen zeigten, daß gesunde Menschen vielfach auch intellektuell leistungsfähiger sind als kränkelnde oder kranke. Die „Bethesda-Altersstudie", in der 27 Männer mit optimalem Gesundheitszustand mit 20 Kranken verglichen wurden, hat zum Ergebnis, daß die Gesunden den Kranken intellektuell deutlich überlegen waren, wobei sich die Überlegenheit auch auf Aufgaben bezog, die soziales Verständnis prüfen sollten. Offenbar sind die Kranken so sehr an ihre Krankheit fixiert, daß ihr Einfühlungsvermögen in soziale Situationen leidet.

Zusammenfassend läßt sich zur gegenseitigen Wechselwirkung von Alter, Gesundheit und intellektueller Leistungsfähigkeit folgendes sagen: Sogenannte altersbedingte Störungen der intellektuellen Leistungsfunktionen sind nicht zwangsläufig auf das Alter zurückzuführen. Sie sind vielmehr häufig krankheitsbedingt. Da die Wahrscheinlichkeit für das Auftreten von Krankheiten aber mit dem Alter deutlich zunimmt, ist man leicht geneigt, sie mehr oder weniger ausschließlich auf den Faktor Alter zurückzuführen.

Für alle Leistungen ist schließlich auch noch die biographische Gesamtsituation bedeutsam, die sich aus zahlreichen Faktoren zusammensetzt, auf die wir aber erst später eingehen wollen.

Veränderungen der Lernfähigkeit. Das Lernverhalten ist eines der am besten untersuchten Gebiete innerhalb der Psychologie. Auch über die Altersabhängigkeit des Lernens liegen zahlreiche Untersuchungen vor. Die Veränderungen hinsichtlich des Lernverhaltens älterer Menschen sind nicht rein biologisch zu erklären. Nach Lehr lassen sich eine Reihe von Möglichkeiten der Beeinträchtigung des Lernvorgangs bei älteren Menschen denken, z.B. bei der Wahrnehmung einer Situation oder eines Materials, in der Behinderung der Kurzzeitspeicherung, in der Bildung einer dauerhaften Gedächtnisspur, in der Erkennung neuartiger Situationen, in der Auslösung einer Reaktion usw.

In den meisten experimentellen Untersuchungen zum Lernverhalten älterer Menschen wird eine Störung der Kurzzeitspeicherung von Gedächtnisinhalten bzw. die verzögerte Bildung einer dauerhaften Gedächtnisspur herausgestellt. Darüber hinaus ist der Lernvorgang bei älteren Menschen insgesamt störanfälliger, der Zeitfaktor fällt im Vergleich zum jüngeren Menschen stärker ins Gewicht, und die Begabung ist entscheidender als das Alter. Schließlich muß auch hier wie bei der Altersabhängigkeit der Intelligenz die Bedeutung des Gesundheitszustandes, die der Motivation und die der biographischen Situation hervorgehoben werden.

Gedächtnis und Merkfähigkeit. Schon bei den Veränderungen der Lernfähigkeit haben wir auf einige Gesichtspunkte hingewiesen, die auch Gedächtnis und Merkfähigkeit berühren. Ergänzend hierzu sei die bekannte Tatsache hervorgehoben, daß ältere Menschen Eindrücke und Erlebnisse aus der Vergangenheit sehr gut behalten, während ihre Fähigkeit, sich neue Gedächtnisinhalte einzuprägen, deutlich abnimmt. In fachlicher Nomenklatur heißt dies, daß das Altgedächtnis erhalten bleibt, während die Merkfähigkeit bzw. das Neugedächtnis oft in erheblichem Ausmaß gestört ist. Dies kann man an zahlreichen Beobachtungen älterer Menschen erkennen, etwa darin, daß das Notizbuch zunehmend wichtiger wird, daß sie Angst haben, sie könnten wichtige Termine verpassen usw. Andererseits sprechen sie, oft sicherlich kompensatorisch, von frühen Zeiten und vielfach aus der Kindheit. Diese Eindrücke sind ihnen noch lebendig, und das Schildern von Ereignissen aus der Vergangenheit gibt ihnen ein Gefühl der Sicherheit. Andererseits bringen sie vielfach neuen Ereignissen und Vorgängen einen Widerstand entgegen. Selbst wenn man unterstellt, daß die gesamte Lebenshaltung ein wenig schwerfälliger, starrer und rigider ist, so dürfte auch hier der Umstand einer gestörten Kurzzeitspeicherung mitspielen, so daß der Widerstand gegen alles Neue Abwehrfunktion erhält.

Eng mit der Störung der Kurzzeitspeicherung hängt auch die bekannte Tatsache zusammen, daß ältere Menschen Anekdoten, Ereignisse und Erlebnisse immer wieder dem gleichen Personenkreis erzählen können, ohne zu merken, daß sie sich wiederholen.

Veränderung im Bereich der Psychomotorik. Unter psychomotorischen Fähigkeiten verstehen wir erworbene Verhaltensmuster, deren Kennzeichen wohlkoordinierte willentliche Bewegungen sind, die auf bestimmte Reize oder Situationen erfolgen. Mit zunehmendem Alter werden psychomotorische Abläufe langsamer und variationsärmer. Wie experimentelle Untersuchungen zeigten, fällt auch hier der Zeitfaktor stark ins Gewicht, komplexe Reize und Situationen werden von älteren Menschen schwerer erfaßt und verzögert beantwortet.

Veränderung der Persönlichkeitsstruktur

Auf S. 89 haben wir ausgeführt, daß wir unter Persönlichkeit diejenigen psychischen Abläufe verstehen, die wir subjektiv als Kräfte empfinden, also Affekte, Triebe und Antriebe, Interessen usw. Die folgenden Ausführungen behandeln in diesem Sinn Wandlungen der Persönlichkeit im Alter, wobei wir hier natürlich nur eine generelle Schilderung geben können, ohne spezielle Modifikationen im Einzelfall zu berücksichtigen.

Wandlungen der Affektivität und der Antriebe. Im höheren Lebensalter kommt es im allgemeinen auch zu einer Veränderung des Gefühlslebens. Diese zeigt sich vielfach darin, daß Häufigkeit und Intensität emotionaler Reaktionen abnehmen. Auch die Zahl der Objekte, denen affektive Reaktionen gelten können, nehmen in der Regel ab. Der alte Mensch beschränkt sich vielfach auf einen kleineren Aktionsradius, der aus der Familie, einigen persönlichen Gegenständen und aus Erlebnissen der Vergangenheit besteht. Eigene Gebrechen und die anderer Altersgenossen bringen es mit sich, daß verstärkt auf die Körperfunktionen geachtet wird, wobei oft ausgesprochen hypochondrische Befürchtungen entstehen können.

Andererseits findet man nicht selten eine mangelhafte Steuerungsfähigkeit affektiver Impulse, was sich darin äußert, daß alte Menschen leichter aus der Rolle fallen und gefühlsmäßig dekompensieren. Solche Reaktionsweisen bringen mit dem bereits erwähnten Nachlassen bestimmter intellektueller Funktionen und des Gedächtnisses eine mangelhafte Anpassung an die Umwelt mit sich.

Was den Antrieb betrifft, so läßt sich über seine Wandlungen im höheren Alter nichts Einheitliches aussagen. Während manche Menschen mit zunehmendem Lebensalter an Antrieb, Schwung und Initiative verlieren und ihre Interessen nachlassen, beobachtet man bei anderen Gegenteiliges. Im ersteren Fall beschränken sich die Betreffenden auf ihren engsten Aktionsradius und interessieren sich nur noch für die Dinge des alltäglichen Lebens oder ihre engste Familie, im letzteren Fall entwickeln alte Menschen erstaunliche Initiative, die weit über die persönlichen Interessen hinausgeht. So beobachtet man nicht selten, daß ältere Menschen, nachdem sie ihre berufliche Tätigkeit erfolgreich abgeschlossen und ihre Kinder versorgt haben, weite und ausgedehnte Reisen unternehmen oder sich einer Aufgabe widmen, die sie sich seit Jahren vorgenommen hatten, ohne sie erfüllen zu können. Auch den Bereich der Persönlichkeitsstruktur des älteren Menschen muß man differenzierter betrachten, als es bislang in den meisten Schilderungen getan wurde. Hier ist es unseres Erachtens nicht statthaft, im Sinn eines allgemeinen „Defizit"-Modells von einem Nachlassen und einer Vergröberung sämtlicher Persönlichkeitsstrukturen zu sprechen. Sehr wahrscheinlich spielen auch hier die Erlebnisse und Ereignisse in früheren Jahren sowie der Lebensstil des Betreffenden, seine Begabung, seine Intelligenz und die gesamte biographische Situation eine Rolle. Dennoch beobachtet man nicht selten, daß sich die Charakterzüge mit zunehmendem Alter zuspitzen. Sie treten dann deutlicher und in überspitzter Weise in Erscheinung: Der früher sparsame Mensch entwickelt sich oft zum Geizhals, der gewissenhafte wird übermäßig pedantisch, der vorsichtige mißtrauisch, der gehemmte wird verschlossen, und der um seine Gesundheit besorgte wird zum ausgesprochenen Hypochonder. Darüber hinaus entwickelt sich bei vielen alternden Menschen auch ein ausgesprochener Konservatismus.

Dies ist nicht weiter verwunderlich, wenn man bedenkt, welche körperlichen und psychischen Störungen das Alter mit sich bringt. Die konservative Lebenshaltung, deren Wesen eine mangelnde geistige Beweglichkeit und ein mangelndes Einfühlungsvermögen in andere, neue Gedankengänge beinhaltet, macht sich auch in der Auseinandersetzung mit der jüngeren Generation vielfach störend bemerkbar. Denn Altern bedeutet auch immer zugleich Auseinandersetzung mit der Jugend. Hier versuchen alternde Menschen die Jugend nach ihren Maßstäben zu prägen und betrachten Einstellungen und Entwicklungen der Jugend vielfach als verwerflich oder nicht vertretbar. Diese Grundhaltung, Gedächtnisstörungen, das Nachlassen körperlicher Funktionen, das Gefühl der Vereinsamung lassen zuweilen neue Entwicklungen als ein Geschehen erscheinen, das ihre Gesamtpersönlichkeit bedroht und hilflos macht. Die Hilflosigkeit allem Neuen gegenüber und die körperlichen und psychischen Versagenszustände führen vielfach zu regressiven Entwicklungen, d.h., es treten wieder Verhaltensweisen auf, wie sie auf früheren Altersstufen, etwa in der Kindheit, zu beobachten waren. So werden alte Menschen nicht selten in ihrem Verhalten kindisch, egoistisch, nur auf ihren eigenen Vorteil bedacht, zuweilen verlangen sie übertriebene Zuwendung oder sperren sich auch gegen jede Form der Hilfe. Derartige Reaktionsweisen stellen hohe Anforderungen an alle, die mit solchen Menschen zu tun haben. Sie rufen vor allem Emotionen wach, die nur dann beherrscht werden können, wenn man um die Ursache dieser Verhaltensweisen weiß und gelernt hat, mit ihnen umzugehen.

Ganz eng im Zusammenhang mit den Wandlungen der Persönlichkeit des alten Menschen zu betrachten ist auch sein Sozialverhalten. Allgemein bekannt ist die Tatsache, daß ein alter Mensch weniger in der Lage ist, neue und tiefere mitmenschliche Beziehungen einzugehen. Gerade deshalb ist für ihn der Verlust eines ihm nahestehenden Angehörigen besonders schmerzlich und unersetzlich. Solche Ereignisse oder die Herauslösung aus einem vertrauten Lebenskreis führen nicht selten zu einer plötzlichen Verschlechterung seiner Gesamtsituation, zu einem Nachlassen seiner Interessen, zur Resignation und Hoffnungslosigkeit.

Das Erlebnis des Alterns

Bereits mit dem letzten Gesichtspunkt haben wir das Erleben des Alterns angesprochen. In der Einleitung dieses Buches haben wir darauf hingewiesen, daß Psychisches unter zwei grundlegenden und vielfach gegensätzlichen Aspekten betrachtet werden kann, unter dem des Verhaltens und unter dem des Erlebens. Ein Teil der bisher besprochenen körperlichen und seelischen Veränderungen des Alters wurde vorwiegend unter dem Gesichtspunkt des Verhaltens angesehen. Alle psychischen Erscheinungen beim Menschen sind aber auch von Erlebnissen begleitet, die Erlebnisse sind sogar subjektiv entscheidender als das Verhalten, sie wirken sich natürlich in vielfältiger Weise auf das nach außen sichtbare Verhalten aus. Dieses kann je nach Altersstufe des Betreffenden von ganz unterschiedlichen Erlebnissen begleitet sein. So wird ein junger Mensch, dessen Bewegungsapparat aus krankhaften Gründen in seinen Funktionen eingeschränkt ist, diese Behinderung nicht als altersbedingt auffassen, ein 65- oder 70jähriger hingegen wird dies mit Sicherheit tun.

Interessant ist, welche körperlichen und seelischen Veränderungen *Anlaß oder Auslöser* für das Erlebnis des Alterns werden können. Nach einer bereits älteren Untersuchung von Giese geben Störungen im Bereich körperlicher Organe in den meisten Fällen den Anstoß für das Erlebnis des Alterns. Nach den Erhebungen dieses Autors gaben 17,7% der von ihm befragten alten Menschen Störungen im Bereich des Bewegungsapparates, 15,7% solche im Bereich des Nervensystems (einschließlich Schlaflosigkeit und Gedächtnisschwund), 14,6% Nachlassen der Funktion der Sinnesorgane und 14,4% Hautveränderungen in Form von Haarausfall, Faltenbildung usw. an. An fünfter Stellte standen vermehrte Ermüdbarkeit, an sechster Stelle Störungen im Bereich der Sexualorgane und erst an siebter Stelle Herz- und Kreislaufstörungen, die vom außenstehenden Beobachter vielfach als eines der ersten Kennzeichen des Alterungsprozesses angesehen werden. Wir sehen also schon hier die Diskrepanz zwischen objektiver Beobachtung und subjektivem Erleben.

Das Erlebnis körperlicher Beeinträchtigung wird von vielen alten Menschen nicht nur als Ausdruck des Alterns empfunden, sondern zugleich auch als das einer Minderwertigkeit und Unterlegenheit gegenüber Jüngeren und gegenüber ihrem früheren Leistungsniveau. Wird der alte Mensch auch noch zur gleichen Zeit, in der sich seine Behinderung zeigt, in den Ruhestand versetzt, so erlebt er vielfach die Pensionierung als *Folge* seines Leistungsnachlasses, obwohl ihm rational klar ist, daß man laut Gesetz eben mit 65 Jahren pensioniert wird. Diese häufige Beobachtung zeigt einmal, wie rationale Einsicht und emotional getöntes Erleben auseinanderklaffen können, und zum anderen, wie stark körperliche Veränderungen und psychisches Erleben ineinander verwoben sind.

Neben der Einschränkung der körperlichen Leistungsfähigkeit prägen natürlich zahlreiche andere Ereignisse das Erleben des Alterns. Die Kinder sind erwachsen und haben das Elternhaus verlassen, die Berufstätigkeit, der Jahrzehnte hindurch ein Großteil der Zeit und Mühe galt, ist abgeschlossen. Damit sinkt gleichzeitig die Zahl der sozialen Kontakte zu anderen Menschen. Viele alte Menschen müssen dann auch schmerzlich zusehen, wie der eine oder andere ihrer Altersgruppe oder gar der Ehepartner und Lebensgefährte stirbt. All diese Dinge bringen es mit sich, daß ältere Menschen sich immer stärker an der Vergangenheit orientieren. Denn die Vergangenheit war für sie die aktive und erfüllte Zeit. Gleichzeitig lassen häufig auch Zukunftspläne nach. Natürlich gilt dies nicht für alle älteren Menschen. Es gibt immer wieder besonders Tatkräftige unter ihnen, die noch voller Initiative und voller Pläne stecken und auch einen Großteil derselben realisieren.

Mit der stärkeren Ausrichtung des Denkens auf die Vergangenheit, mit dem Schrumpfen von Zukunftsplänen, mit dem Nachlassen der körperlichen und psychischen Leistungsfähigkeit, mit dem Geringerwerden der sozialen Kontakte nimmt die Auseinandersetzung mit der Einsamkeit und mit dem Tode zu.

Das Erlebnis der *Einsamkeit* ist nicht bei allen alten Menschen in ausgeprägter Weise zu finden. Aber kaum einer bleibt von seinen Auswirkungen verschont. Betroffen sind natürlich alle Alleinstehenden und viele Bewohner von Altenheimen und Altenpflegeheimen. Das Erlebnis der Einsamkeit, das für viele gewissermaßen zum Grundthema ihres restlichen Lebens wird, hat mehrere Wurzeln. Zu nennen wäre in erster Linie die soziale Isolierung. Die Entwicklung in unserer Zeit geht immer mehr dahin, alte Menschen aus dem Familienverband herauszulösen und in Heimen unterzubringen. Das früher selbstverständliche Zusammenleben in einem „Mehrgenerationenhaushalt“ gab dem alten Menschen das Gefühl, noch dazuzugehören, er wurde beteiligt, nahm Anteil am Wohlergehen seiner Kinder und Kindeskinder. Dieser große Familienverband löste sich in zunehmendem Maß auf. Körperliche und psychische Behinderungen sind weitere Faktoren, die das Gefühl der Einsamkeit noch verstärken. Schließlich ergibt sich aus der immer größer werdenden Diskrepanz zwischen gesellschaftlichem Fortschritt und dem Konservatismus des alten Menschen ein Moment, das Einsamkeit als „Nichtmehrfolgenkönnen“, als ein Nichtmehrverstehen des Neuen wachsen läßt. In vielen Gesprächen mit Bewohnern von Altenheimen konnten wir diese Phänomene immer wieder bestätigt finden, wobei wir manchmal auch harte Urteile über neue technische Entwicklungen zu hören bekamen.

Aus diesem Gefühl der Einsamkeit und des Nichtmehrdazugehörens entwickeln sich vielfach, gleichsam als Abwehrmechanismen, Haltungen und Einstellungen, die für die Umgebung und besonders für alle, die mit diesen Menschen zu tun haben, erhebliche Probleme aufwerfen. Solche Probleme sind etwa:

- Verständnislosigkeit für alles Neue,
- resignierte oder gereizt-mürrische Haltung,
- absoluter Rückzug auf eigene Probleme und völlige Abkehr von der sozialen Umwelt,
- Mißtrauen gegenüber fremden Personen oder allen Änderungsversuchen des Tagesablaufs.

Jeder, der einmal in einem Altenpflegeheim oder in einer Heil- und Pflegeanstalt gerabeitet hat, weiß, daß man diese Liste beliebig ergänzen könnte. Wir wollen nicht Vollständigkeit anstreben, sondern zum Verständnis führen. Hinter all diesen Haltungen, die uns manchmal nicht unerheblich „auf die Nerven gehen“, stehen Schwierigkeiten, Sorgen und Nöte, mit denen der Betreffende nicht durch eigene Kraft fertig wird. Unerwünschtes Verhalten ist in den wenigsten Fällen Ausdruck von Bosheit, weit häufiger steckt Ratlosigkeit und Hilflosigkeit dahinter. Wenn man sich dies vor Augen hält, wird man zumindest nicht vorschnell mit Urteilen zur Hand sein, sondern vorerst die jeweiligen Hintergründe zu verstehen versuchen. Über die psychologischen Möglichkeiten der Beeinflussung solchen Verhaltens werden wir im nächsten Abschnitt sprechen.

Die Auseinandersetzung mit dem *Tode* schließen wir unmittelbar den Überlegungen über die Einsamkeit an, denn „im Erleiden des Todes blicken wir einem Vorgang letzter Vereinsamung ins Auge“ (Prest). Jede Krankheit, sofern sie sich noch nicht in Todesnähe aufhält, birgt noch die Möglichkeit des Teilhabens und des Trostes durch andere in sich. Beim Tod ist dies nicht mehr der Fall. Hier ist der Mensch so einsam und so allein wie nie zuvor. Daß die Auseinandersetzung mit diesem Phänomen mit zunehmendem Alter immer größeren Raum einnimmt, ist unmittelbar einfühlbar und verständlich. Wie dieses unausweichliche Ereignis jedoch verarbeitet wird, ist meist weniger von einer rationalen Haltung getragen. Und auch dies ist verständlich, denn der Tod bedeutet das unausweichliche Ende des irdischen Lebens. Dieser an sich klare Satz ist gar nicht ohne weiteres in seiner ganzen Tragweite zu erfassen. Vor allem ist die Art und Weise, wie jemand dem Phänomen Tod begegnet, von seiner weltanschaulichen und religiösen Haltung abhängig. Es stellen sich hier zahlreiche Fragen: „Gibt es nach dem Tode ein Weiterleben, oder ist der Tod das Ende jeglicher Existenz?“, „Gibt es ein letztes Gericht und damit eine Abrechnung über Sünde und Schuld?“, „Gibt es eine Auferstehung und ein Wiedersehen mit den Angehörigen?“.

Diese und ähnliche Fragen stellen sich unwillkürlich allen, die mit dem Todeserlebnis in irgendeiner Weise konfrontiert werden. Und hinter allen Fragen steht mehr oder weniger deutlich die Todesangst. Die Psychologie kann auf die oben formulierten Fragen keine Antwort geben, sie kann aber zu ergründen versuchen, warum gerade eine bestimmte Frage für einen bestimmten Menschen so wesentlich ist, und sie kann versuchen, für den Umgang mit der Angst Hilfestellung zu geben.

Psychische Auswirkungen von Alterskrankheiten und altersbedingten Versagenszuständen

Unter den Krankheiten und Versagenszuständen, die im höheren Lebensalter auftreten, können wir zwei Gruppen unterscheiden:

1. Krankheiten, die in der Regel alters*unabhängig* sind, bei denen aber das Alter einen modifizierenden Einfluß auf den Krankheits*verlauf* hat. Beispiele hierfür wären Infektionskrankheiten oder Verletzungen, die vielfach beim alten Menschen schwerer verlaufen, weil seine Abwehrkraft bzw. Heilungstendenz geringer ist.
2. Alterskrankheiten und altersbedingte Versagenszustände.

Bei ihnen steht die Krankheit bzw. das Erlebnis des Versagens ursächlich mit körperlichen oder seelischen Veränderungen im Alter in Zusammenhang. Dabei verstehen wir unter Alterskrankheiten dauerhafte oder in kürzeren Zeitabständen sich wiederholende körperliche oder seelische Regelwidrigkeiten, während Versagenszustände mehr erlebnisreaktive und vorübergehende Krisensituationen darstellen, die aus der psychischen Verarbeitung der mannigfachen körperlichen und seelischen Altersveränderungen resultieren. Unter dem Begriff *Alterskrankheiten* faßt man eine Vielzahl in Ursache, Verlauf und Behandlung sehr unterschiedliche Krankheitsbilder deshalb zusammen, weil sie im höheren Lebensalter eine sehr starke Häufung erfahren. Es ist üblich, diese Erkrankungen nach den Organen einzuteilen, die von ihnen vorzugsweise betroffen werden, z.B. Erkrankungen des Skelettsystems, des Herzens und der Gefäße, der Lunge, der Nieren, des Zentralnervensystems usw. Es liegt außerhalb unseres Planes, auf die Alterskrankheiten der verschiedenen Organe näher einzugehen. (Es sei auch hier auf das von Schettler herausgegebene Taschenbuch „Alterskrankheiten" verwiesen.) Wir wollen uns vielmehr darauf beschränken, *psychische* Reaktionsweisen in Form von Syndromen zu besprechen, die im Rahmen der sogenannten Alterskrankheiten gehäuft auftreten. Ein Großteil von ihnen steht allerdings mit Veränderungen des Zentralnervensystems in Zusammenhang.

Schlafstörungen

Schlafstörungen gehören zu den häufigsten unangenehmen psychischen Begleiterscheinungen des höheren Lebensalters. Wir können sie einmal einteilen nach ihrer Beziehung zum zeitlichen Verlauf und unterscheiden dann:

- Einschlafstörungen,
- Durchschlafstörungen,
- kombinierte Schlafstörungen, die sich aus den ersten beiden zusammensetzen.

Eine zweite Einteilung macht die *Ursache* zum leitenden Gesichtspunkt. Legen wir diese zugrunde, so können wir nach Finke u. Schulte drei Gruppen von Schlafstörungen unterscheiden:

- organisch bedingte Schlafstörungen,
- Schlafstörungen bei endogenen Psychosen,
- funktionelle Schlafstörungen.

Bei alten Menschen stehen die organisch bedingten Schlafstörungen im Vordergrund, auch funktionelle Schlafstörungen sind häufig, während die Schlafstörungen bei endogenen Psychosen kein Spezifikum des Alters sind, weshalb wir hier auch nicht näher auf sie eingehen wollen.

Organisch bedingte Schlafstörungen bei älteren Menschen. Unter ihnen stehen die Schlafstörungen im Rahmen einer zerebralen Gefäßsklerose im Vordergrund. Die Patienten zeigen vielfach eine Schlafumkehr, d.h., sie sind tagsüber müde, abgespannt und rasch erschöpfbar, können abends schwer einschlafen oder wachen nach kurzer Schlafdauer nachts wieder auf, wobei sie häufig nicht im Bett liegen bleiben, sondern unruhig im Zimmer hin- und herzulaufen beginnen. Über die motorische Unruhe im Rahmen solcher Schlafstörungen sind verschiedene Meinungen geäußert worden. Einerseits soll sie dazu dienen, um einen nächtlichen Blutdruckabfall zu verhindern. Andererseits wird sie als

Vorstadium zu Verwirrtheitszuständen betrachtet, die im Rahmen einer Hirnarteriosklerose häufig vorkommen.

Schlafstörungen im Rahmen eines Parkinson-Syndroms. Auch im Rahmen von Parkinson-Syndromen, die ganz verschiedene Ursachen haben können (Zustand nach Enzephalitis, Durchblutungsstörungen, Medikamente), kann es zu Schlafstörungen kommen, die ebenfalls durch einen vermehrten Bewegungsdrang gekennzeichnet sind. Die Patienten sind erfüllt von einer inneren Unruhe, können sich nicht ruhig hinlegen, sondern fühlen sich gezwungen, immer wieder ihrer Unruhe durch rastloses Hinundhergehen zu begegnen.

Weitere häufige Schlafstörungen im höheren Lebensalter sind solche, die durch verschiedene andere körperliche Erkrankungen hervorgerufen werden (z.B. durch Herzinsuffizienz, Blasenleiden, chronische Schmerzzustände). Auch der dauerhafte Mißbrauch von Schlafmitteln kann dazu führen.

Funktionelle Schlafstörungen. Darunter verstehen wir Schlafstörungen, die überwiegend durch äußere Einflüsse (Umgebungswechsel, Umstellung des Lebensrhythmus, dramatische Erlebnisse oder Konflikte) verursacht werden. Auch für Einflüsse dieser Art ist der alte Mensch sehr empfänglich. So ist bekannt, daß ein Wohnungs- oder Klimawechsel infolge der geringeren Adaptationsfähigkeit bei älteren Menschen häufig zu Schlafstörungen führt. Auch die bei älteren Menschen in der Klinik häufig zu beobachtenden Schlafstörungen sind zum überwiegenden Teil auf eine Umstellung des Lebensrhythmus zurückzuführen. Nicht selten jedoch liegt die Ursache in Konflikten, Problemen oder Sorgen. So kann die peinliche Beobachtung körperlicher Störungen, die Angst, an einer unheilbaren Krankheit zu leiden, oder die Sorge um Familienangehörige zu schweren Schlafstörungen führen.

Behandlungsmöglichkeiten. Bei Schlafstörungen vorwiegend organischer Genese wird man versuchen, die zugrundeliegende Störung medikamentös zu beeinflussen. Doch ist auch hier die Wirksamkeit psychologischer Maßnahmen nicht zu unterschätzen. Zu ihnen zählen die Einhaltung eines geordneten Tagesablaufs, das Eingehen auf die Beschwerden und Klagen des alten Menschen, Beschäftigung und Anregung sowie nach Möglichkeit die Einordnung in eine Gruppensituation.

Bei den funktionellen Schlafstörungen empfehlen Finke u. Schulte folgende Methoden, die man miteinander kombinieren kann:

- paradoxe Intention,
- Entspannung,
- psychotherapeutische Beeinflussung zugrundeliegender Konflikte.

Bei der paradoxen Intention wird der Patient aufgefordert, irgendeinen Punkt im Dunkeln oder in einem dämmrigen Raum zu fixieren. Dadurch erfolgt einerseits eine Ermüdung, andererseits wird der Betreffende von seinem Willen einzuschlafen abgelenkt.

Entspannungsübungen, die zur Behebung von Schlafstörungen angewandt werden können, sind sehr zahlreich. Zu erwähnen wäre das autogene Training oder die gestufte Aktivhypnose nach Ernst Kretschmer.

Stellt sich heraus, daß Konfliktsituationen oder Sorgen für die Schlafstörung des alten Menschen in erster Linie verantwortlich sind, so wird es natürlich darauf ankommen, über diese Probleme im Rahmen einer psychotherapeutischen Behandlung ausführlich zu sprechen. Aber gerade dies ist beim alten Menschen manchmal sehr schwierig. Immerhin gelingt es durch verständnisvolles Eingehen auf die individuelle Situation, Angst, Spannung oder Sorgen vielfach in ihrer Bedeutung zu mindern.

Paranoide Syndrome

Paranoide Syndrome sind gekennzeichnet durch das subjektive Gefühl der Beeinträchtigung des Betreffenden, obwohl objektiv kein Anhaltspunkt dafür gegeben ist. Das Auftreten solcher paranoider Erscheinungen beim alten Menschen ist nicht selten, wobei die Ursachen von einfachen Beeinträchtigungserlebnissen bis zur wahnhaften Verarbeitung reichen können. Die Patienten sind übertrieben mißtrauisch, fühlen sich ständig beobachtet, betrogen oder gar bestohlen und sind in ihrer Grundstimmung meist mürrisch und gereizt. Vielfach treten ausgesprochene Wahnideen, z.B. ein Verfolgungswahn oder ein Vergiftungswahn, sowie Sinnestäuschungen auf.

Bemerkenswert und wesentlich ist, daß paranoide Gedanken und Vorstellungen häufig durch körperliche oder psychische Behinderungen gebahnt werden können. So kommen z.B. schwerhörige alte Menschen leicht auf den Gedanken, daß in Gesprächen, deren Inhalt sie nicht verstehen, Nachteiliges über sie geäußert wird. Patienten, die infolge ihrer Merkschwäche irgendwelche Gegenstände oder Geld nicht wiederfinden, fühlen sich häufig bestohlen und verdächtigen ungerechtfertigt ihre Umgebung.

Kommt es zur Wahnbildung, so sind in der Regel die nächsten Angehörigen in das Wahnsystem mit einbezogen. So werden z.B. der Sohn und/oder die Schwiegertochter beschuldigt, sie trachteten nach dem Geld oder gar dem Leben der Mutter, möglicherweise versuchten sie, das Essen zu vergiften usw. Da solche Anschuldigungen vielfach nicht als krankhaft erkannt werden, kommt es oft zu erheblichen familiären Auseinandersetzungen, unter Umständen auch zu polizeilichen Anzeigen. Charakteristisch für paranoide Syndrome im höheren Lebensalter ist ferner, daß sich die Betreffenden immer stärker absondern, ihr Geld und ihre Habseligkeiten häufig verstecken und ängstlich hüten und in ihren sozialen Kontakten immer zurückhaltender werden.

Paranoide Syndrome sind, besonders wenn sie durch Wahngebilde kompliziert sind, auf psychologischem Weg kaum zu beeinflussen. Gerade beim Wahn alter Menschen nützt auch der stetige Versuch, das Unberechtigte solcher Vorstellungen zu beweisen, schon infolge ihrer Merkschwäche kaum. Die entscheidendste psychologische Maßnahme ist hier eine möglichst intensive Beschäftigung und damit Ablenkung des Patienten.

Hypochondrische Syndrome

Bei ihnen steht die krankhafte Beobachtung körperlicher und zuweilen auch psychischer Erscheinungen im Vordergrund. Sie sind stets von massiven Befürchtungen begleitet, die sich als Furcht vor dem Kranksein oder vor dem Tod äußern. Bei einem Teil der hypochondrischen Syndrome liefert die Psychologie normaler Alternsvorgänge Wege zum Verständnis. Wer das Nachlassen seiner körperlichen und psychischen Vorgänge beobachtet, wird diesem Nachlassen auch gesteigerte Aufmerksamkeit entgegenbringen. Ist diese einmal auf bestimmte Vorgänge gerichtet, so ist der Weg zur Befürchtung nicht weit. Hypochrondrische Befürchtungen beziehen sich demnach vorwiegend auf Organe, deren Störungen mit zunehmendem Lebensalter sich am deutlichsten bemerkbar machen. Dies sind vor allem Herz und Kreislauf sowie die Organe des Urogenitaltraktes. Entsprechend stehen Befürchtungen vor einem Herzschlag, vor einem Schlaganfall oder vor einer Krebserkrankung im Bereich der Urogenitalorgane häufig im Vordergrund. Hypochondrische Befürchtungen sind häufig mit einer depressiven Stimmung verbunden, weshalb man auch von hypochondrisch-depressiven Syndromen spricht.

Behandlung. Auch hier ist neben einer sachlichen, aber keineswegs zu weit gehenden Aufklärung Ablenkung die beste Möglichkeit der Beeinflussung. Übertriebene Erklärungen werden gerade von älteren Menschen häufig als Versuch gedeutet, ihnen die eigentliche Krankheit zu verbergen oder auszureden. Wenn es gelingt, hypochondrische Patienten zu beschäftigen, so ist schon viel gewonnen. Allerdings ist in manchen Fällen das Syndrom so ausgeprägt, daß man auf diesem Weg allein nicht zum Ziel kommt und entsprechende stimmungsaufhellende Medikamente einsetzen muß.

Depressive Syndrome

Sie sind gekennzeichnet durch eine schwermütige und traurige Grundstimmung mit Gleichgültigkeit und Apathie, durch eine Verlangsamung aller psychischen Abläufe, insbesondere des Denkens, und durch ein nahezu völliges Darniederliegen des Antriebs. Als Begleitsymptome findet man vielfach Schlafstörungen, Appetitlosigkeit, Herz- und Atembeschwerden und eine Reihe anderer körperlicher Sensationen etwa im Bereich der Urogentialorgane oder der Verdauungsorgane. Diese Organmißempfindungen werden fast immer in Form von hypochondrischen Krankheitsbefürchtungen verarbeitet. Gleichzeitig kommt es zu Versündigungsideen, Verarmungs- und Minderwertigkeitsideen, fast immer besteht Selbstmordgefahr.

Ein Teil der depressiven Syndrome im höheren Lebensalter läßt sich aus der biographischen Gesamtsituation des Betreffenden psychologisch ableiten. Dies gilt natürlich nicht für depressive Syndrome, bei denen organische oder endogene Faktoren im Vordergrund stehen. Eine bedeutsame Rolle spielen im höheren Lebensalter vor allem organische Faktoren, besonders bei den sogenannten Involutionsdepressionen, die durch hypochondrisches, paranoides oder ängstlich-agitiertes Verhalten gekennzeichnet sind.

Behandlung. Die Behandlung depressiver Syndrome erfolgt vorwiegend medikamentös; sofern sie reaktiv bedingt sind und sich entsprechende Ursachen finden lassen, sind psychotherapeutische Versuche angezeigt.

Delirante Syndrome und Verwirrtheitszustände

Beim deliranten Syndrom liegt ein Zustand der Bewußtseinstrübung vor, der durch starke motorische Unruhe (bis zur Tobsucht), Halluzinationen und räumliche und zeitliche Desorientierung gekennzeichnet ist. Das Denken ist verworren, vielfach bestehen Wahnvorstellungen, so daß man mit den Betreffenden kaum in Kontakt treten kann. Im Rahmen solcher Zustände treten vielfach frühere Gedächtnisinhalte zutage, und es werden früher geübte Handlungen ausgeführt, obwohl sie in der derzeitigen Umgebung gänzlich unangemessen sind.

So stand eine 83jährige arteriosklerotische Patientin, die in einer Heil- und Pflegeanstalt untergebracht war, nachts auf, irrte hilflos durch den Gang, tastete nach der Tür und sagte der Nachtschwester, als diese sie ansprach, sie wolle in den Stall melken gehen.

Verwirrtheitszustände dieser Art, mit und ohne starke motorische Unruhe, findet man bei Patienten mit einer Arteriosklerose oder einer senilen Demenz besonders häufig.

Behandlung. Auch hier ist die Behandlung keine primär psychologische. Durch psychologisches Geschick kann jedoch verhindert werden, daß sich solche Zustände eskalieren. Es kann sich als zweckmäßig erweisen, wenn man zunächst auf die irrigen Vorstellungen der Patienten eingeht, aber ihre Pläne und Handlungen zeitlich zu verschieben versucht, um sie dann wieder zurück an ihr Bett zu führen. Wenn dies mit ruhigem Zuspruch geschieht, wird auch die in diesen Fällen angezeigte medikamentöse Behandlung, etwa die Einnahme eines Beruhigungsmittels, erleichtert, und man kann sich manche Injektion sparen.

Suizidversuche im höheren Lebensalter

Suizidversuche und Suizide bei alten Menschen sind keineswegs selten. Wenn man die Zahl der Suizidversuche im Alter mit denen jüngerer und mittlerer Jahrgänge vergleicht, so sind die letzteren eindeutig in der Überzahl. Betrachtet man hingegen die gelungenen Selbstmorde, so zeigt sich, daß der Anteil älterer Menschen zwischen 30 und 50% beträgt. Während also auf jüngeren Altersstufen eher der Versuch, aus dem Leben zu scheiden, unternommen wird, werden derlei Versuche von älteren Menschen mit größerer Ernsthaftigkeit in die Tat umgesetzt. Manche Autoren, wie z.B. Stengel und Strotzka, sind der Ansicht, daß die Selbstmordkurve eines Landes einen ungefähren Gradmesser für dessen psychohygienische Verhältnisse darstellt. Wenn man dieser These folgt, so muß der Anteil alter Menschen am Selbstmordgeschehen sehr zu denken geben. Man kann daraus schließen, daß viele alte Menschen sich in unserer Gesellschaft als wertlos und überflüssig betrachten. Unter den Motiven stehen Vereinsamung, nicht selten durch den Tod des Ehepartners, der den Wunsch zum „Nachfolgen" auslöst, Krankheiten, Angst vor der eigenen Hilflosigkeit und Angst vor dem Altersheim im Vordergrund. Nicht selten führen alte Menschen Suizidversuche in einer Situation der Panik durch. Ein unvorhergesehenes Ereignis, wie z.B. eine Krankenhauseinweisung oder die Notwendigkeit einer Operation, wird stark angstbesetzt und unter Ausschaltung rationaler Gesichtspunkte verarbeitet und führt in dieser Situation unüberlegt zum Selbstmord. Der Anteil Geisteskranker unter den Suiziden alter Menschen ist verhältnismäßig gering. Weitaus häufiger führt die *Angst* vor einer solchen Erkrankung zum Suizidversuch.

Was die Wahl der Mittel anbetrifft, so sind Schlafmittel und Leuchtgasvergiftung, Erhängen und Tod im Wasser die häufigsten.

Das Problem der Suizidversuche im höheren Lebensalter wirft die Frage nach einer geeigneten psychologischen Betreuung alternder Menschen auf und damit die Frage nach geeigneten Präventivmaßnahmen, deren Hauptziel es sein muß, auch dem alten Menschen noch einen Lebenssinn zu vermitteln.

Psychologische Betreuung alter Menschen

Die psychologische Betreuung alter Menschen bringt zahlreiche Probleme mit sich. Ein kleinerer Teil von ihnen läßt sich angehen, ein größerer Teil bleibt schon deshalb ungelöst, weil die gesellschaftlichen und sozialen Voraussetzungen fehlen.

Obwohl in unserer Gesellschaft die Zahl alter Menschen ständig ansteigt, hat sie noch wenig Anstalten gemacht, diese auch wirklich zu integrieren. Denn der Trend der Industriegesellschaft ist leistungsorientiert und an Jugend und Jungsein ausgerichtet, er richtet sich ferner nach Angebot und Nachfrage – und Altsein ist nun einmal nicht gefragt. Daß es sich sogar wirtschaftlich lohnen kann, ältere Menschen wieder in den Arbeitsprozeß einzuschalten, zeigen ermutigende Versuche immer wieder. Bei der Besprechung körperlicher und psychischer Veränderungen im Alter haben wir immer wieder darauf hingewiesen, wie wesentlich es ist, daß der alte Mensch angeregt wird, daß er in bestimmten Bereichen gleich wertvolle Arbeit leisten kann wie jüngere Arbeitnehmer, sofern man ihm Zeit dazu läßt, und daß sein Gesundheitszustand von ausschlaggebender Bedeutung ist. Aus diesen einfachen und vielfach belegten psychologischen Erkenntnissen sollte man mehr Konsequenzen ziehen. So ist es z.B. nicht einzusehen, weshalb mit der Vollendung des 65. Lebensjahres schematisch die Versetzung in den Ruhestand erfolgt. Nur sehr vereinzelt wurden bisher Versuche mit einer sogenannten stufenweisen Pensionierung gemacht. Dabei ist es eine geläufige Erkenntnis, daß für viele alte Menschen die Pensionierung eine sehr kritische Zeit ist, die häufig Insuffizienzgefühle, Krankheiten und das Empfinden, wertlos für die Gemeinschaft zu sein, mit sich bringt.

Zu den sozialen Voraussetzungen für eine effektive psychologische Betreuung alter Menschen gehört ferner die Schaffung geeigneter Wohnheime, eine bessere materielle Sicherung und eine regelmäßige und besser ausgebaute Gesundheitsfürsorge. Letztere ist deshalb so wichtig, weil zahlreiche Spätfolgen chronischer Krankheiten vermieden werden könnten, sofern diese rechtzeitig diagnostiziert würden. Denn etwa 20% der chronischen Krankheiten aller über 65jährigen entstehen vor dem 50. Lebensjahr, also in einer Zeitspanne aktiver Berufstätigkeit.

Neben diesen Gesichtspunkten, die einige dringend notwendige übergeordnete Aufgaben ansprechen sollten, wollen wir nun auf das eingehen, was jeder einzelne von uns, der mit alten Menschen umgeht, tun und beachten sollte. Dabei können wir natürlich keine Patentrezepte liefern, sondern lediglich Richtungen aufzeigen, die als Leitlinien für Bemühungen geeignet sind. Es wird dabei vielfach Selbstverständliches zur Sprache kommen, doch zeigt gerade die tägliche Beschäftigung mit sozialpsychologischen Fragen, daß Selbstverständlichkeiten oft zu Problemen werden können.

Zunächst ist es unerläßlich, daß jeder, der alte Menschen zu betreuen hat, etwas von ihrem bisherigen Schicksal und ihrem derzeitigen Befinden weiß. Er muß darüber hinaus, sofern es sich um Kranke handelt, die wichtigsten Symptome und Reaktionsweisen der jeweiligen Krankheit kennen. Sonst kann es passieren, daß er z.B. paranoide Ideen eines Patienten für bare Münze nimmt und darauf ebenso affektinkontinent reagiert, wie der Patient diese vorbringt.

Ferner gehört zur Betreuung alter Menschen viel Verständnis und Großzügigkeit. Man muß auf zahlreiche individuelle Eigenheiten eingehen können und begreifen, daß sie der Betreffende vielfach nicht mehr abstellen kann, man muß mit Starrsinn, Ungeduld, harter und zuweilen ungerechter Kritik rechnen, muß diese Verhaltensweisen sehen, aber auch manchmal *übersehen* können. Die folgenden Gesichtspunkte sollen auf der Grundlage einer solchen Einstellung gesehen werden.

Ernstnehmen

Alte Menschen, gleichgültig ob sie gesund oder krank sind, sollte man stets ernst nehmen. Jeder aber, der einmal in einem Krankenhaus oder Altersheim mitgearbeitet und dabei seine Augen offengehalten hat, weiß, daß dies vielfach nicht geschieht. Man muß sich fragen, warum dies so ist. Dabei erweist es sich als zweckmäßig, das Problem von beiden Seiten her zu betrachten. Von seiten des Arztes oder der Pflegeperson (Schwester, Pfleger) ergibt sich meist die folgende Situation: Der alte Mensch zeigt eine Reihe von Auffälligkeiten, seine Merkfähigkeit ist stark eingeschränkt, er hört oder sieht vielleicht schlecht, er erzählt unter Umständen immer wieder dasselbe usw. Angesichts einer solchen Vielzahl von Behinderungen generalisiert man allzu leicht und betrachtet den Betreffenden als hilflos, beschränkt und unmündig, etwa unter dem Motto: „Der Opa kriegt ja sowieso nichts mit, der weiß nicht mehr, was gespielt wird." Dabei übersieht man, daß sich die meisten Ausfälle nur auf *umschriebene* Funktionen erstrecken, die Betreffenden aber durchaus noch realisieren, ob man sie für voll nimmt oder belächelt. Hinzu kommt, daß sich der alte und kranke Mensch dem Krankenhauspersonal gegenüber generell in einer sehr hilflosen Position befindet, er ist dem Wohlwollen seiner Betreuer einfach ausgeliefert. Dieser Umstand im Verein mit dem bisher Ausgeführten läßt bei allen, die mit solchen Menschen zu tun haben, leicht zweierlei Gefühle aufkommen: Macht oder Mitleid. Beide Emotionen werden gerade durch das Verhalten alter und pflegebedürftiger Menschen vielfach angesprochen. Erstere ist oft eine Folge des „Ärgers" über den Patienten, der z.B. nörgelt, stur auf seinen Gewohnheiten verharrt, sich Anordnungen widersetzt usw. Letztere wird durch die Hilflosigkeit des Patienten angesprochen. Über solche Gefühlsregungen und ihre Wirksamkeit im Verhalten gegenüber Patienten müssen sich Arzt, Schwester und Pfleger klarwerden.

Damit ist der „Ärger“ zwar nicht aus der Welt geschafft, aber man wird leichter mit ihm fertig. Diese Aufgabe, d.h. das Umgehen des Personals mit seinen Emotionen gegenüber den Patienten, ist mindestens ebenso wichtig wie die Beherrschung apparativer Techniken.

Aus der Sicht des alten und pflegebedürftigen Patienten ergeben sich etwas andere Aspekte. Natürlich realisiert auch der in der Regel seine Defekte und Auffälligkeiten bis zu einem gewissen Grad. Andererseits aber fühlt er sich vielfach in der Rolle des Erfahreneren und Überlegeneren. Diese Eigenschaften stehen oft in starkem Kontrast zu seiner Hilfsbedürftigkeit. Sie sind auch für die Betreuer solcher Patienten am schwersten zu verstehen. Doch erklärt sich ein Großteil dessen, was bei der Pflege alter Menschen viel Ärger bereitet, gerade aus dieser Diskrepanz. Starrsinn, Besserwissen und Unbeeinflußbarkeit sind eben häufig die von der Umgebung negativ empfundenen Überbleibsel von Lebenserfahrung und jahrzehntelang gewohnter Selbständigkeit, die nun, mehr oder weniger plötzlich, aufgegeben werden muß. Solche Gesichtspunkte machen auch verständlich, weshalb manche alten Menschen in Abhängigkeitssituationen mit Sätzen wie „Na, was will mir ein so junges Ding denn überhaupt schon sagen“ ihre Erfahrung hervorkehren. Man kann darin den Versuch erblicken, Abhängigkeitsverhältnisse und die damit verbundene Hilflosigkeit abzumindern. Gerade solche Reaktionsweisen sollen auf keinen Fall mit der Demonstration eigener Autorität oder Überlegenheit, aber auch nicht durch mitleidiges Lächeln beantwortet werden. Am zweckmäßigsten sind allgemeine Hinweise oder rationale Begründungen, die meist auch die Atmosphäre insgesamt versachlichen.

Natürlich sind auch gegenteilige Reaktionen alter Menschen als die bisher geschilderten zu beobachten. Ein Teil von ihnen läßt sich in den Bereich regressiven Verhaltens rechnen, wobei sich zwischen Schwester und Patient oder Arzt (Pfleger) und Patient eine Art Mutter- oder Vater-Kind-Beziehung herausbildet. Dabei greifen die Patienten oft Verhaltensweisen auf, die früher im Verhältnis zu ihren Eltern bedeutsam waren. Manche Formen der Überangepaßtheit, aber auch der Unruhe und Revolte lassen sich auf solche Mechanismen zurückführen. In ihnen treten ebenfalls Abhängigkeitsverhältnisse zutage, die stets aufs neue bedacht werden müssen.

Aufgaben vermitteln

Von entscheidender Bedeutung für den alten Menschen ist eine Aufgabe oder Beschäftigung. Es ist eines der schlimmsten Gefühle, sich wertlos und für die Umgebung überflüssig vorzukommen. Auf die therapeutische Wirksamkeit einer Beschäftigung und ihren Einfluß auf die allgemeine Leistungsfähigkeit psychischer Funktionen und das allgemeine

Lebensgefühl haben wir mehrfach hingewiesen. Für die Richtigkeit dieses Sachverhaltes spricht auch die Tatsache, daß diejenigen Menschen am leichtesten mit den Erscheinungen des Alters fertig werden, die sich nach ihrer Pensionierung einer Aufgabe zuwenden, auf die sie sich lange Zeit gefreut und eingestellt haben.

Bei der Beschäftigung alter Menschen sind eine Reihe von Grundsätzen zu beachten, von denen einige angeführt seien:

- Schaffung geeigneter Arbeitsplätze.

Leitender Gesichtspunkt hierbei sollte sein, daß nicht der alte Mensch dem Arbeitsplatz, sondern der Arbeitsplatz dem alten Menschen angepaßt wird.

- Nach Möglichkeit keine Ganztagsarbeit,
- keine gefährlichen Arbeiten,
- keine schweren körperlichen Arbeiten,
- systematische Anleitung durch geschulte Sozialarbeiter.

Es ist heute nicht mehr zu vertreten, daß mit der Anleitung zur Beschäftigung alter Menschen Personen betraut werden, die selbst aufgrund einer krankheitsbedingten Leistungseinbuße vorzeitig pensioniert wurden oder ihren Beruf aufgeben mußten.

- Beschäftigung in kleinen Gruppen etwa gleichen Leistungsstandes.

Hier ist vor allem zu beachten, daß alte Menschen nicht gemeinsam mit wesentlich jüngeren und leistungsfähigeren beschäftigt werden. Da sie in ihren Reaktionsweisen diesen gegenüber verlangsamt sind, entstünde auf diese Weise ein starkes Wetteifern, das die Insuffizienzgefühle der weniger Leistungsfähigen nur verstärkt.

Zur Beschäftigung im weiteren Sinne gehören auch Veranstaltungen, die der *Unterhaltung* der Patienten dienen. Auch bei ihnen sollte auf eine möglichst aktive Mitarbeit der einzelnen geachtet werden. Dies erreicht man weniger gut durch anhaltendes Zureden als durch das eigene Beispiel. Mit dem Mitmachen erwächst dann auch die Initiative, und wenn man einige Patienten zum Mitmachen bewegen konnte, so folgen die übrigen oft von selbst nach. Es ist nicht unser Ziel, die einzelnen Möglichkeiten der Beschäftigung und Unterhaltung alter Menschen im einzelnen zu besprechen. Der Erfindungsgabe von Schwestern, Pflegern, Sozialarbeitern sind hier keine Grenzen gesetzt. Bewährt haben sich Spiele verschiedenster Art, Gesprächs- und Diskussionsabende, Lichtbild- und Filmabende. Beachtet werden sollte, daß *passive* Beschäftigungen wie Fernsehen und Radiohören nicht das Schwergewicht haben sollten, auch wenn sie für das betreuende Personal am bequemsten sind, und daß die meisten Formen der Beschäftigung in Gruppen stattfinden sollten.

Zur Gemeinschaft hinführen

Viele alte Menschen fühlen sich von der Gesellschaft ausgestoßen oder an den Rand gestellt. Das Knüpfen neuer Kontakte fällt ihnen schwer, weil sie leicht befürchten, jemand zur Last zu fallen. Obwohl man also einen Rückgang der sozialen Aktivität jenseits des 60. Lebensjahres beobachtet, hat sich gezeigt, daß ältere Menschen unter bestimmten Bedingungen bereit, ja sogar darauf bedacht sind, neue Kontakte aufzunehmen. Solche Bedingungen sind einmal eine relativ einheitliche Altersgruppe, die vielfach auch gleiche Probleme mit sich bringt, eine gemeinsame Aufgabe und die Vermittlung von Erfolgserlebnissen an die einzelnen Gruppenmitglieder. Sobald es einer Gruppe gelingt, ihren Mitgliedern Erfolgserlebnisse zu vermitteln und damit auch ein gewisses Ausmaß an Selbstvertrauen und Sicherheit, ist auch für ihren weiteren Zusammenhalt gesorgt. Dabei muß derjenige, der eine Gruppenarbeit aufzubauen beginnt, die einzelnen Patienten möglichst genau kennen, auch was ihre Neigungen und Fähigkeiten betrifft, damit er sie möglichst individuell und gezielt ansprechen kann. Natürlich gelten für eine solche Arbeit auch die Gesetze der Gruppendynamik, wie wir sie auf S. 132 dargestellt haben. Sie geben zugleich auch den Schlüssel für Konflikte zwischen den Patienten an die Hand, wobei dem Gruppenleiter hier die Aufgabe der Vermittlung zufällt.

Gruppenarbeit (vgl. auch Gruppentherapie, S. 197) mit alten Menschen ist keineswegs an eine feste Institution wie Altersheim oder Krankenhaus gebunden. Sie ist durchaus in freien Altengruppen zu realisieren, die sich in einer Gemeinde konstituieren. Leider fehlt es auch auf diesem Sektor an geschulten Sozialarbeitern, die als Moderator hier ein fruchtbares Gebiet vorfänden.

Unheilbarkeit, Sterben, Tod

In diesem Abschnitt ist von einem Thema die Rede, das allen, die damit befaßt sind, Unbehagen einflößt. Obwohl man im Krankenhaus, gleichgültig ob als Arzt, Schwester oder Pfleger, mit dem Tode ständig konfrontiert wird (rund 60% aller Sterbenden sterben hierzulande im Krankenhaus), spricht man in der Regel wenig darüber, und wenn man es tut, dann in mehr oder weniger sachlicher Form, die das „Ganze nicht zu nahe kommen läßt“. Vielleicht „überweist“ man diesen Themenkreis deshalb so gerne in die Zuständigkeit des Geistlichen, der „mehr von diesen Dingen versteht“.

Diese Abwehrhaltung, die man so häufig unter dem Krankenhauspersonal findet, ist natürlich auch außerhalb seiner Mauern weit verbreitet.

Die Motive, die hinter einer solchen Haltung stehen, mögen sehr verschiedenartig sein. Einmal wird jeder Mensch im Zusammenhang mit Sterben und Tod mit der Fragwürdigkeit und Zerbrechlichkeit seiner Existenz konfrontiert, gleichzeitig aber auch damit, daß sein Leben unvollständig ist und stets auch unvollständig bleiben muß. Für die in der Krankenbehandlung Tätigen kommt neben diesem allgemeinen Gesichtspunkt noch ein weiterer hinzu: Sie müssen jeden Todesfall zugleich auch als Eingeständnis der eigenen Machtlosigkeit begreifen, als Versagen, als Unvermögen. Dies trifft besonders für diejenigen Todesfälle zu, die jüngere Menschen betreffen und bei denen nach menschlichem Ermessen „noch etwas zu machen gewesen wäre". Es gibt für den Arzt und seine Mitarbeiter keine traurigere Situation, als machtlos am Krankenbett eines Sterbenden zu stehen. Angesichts solcher Gelegenheiten schwindet der Stolz über die Fortschritte der Medizin, und das lähmende Gefühl der absoluten Hilflosigkeit und Ohnmacht breitet sich aus. Wenn man diese Gesichtspunkte bedenkt, so wird einsichtig, daß die oben geschilderte Haltung vielfach eine Art Selbstschutz für Arzt, Schwester und Pfleger ist. Denn man will oder muß ja weiter gegen den Tod arbeiten und am nächsten Krankenbett vielleicht hoffungsvoll und zuversichtlich erscheinen.

Diese wenigen Andeutungen haben schon gezeigt, daß die Probleme, die um Sterben und Tod kreisen, keine rein medizinischen oder psychologischen sind. Philosophie und Theologie haben sich von der Antike bis zur Gegenwart unter verschiedenartigen Aspekten mit dem Tode auseinandergesetzt. Manche Philosophen wie Schopenhauer führen Ursprung und Sinn der Philosophie oder Religion sogar auf die bedrohliche Existenz des Todes zurück. Schopenhauer stellt dem Tier, das um den Tod nicht weiß, den Menschen gegenüber, der ständig angesichts der Gewißheit des Todes leben muß. „Beim Menschen fand sich mit der Vernunft notwendig die erschreckende Gewißheit des Todes ein. Wie aber durchgängig in der Natur jedem Übel ein Heilmittel oder wenigstens ein Ersatz beigegeben ist, so verhilft dieselbe Reflexion, welche die Erkenntnis des Todes herbeiführt, auch zu metaphysischen Ansichten, die darüber trösten und deren das Tier weder bedürftig noch fähig ist. Hauptsächlich auf diesen Zweck sind alle Religionen und philosophischen Systeme gerichtet, sie sind also zunächst das von der reflektierenden Vernunft aus eigenen Mitteln hervorgebrachte Gegengift der Gewißheit des Todes" (Schopenhauer). In neuerer Zeit hat sich insbesondere die Existenzphilosophie mit dem Problem des Todes befaßt und angesichts der Existenz des Todes das menschliche Leben als einen „Leerlauf zum Tode" bezeichnet. Angesichts einer solchen Situation findet z.B. Camus, der der Existenzphilosophie nahesteht, den Sinn des Lebens einzig darin, daß man ihm als „dem Absurden" Widerstand entgegensetzt.

Im Gegensatz dazu begegnen die meisten Religionen, insbesondere die christliche, dem Tode mit metaphysischen Systemen, die ein Weiterleben auch nach seinem Eintreten in Aussicht stellen. Auf philosophische und theologische Erörterungen zum Todesproblem können wir hier nicht weiter eingehen.

Ganz neuartige ethische Fragen werfen die Fortschritte der Transplantationschirurgie in jüngster Zeit auf. Wenn man Organe verpflanzen will, so muß man dies möglichst frühzeitig nach dem Tode des Spenders tun. Damit ist zugleich die Frage nach dem Zeitpunkt des Todes aufgeworfen. Dieser ließ sich in den letzten Jahren durch die neuen Erkenntnisse der Wiederbelebung zunehmend hinausschieben. Und es ergibt sich, nicht nur im Zusammenhang mit der Organtransplantation, sondern auch bei manchen chronisch Kranken oder bei Unfallpatienten, das Problem der zeitlichen Begrenzung von Wiederbelebungsmaßnahmen. Auch hierbei handelt es sich nicht um eine rein medizinische Frage, sondern darüber hinaus um ein ethisches Problem. Natürlich wird die Medizin versuchen, praktikable Kriterien sowohl für die Bestimmung der Todeszeit als auch für die zeitliche Begrenzung von Wiederbelebungsmaßnahmen festzulegen. Diese können aber keineswegs den Spielraum ethischer Erwägungen umfassen, so daß sich für den Arzt, der mit den genannten Fragen befaßt ist, das Problem bei jedem Patienten neu stellt.

Zur Bestimmung der Todeszeit hat die deutsche EEG-Gesellschaft Empfehlungen herausgegeben, die in gekürzter Fassung hier wiedergegeben seien.

Danach liegt ein Ausfall der Gehirnfunktion dann vor, wenn außer einer sogenannten Null-Linie im EEG noch folgende Kriterien erfüllt sind:

1. Völlige Bewußtlosigkeit.
2. Zerebrale Areflexie.
   Darunter versteht man das Fehlen jeglicher Hirnnervenreflexe sowie die komplette zerebrale Reaktionslosigkeit auf alle Reize.
3. Fehlen spontaner motorischer Aktionen.
4. Ausfall der Spontanatmung.

Die zerebrale Wiederbelebung hat nur dann Aussicht auf Erfolg, wenn der komplette Sauerstoffmangel bei normaler Temperatur nicht länger als 8 bis 10 Minuten angehalten hat. Bei längerem Anhalten (15 bis 20 Minuten) ist der Hirntod irreversibel eingetreten.

Die Auseinandersetzung des Patienten mit dem Tode

Todesangst

Über Furcht und Angst haben wir an mehreren Stellen dieses Buches bereits gesprochen. Wir haben auch darauf hingewiesen, daß die Unterscheidung zwischen Furcht und Angst in vielen Fällen nicht gerechtfertigt erscheint. Wenn hier von der Todesangst die Rede ist, so deshalb, weil sie eine zentrale Stellung im Angstgeschehen einnimmt. Manche Autoren sehen in der Angst vor dem Tode überhaupt den generellen Ursprung jeglicher Angst. Es wurde vielfach diskutiert, ob man von der Angst vor dem Tode oder der Angst vor dem Sterben sprechen sollte. Beide Phänomene sind bekannt, manchmal sind sie auch gar nicht voneinander zu trennen.

Am besten geht man in diesen Fragen wohl vom Kranken und seinem Erleben aus. Gespräche mit ihm zeigen, daß er in der Regel Angst und Sorgen hat. *Sorgen* macht er sich zunächst über seine Körperfunktionen und seinen Gesundheitszustand, seinen Beruf, seine Angehörigen usw. *Angst* hat er vor Eingriffen und Operationen, aber auch vor der Ungewißheit, die jede Krankheit in größerem oder geringerem Ausmaß mit sich bringt. In dieser Ungewißheit liegt auch die Möglichkeit des Sterbens. Nun weiß jeder, der im Umgang mit kranken Menschen einige Erfahrung hat, daß es Patienten mit absolut nicht lebensbedrohlichen Erkrankungen (z.B. Herzneurosen) gibt, die ständig von einer panischen Todesangst gepeinigt werden, während manche andere, die an sehr schweren Krankheiten leiden, nicht die geringste Spur von Todesangst zeigen. Ob ein Kranker also Todesangst hat oder nicht, bzw. in welchem Ausmaß er sie hat, muß von verschiedenen Faktoren abhängig sein. Die wichtigsten sind:

- Die *Art* der Erkrankung und ihre Dauer. Bei manchen Erkrankungen ist die Angst oder Furcht das zentrale Symptom (z.B. Phobien).
- Die *Persönlichkeit* des Kranken, seine Vorerfahrungen und seine Verarbeitungsmöglichkeiten. Zu den letzteren sind auch die tiefenseelischen Abwehrmechanismen (z.B. Verdrängung, Regression, Sublimation usw.) zu rechnen.
- Das *Lebensalter* des Patienten. Nach Erfahrungen von Bühler zeigten ältere Patienten, die auf ein gelebtes Leben zurückblicken konnten, weniger Angst vor dem Tode.
- Die *Stellung* des Patienten in Familie und Beruf.

Wenn man diese Gesichtspunkte in ihrer ganzen Vielfalt berücksichtigt, so begreift man, daß es ganz verschiedene Arten des Erlebens der Todesangst und ihrer Bewältigung gibt. H.R. Bühler hat an 15 Sterbenden eine systematische Untersuchung über ihre psychischen Veränderungen durchgeführt. Hinsichtlich der Todesangst (er spricht von der Angst vor dem Sterben) fand er folgendes: Bei den meisten Patienten standen die Fragen nach dem Jenseits, dem Göttlichen oder dem Jüngsten Gericht nicht im Vordergrund. Ihre Angst war vielmehr auf das *Diesseits* bezogen. Sie hatten Angst vor einem langanhaltenden und mit körperlichen Schmerzen verbundenen Vorgang des Sterbens, vor dem Abschied von ihren Angehörigen und vor der Trennung von allem, was ihnen lieb geworden war. Bei den Krebskranken, die erhebliche körperliche Beschwerden hatten, stand die Angst vor dem Schmerz absolut im Vordergrund. Je mehr sich die Patienten dem Zustand der Erschöpfung näherten, um so mehr wurde die Angst vor dem Tode durch ein Verlangen nach dem Sterbenkönnen abgelöst. Die Patienten äußerten dann etwa: „Wenn ich nur endlich erlöst würde“, „Hoffentlich ist es bald vorbei“. Diese empirisch begründeten Erfahrungen von Bühler widersprechen früher geäußerten Auffassungen anderer Autoren (z.B. Bloch u. Jores), die darauf hingewiesen hatten, daß die Angst vor den physischen Qualen des Todes nicht berechtigt sei.

In engem Zusammenhang mit der Angst vor dem Tode steht bei vielen Patienten die *Angst* vor der *Krebsdiagnose*. Denn der unweigerlich zum Tode führende Verlauf karzinomatöser Erkrankungen ist den meisten Patienten bekannt. Die Angst vor einer Krebserkrankung tritt jedoch auch bei zahlreichen Patienten auf, bei denen sie in keiner Weise berechtigt ist. Andererseits gibt es Patienten, die von vornherein mit der Überzeugung ins Krankenhaus kommen, an Krebs zu leiden. Sie äußern dann etwa: „Ich weiß, daß ich Krebs habe, man will es mir nur nicht sagen, aber ich weiß schon Bescheid.“ Die Erfahrungen Bühlers, der sich auch mit dieser Frage beschäftigte, zeigten, daß die meisten der von ihm untersuchten Krebskranken zugleich auch eine Reihe von seelischen Mechanismen entwickelten, um mit dieser unheilvollen Diagnose fertig zu werden. Einige Patienten verdrängten regelrecht die Krebsdiagnose und legten sich eine harmlosere Diagnose, etwa Lungenentzündung bei einem Bronchuskarzinom, zu. Dieser Mechanismus, wenngleich er stets von einem leisen Zweifel begleitet wird, bringt dem Patienten dennoch eine gewisse Erleichterung.

Im Falle einer übermäßigen und aufgrund eines normalen medizinischen Befundes völlig unbegründeten Krebsangst sprechen wir von einer Karzinophobie. Sie gehört in die Gruppe der Neurosen und muß psychotherapeutisch behandelt werden. Darüber hinaus kommt die Angst vor unheilbaren Krankheiten bei der Hypochondrie und im Zusammenhang mit ihr bei depressiven Erkrankungen vor.

Psychologische Möglichkeiten der Beeinflussung von Todesangst:

Erster Gesichtspunkt hierbei ist, daß man dem Patienten Gelegenheit gibt, über seine Angst zu sprechen. Oft verbirgt sich diese hinter zaghaften Fragen. Viele Patienten suchen das Gespräch, ohne es fertigzubringen, diesen Wunsch auch wirklich zu äußern. Hinter der Bitte nach kleinen Gefälligkeiten oder zunächst ganz sachlich erscheinenden Fragen kann sich der Wunsch nach einem solchen Gespräch mit dem Arzt, der Schwester oder dem Pfleger verbergen, deren Bestreben es sein sollte, solche Intentionen zu erkennen und auf sie einzugehen. Leider bleibt im täglichen Klinikbetrieb für solche Notwendigkeiten oft zu wenig Zeit.

Ist es zu einem Gespräch gekommen, so kann man, je nach Problematik, im Einzelfall durch eine sachliche Aufklärung, gegebenenfalls auch durch psychotherapeutische Techniken angstmildernd wirken. Durch Aufklärung läßt sich natürlich nur ein begrenzter Teil der Ängste bekämpfen, es sind meist solche, die auf falschen Vorstellungen der Patienten über Eingriffe, Behandlungsmethoden und Krankheitsbilder beruhen. Die psychotherapeutische Betreuung chronisch Kranker ist in den meisten Krankenhäusern bislang ein Wunschtraum, weil es an geeigneten Ärzten oder auch an Psychagogen fehlt. Natürlich ist hierbei nicht an eine psychoanalytische Therapie gedacht, sondern an zudekkende Verfahren, Übungsverfahren (Entspannungsübungen, autogenes Training), in einzelnen Fällen, z.B. bei Phobien, die mit starker Angstentwicklung einhergehen, auch an Verhaltenstherapie. Schließlich stehen als unterstützende Maßnahmen noch angst- und spannungslösende Psychopharmaka zur Verfügung.

Einstellungen gegenüber dem Tode

Die meisten Patienten legen durch ihr Verhalten Einstellungen gegenüber Tod und Sterben an den Tag, die ihnen meist nicht bewußt sind. Solche gefühlsmäßig getönten Einstellungen sind sehr unterschiedlich und haben je nach Alter, Weltanschauung, Lebenserfahrung, Familien- und Berufssituation ihr individuelles Gepräge. Es ist vielleicht ein wenig gewagt, die Vielfalt solcher Einstellungen unter einigen wenigen Kategorien zusammenzufassen. Dennoch lassen sich unseres Erachtens einige leitende Gesichtspunkte herausstellen, um die die Einstellungen der meisten Patienten gegenüber dem Tode kreisen. Denn in Extremsituationen wie der des Sterbens zeigen sich vielfach allgemeine Verhaltensweisen, die gewisse prägende Einflüsse seitens des jeweiligen Kulturkreises zeigen und bei denen das Individuelle lediglich modifizierend mitwirkt.

Tod als Erlebnis der Einsamkeit

Auf den Zusammenhang zwischen Einsamkeit und Todeserleben haben wir bereits hingewiesen. Die Empfindung der Einsamkeit überfällt uns alle in gewissen Stadien unseres Lebens, und es gibt Menschen, die sehr stark unter ihr leiden. Im allgemeinen aber kann man sich gegen diese

Empfindung wehren, man kann etwas dagegen tun, man kann sich ablenken, Anschluß suchen, man kann sich von anderen helfen lassen. Bei der Einsamkeit im Tode ist dies nicht möglich. Man kann selbst nichts tun, aber auch alle Außenstehenden, die zu helfen bestrebt sind, müssen angesichts dieser Situation ihre Hilflosigkeit eingestehen. Dadurch erhält das Erlebnis der Einsamkeit im Sterben sein schweres Gewicht. Manche Patienten sind sich dieser Situation des absoluten Alleinseins bewußt, sie setzen sich früh damit auseinander und sprechen auch ihre Angehörigen immer wieder darauf an. Denn der Tod ist nicht nur für den Sterbenden eine einsame Erfahrung, sondern auch für die zurückbleibenden nächsten Angehörigen. In diesem Sinn zeigt sich im Vorgang des Sterbens eine Auflösung all dessen, was im zwischenmenschlichen Bereich Wert und Bedeutung hat. Das Gefühl einer damit verbundenen absoluten Isolierung ist es wohl, das viele Menschen in großer Angst sterben läßt.

Einer derart ausweglosen Situation kann der Sterbende nur auf wenige Arten begegnen. Entweder er versucht, in realistischer Weise das Erleben als ein unabänderliches zu ertragen, oder er sucht Zuflucht bei einer irgendwie gearteten *Hoffnung*. Solche Hoffnungen, die sich auf einen Bereich jenseits unserer Erfahrungen erstrecken, enthalten die meisten Religionen. Sie stellen meist ein Weiterleben nach dem Tode in Aussicht und verringern für den Gläubigen dadurch Angst und Einsamkeit.

Tod als Schuld und Strafe

Manche Patienten sehen im Herannahen des Todes eine sie ganz persönlich treffende Strafe für irgendeine Schuld. Eine Schuld kann schwer auf einem Menschen lasten und ihn über Jahre als etwas Bedrückendes und Nicht-mehr-gut-zu-Machendes begleiten. Eine Strafe dafür setzt eine richtende Instanz voraus. Als solche wird entweder das anonyme Schicksal oder in persönlicher Weise Gott angesehen. Sterbende, die den Tod unter dem Gesichtspunkt von Schuld und Strafe verstehen, haben meist zu irgendeinem Zeitpunkt ihres Lebens eine stärkere religiöse Bindung gehabt. Der Tod wird von solchen Menschen dann als die höchste Form der Strafe angesehen. Diese Verbindung war und ist ja auch in manchen Systemen der Rechtsprechung geläufig, in denen die verwerflichsten Verbrechen mit der Todesstrafe geahndet werden.

Ein 58jähriger Mann, der im Zweiten Weltkrieg in Rußland einige Gefangene erschossen hatte, betrachtete sein schweres Leiden (einen malignen Nierentumor) als Strafe für seine Schuld. Er stammte aus einer religiösen Familie, war im Dritten Reich aus der Kirche ausgetreten und machte sich nun auch darüber schwere Vorwürfe. Bemerkenswert ist, daß diese Zusammenhänge zwischen Todeserleben, Schuld und Strafe lediglich dem Krankenhausgeistlichen bekannt waren; der behandelnde Arzt wußte davon nichts. Natürlich gehören derlei Probleme auch eher in die Zuständigkeit des Geistlichen, doch wird das Verhalten eines Patienten durch eine solche Einstellung derart geprägt, daß auch der behandelnde Arzt darum wissen sollte.

Tod als Erlösung

Der Tod als Erlöser läßt sich unter zwei Aspekten verstehen: Einmal als Beendigung eines kaum mehr ertragbaren Zustandes, zum anderen im religiösen Sinne als Übergang in ein besseres Jenseits.

Der erste Aspekt, auf den wir hier nur eingehen wollen, spielt vor allem bei Patienten, die schwere körperliche Qualen ausstehen müssen, und bei solchen, die freiwillig aus dem Leben scheiden, eine große Rolle. Wer sehr starke und kaum zu lindernde Schmerzen ertragen muß, kommt zwangsläufig irgendwann einmal an einen Zeitpunkt, zu dem ihm das Weiterleben gleichgültig wird. So äußerte ein 50jähriger Mann, der an schweren Schmerzen infolge von Metastasen eines Lungenkarzinoms litt, in diesem Stadium: „Laßt mich doch sterben, es ist alles nur noch eine Qual, gebt mir eine Spritze, damit es endlich vorbei ist." Für den Arzt und seine Mitarbeiter wird eine solche Situation dann problematisch, wenn ein Weiterleben trotz auswegloser Gesamtsituation nur durch intensive ärztliche Bemühungen möglich ist.

Der Gedanke, das Leben durch eigene Hand zu beenden, stellt sich gerade im Zusammenhang mit schweren Schmerzzuständen fast regelmäßig ein. Viele Patienten äußern diese Möglichkeit auch, wenngleich sie mit Rücksicht auf ihre Familie einen solchen Schritt auch nicht tun. Aber auch wer aus anderen Gründen das Leben nicht mehr ertragen kann oder will und Suizid begeht, betrachtet seinen Tod als Erlösung.

Tod als Übergang in das Nichts

Hinter dieser Einstellung zum Tod verbirgt sich vielfach philosophisches Gedankengut. Zugleich ist hier die Frage angeschnitten, was uns nach dem Tode erwartet, und sie ist auch illusionslos beantwortet. Eine solche Haltung kann von leidenden Patienten gleichgültig und resigniert, aber auch tröstlich sicher und ohne Angst vertreten werden. Im letzteren Sinne schreibt Schopenhauer: „Aber willig sterben, gern sterben, freudig sterben ist das Vorrecht des Resignierten, dessen, der den Willen zum Leben aufgibt und verneint. Denn er will wirklich und nicht nur scheinbar sterben, folglich braucht und verlangt er keine Fortdauer seiner Person. Das Dasein, welches wir kennen, gibt er willig auf: Was ihm statt dessen wird, ist in unseren Augen *nichts*, weil unser Dasein auf jenes bezogen nichts ist. Der buddhistische Glaube nennt jenes Nirwana d.h., erloschen." In diesem Zitat wird zugleich sichtbar, wie sich philosophische Vorstellungen und religiöses Gedankengut treffen.

Abwehrhaltungen gegenüber dem Tode

Bereits im Abschnitt über die Todesangst haben wir darauf hingewiesen, daß in der Situation des Bedrohtseins vom Tode zugleich auch „Denkmöglichkeiten" auftauchen, die ihn weniger schrecklich erscheinen lassen. Wir wollen im folgenden nur auf drei von ihnen eingehen.

Verdrängung

Viele Patienten begegnen der Todesangst und anderen bedrohlichen Erscheinungen, die damit zusammenhängen (z.B. Angst vor Schmerzen) dadurch, daß sie ein zum Tode führendes Ereignis (z.B. ein Krebsleiden) oder den Tod selbst verdrängen. Die Verdrängung ist ein tiefenpsychologischer Abwehrmechanismus, der bei ganz verschiedenen Erlebnissen von Bedeutung ist; wir haben mehrfach auf seine Wirksamkeit hingewiesen. Für denjenigen, der viel mit unheilbar kranken Menschen zu tun hatte, ist es immer wieder eindrucksvoll, wie wenig ein großer Teil von ihnen ans Sterben denkt. Zwei Beispiele mögen dies veranschaulichen.

Ein 83jähriger, an einem inoperablen Magenkarzinom leidender Mann, der sonst sehr kritisch war und dessen zerebrale Funktionen durch die Krankheit in keiner Weise gelitten hatten, redete sich bis zum letzten Tag eine Besserung seines Leidens ein, obwohl objektiv eine stetige Verschlechterung zu konstatieren war. Täglich äußerte er zu seinen Angehörigen: „Es geht schon wieder ein wenig aufwärts, man muß eben Geduld haben." Am Tage vor seinem Tode versuchte er noch als körperliche Ertüchtigungsmaßnahme, eine mehrstufige Treppe hochzusteigen.

Ein 28jähriger Arzt, der an einer Lymphogranulomatose litt und bis ins einzelne über diese Krankheit und ihren unaufhaltsamen tödlichen Verlauf Bescheid wußte, tröstete sich über seine Todesangst dadurch hinweg, daß er sich die harmlosere Verlaufsform der Erkrankung in Form eines Paragranuloms zuschrieb. Obwohl sich sein Zustand keineswegs besserte, die Krankheit schon einige Jahre bestand und die Lymphknotenschwellungen keinerlei Rückbildungstendenz aufwiesen, zeigte er sich optimistisch gegenüber dem bisherigen Behandlungsverlauf. In den letzten Jahren hat sich die Prognose dieser Erkrankung erheblich verbessert, so daß dieses Beispiel aus früheren Jahren heute nicht mehr ganz zutrifft. Der psychische „Grundmechanismus", auf den es hier ankommt, ist aber nach wie vor gleichgeblieben und bedeutsam.

Gerade das letzte Beispiel zeigt, wie auch Ärzte trotz sachlicher Kenntnis der Krankheitsvorgänge unbewußt seelische Abwehrmechanismen aufgreifen, um mit unerträglichen Vorstellungen oder schwerer Angst fertig zu werden. Es macht zugleich aber auch deutlich, daß Abwehrhaltungen sich auf ganz anderen, nämlich gefühlsmäßigen Ebenen abspielen und nur sehr begrenzt durch sachliche oder fachliche Ansichten zu korrigieren sind.

Den im letzten Beispiel zum Ausdruck kommenden Vorgang der „Zulegung einer harmloseren Diagnose" findet man oft bei unheilbar Kranken. Auch die bereits mehrfach zitierte Untersuchung von H.R. Bühler bringt einige solcher Beispiele. Er schreibt: „Daß Krebskranke, um nicht zu verzweifeln, sich an eine Diagnose klammern, der nicht die schreckliche Vorstellung eines qualvollen und grausamen Todes anhaftet, oder sich über ihre Ängste vor einer Wiedererkrankung ausschweigen, konnten wir immer wieder beobachten." Auf diese Weise wird der Mechanismus der Verdrängung zur Hilfe für den unheilbar Kranken, was für die Aufklärungspflicht des Arztes Probleme aufwirft. Wir halten es nicht für gerechtfertigt, einen Patienten, der eine so ausgeprägte Verdrängung zeigt, in aller Ausführlichkeit über seine unheilbare Erkrankung zu informieren.

Realistische Haltung

Damit ist eine Haltung umschrieben, die man auch als illusionlos und nüchtern bezeichnen könnte. Die Patienten, die sie vertreten, versuchen sich möglichst nüchtern mit ihrer Krankheit und dem Todesproblem auseinanderzusetzen. Wer diese Haltung wirklich zeigt, ist weitgehend in der Lage, sich ein objektives Bild seines Zustandes zu machen, und auch bereit, eine sachliche Information über seine Krankheit und ihre Folgen zu ertragen. Es zeigt sich jedoch immer wieder, daß nicht jeder Patient, der sich für realistisch und illusionslos hält, dies auch wirklich ist. Nicht selten verbirgt sich hinter einer solchen Haltung der Wunsch oder die Erwartung, mehr über die eigene Erkrankung zu erfahren. Manchmal erreichen die Patienten auch, daß ein Arzt sie ausführlich über ihre Krankheit und deren Folgen informiert. Hat man sich nicht in ausreichender Weise ein Bild über die Belastungsfähigkeit des Patienten gemacht, so kann eine solche Aufklärung das Gegenteil ihres Zieles erreichen. So konnten wir einen Kranken beobachten, der, nachdem ihm eröffnet worden war, daß er an einer unheilbaren Krankheit litt, psychisch restlos zusammenbrach und sich vollkommen fallen ließ. Auf Probleme dieser Art kommen wir noch an anderer Stelle zu sprechen.

Sinngebende Haltung

Dem Tod einen Sinn geben kann am ehesten derjenige, der ihn nicht als den absoluten Endpunkt eines zeitlich begrenzten Daseins betrachtet, sondern als den Übergang in eine andere Form der Existenz. Eine solche andere Form des Weiterbestehens ist unserem Erfahrungsbereich nicht zugänglich, sie kann sich nur demjenigen erschließen, der im religiösen Sinne gläubig ist. Im Rahmen nahezu aller Religionen haben auch Sterben und Tod ihren festumrissenen Sinn. Man kann sich fragen, ob der in den Glaubenssätzen der verschiedenen Religionen zum Ausdruck kommende Sinn des Todes nicht auch aus einer abwehrenden Haltung gegenüber seinen Schrecknissen entstanden ist. Diese Ansicht wird auch von zahlreichen Philosophen vertreten. Es mag nun ganz dahingestellt sein, ob diese These richtig ist. Eines läßt sich immer wieder beobachten: Wer mit dem Tode einen festen Sinn verbindet und ihn als Übergang zu einer irgendwie gearteten anderen Form des Weiterexistierens betrachtet, braucht weniger Angst vor ihm zu haben. Viele Patienten, die gläubig sind, können deshalb getröstet sterben. Sie sehen in dem Tod die Erfüllung ihres irdischen Daseins und empfinden ein Leben vielfach auch dann nicht als unvollendet oder sinnlos, wenn es frühzeitig endet. Mit einer solchen Hoffnung auf ein jenseitiges Leben verbindet sich in irgendeiner Weise auch die Erwartung eines ewigen Friedens. In vielen Glaubensbekenntnissen der christlichen Religionen kommt diese Haltung zum Ausdruck.

Psychopathologische Erscheinungen im Vorfeld des Todes

Während des Sterbens treten bei verschiedenen Menschen zahlreiche psychopathologische Veränderungen auf, die zu Lebzeiten nie an ihnen zu beobachten waren. Ihr Auftreten ist abhängig von sehr unterschiedlichen Bedingungen. Einmal spielt eine Rolle, ob es sich um kranke oder gesunde Menschen handelt. Ferner ist bei den Kranken die *Art* der Krankheit bedeutsam, insbesondere, wenn das Gehirn mitergriffen ist, schließlich ist auch die jeweilige Reaktionslage und die Persönlichkeit des Betreffenden ausschlaggebend. Manche Menschen neigen auch zeitlebens dazu, in ganz unterschiedlichen körperlichen Belastungssituationen (vor allem bei Krankheiten) mit psychopathologischen Veränderungen zu reagieren. Der Psychiater Karl Bonhoeffer sprach in diesen Fällen von einem „akuten exogenen Reaktionstyp". Natürlich werden solche Menschen auch auf dem Sterbebett sehr wahrscheinlich psychopathologische Erscheinungen zeigen.

Störungen des Denkens

Bei Sterbenden kommt es in der Regel zu einer Abnahme der geistigen Regsamkeit, das Denken verarmt inhaltlich und wird unter dem Einfluß starker Affekte leicht egozentrisch. Vielfach vermißt man einen logischen Gedankengang, die Patienten werden häufig kritiklos und unfähig, ihre Lage auch nur annähernd realitätsgerecht zu beurteilen. Ihr Denken ist vielfach unzusammenhängend und ideenflüchtig. Bei vielen Patienten findet man auch als Folge eines verlangsamten Denkauflaufes und einer zunehmenden Schwerfälligkeit des Denkens Perseverationen. So wiederholen sie langsam, aber anhaltend immer wieder die gleichen Worte wie z.B.: „Ich möchte aufstehen, aufstehen, aufstehen... aufstehen." Als Folge der genannten Denkstörungen wird auch die sprachliche Ausdrucksfähigkeit unklar, ungenau und schwer verständlich. Wenn Bewußtseinsstörungen hinzutreten, kann es zu einer regelrechten

Verwirrung kommen sowie zu produktiven Erscheinungen wie Halluzinationen oder auch zu wahnhaften Gedankengängen.

Orientierungs- und Gedächtnisstörungen

Daß bei vielen Schwerkranken Störungen der zeitlichen Orientierung auftreten, ist nicht weiter verwunderlich und darf nicht ohne weiteres als psychopathologische Erscheinung angesehen werden. Denn jeder Tag läuft für sie in gleicher Weise ab, ihr Interesse an der Umwelt sinkt vielfach und ist auf den eigenen Körper und die eigenen Probleme eingeengt. Vielfach beobachtet man aber auch Störungen der räumlichen Orientierung, die Patienten wissen nicht mehr, wo sie sich befinden. Sie glauben z.B., sie seien an ihrem Arbeitsplatz oder zu Hause oder im Urlaub. Bühler beobachtete, daß die Äußerungen der Patienten zur räumlichen Orientierung je nach ihren Erlebnissen im Rahmen von Sinnestäuschungen rasch wechselten. So äußerte eine seiner Patientinnen rasch hintereinander, im Himmel, in Schweden, zu Hause, in der Kirche, auf dem Friedhof oder im Irrenhaus zu sein. Manche Patienten realisierten auch immer wieder ihre räumliche Orientierungsstörung und versuchten, sich an festen Anhaltspunkten, etwa an ihrem Bett oder am Lichtschalter, wieder zurechtzufinden.

Unter den Gedächtnisstörungen fällt am häufigsten eine manchmal erhebliche Merkschwäche auf. Sie erstreckt sich vielfach auch auf das Nächstliegende, etwa die Namen der Schwester, des Arztes oder eines Mitpatienten, sie wissen vielfach nicht, wann die letzte Visite war, was sie zu Mittag aßen usw. Nach den Erfahrungen Bühlers treten Konfabulationen selten auf. Unter Konfabulieren verstehen wir das Ausfüllen von Erinnerungslücken mit Inhalten, die nicht in den Kontext des jeweiligen Gespräches passen.

Im Zustand einer Bewußtseinstrübung können andererseits, ohne irgendeinen Zusammenhang mit der augenblicklichen Situation, längst vergangene Ereignisse ganz detailliert erinnert werden. So erinnerte sich eine bewußtseinsgetrübte Patientin Bühlers in diesem Zustand aller Einzelheiten einer Dampfschiffahrt während einer Schulreise.

Produktive Symptome

Unter produktiven Symptomen verstehen wir psychische Erscheinungen, die nicht aus einer realitätsgerechten Verarbeitung der Umwelt entstehen, sondern vom Patienten aktiv hervorgebracht, „produziert“ werden, ohne für Außenstehende einfühlbar oder nachvollziehbar zu sein. Die bekanntesten produktiven Phänomene sind die Halluzinationen und der Wahn. Halluzinationen sind Trugwahrnehmungen, von deren Wirklichkeit der Patient jedoch subjektiv völlig überzeugt ist. Sie können im Bereich aller Sinnesgebiete auftreten, z.B. als optische Halluzinationen (Patienten sehen z.B. Feuer, Blut, Funken), akustische Halluzinationen (Hören von Stimmen) usw. Unter Wahnideen verstehen wir krankhaft verfälschte Vorstellungen, die für den Patienten von völliger Gewißheit sind und durch logische Beweise oder Argumente nicht entkräftet werden können. Die bekanntesten Wahnideen sind der Beeinträchtigungswahn, der Eifersuchtswahn, der Verfolgungswahn und der Größenwahn.

Wie bei den körperlich begründbaren Psychosen treten auch bei den meisten Todkranken Halluzinationen fast stets im Zusammenhang mit einer Bewußtseinstrübung auf. Wie Bühler feststellte, können die Halluzinationen alle Sinnesgebiete betreffen, vielfach sind sie von heftigen emotionalen Reaktionen begleitet. Ihre Inhalte sind häufig dem Alltagsleben entnommen, mit dem Fortschreiten der Agonie gewinnen sie zunehmend Traumcharakter. Halluzinationen werden von Sterbenden vielfach auch in Wahnsysteme eingebaut; nach Erfahrungen Bühlers zeigt sich häufig im Rahmen von Wahnideen das Gefühl des Mißtrauens und der Beeinträchtigung.

Diese knappen Ausführungen über psychopathologische Erscheinungen vor dem Eintritt des Todes beanspruchen keinerlei Vollständigkeit. Sie sollen auch nicht den Eindruck erwecken, als gehörten diese Phänomene zwangsläufig zum Vorgang des Sterbens. Viele Patienten zeigen nicht die geringsten Störungen dieser Art.

Bühler unterscheidet hinsichtlich der Erscheinungen, die im Vorstadium des Todes auftreten, zwei Phasen. Die *erste Phase* wird meist eingeleitet durch eine Verschlechterung des körperlichen Zustandes. Es treten vielfach Zweifel an der Heilbarkeit der Erkrankung auf, hypochondrisch-depressive und dysphorische Verstimmungen sind nicht selten, Verzweiflung, Angst vor dem Tode und eine letzte Mobilisierung aller seelischen Abwehrkräfte sind am intensivsten.

In der *zweiten Phase* ist durch das Fortschreiten der Krankheit und durch die körperlichen Beschwerden bereits ein Zustand der Erschöpfung eingetreten. Die Patienten werden gleichgültiger, haben ein großes Bedürfnis nach Ruhe und Schlaf und haben nicht mehr die Kraft, gegen ihr Leiden aufzubegehren. In dieser zweiten Phase treten auch, begünstigt durch eine Einengung oder Trübung des Bewußtseins und durch eine Disposition zum akuten exogenen Reaktionstyp, die oben beschriebenen psychopathologischen Erscheinungen auf.

Verhalten gegenüber unheilbar Kranken und Sterbenden

Unheilbare Krankheiten

Trotz der großen Fortschritte der Medizin existieren für zahlreiche Erkrankungen auch heute noch keine Heilmethoden. Zu ihnen zählen vor allen Dingen die Krebserkrankungen, deren Gefährlichkeit durch sachkundige Aufklärungsvorschriften heute weiten Bevölkerungskreisen bekannt ist. So sehr eine gute Aufklärung notwendig ist, vor allem im Hinblick auf Vorsorgeuntersuchungen, so sehr fördert sie vielfach, besonders wenn sie tendenziös ist, die Angst vor der Krankheit. Viele Patienten kommen mit dieser Angst ins Krankenhaus. Im Hintergrund steht natürlich immer noch die Hoffnung, daß diese Angst unbegründet ist. Was geschieht aber, wenn diese Angst in der Diagnose einer unheilbaren Krankheit ihre Berechtigung findet? Für den Patienten ergeben sich hier zahlreiche Fragen und Notwendigkeiten: Er muß sich ganz intensiv und in kurzer Zeit mit dem Tode auseinandersetzen, wobei die bereits genannten Abwehrhaltungen vielfach in Funktion treten. Er muß sich Gedanken machen, was mit seiner Familie geschieht, er möchte seine Vermögensangelegenheiten regeln usw. Dies alles kann oder wird er aber nur tun, wenn er etwas von seiner Krankheit und seinem Schicksal weiß, es sei denn, er tut dies auch aus einem Gefühl der Unsicherheit, um auf alle Fälle mit sich und mit seinem Schicksal ins reine zu kommen. Für den Arzt und das Krankenhauspersonal stellt sich die Frage, wann, wie weit und wie ausführlich soll man den Patienten über seine Krankheit unterrichten, wovon noch die Rede sein wird.

Patienten, die an unheilbaren Erkrankungen leiden, haben in der Regel ein längeres Schicksal als Patient bereits hinter sich. Diese Tatsache kann je nach Vorerfahrung und Persönlichkeitsstruktur zu recht verschiedenartigen Reaktionsweisen führen. In der Regel ist es zu bestimmten Haltungen gegenüber ihrer Krankheit und dem Tode, aber auch gegenüber dem Krankenhaus gekommen. So begegnen viele Patienten noch allen Untersuchungen mit Skepsis und Mißtrauen. Ein Patient sagte uns z.B.: „Wozu noch die vielen Untersuchungen, immer und immer wieder, ich weiß schon lange, daß mir nicht mehr zu helfen ist." Dieses Verhalten zeigt einerseits, wie lästig häufig wiederholte Untersuchungen dem Patienten sein können, eine Tatsache, die sich auch Ärzte, Schwestern und Pfleger immer wieder vor Augen halten sollten, zum anderen bringen sie aber eine resignierte Haltung zum Ausdruck, auf die man in irgendeiner Weise eingehen muß. Der Patient erwartet auch, daß man dies tut, wobei es ganz unterschiedliche Antwortmöglichkeiten gibt. So könnte man dem Patienten antworten: „Aber nein, wie können Sie so etwas sagen, daß ihre Krankheit unheilbar ist, davon kann nicht die Rede sein" oder: „Ihre Krankheit ist schon ernst, aber wir können etwas dagegen tun“ oder: „Wir wollen Ihnen nichts vormachen, Ihre Krankheit ist unheilbar, daran kann man nun einmal nichts ändern.“ Es ist wichtig, daß Ärzte, Schwestern und Pfleger auf diese Situationen vorbereitet werden. In den letzten Jahren hat man versucht, Ausbildungsprogramme im Hinblick auf die Kommunikation mit unheilbar Kranken und Sterbenden zu erstellen. Ein Beispiel hierfür ist in Abb. **32** wiedergegeben. Derartige Kurse können hilfreich sein, wenngleich die Auseinandersetzung mit so schwerwiegenden Fragen schwerlich „einfach eingeübt“ werden kann, sondern umsichtige und standfeste Persönlichkeiten erfordern. Mit diesen Betrachtungen sind wir bei einem Problem angelangt, das sich bei jedem unheilbar Kranken stets aufs neue stellt, der Frage nach der Wahrheit.

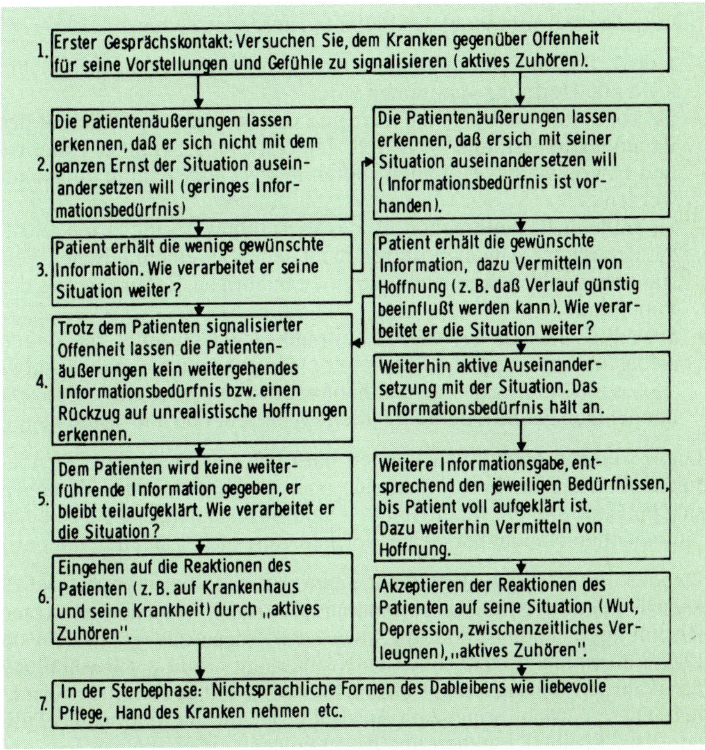

Abb. **32** Prozeß der offenen Kommunikation mit unheilbar Kranken (*Koch* u. *Schmeling* 1982, S. 55).

Die Frage nach der Wahrheit

Hier muß man sich zunächst fragen: „Was ist die Wahrheit, und wie sicher kann sie der Arzt wissen?“ Dabei zeigt sich schon, daß selbst bei sehr schweren, zum Tode führenden Erkrankungen der Zeitpunkt des Todes kaum vorausgesagt werden kann. Die Erfahrung zeigt, daß solche Aussagen sehr unsicher sind; darüber hinaus wird die Situation durch sie nur unnötig dramatisiert, weshalb man solche Aussagen am besten gar nicht machen sollte. Aber inwieweit soll man den Patienten aufklären? Hier stehen der Arzt und seine Mitarbeiter vor einer echten Konfliktsituation. Einerseits sind sie verpflichtet, den Patienten nicht im Unklaren über sein Schicksal zu lassen, andererseits sind sie bestrebt, ihm Belastungen, mit denen er nicht fertig wird, zu ersparen. Wie weit man gehen kann, was man dem Kranken sagt, wird in jedem Einzelfall neu zu durchdenken sein. Schematische Lösungen gibt es hier nicht, sie wären auch von Schaden. Immerhin kann man sich an einige Gesichtspunkte halten, die stets vom Wohl des Patienten ausgehen sollten:

- Jede Aufklärung eines unheilbar Kranken sollte so erfolgen, daß ihm nicht alle Hoffnung genommen wird.
- Sie sollte auf die Persönlichkeit und das individuelle Schicksal des Patienten abgestimmt sein, d.h. Untersuchungsbefunde, Eingriffe und Erlebnisse des Patienten sollten in das Gespräch mit eingebaut werden.
- Sie sollte nicht weitergehen, als das Verständnis des Patienten reicht. Zu detaillierte Angaben führen nicht selten zu einem falschen Verständnis der Krankheit und zu einer unnötigen Beunruhigung des Patienten.
- Sie sollte zu einem geeigneten Zeitpunkt und stets unter vier Augen erfolgen. Ein Gespräch über diese Fragen gehört nicht in die Chefvisite, es muß individuell gehandhabt werden und wird am besten von demjenigen geführt, der den Patienten betreut und am besten kennt.

Diese wenigen Richtlinien können natürlich nur als grobe Orientierungshilfen dienen. Wenn man sich aber überlegt, welches Vorgehen sich im Einzelfall aus ihnen ableiten läßt, so zeigt sich, daß sie zu einer individuellen Handhabung eines solchen Gespräches anleiten können.

Dabei sollte man sich auch davor hüten, Kranke über ihr Schicksal zu täuschen. Jedoch ist auch eine rein sachliche, knappe und dem einzelnen Rechnung tragende Aufklärung, auch wenn sie „ganz wahr“ ist, fehl am Platze. Jores meint, man solle den Kranken im Laufe der Behandlung zur Wahrheit führen, das gelte auch für die zum Tode führende Krankheit. Diese Ansicht bringt zum Ausdruck, daß die Aufklärung des Patienten über seine Krankheit und deren Folgen kein einmaliges Ereignis ist, sondern ein Prozeß, der sich in einzelnen Schritten vollzieht und ein Bestandteil der Behandlung ist. Dem können wir nur zustimmen.

Auch Schwestern und Pfleger, die mit dem Patienten ständig zu tun haben, müssen darüber informiert sein, inwieweit der Kranke von seinem Zustand weiß. Denn bei ihnen fragt der Patient häufig nach, wenn er Einzelheiten nicht ganz verstanden hat.

Verhältnis zwischen Krankenhauspersonal und Seelsorger

Alle, die mit chronisch Kranken oder unheilbar Kranken zu tun haben, werden irgendwann mit religiösen Fragen konfrontiert. Meist werden sie von den Patienten darauf angesprochen, und vielfach wissen sie keine Antwort. Antworten zu geben ist allerdings auch nicht ihre Aufgabe, wohl aber Verständnis zu zeigen für diese Wünsche und Bedürfnisse des Kranken. Wir sind der Ansicht, daß man sich solchen Gesprächen nicht entziehen sollte, auch wenn man sich ihnen nicht ganz gewachsen fühlt. Denn hinter dem Wunsch nach einem solchen Gespräch stehen vielfältige Ängste und Sorgen, denen man schon deshalb nicht ausweichen sollte, weil man dann dem Patienten das Gefühl des Verlassenseins gibt und sein Vertrauen, das sich ebenfalls darin äußert, nicht annimmt. Dennoch wird man sich vielfach überfordert fühlen und dem Patienten den Vorschlag machen, ob er nicht mit einem Geistlichen über seine religiösen Probleme sprechen wollte. Dabei sollte man stets von den Wünschen und Bedürfnissen des Patienten ausgehen und diese auch dann respektieren, wenn man anderer Ansicht ist. Überhaupt sollte man bei Kranken, die das Bedürfnis nach einem Gespräch mit einem Geistlichen haben, frühzeitig dazu Gelegenheit geben. Sonst entsteht leicht die unerfreuliche Situation, daß der Geistliche vielfach in die Rolle des Todesboten gerät. Auch jedes Konkurrenzdenken zwischen medizinischem Personal und Seelsorger ist fehl am Platz. Eine solche Konkurrenzhaltung äußert sich häufig darin, daß der Geistliche erst dann geholt wird, wenn man mit den Behandlungsmaßnahmen am Ende ist und jede Hoffnung auf Heilung aufgegeben hat. Für falsch halten wir auch, wenn der Patient mehr oder weniger gegen seinen Willen zu einer Begegnung mit dem Geistlichen gezwungen wird. Gelegentlich findet man in konfessionellen Krankenhäusern solche Bestrebungen auch auf seiten des Pflegepersonals. Sie sind zwar gut gemeint, entspringen auch vielfach einer Sorge um das Seelenheil des Patienten, sind aber inhuman, weil sie der Überzeugung des Kranken nicht Rechnung tragen.

Zu einem guten Verhältnis zwischen Krankenhauspersonal und Seelsorger kann dieser am besten beitragen, wenn er nicht nur seltener Gast ist, sondern regelmäßig das Krankenhaus besucht.

Verhalten gegenüber Sterbenden

Wenn Ärzte, Schwestern oder Pfleger den Tod eines Patienten herannahen sehen, so ergreift sie meist ein Gefühl des Unbehagens. In dieser

Situation werden nämlich auch sie, nicht nur der Patient, mit der Unausweichlichkeit des Todes konfrontiert. Und auch sie zeigen dabei eine Reihe von Abwehrmechanismen, die zur Folge haben, daß sie möglichst wenig mit dem Sterbenden zu tun haben wollen. Es lassen sich auch in der Tat viele „rationale Argumente“ dafür bringen, daß das Sterben möglichst unauffällig vor sich gehen sollte. Einmal sollen andere Patienten durch das Sterben eines Mitkranken nicht geängstigt werden, dem jüngeren Pflegepersonal will man „diesen Anblick ersparen“, und schließlich ist es für das Krankenhaus als eine Institution, die ja helfen soll, unerfreulich, wenn jemand innerhalb seiner Wände stirbt. Derlei Argumente, die man vielfach hören kann und die sich noch weiter fortsetzen ließen, haben eines gemeinsam: Sie bedenken vieles, sie nehmen auf vieles Rücksicht, aber sie sind inhuman gegenüber dem Patienten. Nach ihm wird also am wenigsten gefragt, aber gerade von ihm sollte man bei allen Gedanken, die um das Sterben kreisen, ausgehen. Die geschilderte Haltung findet man natürlich nicht nur bei dem Krankenhauspersonal, sie ist in unserer Gesellschaft weit verbreitet. Auch in ihr wird alles, was mit dem Tode zusammenhängt, verdrängt oder tabuiert. Vom Sterben will man nichts wissen, und Sterbende überläßt man am liebsten sich selbst.

Aus diesem Bewußtsein erklärt sich auch, daß man Sterbende in Krankenhäusern mitunter beiseite schiebt, in ein Einzelzimmer legt oder gar ins Bad und nur noch das Nötigste für sie tut. So sollte man mit ihnen auch dann nicht verfahren, wenn sie bewußtlos sind. Natürlich ist es durchaus eine Frage, ob man die Patienten in einem Mehrbettzimmer lassen soll oder nicht. Zweifellos sollte man die Mitpatienten vor dem angsterfüllten Erlebnis bewahren, seinen Bettnachbarn sterben zu sehen. Man kann dies wohl am besten dadurch verhindern, daß man, wenn es sich um ein kleines Zimmer handelt, die anderen Patienten verlegt oder den Sterbenden in ein Einzelzimmer bringt. Sollte der Sterbende das Bedürfnis nach einer Aussprache haben, so kann man sich dieser unter keinen Umständen entziehen. Angehörige sollten die Gelegenheit haben, bei dem Todkranken zu bleiben, so lange sie es wünschen, auch über Nacht. Auch der Geistliche sollte jederzeit Zutritt haben. Insgesamt sollte man gerade Sterbenden das Gefühl vermitteln, daß man sie nicht verläßt.

Wenn der Tod eingetreten ist, so ist es zunächst die Aufgabe des Arztes und seiner Mitarbeiter, den Angehörigen des Verstorbenen dies mitzuteilen. Dies erfolgt am besten möglichst sachlich, wenn man jedoch das Gefühl hat, ein wenig trösten zu können, so sollte man dies nicht unversucht lassen. Für die sehr verschiedenartigen Reaktionsweisen von Angehörigen in dieser Situation sollte man stets Verständnis haben.

Eine schwierige Situation entsteht dann, wenn man kurze Zeit nach dem Tode des Patienten die Frage einer Obduktion oder einer Organspende anschneiden muß. In vielen Fällen ist ein späteres Gespräch mit den Angehörigen nicht möglich. Dabei kann man eigentlich nur darauf verweisen, daß durch die Enträtselung der Krankheit des Verstorbenen oder durch seine für eine Spende bereitgestellten Organe möglicherweise anderen Kranken geholfen werden kann. In vielen Fällen wird dieses Argument von den Angehörigen auch akzeptiert. Heißen sie es nicht gut, so sollte man nicht weiter drängen und sie mit allen Mitteln zu einer Obduktion oder Organspende zu überreden versuchen.

Nach dem Tode eines ihnen nahestehenden Menschen sind die Angehörigen meist in einem emotionalen Ausnahmezustand und kaum in der Lage, die Formalitäten, die ein Todesfall mit sich bringt, abzuwickeln. Auch dabei sollte man ihnen helfen, soweit dies möglich ist.

Literatur

Arnold, W., H. J. Eysenck, R. Meili (Hrsg.): Lexikon der Psychologie. 3 Bde, 8. Aufl. Herder, Freiburg 1991

Asanger R., G. Wenninger (Hrsg.): Handwörterbuch der Psychologie, 4. Aufl. Psychologic Verlags Union, Weinheim 1992

Bastine, R., P. Fiedler, K. Grawe, S. Schmidtchen, G. Sommer (Hrsg.): Grundbegriffe der Psychotherapie. VCH (edition psychologie), Weinheim 1981

Battegay, R., J. Glatzel, W. Pöldinger, U. Rauchfleisch (Hrsg.): Handwörterbuch der Psychiatrie, 2. Aufl. Enke, Stuttgart 1992

Biermann, G., R. Biermann: Gabi geht ins Krankenhaus, 6. Aufl. Reinhardt, München 1979

Bräutigam, W.: Reaktionen, Neurosen, abnorme Persönlichkeiten: Seelische Krankheiten im Grundriß, 5. Aufl. Thieme, Stuttgart 1985

Bräutigam, W., P. Christian: Psychosomatische Medizin, 5. Aufl. Thieme, Stuttgart 1992

Brenner, C.: Grundzüge der Psychoanalyse, 16. Aufl. Fischer, Frankfurt/M. 1993 (Bücher des Wissens, Bd. 6309)

Deutscher Verein für öffentliche und private Fürsorge (Hrsg.): Fachlexikon der sozialen Arbeit, 3. Aufl. Eigenverlag, Frankfurt u. Kohlhammer, Stuttgart 1993

Dörner D., H. Selg (Hrsg.): Psychologie. Eine Einführung in ihre Grundlagen und Anwendungsfelder. Kohlhammer, Stuttgart 1985

Dorsch, F., H. Häcker, K.-H. Stapf (Hrsg.): Dorsch: Psychologisches Wörterbuch, 11. Aufl. Huber 1987

Dührssen, A.: Psychotherapie bei Kindern und Jugendlichen. Ein Lehrbuch für Familien- und Kindertherapie, 7. Aufl. Vandenhoeck & Ruprecht, Göttingen 1989

Flitner, A.: Spielen – Lernen. Praxis und Deutung des Kinderspiels, 9. Aufl. Piper, München 1992

Freud, A.: Wege und Irrwege in der Kinderentwicklung (1965). Fischer, Frankfurt/M. 1987 (Bücher des Wissens, Bd. 6818)

Frey, D, S. Greif (Hrsg.): Sozialpsychologie. Ein Handbuch in Schlüsselbegriffen, 2. Aufl. Psychologie Verlags Union, München 1987

Häfner, H.: Psychische Gesundheit im Alter. Der gegenwärtige Stand der Forschung über Art, Häufigkeit und Ursachen seelischer Krankheiten im Alter und über die Möglichkeiten ihrer Vorbeugung und Behandlung. G. Fischer, Stuttgart 1986

Halder-Sinn, P.: Verhaltenstherapie, 3. Aufl. Kohlhammer, Stuttgart 1984 (Urban-Taschenbücher, Bd. 167)

Haupt, W. F., K.-A. Jochheim, H. Remschmidt: Neurologie und Psychiatrie für Krankenpflegeberufe, 7. Aufl. Thieme, Stuttgart 1993

Hehlmann, W.: Wörterbuch der Psychologie, 11. Aufl., Kröner, Stuttgart 1974 (Kröners Taschenbuchausgabe, Bd. 269)

Heigl-Evers, A., F. Heigl, J. Ott (Hrsg.): Lehrbuch der Psychotherapie. G. Fischer, Stuttgart 1993 (UTB, Große Reihe, Bd. 8069)

Herrmann, T., E.-D. Lantermann (Hrsg.): Persönlichkeitspsychologie. Ein Handbuch in Schlüsselbegriffen. Psychologie Verlags Union, München 1985

Herrmann, T., P. R. Hofstätter, H. P. Huber, F. E. Weinert (Hrsg.): Handbuch psychologischer Grundbegriffe. Kösel, München 1977

Hoffmann, S. O., G. Hochapfel: Einführung in die Neurosenlehre und Psychosomatische Medizin. Mit einer Darstellung der wichtigsten Psychotherapie-Verfahren, 4. Aufl. Schattauer, Stuttgart 1991. (Uni-Taschenbücher, Bd. 951)

Hofstätter, P. R. (Hrsg.): Psychologie. 26. Aufl. Fischer, Frankfurt 1981 (Fischer-Lexikon, Bd. 6)

Kaupen-Haas, H.: Stabilität und Wandel ärztlicher Autorität. Enke, Stuttgart 1969

Kind, H.: Psychotherapie und Psychotherapeuten. Methoden und Praxis. Thieme, Stuttgart 1982

Kriz, J.: Grundkonzepte der Psychotherapie. Eine Einführung, 3. Aufl. Psychologie Verlags Union, Weinheim 1991

Lehr, U.: Psychologie des Alterns, 7. Aufl. UTB 1991. (UTB, Bd. 55)

Oerter, R. , L. Montada: Entwicklungspsychologie, 2. Aufl. Psychologie Verlags-Union, München 1987

Peters, U. H.: Wörterbuch der Psychiatrie und medizinischen Psychologie, 4. Aufl. Urban & Schwarzenberg, München 1990.

Reinecker, H. (Hrsg.): Lehrbuch der Klinischen Psychologie. Modelle psychischer Störungen, 2. Aufl. Hogrefe, Göttingen 1994

Remschmidt, H. (Hrsg.): Kinder- und Jugendpsychiatrie. Eine praktische Einführung, 2. Aufl. Thieme, Stuttgart 1987

Remschmidt, H.: Adoleszenz. Entwicklung und Entwicklungskrisen im Jugendalter. Thieme, Stuttgart 1992

Richter, H. E.: Eltern, Kind und Neurose. Die Rolle des Kindes in der Familie. Rowohlt, Reinbek o.J. (rororo Handbuch, Bd. 6082)

Rudolf, G.: Psychotherapeutische Medizin. Ein einführendes Lehrbuch auf psychodynamischer Grundlage. Enke, Stuttgart 1993 (Klinische Psychologie und Psychopathologie, Bd. 59).

Schönpflug, W., U. Schönpflug: Psychologie. Allgemeine Psychologie und ihre Verzweigungen in die Entwicklungs-, Persönlichkeits- und Sozialpsychologie. Ein Lehrbuch für das Grundstudium, 2. Aufl. Psychologie Verlags Union, Weinheim 1989.

Seidler, E.: Berufskunde, I: Die Geschichte der Pflege der kranken Menschen, 5. Aufl. Kohlhammer, Stuttgart 1980

Silbereisen, R. K., L. Montada (Hrsg.): Entwicklungspsychologie. Ein Handbuch in Schlüsselbegriffen. Urban & Schwarzenberg, München 1983

Spada, H. (Hrsg.): Lehrbuch Allgemeine Psychologie, 2. Aufl. Huber, Bern 1992

Tewes, U., K. Wildgrube (Hrsg.): Psychologie-Lexikon. Oldenbourg, München 1992

Trautner, H. M.: Lehrbuch der Entwicklungspsychologie. Bd. 1: Grundlagen und Methoden, 2. Aufl. Hogrefe, Göttingen 1992. Bd. 2: Theorien und Befunde Hogrefe, Göttingen 1991

Wolters, W. H. G. (Hrsg.): Psychosoziale Betreuung im Krankenhaus. Enke, Stuttgart 1986 (Klinische Psychologie und Psychopathologie, Bd. 38).

Zerbin-Rüdin, E.: Vererbung und Umwelt bei der Entstehung psychischer Störungen, 2. Aufl. Wissenschaftliche Buchgesellschaft, Darmstadt 1985 (Erträge der Forschung, Bd. 28)

Sachverzeichnis

K

L

M

N

O

P

R

S

T

U

V

W

Z